The Common Sense of
Modern Politics

政治学通识

包刚升 著

图书在版编目(CIP)数据

政治学通识/包刚升著.—北京：北京大学出版社,2015.11
ISBN 978-7-301-26352-5

Ⅰ.①政… Ⅱ.①包… Ⅲ.①政治学—通俗读物 Ⅳ.①D0-49

中国版本图书馆 CIP 数据核字(2015)第 237067 号

书　　名	政治学通识
著作责任者	包刚升　著
责 任 编 辑	耿协峰
标 准 书 号	ISBN 978-7-301-26352-5
出 版 发 行	北京大学出版社
地　　址	北京市海淀区成府路 205 号　100871
网　　址	http://www.pup.cn　新浪微博：@北京大学出版社
微信公众号	北京大学出版社　北大出版社社科图书
电 子 邮 箱	编辑部 ss@pup.cn　总编室 zpup@pup.cn
电　　话	邮购部 62752015　发行部 62750672　编辑部 62753121
印 刷 者	三河市北燕印装有限公司
经 销 者	新华书店
	730 毫米 × 980 毫米　16 开本　24.25 印张　429 千字
	2015 年 11 月第 1 版　2025 年 1 月第 19 次印刷
定　　价	59.00 元

未经许可，不得以任何方式复制或抄袭本书之部分或全部内容。
版权所有，侵权必究
举报电话：010-62752024　电子信箱：fd@pup.pku.edu.cn
图书如有印装质量问题，请与出版部联系，电话：010-62756370

为什么政治很重要？

（代序）

亲爱的读者朋友，很荣幸您能打开这本书！

本书是作者在复旦大学政治学课程讲义的基础上修改润色而成的，力求成为一部通俗易懂、深入浅出的政治学普及作品，旨在让您在较短时间内掌握政治学的常识，加深对中国与世界政治的认知，逐步养成系统的政治思考能力。

为什么政治很重要？先从一个小故事说起——

美国独立战争期间，后来出任第二任总统的约翰·亚当斯非常忙碌，他远离故乡和家人，整日忙于政治事务。1780年，亚当斯太太的来信对此多有抱怨。收到夫人的信件以后，亚当斯回了一封信，信中这样说："为了我们的孩子们能够自由地研究数学与哲学，我必须研究政治与战争。"亚当斯用这句后来很出名的话强调了政治的重要性。在他看来，解决好政治问题是解决其他问题的前提。实际上，亚当斯阐述的道理不仅对两百多年前的北美殖民地适用，而且对今天很多尚未完成现代转型的国家也同样适用。

在亚当斯看来，政治的重要性再怎么强调都不为过。那么，今天是否依然如此呢？

大家先来看几则新闻——

在中纪委十八届二次全会上，习近平说："从严治党，惩治这一手决不能放松。要坚持'老虎'、'苍蝇'一起打。""要加强对权力运行的制约和监督，把权力关进制度的笼子里。"这是1949年以后党的最高领导人首次明确表示要"把权力关进制度的笼子里"。那么，怎样理解这句话呢？"把权力关进制度的笼子里"意指政治权力必须要受到制约，这种制约应该是有效的制度约束。为什么要提出这个观点呢？一个实际的考虑是目前腐败现象还比较严重，控制腐败的主要办法应该是用制度约束政治权力。还可以进一步追问：

什么是制度的笼子？如何才能把权力关进制度的笼子里？这些问题都离不开政治学。

第二个新闻事件与美国政府有关。巴拉克·奥巴马总统上任以来，就面临着美国政府债务上限是否要上调的问题。最近几年，国际媒体上频繁出现美国政府面临"财政悬崖"（fiscal cliff）的说法。2013年10月，奥巴马还不得不临时关闭了部分联邦政府机构。面对这一现象，很多重要报纸和媒体都刊发了评论，但一些评论对美国财政与公债问题缺少深入理解，因此就难以挖掘政治现象背后的真正问题。按照经合组织公布的数据，美国政府公债占GDP的比例已超过100%，日本的比例已超过200%，有的欧洲国家的比例高达120%～160%。这些都是惊人的数字！那么，发达国家的公债危机是如何造成的？政府公债固然是一个经济问题，但更是一个政治问题。要深入了解这些问题，就离不开政治学的思考。

有读者还注意到，在奥巴马政府临时关闭事件中，总统、参议院和众议院是主要的当事人。总统、参议院和众议院是何种政治机构？三者是何种关系？为什么美国总统奥巴马的提案经常遭到国会的否决？这个新闻似乎还揭示出，美国是世界上最富有的国家，但他们却有一个最缺钱的政府；奥巴马总统是世界上最具权势的政治家，但他在国内却处处受到掣肘。相比之下，英国就很少发生这样的事情。大家很少听到英国首相跟议会就提案或法案问题"打架"。这又是为什么呢？学过政治学，就会知道美国是总统制，英国是议会制，法国是半总统制。总统制是什么？议会制是什么？半总统制又是什么？不同政府形式的政治逻辑有何不同？这些问题都需要政治学来回答。如果一个人不了解这些，即便他整天看国际新闻，甚至本人到了华盛顿、伦敦或巴黎，很多事件也未必能看得清楚透彻。

再看两则环境新闻——

2013年初，北京《新京报》公布了一张照片，读者可以在照片近处看到国旗，但不远处的天安门就只是隐约可见了。有网友给这张照片留下的评论是："您站在天安门广场，却看不见毛主席。"这说明当天北京雾霾极其严重，估计PM2.5已超过500。2012年华北地区的重度雾霾，标志着中国工业化发展到一定阶段后引发的严重环境问题。更糟糕的是，2013年下半年开始，中国更大范围内频现重度雾霾，不少中西部城市都面临雾霾的困扰。

那么，如何治理雾霾呢？环境专家容易认为，这是一个技术问题。PM2.5的主要成分是什么？是从哪里来的？这两个问题搞清后，就不难拿出治理方案。具体怎么治理呢？技术上讲很简单，只要把构成PM2.5的几个主要成分

为什么政治很重要？（代序）

通通干掉，把几个主要来源通通降下去，空气质量就能变好。的确，治理雾霾的技术原理是这样的，环境专家的说法并没有错。但是，环境专家的这种技术解决方案能否成为一种有效的公共政策呢？这就关系到政治问题。技术解决方案能否成为一种公共政策，是政策背后的政治决定的。比如，有些措施从技术层面来看是可行的，但是从政治层面来看却难以实施。这样，此种技术解决方案就会被否决掉。因此，治理雾霾貌似是一个技术问题，其实也是一个政治问题。

另一个环境问题是地下水污染。最近两年，中国地下水污染一度成为媒体关注的焦点。那么，如何治理地下水污染呢？比如，假定全国人大常委会制定一部新的立法，旨在治理地下水污染。政治学关心的一个问题是，这部新立法在实施过程中的实际效果怎样？比方说，某省某县有一家年销售额达百亿规模的大型造纸企业，它是该县的GDP大户与纳税大户，这家企业的董事长可能还是全国人大代表或省政协委员。过去，这家企业为了降低污水排放成本，打了一根很深的污水排放管道，通过高压办法把污水排放到1000米深的地底下去了。但是，按照全国人大的新立法，这种污水排放措施属于重点整治和清查之列。这个企业经过计算发现，改造污水排放系统的一次性投资就需要一两亿，此后每年污水处理的成本还会增加数千万。显然，这样做会大幅增加企业的经营成本。

那么，这家造纸企业会怎样做呢？一种可能的方案是逃避监管。改造和维持排污设施的成本是多少？逃避监管的成本又是多少？该企业会比较两种成本。经过权衡，企业可能会跟当地政府沟通以达成某种"交易"。通过这种"交易"，企业得到的好处是可以降低运营成本和提高经营绩效，地方政府得到的好处是更高的GDP指标、更多的税收和就业机会。当然，可能还会出现企业与政府官员——特别是直接监管机构官员——之间的权钱交易。这样的话，地方政府就更难阻止企业进行违法污水排放了，新立法在地方层面落实也就容易成为一句空话。这个假想的案例揭示，治理地下水污染不只是一个法律问题，更是一个政治问题，背后涉及一整套的政治体制与制度安排。

此外，媒体报道披露的大量新闻事件都跟政治有关。从奶粉质量、食品安全到医疗问题、养老保障，从农民工子女上学、异地高考到房价与土地财政、钓鱼岛与中日邦交，等等，都跟政治有关。实际上，每个人从摇篮到坟墓都离不开政治。无论是否喜欢，政治总在影响着每一个人的生活：出生的时候，生育当中就有政治；上学的时候，教科书当中就有政治；工作的时候，就业当中就有政治；落户的时候，户口当中就有政治；上网的时候，网络当中就有政治；就医的时候，医疗当中就有政治；投票的时候，选票本身就是政治；最后离开人世时，墓地可能也关乎政治。从摇篮到坟墓，政治对每个人不离不弃，更说明了政治的重要性。

既然政治如此重要，理解政治应该成为每个公民的必修课。政治学就是理解和研究政治现象的学科。政治学感兴趣的是在政治领域发生了什么、如何发生的以及为什么发生。前两个问题是描述性的。要了解政治现象，我们既可以通过报纸、电视和互联网去观察，也可以在现实政治生活中去体验。通过这样做，我们就能了解到政治领域发生了什么以及如何发生的问题。有人不仅对中国政治感兴趣，也对外国政治感兴趣。除了借助媒体与网络，现在中国人有越来越多的机会到国外去读书、访问、旅行、工作或定居，大家可以借助这些机会去观察外国的政治。

第三个问题是解释性的。"为什么发生"会更深奥一些，更多地涉及政治学理论与政治学研究。比如，为什么各国政治体制会如此不同、各国治理水平的差距如此之大？有人注意到，这个世界上有些国家被称为民主国家，有些国家被称为不民主国家，这是为什么？有人说民主能解决腐败问题，但现在仍然有不少民主国家没有很好地治愈腐败，那又是为什么？还可以在政治领域找出很多类似的问题去问"为什么"。试图解释一些重大的政治现象何以发生，是政治学研究的基本任务。

当然，本书作为一部政治学普及作品，受限于篇幅和难度，无法做到面面俱到。具体来说，本书试图介绍和探讨政治学领域的基本概念、主要理论与重大议题。比如：

　　古希腊人如何理解政治？孔子与韩非的政治观有何不同？

　　身处荒岛的众人如何构建合理的政治秩序？从哲学思辨到博弈论，政治学走过怎样的路？

　　自由主义、保守主义和社会主义分别主张何种政治观点？论战焦点何在？

　　如何理解现代国家？如何解读国家构建和国家能力等时髦概念？

　　全球范围内有哪些主要的政体类型？不同政体的政治逻辑是什么？

　　如何理解民主政治模式的多样性？为什么政治制度很重要？

　　国王可以强拆吗？宪法和法律在政治生活中扮演何种角色？

为什么有的国家实现了成功的民主转型,而有的国家则没有?

选民根据什么来投票?为什么非暴力不合作运动能奏效?

为什么不同国家的政治文化差异如此之大?民主可以跨文化移植吗?

什么是民族主义?怎样解读族群政治与族群冲突?

如何理解政治生活中的暴力现象?内战何以发生?

私人部门与公共部门如何实现有效治理?什么是经济增长的政治学?

如何理解政治科学研究的常见误区?什么是真正的政治科学研究?

总之,这本书正是为那些对政治和公共事务感兴趣的读者朋友而写的。现在,让我们一起开始现代政治学常识的探索之旅吧!

目 录

第1讲 什么是政治？ / 1

    1.1 政治是国家兴衰的关键 / 3
    1.2 中国人的政治观 / 7
    1.3 孔子与韩非政治观的分野 / 9
    1.4 古希腊人如何理解政治？ / 11
    1.5 西方的现实主义政治观 / 15
    1.6 理解政治的当代观点 / 19
    【推荐阅读书目】 / 21

第2讲 政治学：智者如何思考？ / 23

    2.1 岛屿的寓言：谁之统治？何种秩序？ / 25
    2.2 什么是政治学？ / 34
    2.3 古希腊与古罗马的传统 / 37
    2.4 从"黑暗时代"到启蒙时代 / 43
    2.5 经验研究范式的兴起 / 50
    2.6 从政治科学到研究范式的多样化 / 51
    【推荐阅读书目】 / 58

第3讲 意识形态大论战 / 59

    3.1 政治观点背后的意识形态 / 61
    3.2 现代意识形态的兴起 / 63
    3.3 什么是自由主义？ / 69
    3.4 古典自由主义的大师们 / 72

3.5 自由主义的演进与嬗变 / 75
3.6 新古典自由主义的复兴 / 79
3.7 什么是保守主义？ / 84
3.8 撒切尔夫人改革与里根革命 / 90
3.9 什么是社会主义？ / 92
3.10 从民主社会主义到新工党 / 94
3.11 意识形态论战的场域 / 97
【推荐阅读书目】/ 104

第4讲 政治生活中的国家 / 105

4.1 世界版图上的国家 / 107
4.2 国家起源的逻辑：安全与暴力 / 109
4.3 从封建主义到现代国家 / 111
4.4 理解国家的不同维度 / 115
4.5 国家理论的不同流派 / 118
4.6 国家构建与国家能力 / 120
4.7 国家能力的不同视角 / 123
【推荐阅读书目】/ 126

第5讲 不同的政体：民主、威权及极权 / 127

5.1 全球视野中的政体类型 / 129
5.2 什么是民主政体？ / 132
5.3 民主政体的治理细节 / 137
5.4 民主模式的多样性 / 139
5.5 民主的悖论与被误解的民主 / 141
5.6 威权主义政体的逻辑 / 147
5.7 极权主义政体的逻辑 / 150
【推荐阅读书目】/ 154

第6讲 政府结构与政治制度 / 155

6.1 如何理解政府机构？ / 157
6.2 政治系统与官僚系统的比较 / 160
6.3 政府形式：议会制、总统制与半总统制 / 163

6.4　议会制"大战"总统制　/168
　　6.5　公民投票与选举行为　/173
　　6.6　不同选举制度的逻辑　/178
　　6.7　如何理解现代政党？　/182
　　6.8　政党体制的不同类型　/186
　　6.9　央地关系：联邦制与单一制　/189
　　6.10　制度设计与宪法工程学　/192
　　【推荐阅读书目】/194

第7讲　法治与公民权利　/197
　　7.1　国王可以强拆吗？　/199
　　7.2　政府有权捕杀禽类吗？　/200
　　7.3　宪政与宪法的基本问题　/202
　　7.4　宪政与司法审查　/209
　　7.5　法律体系与司法系统　/215
　　7.6　公民权利与《世界人权宣言》　/217
　　【推荐阅读书目】/220

第8讲　民主转型的政治逻辑　/221
　　8.1　民主转型遭遇僵局？　/223
　　8.2　如何理解民主转型？　/225
　　8.3　民主史：从雅典、英国到现代　/226
　　8.4　现代化导致民主化？　/230
　　8.5　驱动民主转型的阶级力量　/233
　　8.6　政治文化重要吗？　/236
　　8.7　影响转型的国际因素　/241
　　8.8　转型政治中的精英行为　/244
　　【推荐阅读书目】/247

第9讲　如何参与？为何抗争？　/249
　　9.1　什么是政治参与？　/251
　　9.2　政体类型与政治参与　/253
　　9.3　投票与选举权的普及　/254

9.4 独自打保龄？ / 258
9.5 社会运动与非暴力抗争 / 259
9.6 如何理解社会运动？ / 263
9.7 市民社会理论 / 266
【推荐阅读书目】 / 269

第 10 讲 政治文化真的起作用吗？ / 271

10.1 政治文化与政治社会化 / 273
10.2 托克维尔论政治文化 / 275
10.3 阿尔蒙德与公民文化 / 278
10.4 英格尔哈特：政治文化的集大成者 / 280
10.5 社会资本理论的兴起 / 289
【推荐阅读书目】 / 291

第 11 讲 民族主义与族群政治 / 293

11.1 什么是民族主义？ / 295
11.2 民族主义的起源与理论 / 299
11.3 民族国家与族群政治 / 300
11.4 族群政治与政治发展 / 303
【推荐阅读书目】 / 307

第 12 讲 暴力、革命与内战 / 309

12.1 政治的两幅图像 / 311
12.2 政治暴力与常见的暴力现象 / 312
12.3 政治暴力的类型与逻辑 / 316
12.4 国家与社会革命 / 319
12.5 内战的理论解释 / 323
【推荐阅读书目】 / 328

第 13 讲 经济增长与国家治理的政治学 / 329

13.1 蛋糕政治定律 / 331
13.2 作为微观基础的经济人假设 / 333
13.3 私人部门治理 / 334

13.4 公共部门治理 / 337
13.5 激励结构与经济增长 / 339
13.6 腐败的政治经济学 / 346
【推荐阅读书目】/ 348

第14讲 如何做政治科学研究？ / 349

14.1 你凭什么相信？ / 351
14.2 新闻报道中的事实与观点 / 352
14.3 社会科学研究的常见谬误 / 354
14.4 什么是科学与科学方法？ / 356
14.5 社会科学需要探索因果关系 / 357
14.6 社会科学与变量语言 / 359
14.7 比较研究的主要方法 / 361
14.8 社会科学研究的不同类型 / 363
14.9 "研究九问"与"洋八股" / 368
【推荐阅读书目】/ 371

后　记 / 373

第 1 讲

什么是政治?

政治似乎就是这门最权威的科学。因为正是这门科学规定了在城邦中应当研究哪门科学，哪部分公民应当学习哪部分知识，以及学到何种程度。我们也看到，那些最受尊敬的能力，如战术、理财术和修辞术，都隶属于政治学。

——亚里士多德

我们认为，不受限制的权力是带有暴力性质的，并且是纯粹的和简单的。除了在一些退化的、极限的意义上事实可能如此之外，这完全不能算作政治权力的运作。纯粹的暴力更多是一种物理力量而不是政治。在我们看来，只有政治参与者行动的约束条件以及在这些约束条件下指导他们行动的策略，才构成政治的本质。

——罗伯特·古丁、汉斯-迪特尔·克林格曼

医善吮人之伤，含人之血，非骨肉之亲也，利所加也。故舆人成舆，则欲人之富贵；匠人成棺，则欲人之夭死也。非舆人仁而匠人贼也，人不贵则舆不售，人不死则棺不买，情非憎人也，利在人之死也。

——韩非

自由主义的系统理论几乎只关心国内反对国家权力的斗争。为了实现保护个人自由和私有财产的目的，自由主义提出了一套阻碍并限制国家和政府权力的方法。……由此，我们看到了一个完整的非军事化、非政治化的概念体系。

——卡尔·施米特

1.1 政治是国家兴衰的关键

政治的重要性毋庸置疑。每个人都无法逃避政治,无论你喜欢或不喜欢;每个人过得快乐或不快乐,通常都跟政治有关。古希腊思想家亚里士多德在《政治学》中说,人是天生的政治动物。他在《尼各马可伦理学》中还认为:

> 政治似乎就是这门最权威的科学(the master science)。因为正是这门科学规定了在城邦中应当研究哪门科学,哪部分公民应当学习哪部分知识,以及学到何种程度。我们也看到,那些最受尊敬的能力,如战术、理财术和修辞术,都隶属于政治学。①

政治的重要性还体现在政治与经济的关系中。过去的教科书认为,经济决定政治;但从另一个角度看,政治也决定着经济。实际上,政治与经济本身就是一种互动或互相影响的关系,参见图1.1。

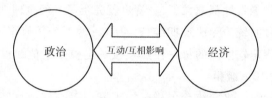

图1.1 政治与经济的互动关系

由于门户之见,或许大部分学者都认为自己学科较其他学科更为重要。所以,这里暂且不讨论政治学者认为政治重要的观点,大家不妨来听听经济学家的看法。这里介绍的第一位经济学家是曼瑟·奥尔森,他尽管没有获得诺贝尔经济学奖,但他的著述——特别是《集体行动的逻辑》——在学界引用率非常之高,他的另一部书《权力与繁荣》在中国也非常流行。② 实际上,《权力与繁荣》的书名就隐含着一种逻辑:政治权力很大程度上决定了是否能实现经济繁荣。

1993年,奥尔森发表了一篇题为《独裁、民主与发展》的论文,讨论的是政

---

① 亚里士多德:《尼各马可伦理学》,廖申白译注,北京:商务印书馆2008年版,第5—6页。
② 曼瑟尔·奥尔森:《集体行动的逻辑》,陈郁等译,上海:格致出版社2011年版;曼瑟·奥尔森:《权力与繁荣》,苏长和译,上海:上海人民出版社2009年版。

治与经济的关系。① 有趣的是,他引用了 20 世纪 20 年代中国军阀割据的历史。在当时的中国,大小军阀的割据与混战非常厉害。一个地方今天被你占了,明天又被他占了。如果这种状况得以持续,这些地方实际上就会沦为大小军阀的流寇统治。本来老百姓在搞生产,包括种植庄稼和饲养家畜等。突然,流寇来了。流寇们不仅互相交战,而且打完之后还把附近的村庄洗劫一番。

这种流寇统治对经济的影响几乎是毁灭性的。流寇统治的最大问题是破坏了一个社会的正常激励机制。简单地说,农民之所以春天播种,是因为预期秋天能够收获。流寇统治带来了什么问题呢?种地的是一个人,收获的是另一个人。因此,流寇统治会导致整个社会生产的迅速下滑。为什么长期内战通常会死很多人?并不是说内战中被打死的人有那么多,而是内战破坏了整个社会的激励机制,其生产系统被迅速摧毁了,所以会导致大量人口的死亡。

就在这种政治混乱的情形里头,有个别地方的治理开始出现好转。原因很可能是流寇中的某个强有力者把其他流寇都赶走了,他自己摇身变为坐寇。坐寇为什么可能强于流寇?因为坐寇发现,倘若自己依靠武力以抢劫为生,就没有人从事生产了,老百姓都逃亡了,经济也就完蛋了。经过理性思考,坐寇发现这样是没有出路的,统治无法长期维持。所以,他下令任何军人不得再抢劫任何财物,但同时规定辖区内的每一住户须按一定税率给他缴税,比如大致按每亩地平均收成的 10% 缴税。

与流寇统治相比,坐寇统治怎样呢?无疑,其社会激励机制要好得多。所以,大家就有了从事生产活动的动力,大约只需要把 10% 的收成作为税收交给统治者。这个统治者由于有税收需要,所以他希望经济能够发展。当经济发展时,他的税收收入也能相应增加。因此,坐寇统治要强于流寇统治。

但是,坐寇统治仍然有它的问题。从逻辑上说,第一个问题是有些坐寇会变得极其贪婪,甚至会极不理性。比如,他可能会制定非常高的税率,甚至还采取变相的掠夺手段。对辖区内富有的阶层或较大的企业,统治者可能想征收他们的财产。这样,当统治者变得贪婪时,"统治之手"就变成了"掠夺之手"。

坐寇统治的第二个问题是每个统治者都会死,这就面临坐寇代际更替的问题。假如统治者有生之年考虑要把位置传给自己的下一代——假定他能顺利传给下一代的话,仍然存在一个问题:统治者是代际关系中的利他主义者吗?简单地说,这个统治者只考虑自己的现世享受呢,还是考虑"子孙后代江山永

---

① 参见 Mancur Olson, "Dictatorship, Democracy and Development," *American Political Science Review*, Vol. 87, No. 3, Sept. 1993, pp. 567—576。为了写作更生动,作者此处对奥尔森这篇论文的思想做了自己的阐释和发挥,而非完全是对原著的引用。

固"的问题?或许有统治者像关心自己的福利一样关心自己子女的福利,这样的统治者会更加深谋远虑和审慎节制。但是,大家都听过法国国王路易十五的名言——"在我之后,哪管洪水滔天"。结果,在路易十六的时代,法国大革命就爆发了。所以,统治者并非总能做到深谋远虑和审慎节制。

因此,尽管坐寇统治要比流寇统治好,但并非是一种理想的统治形式。只有把统治者的权力放到宪政民主的框架中,统治者才不会胡作非为,长期持续的繁荣才有保证。换句话说,坐寇或统治者的权力必须受到制约,统治者不是想干什么就可以干什么。这是宪政的基本原则,宪政的简单理解就是"限政",即限制政治权力。当然,与宪政密切相关是民主的办法,即辖区内的居民对由谁来统治拥有投票和选择权,就是由被统治者来决定谁可以统治大家。因此,通过宪法和民主的方法来决定统治规则,才更有可能实现持久的繁荣。当然,从经验来看,民主政体是否更有利于经济增长和长期繁荣,目前学术界还有争议。但是,奥尔森的言说逻辑无疑是可信的。作为经济学家的奥尔森认为政治非常重要:如果统治和统治者的问题不能很好解决,持久的繁荣是不可能的。

另一位美国经济学家、诺贝尔经济学奖得主道格拉斯·诺思在中国的影响很大。他在《经济史上的结构与变革》中提出了这样一个问题:在近代欧洲,为什么是英国与荷兰,而不是法国与西班牙,较早地开始工业革命?他认为,英国的制度倾向于保护财产权利,法国的制度中君主力量过大,缺少应有的制约,所以法国君主有可能侵犯臣民的财产权。比如,诺思提到,法国南部原来有一个比较有名的市场,但由于法国国王征收与掠夺,这个市场就逐渐衰落了。这不过是当时法国政治经济模式的冰山一角。英国就与此不同,英国从 1215 年《大宪章》开始,就确立了制约国王政治权力的传统。后来,尽管国王和贵族就这个问题不断发生冲突,但到了 1688 年,英国就基本确立了宪政体制。宪政体制使得英国的财产权利得到了有效保护。这样,更有效率的产权制度最终成就了英国的工业革命。所以,诺思认为,英国工业革命的前提是从 13 世纪到 17 世纪英国政治体系的变革及宪政体制的确立。①

诺思及其合作者后来的研究同样证明了政治的重要性,他们在 2008 年出版的《暴力与社会秩序》(Violence and Social Order)一书中有如下表格(见表 1.1)。该表是对 1960 年到 2000 年穷国与富国的经济增长率和经济增长年份比率的比较。该表的三个发现是:(1)在经济增长的年份,穷国的平均经济增长率要高于富国;(2)穷国经济增长年份的比率却远远低于富国;(3)在经济衰退的年

---

① 道格拉斯·诺思:《经济史上的结构与变革》,厉以平译,北京:商务印书馆 2005 年版。

份,穷国的经济衰退率也高于富国。

表1.1 穷国与富国的好年头和坏年头的增长率(国家按2000年人均收入分类)

2000年人均收入（美元）	国家数（个）	占世界人口数（%）	观察到的年数	正增长年份比例（%）	平均正增长率（%）	平均负增长率（%）
(1) < 20 000	153	87	5678	66	5.35	-4.88
(2) > 20 000	31	13	1468	81	4.19	-3.49
(3) > 20 000 无产油国	27	13	1336	84	3.88	-2.33
(4) 全部国家	184		7146			
(5) > 20 000	31	13	1468	81	4.19	-3.49
(6) 无产油国	27	13	1336	84	3.88	-2.33
(7) 15 000—20 000	12		491	76	5.59	-4.25
(8) 10 000—15 000	14	2	528	71	5.27	-4.07
(9) 5000—10 000	37	16	1245	73	5.25	-4.59
(10) 2000—5000	46	53	1708	66	5.39	-4.75
(11) 300—2000	44	14	1706	56	5.37	-5.38

资料来源:道格拉斯·C.诺思、约翰·约瑟夫·瓦利斯、巴里·R.温格斯特:《暴力与社会秩序——诠释有文字记载的人类历史的一个概念性框架》,杭行、王亮译,上海:上海人民出版社2013年版,第7页,表1.2。中译本中表格数据存在少许错误,此处参考英文原著做了调整。

表1.1中,国家是根据2000年人均收入来区分的。我们这里只关注三个数据:一是增长年份的比率;二是增长年份的平均增长率;三是衰退年份的平均衰退率。为了简化处理,此处只考察两类国家。一类是人均收入超过20 000美元的非石油国家,该表中有27个。在所有统计年份中,这些国家84%的年份是增长的,增长年份的平均增长率是3.88%;16%的年份是衰退的,衰退年份的平均负增长率是-2.33%。如果按100年计算,富国84年实现了增长,平均增长率是3.88%;16年出现了衰退,平均负增长率是-2.33%。两者相比,富国的长期经济绩效应该是不错的。

一类是人均收入300至2000美元的最穷国家组,该表中有44个国家。这些国家只有56%的年份是增长的,增长年份的平均增长率达到了5.37%(高于富国的3.88%),但是它们有44%的年份是衰退的,衰退年份的平均负增长率是-5.38%。如果按100年计算,穷国56年实现了增长,平均增长率是

5.37%;但有44年出现了衰退,平均负增长率达-5.38%。两者比较,就会发现,即便在一个世纪的漫长时间里,这些国家能够实现的长期经济绩效是非常有限的。

从表1.1看出,穷国贫穷的核心是其经济增长不是连续的,有大量年份处在经济衰退中。诺思及其合作者追问:为什么穷国增长年份的比率如此之低?总的来说,他们认为,构建有效社会秩序的困难,是穷国经济增长困境的根源——而这看上去更多是一个政治问题。

所以,诺思的两项研究都证明了政治对于经济增长的重要性。诺思认为:"国家既是经济增长的关键,也是人为的经济衰退的根源。"这句话后来被称为国家问题的"诺思悖论"。如果说国家是决定经济增长或衰退的关键因素,当然就证明了政治对经济的重要性。

1.2 中国人的政治观

既然政治很重要,那么什么是政治呢?这里先考察中国古代对于政治概念的理解。①《说文解字》上说"政,正也",可以理解为端正或正确。在中国古代典籍中,"政"字有几种主要含义:(1)政可以指政事。《尚书·洪范》中有"八政"的说法,意指八种政事。(2)政可以指政权或权柄。《论语》说:"天下有道,则政不在大夫。"孔子的意思是说,如果天下有道,政权或权力不应该在大夫的手上,而应该在国君的手上。(3)政可以指政令和政策。苏轼所说"今日之政,小用则小败,大用则大败"中的"政"是指政令和政策。(4)政可以指主持政事。《宋史·欧阳修传》记载:"其在政府,与韩琦同心辅政。"是说欧阳修与韩琦两人同心协力来辅佐朝政,主持政事。(5)政可以指国家的制度和秩序。《春秋左传》有"大乱宋国之政"的说法,是指整个制度和秩序乱掉了。(6)政还可以指符合礼仪和道德的做法,这更多代表儒家的观点。《论语》说:"政者正也,子帅以正,孰敢不正?"这里的"政"可以理解为一种符合礼仪和道德的做法。这几种含义代表了中国古人对"政"的理解。

"治"在古代本为水名。《说文》记载:"治,水,出东莱曲城阳丘山,南入海。"这里提到的地方大概在今天胶东半岛的龙口一带。后来,"治"就被引申为"治水""治理""整治"的意思。在中国古代,"治"可以指治理和统治。《史

---

① 关于中国古代对于政治概念的理解,部分内容参考了如下作品:孙关宏、胡雨春、任军锋主编:《政治学概论》(第二版),上海:复旦大学出版社2008年版,第一章。

记·循吏列传序》里面说:"奉职循理,亦可以为治,何必威严哉?"意思是说"奉职循理"就可以治理得很好。"治"还可以指政治清明、社会安定。这里的"治"与"乱"相对,成语有"治乱兴衰"的说法。《易·系辞下》也有这样的用法:"君子安而不忘危,存而不忘亡,治而不忘乱。"

那么,"政"和"治"两字合用是什么意思呢?在中国古代典籍中,"政治"主要有几层含义。第一层含义是政事得到了治理。比如,《尚书·毕命》有"道洽政治,泽润生民"的说法,汉朝贾谊的《新书·大政下》说:"有教,然后政治也,政治,然后民劝之。"这里的"政治"都是指"政"事得到有效的"治"理。第二层含义是政事治理的本身。《宋书·沈攸之传》记载:"至荆州,政治如在夏口,营造舟甲,常如敌至。"这里的"政治"讲的是政事治理本身,而没有讲到政事是否得到了有效的治理。第三层含义是治理国家所实行的措施。比如,《周礼·地官·遂人》上说:"掌其政治禁令。"这里的"政治"跟治理国家的措施有关。此外,在中国古代,"政治"最通用的理解是指君主及其大臣统治国家和治理社会的活动。这也更符合现代政治学常用的表述方式。

到了近代,中文语境中又是如何理解政治呢?近代政治的概念应为英文"politics"的中译。比如,《海国图志》里就有"梭伦所定政治章程……""罗马军旅最有纪律……勤修政治"的说法。1903年,《新尔雅》介绍"政治"词条时这样说:"(《释群》)成国家政治之中枢机关谓之统治机关,统治机关之运营谓之政治。确定表明政治之理想者谓之立法,实行政治之理想者谓之行政。"这里把政治理解为"统治机关之运营",代表了中国人在20世纪初对政治的理解。

中国近代政治观的主要代表人物是孙中山先生,他在《民权主义》中的政治观非常经典,为人熟知——

> 政治两字的意思,浅而言之,政是众人的事,治就是管理,管理众人的事便是政治。有管理众人之事的力量,便是政权,今以人民管理政事,便叫作民权。

1949年以后,国内公共政治课教科书的观点很大程度上受到20世纪30年代苏联政治教科书的影响。目前,不少公共政治教科书仍然这样定义政治:

> 政治是以经济为基础的上层建筑,是经济的集中表现,是以政治权力为核心展开的各种社会活动和社会关系的总和。

在这一定义之上,通常还有三个基本观点:一是政治的根源是经济,政治是经济的集中表现,政治关系归根到底是由经济关系决定的;二是政治的实质是阶级关系,在阶级社会中,阶级性是政治的基本特性;三是政治的核心是政治权力,所以国家政权是政治权力的根本问题,任何阶级要实现自己的目的,都必须掌握对国家或社会的最高统治权。这个大概是目前主流公共政治教科书对政治概念的解读。

1.3 孔子与韩非政治观的分野

要真正懂得古代中国对政治的理解,还需要深入到各家各派的学说中去。这里介绍两个最有影响的流派:儒家和法家。儒家更多地从伦理角度来理解政治,强调政治的伦理观或政治的道德观。政治本身就包含了端正、正直和正确的意思,这是孔子的重要立场。《礼记·哀公问》记载着这样一个故事:

> 公曰:"敢问何为政?"孔子对曰:"政者,正也。君为正,则百姓从政矣。君之所为,百姓之所从也。君所不为,百姓何从?"

孔子认为,政治就是要端正。如果上头的君王端正了,百姓就能够端正。君王的所作所为就是百姓的榜样,君王不端正,百姓怎么能端正呢?这个观点,在今天看来仍然有重要意义。孔子的说法包含了一种对于为人君王——当然包括大臣们——在行为和伦理上的严格要求。《论语》中也有类似的说法。《论语·颜渊》中说:

> 季康子问政于孔子。孔子对曰:"政者,正也。子帅以正,孰敢不正?"

在这段对话中,孔子反问季康子:"如果上头的人很端正,谁还敢不端正?"翻译成现代政治学语言,可以表述为:"政府是社会的道德榜样。"借助这种视角,大家可以理解目前中国社会的很多事情。孔子在《论语·为政》中还有这样的看法:

> 为政以德,譬如北辰,居其所而众星共之。

意思是说,以道德方式来治理政治,就像北极星一样,位于中央,而其他星星都围绕在它的四周。这是孔子的一种比喻,说的是"为政以德"预期的效果。所以,孔子把从政视为道德上要求很高、伦理上要求很严的一种行为。他认为,只要道德与伦理上做到了端正,政治上达致理想境界就不是什么问题。儒家学说中还有"修身、齐家、治国、平天下"的说法,"修身"被放在首位。孔子追求的人生境界则是"内圣外王"。

那么,如何评价孔子的政治观呢?这个问题比较复杂,主要有两种观点。

第一种观点认为,孔子过度地强调政治的道德性和伦理性,倡导道德约束,主张个人自律,这些是没有用的。如果没有制度和法治的手段,靠道德约束就无法实现预期中的治理状态。这种观点借鉴了启蒙运动以来政治思想与现代政治学的逻辑。

但是,也有人非常肯定孔子的学说。这是基于何种理论视角呢?有人认为,任何一个社会的治理,仅仅依靠制度约束是不行的,制度无法覆盖到所有领域,所以同时需要依赖于人们的德行与操守,或者叫道德情操。实际上,经济学的奠基者亚当·斯密既写了《国富论》,又写了《道德情操论》。在他看来,一个社会的繁荣不仅依赖于自利的动机,而且同样依赖于人们的美德。

如果追溯西方传统,从古希腊到古罗马,凡是带有民主共和色彩的社会,其繁荣或多或少都跟上层阶级的德行有关。如果一个社会的上层阶级没有好的德行,即便制度优良,这个制度很快就会被腐蚀掉。所以,即便是民主共和政体下的治理,既要有好的制度,又要有好的公民德行——尤其是这个社会的精英阶层应有良好的德行。从这样的视角去理解,孔子当年的政治伦理主张有其新的价值。

然而,法家的政治观与儒家完全不同,其代表人物是韩非。韩非完全不像孔子那样用比较理想的观点看待政治。韩非说:"国者,君之车也。"他把整个国家视为国君的一个工具,目的不过是为了实现君主的欲望与抱负。韩非还说:

> 上古兢于道德,中古逐于智谋,当今争于气力。

这是韩非对春秋战国时期政治局势的一种事实判断,他认为当时政治格局完全是实力角逐,秉承的是"实力哲学"。他认为,靠道德来解决问题已经是很久远之前的事情了,而当时是一个靠实力说话的年代。韩非还给国君提出一条重要的管理原则,他说:

> 明主之所导制其臣者,二柄而已矣。二柄者,刑德也。何谓刑德?曰:杀戮之谓刑,庆赏之谓德。

这里的原则已经接近现代工商组织的管理哲学,即组织管理要讲究赏罚分明。赏罚分明的组织就容易管理好,国家治理也不例外。

韩非认为,人都喜欢对自己有利的东西,都不喜欢对自己有害的东西,趋利避害是人的本性。所有的统治和政事都要围绕人趋利避害的本性。那么,他到底是怎么看待人性呢?他这样说:

> 医善吮人之伤,含人之血,非骨肉之亲也,利所加也。故舆人成舆,则欲人之富贵;匠人成棺,则欲人之夭死也。非舆人仁而匠人贼也,人不贵则舆不售,人不死则棺不买,情非憎人也,利在人之死也。

这段话在学术界没有受到应有的重视。韩非的观点很容易让人联想起亚当·斯密在《国富论》中对人的自利心的论述(本书第 3 讲将会探讨相关内容)。实际上,韩非早在两千多年前就有了与亚当·斯密相类似的视角,他在某种程度上已阐述了"经济人"假设和个人主义的方法论。

既然人都是自利的,那么政治应该怎么搞呢? 在西方近代的自由主义传统中,经济人假设被提出以后,他们倾向于认为掌握政治权力的人可能由于自利而胡作非为,所以有必要对政治权力和掌权者进行约束。但是,韩非与西方传统走了一条完全不同的道路。身处两千多年前的春秋战国,韩非更多地从君王的角度来看待这个问题,阐述的是君主如何巧妙地利用法、术、势来进行有效统治的学说。基于这种人性论,韩非整体上是一个现实主义者,与孔子的道德政治观区别很大。就洞察力而言,韩非的政治现实主义不亚于公元 16 世纪意大利思想家马基雅维利的政治现实主义。

总之,孔子和韩非是中国春秋战国时期两位最重要的政治思想家,但他们走上了两条完全不同的道路。他们的分野代表了古代中国理解政治的两种主要取向。

1.4 古希腊人如何理解政治?

那么,政治在西方语境中有何含义呢? 政治的概念通常被认为起源于古希腊。据考证,"政治"这个古希腊词的最早记载出现在《荷马史诗》中,最初含义是城堡或卫城的意思。在古希腊,雅典人将修建在山顶的卫城称为"阿克罗波里"(acropolis),简称为"波里"(polis)。在古希腊城邦国家形成以后,"波里"就成为城邦的代名词。

那么,古希腊人怎么理解政治呢? 在古希腊人看来,政治是城邦公民参与的统治和管理活动。那时的政治概念,本身就包含公民参与城邦事务的意思。只有公民对城邦统治和管理事务的参与才能被称为政治。作为古希腊城邦国家的杰出代表,当时雅典城邦的民主政体具有如下基本特征[①]:

---

① 参见戴维·赫尔德:《民主的模式》,燕继荣等译,北京:中央编译出版社 2004 年版,第 15—45 页。

（1）公民大会是雅典的最高权力机构，为雅典全体公民的大会，法定人数为6000人，凡年满20岁的男性公民均可出席。

（2）另一重要机构是五百人议事会，五百人议事会负责组织、提出和执行公共决策。

（3）陪审法庭由201人至6000人组成，由陪审团对案件进行判决。

（4）行政官员由抽签和选举两种办法产生。

（5）还有一些辅助的政治机构和制度安排，包括最高法院、陶片放逐法、支薪制度等。

从这些制度安排可以看出，雅典城邦实行的是直接民主制度。尽管如此，并不是所有的雅典人都能参与城邦公共事务。第一要排除的是雅典城邦中的外邦人，他们无权参与城邦的公共事务——当时有很多地中海周围地区的人在雅典做生意或做工；第二要排除奴隶群体；第三要排除女性和未成年人。所以，那个时候参与雅典城邦事务的是20岁以上的成年男性公民。雅典城邦较兴盛时大约有30—40万人口，但只有4—5万成年男性公民能够参与城邦公共事务。

从雅典城邦民主政治的实际运作来看，公民大会是最高权力机构。公民大会也被视为雅典民主的象征，其法定人数为6000人。但有人发现公民大会人数太多，很多事情无法进行有效协商。所以，雅典城邦又设计出了一个五百人议事会的制度。雅典城邦共有10个部落，每个部落派出50人组成五百人议事会。按照今天的说法，这五百人议事会可以理解为公民大会的一个常设委员会。除此以外，雅典城邦还设立了陪审法庭，人数要求是200人以上，可以是201—6000人之间的数字，其主要职责是对案件进行判决。雅典城邦行政官员的产生主要是抽签和直接选举两种办法。除了需要专业知识或特殊技能的少数官职由公民大会直接选举外，多数行政官员的职位对任职资格并无特别要求，成年男性公民都可以出任，所以一般由抽签方式产生。

除此以外，雅典民主还有一些辅助性的政治机构和制度安排。比如，一项非常有名的安排是陶片放逐法。什么是陶片放逐法？如果公民大会、五百人议事会或部分公民认为雅典城邦的某一个重要人物——由于他的财富、权势或影响力——可能会威胁到雅典城邦的现有治理方式，甚至民主政体的时候，就可以发起一场陶片放逐投票。如果公民的陶片投票达到一定数量，就可以把这个可能会威胁雅典民主的"危险人物"流放出去，放逐时间为10年（一说为5年）。对政治上可能的"危险人物"实行流放，是一种很有创意的做法。若干年以后,实际威胁消除了,他还可以回到雅典城邦。

雅典城邦还制定了给出席城邦公共事务的公民支薪的制度,这也是强化民主的一项安排。假定出席公民大会和审判法庭的公民没有薪水,大概只有很富有的人才能参与公共事务。在当时的雅典,多数人整天需要工作,就没有时间和闲暇来参与公共事务。所以,如果不是支薪制度,政治很可能会成为富人闲暇时间的一种爱好。即便对于英国的近现代民主制来说,议员领取薪水也是后来的事情。

所以,雅典城邦的民主政体是人类民主实践的早期雏形,但这种民主跟今天的民主政体有很大的不同。雅典民主是一种直接民主,而不是间接民主或代议制民主。这当然与雅典城邦的人口规模有关,直接民主通常只能在较小的国家规模上实行。尽管五百人议事会应该算代议制的制度安排,但总体上雅典城邦实行的是直接民主制。

在古希腊的传统中,亚里士多德认为,城邦不是指一片地方,而是指一批人,正是城邦将其中的人们联结成了一个共同体,因而有着强烈的共和主义色彩。亚里士多德这样说:

> 人类自然是趋向于城邦生活的动物(人在本性上是一个政治动物)。凡人由于本性或由于偶然而不归属于任何城邦的,他如果不是一个鄙夫,那就是一位超人。①

这一观点跟今天西方主流社会的政治观念有所不同。对今天的公民来说,他可以选择参与公共事务,又可以选择不参与。在自由主义或个人主义传统中,公民个人更多地被视为一个原子,是否介入公共事务则取决于公民的个人选择。但是,古希腊政治传统强调的是公民对城邦公共事务的参与。当然,近现代政治中仍然可以找到这种政治传统的事例。

比如,法国思想家托克维尔在 19 世纪上半叶的美国新英格兰地区就发现了类似的传统,他称之为"乡镇精神"。托克维尔注意到,当地普通公民对乡镇公共事务的参与程度是非常高的。那时候的美国乡镇,大概是两三千人的人口规模,一些重要事务由当地居民在广场上开会讨论和投票表决来决定。但是,这样做并不容易。世界上很多其他地方,普通公民不会这样热衷于公共事务。如果多数普通公民选择回避公共事务,真正的自治就难以实现。托克维尔这样描述新英格兰地区公民的乡镇精神:

---

① 亚里士多德:《政治学》,吴寿彭译,北京:商务印书馆2007年版,第7页。

在美国,乡镇不仅有自己的制度,而且有支持和鼓励这种制度的乡镇精神。……新英格兰的居民依恋他们的乡镇,因为乡镇是强大的和独立的;他们关心自己的乡镇,因为他们参加乡镇的管理;他们热爱自己的乡镇,因为他们不能不珍惜自己的命运。①

这种直接民主的公共治理方式要想有效运转,跟公民的政治参与密切相关。这一点无论对两千多年前的雅典城邦,还是对19世纪美国新英格兰地区的乡镇治理,都是一样的。

总的来说,在古希腊人看来,政治的概念包含着这样几个特性:第一,政治本身就是公民对城邦公共事务的参与。如果缺少了公民对城邦公共事务的参与,就不能称为政治。第二,公私领域的区分。雅典政治区分了今天意义上的公共领域与私人领域,这意味着已经存在私人空间和个人自由的概念。当然,这种制度和观念与近代启蒙运动以后的自由主义学说还是差异很大。比如,像苏格拉底的案子中,苏格拉底就是经由当时的民主方式来审判的。他被判处死刑,罪名是他毒害了雅典年轻人的思想。但无论怎样,古希腊人已经开始区分公共领域与私人领域的界限,这是非常了不起的观念。第三,政治的目的是追求公共之善。从柏拉图到亚里士多德,他们都关心如何塑造善的社会,政治的最终目的是要实现着这样一个社会。

在当代,有的作品也从古希腊传统来界定何谓政治。英国政治哲学家肯尼斯·米诺格对政治的解读也同古希腊传统非常接近。在他著的小册子《政治的历史与边界》中,第一章标题是"政治中为什么没有专制者的位置?"很多人看到这个标题,可能会大吃一惊。他这样说:

今天我们将专制主义(连同独裁和极权)定义为一种政体。这会使古希腊人大为惊骇,因为希腊人的独特(也是他们的民族优越感)恰恰在于他们不同于那些听任专制主义统治的东方邻居。②

这里的东方(邻居)意指波斯。当时,古希腊的思想家提到波斯时似乎都是较为鄙视的态度。他们认为,波斯帝国的政治结构是一个高高在上的君主加上一批辅助他的臣子与将军,其他人则都是君主的"政治奴隶"。既然政治意味着公民对城邦公共事务的参与,古希腊人就不认为波斯帝国的统治和治理也是一种"政治"。在古希腊人看来,专制肯定不是政治的一种类型,专制根本就

---

① 托克维尔:《论美国的民主》上册,董果良译,北京:商务印书馆1989年版,第74、76页。
② 米诺格:《政治的历史与边界》,龚人译,南京:译林出版社2008年版,第2—3页

不是"政治"——只有城邦公民共同参与公共事务的活动才配得上政治的称谓。

米诺格还认为,古希腊政治传统或欧洲文明的一个关键特征是对私人领域和公共领域的区分。他进一步说:

> 一个众所周知的线索就是当前私人生活与公共领域之间的界限。私人领域指的是家庭生活以及个人良知的领域——个人良知即个人凭自己的意愿选择信仰和兴趣。这种私人领域存在的先决条件是:具有统治权威的国家公共领域支持着一个维护公民自主关系的法制体系。具有统治权威的公共法律体系对自己的权力进行限定,唯有这样的条件下,政治才能存在。①

有的读者或许会产生这样的疑问:米格诺的观点是否能反映目前国际主流学术界对政治的看法呢? 其实,《政治科学新手册》也认为:"'政治'以社会权力在约束条件下的行使为基本特征。"这意味着,如果没有约束条件,就没有政治,或者就不能称为政治。

> 我们认为,不受限制的权力是带有暴力性质的,并且是纯粹的和简单的。除了在一些退化的、极限的意义上事实可能如此之外,这完全不能算作政治权力的运作。纯粹的暴力更多是一种物理力量而不是政治。在我们看来,只有政治参与者行动的约束条件以及在这些约束条件下指导他们行动的策略,才构成政治的本质。②

可见,这部由美国主流政治学者编写的政治学手册,就明确区分了政治权力的运作与纯粹暴力的行使,跟上文提到的"政治中没有专制者的位置"的观点如出一辙。

1.5 西方的现实主义政治观

有人或许发现,上文介绍的西方传统对政治的解读过于理想主义,下面就介绍一些现实主义政治观。"政治应该是什么"跟"政治实际上是什么"是两个不同的视角。当古希腊城邦民主的时代终结之后,再讨论古希腊人如何理解政

---

① 米诺格:《政治的历史与边界》,第5页。
② 罗伯特·古丁、汉斯-迪特尔·克林格曼主编:《政治科学新手册》上册,钟开斌等译,北京:生活·读书·新知三联书店2006年版,第8页。

治并心向往之,更多的是一种规范意义上的东西。在现实世界中,政治并不经常是人们所设想或期待的某种理想主义类型。政治很多时候是冷酷的,甚至还充斥着暴力或血腥。

讨论政治的现实主义视角,就离不开意大利思想家马基雅维利,其名著是《君主论》。《君主论》表述的政治哲学,后来被称为"马基雅维利主义"。马基雅维利主义是指一种政治上的现实主义,它把政治和道德剥离开了。在马基雅维利者的眼中,政治是无关道德的。当然,马基雅维利主义如今更容易被理解成一种为了达到目的而不择手段的处世哲学。

马基雅维利生活在中世纪晚期的佛罗伦萨,他的基本观点是:扩大君主权力是当时意大利寻求政治出路的正确方法。因此,君主如何行事就变得非常重要。政治应该去道德化的一个例子是,马基雅维利认为,对扩大君主权力来说,统治者的恶行有时可以是好事,统治者的善行有时也可以是坏事。他这样说:

> 如果没有那些恶行,就难以挽救自己的国家的话,那么他也不必要因为这些恶行的责备而感到不安,因为如果好好地考虑一下每一件事情,就会察觉某些事情看来好像是好事,可是如果君主照着办就会自取灭亡,而另外一些事情看来是恶行,可是如果照办了却会给他带来安全与福祉。

这种观点就把道德和政治剥离开来了。马基雅维利还有很多著名的言论与观点,比如——

> 那些曾经建立丰功伟绩的君主们却不重视守信,而是懂得怎样运用诡计,使人们晕头转向,并且最终把那些恪守信义的人们征服了。

> (对君主来说)究竟是被人爱戴比被人畏惧好一些呢?抑或是被人畏惧比被人爱戴好一些呢?……如果一个人对两者必须有所取舍,那么,被人畏惧比受人爱戴是安全得多的。

> 因此,你必须懂得,世界上有两种斗争方法:一种方法是运用法律,另一个方法是运用武力。

> 君主既然必须懂得善于运用野兽的方法,他就应当同时效法狐狸与狮子。……君主必须是一头狐狸以便认识陷阱,同时必须是一

头狮子,以便使豺狼惊骇。①

很多人读到这里,感觉在道德上不太能接受。马基雅维利的观点则非常清楚,他说有些做法看上去不好,但对国家和君主有利,统治者就应该这么去做。所以,《君主论》被称为政治现实主义的代表作。值得提醒的是,国内对马基雅维利存在很多误解,要想完整地理解马基雅维利,必须要读他《君主论》以外的其他著作。

另一位现实主义学者是德国著名思想家马克斯·韦伯,他流传甚广的名著是《新教伦理与资本主义精神》,韦伯还是当时德国最重要的"公共知识分子"之一。韦伯1895年就任弗莱堡大学经济学教授时,做了一个题为《民族国家与经济政策》的演说,严厉地批评了当时德国的政治状况。要理解韦伯演讲的内容,首先要理解1895年的德国。德国当时的政治格局跟它的地理位置与历史进程有关。德意志历史上是长期四分五裂的,要从分裂变成统一,武力就非常重要。另外,德国西有法国、东有俄国这样的强邻,在地缘政治上充满了不安全感。所以,从黑格尔的国家学说到希特勒的法西斯主义,都可以在这样一个特定的历史与地理情境中找到某种缘由。

在这篇演讲中,韦伯认为德国处在危险当中。在他看来,德国在政治上是一个不成熟的民族,德国应该从经济民族转为政治民族,德国应该追求政治权力。这里的政治权力更多表现为国家与国家较量中的一种权力,它是政治实力的另一种表述。

在讨论了德国的边境问题以后,韦伯这样说:

> 说到底,经济发展的过程同样是权力的斗争,因此经济政策必须为之服务的最终决定性利益乃是民族权力的利益。……在这种民族国家中,就像在其他民族国家中一样,经济政策的终极价值就是"国家理由"。……我们提出"国家理由"这一口号的目的只是要明确这一主张:在德国经济政策的一切问题上,包括国家是否多大程度上应当干预经济生活,要否以及何时开放国家的经济自由化并在经济发展过程中拆除关税保护,最终的决定性因素端视它们是否有利于我们全民族的经济和政治的权力利益,以及是否有利于我们民族的担

---

① 尼科洛·马基雅维里:《君主论》,潘汉典译,北京:商务印书馆1996年版,第75、80、83—84页。

纲者——德国民族国家。①

在韦伯看来,民族生存是德国国家战略的核心问题。如果忽视这个问题,德国有可能面临覆灭的危险。大家会发现,韦伯是具有强烈焦虑感和现实主义视角的思想家,他不像古希腊人那样对政治充满美好的想象。作为独立国家的德国首先要生存下去,要在欧洲谋取生存和发展的空间,这是韦伯考虑的问题。

另一位德国现实主义学者是卡尔·施米特,他是德国20世纪著名宪法学家,但由于在第三帝国时期与希特勒政权过从甚密而备受争议。他在《政治的概念》中认为,政治的核心是"划分敌友"。施米特说:

> 所有政治活动和政治动机所能归结成的具体政治性划分便是朋友与敌人的划分。……
>
> 任何宗教、道德、经济、种族或其他领域的对立,当其尖锐到足以有效地把人类按照敌友划分成阵营时,便转化成了政治对立。②

在他看来,划分敌友问题才是政治的本质。基于这样的思考,施米特认为自由主义者对政治的理解是肤浅的,他本质上也是反自由主义的——他既不喜欢自由主义,也不认为自由主义是正确的。他这样说:

> 自由主义的系统理论几乎只关心国内反对国家权力的斗争。为了实现保护个人自由和私有财产的目的,自由主义提出了一套阻碍并限制国家和政府权力的方法。……由此,我们看到了一个完整的非军事化、非政治化的概念体系。③

这样,施米特认为,自由主义完全忽视了政治中划分敌友的问题。他认为,在处理德国内部事务问题上,魏玛共和国的自由派从1919年至1933年有差不多14年的时间,但自由派认为所有问题和冲突都可以通过自由协商讨论来解决。在施米特看来,这是自由派一种天真和幼稚的幻觉。

正是因为政治是划分敌友,关乎生死搏斗,所以政治斗争的方式并不总是和平竞争或自由协商,而完全可能是暴力角逐。施米特认为,人类社会总有一些事情最终无法用说服和沟通的方法来解决,而必须诉诸暴力手段。施米特在

---

① 韦伯:《民族国家与经济政策》,甘阳等译,北京:生活·读书·新知三联书店1997年版,第93页。
② 卡尔·施米特:《政治的概念》,刘宗坤等译,上海:上海人民出版社2004年版,第106、117页。
③ 同上书,第151—152页。

政治与暴力关系上的观点,跟他的基本政治观是一致的。如果政治是划分敌友,那么,当人群被划分为敌友之后,人们会采取什么手段来对待敌人呢?暴力就是一个自然而然的答案。①

上述讨论简要梳理了西方语境中的政治概念,特别是介绍了理想主义和现实主义对政治的不同解读。作者也希望借此提醒读者,观察世界有不同的方法和路径。每个人应该自己去判断和选择,从多样化的视角去理解政治、理解自己的国家以及不同肤色的人生活于其中的世界。

1.6 理解政治的当代观点

那么,如今国际主流学术界怎样定义政治呢?现代政治学教科书关于政治的定义不下数十种。哈罗德·拉斯韦尔认为,政治是关于"谁得到什么?何时得到?如何得到?"他还认为,政治是关于权力的配置和分享。戴维·伊斯顿认为,政治是关于"价值的权威性分配"。罗伯特·达尔则认为,政治是"影响力的运用"。按照他的说法,政治的核心因素是权力,而权力某种程度上就是影响力。弗兰克·古德诺从区分政治与行政的角度来界定政治,认为政治是国家意志的表达,行政是国家意志的执行。上面列举的是几种比较流行的政治定义。

安德鲁·海伍德认为,政治是"人们制定、维系和修正其生活的一般规则的活动",这里注重的是政治与一般规则之间的关系。海伍德还从四个角度理解政治,分别是:作为政府艺术的政治,即政治被理解为对国家事务的管理;作为公共事务的政治,即政治是人们对公共事务的参与;作为妥协和共识的政治,即政治被视为通过妥协、调解与谈判而非武力来解决冲突的方式;作为权力和资源分配的政治,即政治意味着对权力的争夺,甚至意味着压迫与征服。② 这是一种比较全面的解读。

杰弗里·托马斯在《政治哲学导论》中提出了一个多维度的界定政治概念的框架——政治的五因素模型(参见图1.2)。

---

① 关于马克斯·韦伯与卡尔·施米特作为政治现实主义者的重要性,笔者在很大程度上得益于北京大学李强教授的点拨。

② 安德鲁·海伍德:《政治学(第二版)》,张立鹏译,北京:中国人民大学出版社2006年版,第4—15页。

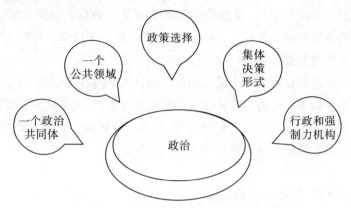

图 1.2 政治概念的现代理解：五因素模型

资料来源：杰弗里·托马斯：《政治哲学导论》，顾肃、刘雪梅译，北京：中国人民大学出版社 2006 年版，第 11 页，图 1。

这一框架从五个维度来界定政治：

第一，政治以政治共同体的存在为前提。没有政治共同体存在的时候，要么现代意义上的政治尚未产生，要么政治就沦为暴力角逐。今天的政治共同体一般是指国家，而政治是发生在这个共同体内的事情。

第二，政治产生在公共领域。这意味着存在公共领域与私人领域的区分。上文业已提及，政治不是发生在私人领域中，而是发生在公共领域中。

第三，政治与政治共同体经常面临的公共政策选择有关。每个政治共同体都会面临很多公共政策选择，比如：提高养老金的比例还是降低养老金的比例？提高退休的年龄还是降低退休的年龄？政府应该借更多的债还是借更少的债？武力解决国际争端还是和平解决？所有这些问题都涉及公共政策的选择。面对不同的公共政策方案，还存在政策竞争的问题，这些都跟政治有关。

第四，非常重要的是，政治还跟集体决策的形式有关。一个政治共同体的集体决策形式是威权方式，还是民主方式？这就跟政体有关。此外，同一种政体内部也存在具体的集体决策形式的差异。比如，议会制和总统制就是两种差异较大的集体决策形式。集体决策形式的差异会产生不同的政治效应。

第五，政治离不开行政机构与强制力机构，行政机构主要是指一般的政府官僚系统，强制力机构主要是指军队与警察。这些机构关系到国家的实际执行力与强制力。所以，行政机构或官僚体系以及军队与警察等暴力机构也是政治的核心问题。

综上所述，政治可以被理解为发生在一个国家或政治共同体内部的公共领域、涉及采取何种集体决策形式来对公共政策做选择，并以官僚机构和军队警察作为强制力支撑的一系列活动。这大概就是今天对政治概念的解读。

【推荐阅读书目】

安德鲁·海伍德:《政治学(第三版)》,张立鹏译,北京:中国人民大学出版社 2013 年版。

迈克尔·G.罗斯金等:《政治学与生活(第 12 版)》,林震等译,北京:中国人民大学出版社 2014 年版。

罗德·黑格、马丁·哈罗普:《比较政府与政治导论》,张小劲等译,北京:中国人民大学出版社 2007 年版。

第 2 讲 政治学：智者如何思考？

到这里我们一致同意：一个安排得非常理想的国家必须妇女共有、儿童共有、全部教育共有。……他们的王则必须是那些被证明为文武双全的最优秀人物。

——柏拉图

在没有一个共同权力使大家慑服的时候，人们便处在所谓的战争状态之下。这种战争是每一个人对每个人的战争。

——托马斯·霍布斯

当立法权和行政权集中在同一个人或同一机关之手，自由便不复存在了；因为人们将要害怕这个国王或议会制定暴虐的法律，并暴虐地执行这些法律。

——孟德斯鸠

但是政府本身若不是对人性的最大耻辱，又是什么呢？如果人都是天使，就不需要任何政府了。如果是天使统治人，就不需要对政府有任何外来的或内在的控制了。在组织一个人统治人的政府时，最大困难在于必须首先使政府能够管理被统治者，然后再使政府管理自身。毫无疑问，依靠人民是对政府的主要控制；但是经验教导人们，必须有辅助性的预防措施。

——亚历山大·汉密尔顿

2.1 岛屿的寓言：谁之统治？何种秩序？[①]

这一讲从一个小小的实验开始。假定我们正在大学教室里上课，课堂上共有 120 位学生和作为大学教师的我，突然，教室里的所有人被一股神秘的力量弃置在太平洋深处的一个岛屿之上。这个岛屿无人居住，有数十平方公里大小，岛上有淡水、森林、花草、鸟类和小兽。此外，我们永远都跟外界失去了通信和交通联络，既不会有国际救援组织来搜寻我们，也不再能够使用手机或者互联网。我们唯一的可能是靠自己的力量在岛上生存下来。

如果发生这种情况，那么接下来，你认为我们首要的问题是什么？大家如何思考这个问题？从经验来看，可能会有几种不同的代表性观点。不妨把几种可能的意见记录在下面。

有人认为：

> 首要的是解决如何分配资源的问题。一下子穿越到一个无人小岛之上，大家首先面对的就是生存的渴望和对未知的恐惧。这种情况下，出于人性的本能，大家可能会为了争夺生存资源而发生内斗。一旦发生内斗，那么我们在这个岛屿上生存的概率就更低。所以，首先要解决的问题是建立一种合理的资源分配机制。

有人说：

> 我们首先应该选出一个领袖。因为一群人在这个岛上，有些人会想先去寻找食物，有些人会想先去寻找水源，可能还会出现突发的紧急状况，如果众人各有主张的话，我们可能会陷入危机当中。所以，应该有一个领袖来统领大家，他能代表众人来做决定。

有人则强调：

> 最重要的应该是分工和产权，明确分工和界定产权是关键。资源分配固然很重要，但我们现在应该还没有什么资源。我认为，每个人都应该干什么才是最重要的，需要建立一个分工的制度。另外，怎样界定产权也是一个重要问题，是先见先得的私人产权制度，还是大家共有的产权制度安排？这个也非常重要。

[①] 这一节曾刊载于《东方早报》2013 年 9 月 24 日。

还有人并不同意上述观点，他这样说：

>首先要解决的问题是建立一个合理的生存秩序。处在这样一个岛屿之上，我们从长远来说需要解决生产和繁衍的问题，从近期来说需要解决每个人的安全问题。如果我们没有建立起一个合理的秩序，那么无论是安全，还是生产或繁衍都是不能实现的。

上面几种主张各不相同。无疑，这些问题都很重要。但是，到底什么是首要的问题呢？

有人会想，突然穿越到太平洋的一个海岛上其实是一件很惬意的事情。空气清新，风景如画，白色的沙滩加蔚蓝的大海，听上去似乎是一个不错的选择。但是，问题接踵而至，最大的问题可能是没有政治秩序了。固然，上面几位同学的看法都很重要，但这些问题都跟一个更根本的问题有关，那就是构建政治秩序的问题。

无论是资源分配也好，还是领袖也好，或是分工和产权也好，当然还有更接近的表述即生存秩序的问题——如果没有一个基本的政治秩序，其他问题都无法解决好。更现实地说，如果没有一个基本的政治秩序，上面提到的内斗与暴力的问题，甚至是互相残杀问题，都有可能会出现。按照英国政治哲学家霍布斯的说法，就可能会陷入每一个人与每一个人的战争状态。所以，首要的问题是我们应该构建一种怎样的政治秩序。

那么，在这样一个岛屿上，在原先的政治秩序消失之后，我们应该构建一种怎样的政治秩序呢？任何政治秩序首先要解决统治的问题，统治方式的差异也决定着政治秩序的差异。那么，可能的统治方式是什么？如何决定由谁来统治呢？

有人提出来，要不要遵循传统来统治呢？换句话说，过去怎样，我们现在也怎样。在这个教室里，讲台上的老师是较有权威的人。现在突然穿越到一个岛屿上，有人提出来，我们要不要基于这样的传统来进行统治呢？过去，讲台上的老师给我们讲课；到了这个岛屿上，还是让老师说了算行不行？当然，有人可能会质疑：老师可能做学问还不错，讲课还可以，但统治岛屿和领导众人到底行不行？但同时，还有人考虑得比较现实。他们认为，尽管讲台上的老师未必是一个完美的统治者，却是现实当中一个"可得的"统治者。因为如果换一个人的话，很多人可能会不服，可能会提出巨大的异议，可能引发严重的冲突，这样我们在岛上生存的概率就会降低。基于传统进行统治，就是遵循"历来如此"的惯例：我们过去怎么统治，现在还怎么统治。

第 2 讲 政治学：智者如何思考？

先假定我们遵循传统进行统治，讲台上的老师成了统治者，接下来大家最关心的是什么呢？估计大家不再会关心我是否有学术能力和是否善于授课，大家最关心的应该是：我是不是一个公正的统治者？与智慧、学识、才干、精力相比，一个统治者是否公正可能更为重要。

那么，我是不是一个公正的统治者呢？我能不能建立一种公正的秩序呢？这种公正的政治秩序应该让每个人都得到合理的份额，让众人各安其位、各尽其责。在此基础上，我能不能建立起一套有效的为众人服务的行政机构？还有，我能不能做到知人善任和用人所长呢？比如说，能不能请强健有力的人来负责治安？能不能请富有管理才干的人来负责行政？能不能让为人公正且懂得规则的人来负责司法？能不能请学识渊博的人来负责下一代的教育？能不能请技艺高超的人修建房屋和船只？这些，可能都是大家非常关心的问题。

也许一开始我干得还不错，我要求自己努力成为一个公正而有为的统治者，做到了众人所期望的一切。那样，尽管在这个岛上并不富有，但我们能拥有基本的安全和秩序，有必需的食物可以充饥，有结实的木屋可以御寒，众人能够安居乐业。如果这样的话，大家会满意现状吗？大家会认同讲台上的老师作为统治者的所作所为吗？

我想，应该有不少人会表示赞同。但是，即便我作为统治者做到了刚才所说的一切，大家会发现仍然有不少的问题。比如，也许我在短期内（可能两三年）做得很好，那是因为存在迫在眉睫的共同危险。我们首先必须要建立一个政治秩序，必须要形成一个共同体，才能在这个新的岛屿上生存下去。但接下来的问题是，我会不会一直是一个公正而有为的统治者呢？

我是一个普通人，我身上具有所有人与生俱来的弱点。成为统治者以后，我完全可能变得贪图享乐和不知节制，我甚至变得贪婪、骄横和暴虐。当我建立了护卫机构（也就是军队警察部门）和官僚机构以后，就拥有了强大的统治力量，拥有了压制反对意见和反对派的强制力。这样，我可能开始不太在乎众人的意见了，不再去认真倾听大家的诉求了，过去的约束机制也不再起作用。久而久之，我的私欲会进一步地膨胀，我甚至喜欢所有人都来讨好我。这是完全有可能发生的事情。如果一个统治者发生了这样的蜕变，我就偏离了一个公正而有为的统治者的标准。结果是，这个岛屿上已经创造出来的政治秩序就会逐渐败坏掉，整个治理就会变得越来越糟糕，众人开始发出抱怨、甚至是反抗的呼声。

当然，可能还存在第二种更好的情形。穿越到这个岛屿上以后，我一直是一位非常自制的统治者。经过两三年时间，我带领大家实现了刚才所设想的良好秩序和有效治理。此后,我还时刻提醒自己要成为一个卓越的统治者,要努力做到深谋远虑、公正守法和自我克制。如果一个统治者一直能这样做,岛屿更有可能实现长治久安。但即便如此,统治的问题仍然没有从根本上解决。

任何一个统治者都会死,统治者死了又该怎么办呢?比如,我作为统治者有一天死了,那么这个岛屿又该怎么办呢?我们仍然面临由谁来统治的问题。有人会说,你不是有儿子或女儿吗?是不是让你自己的后代来直接继承统治者的位子呢?还有人会说,要不要请老师来指定下一任的统治者?在单个统治者可以说了算的政治秩序里,这些都是可能的选项。但是,总的来说,当一个优秀、开明、自制、公正、有为的统治者去世以后,问题总会反复地出现,正如我们在历史上所看到的那样。

所以,大家会发现,基于传统的统治方式总会存在问题,没有人能保证一个政治共同体一直能拥有一位公正而有为的统治者。

这时,也许有人在想,要不要试试另一种办法?如果有一天统治者年岁已高,丧失了履行统治的能力,或者干脆死了,有人提出来我们要不要尝试根据第二种原则来选择我们的统治者?这种原则要求选择那些具有卡里斯玛特质的人来担任统治者——这里的卡里斯玛是德国思想家马克斯·韦伯的概念,即所谓超凡魅力型的统治者。

我们教室里也许有一位同学恰好符合卡里斯玛型人物的特质。这位同学不仅学识渊博、才华横溢、器宇轩昂,而且具有令人愉悦的个性。这位同学不仅本身出类拔萃,而且还具有鼓舞人心的力量。这样一个人就具有了令众人折服的魅力,恐怕可以被称为岛屿上最具魅力、众望所归的人物。既然原先的统治者会老去,有人提议就不妨根据卡里斯玛原则来选定一位超凡魅力型的领袖。这种主张应该会有相当的市场,既然我们必须被统治,那么为什么不找一个具有超凡魅力、众望所归的人来领导我们呢?这种见解无疑是有理的。

但问题是,一个魅力型统治者会不会更好地统治这个岛屿呢?我们可以设想一下,假定教室里的某一位同学符合这样的要求,属于具有超凡魅力的人物,这个教室里的多数人倾向于让他来做我们的统治者。但是,当他从一个众人意向中的统治者变成一个实际的统治者时,随着他身份的变化,他的心态和行为都可能会发生巨大的变化。无法回避的问题仍然是:成为统治者之后,这位具有超凡魅力的人物会不会变得贪婪?会不会破坏已有的公正规则?会不会丧失原本具有的美好品格?再进一步说,他会不会有一天变成一个暴君?大家会发现这是完全可能发生的事情。如果是这样,由于这位统治者是一位超凡魅力人物,所以他对岛屿造成的危害可能还比普通统治者为大。

很多历史就是这样重复的。一开始,出现了一个众望所归的超凡魅力型领袖,众人对他抱有很高的期待;然后,在这位卡里斯玛型领袖统治五或十年后,大家发现他变得越来越糟糕了,甚至完全沦为一个暴虐的统治者。这样,众人不再能够心悦诚服地找到"服从的道理";相反,很多人甚至开始寻找"反抗的缘由"。此时,岛上肯定会流传很多私下的或公开的对统治者表示不满的传闻,关于这位统治者胡作非为的半真半假的"谣言"也会遍布整个岛屿。实际上,到这种地步,这位卡里斯玛型统治者的合法性已经削弱,甚至完全丧失了。

就在这个时候,岛上的护卫队在政治上变得越来越重要。如果我们是一百余人的共同体(暂不考虑人口繁衍因素),有一个五到六人的护卫队就可以了。护卫队成员是体格比较强健的人,而其中最强者是护卫队的队长。比较碰巧的是,这位队长不仅身强体壮,而且还有相当的领导力。听到民怨沸腾的呼声之后,他觉得这个岛屿再也不能让这样一位统治者继续统治下去了。

于是,在某一个月黑风高的夜晚,他说服护卫队的其他五位成员,发动了一场政变。他们把这位原本具有超凡魅力的统治者囚禁起来了,或者用一条独木舟把他流放出去,或者就直接处死了。然后,这位护卫队长还发表了一个简短的政治声明。政治声明这样说:

> 尽管我们的岛屿过去在这位统治者的领导下,曾经有过令人倾慕的生活,但随着时间的流逝,他变得越来越贪婪、无能和败坏。如今,他实际上已经沦为一个暴君。我们现在再也不能忍受他的统治了,所以我们必须要用正义的力量推翻他。我们推翻他没有别的目的,目的就是要重建本岛的公正与秩序!

这个消息传出去后,在很短的时间内,很多人跑到岛屿的广场上去庆祝和欢呼,因为一种忍无可忍的统治终于结束了,一个暴虐的统治者终于被推翻了。但问题是,新的统治会比旧的统治更好吗?新的统治者会比旧的统治者更优秀吗?大家不要忘记,新建立的政治秩序的基础是什么?暴力。实际上,政治游戏的规则已经变成了"谁有力谁统治"。在一个一百余人的共同体中,如果有一个六人或八人的护卫队,他们本身体格强健,又能组织在一起。这样的话,我们其他人就很难去挑战他们。所以,这位过去的护卫队长靠着这个武力组织,就能建立起对这个岛屿的统治。

那么,大家对这种统治抱有多少期待呢?这位护卫队长既可能会成为一个优秀仁慈的独裁者,又有可能成为一个腐败骄横的独裁者。一句话,他既可能成为明君,亦可能成为暴君。但是,即便他是一个开明君主,仍然不能解决他死之后的统治问题。

此外,这种直接基于强力的统治还有一个问题。这位护卫队长自己成为统治者之后,他还要任命一位新的护卫队长。由于过去这场政变,护卫队长成了一个政治上极重要的职位,因为他直接控制着暴力工具。由于这位统治者的职位本身就是在护卫队长这个职位上通过政变而获得的,所以,他会时刻提防新的护卫队长是否会发动政变。为了稳妥起见,他甚至可能设立两个护卫队:左护卫队和右护卫队,使他们保持权力的均衡。那么,这种均衡会很稳定吗?这个就很难讲了。如果出现更强有力的护卫队长,他就完全可能通过政变取代现有的统治者。另外,现有的统治者终有一天会年老体衰,这也会加大下一次政变的风险。

所以,美国政治思想家汉密尔顿在《联邦党人文集》的第一篇就提出了一个严肃的问题:"我们人类社会是否真正能够通过深思熟虑和自由选择来建立一个良好的政府,还是他们永远注定要靠机遇和强力决定他们的政治组织。"这里的机遇就是运气,强力就是暴力。这个问题是汉密尔顿在1787年致纽约州人民的信中提出来的。这个问题还可以拿来问教室里的每一个人,所有人都应该去思考这个问题。

我们再回到岛屿之上。如果上面讲到的政治情形不断重复,也许有一些人会开始更深入地思考政治问题。其中一些人也许活得比较长寿,他们见多识广,过去又受过政治学或法学训练,这样他们的思考也许更有价值。随着时间的流逝,其中一位长者开始觉得对这个岛屿上的很多事情大彻大悟了,所以,他就开始在一些私下的场合不停地唠叨一个道理。他想要说的道理是什么呢?这位长者这样说:

> 我们岛屿的统治再也不能沿袭过去的做法了,无论基于传统、基于卡里斯玛还是基于暴力,政治上都是不可靠的。这几种统治方式都无法带来真正的善治和实现长治久安。很多人对我们这里过去发生的事情都是亲眼所见,比如,统治者开始可能是好的,但后来就变坏了;上一任统治者可能是好的,但下一任统治者就变坏了;更不用说统治者与统治者权力交替时发生的一幕幕惨不忍睹的悲剧了。所以,我们再也不能这样过了。

当这样一位长者不断地跟岛上的众人去阐发这些道理的时候,有人可能会来向他继续请教:"先生,您说我们应该怎么办呢?照您的说法,我们怎样才能在岛上构建优良而长久的政治秩序呢?"这位长者说出了下面这样一番话:

第2讲 政治学：智者如何思考？

我们岛屿的统治应该要基于法理。惟有法理型统治，才是真正的长久之道。那么，什么是法理型统治呢？可能岛上的很多年轻人没有听过这个说法。事情还要从很久以前说起。

老朽来到这个岛屿之前——大概是几十年前了，跟大家曾经生活在一片大陆上。在那片大陆上，存在着不同的统治方式和政治秩序，它们有的非常优良，有的并不理想，有的则糟糕之极。但是，根据老朽的观察，凡是最优良的政治秩序都是法理型统治。观察了本岛过去数十年政治上的起起落落和治乱兴衰，老朽更确定无疑地以为，只有法理型统治才能真正改善本岛的政治状况，才会有利于本岛长久的福祉。

你们现在肯定很关心什么是法理型统治。简单地说，法理型统治要遵循三个原则：

第一个原则是，不管谁统治，首先要建立基本的规则。这个基本规则决定了无论是谁掌握政治权力，他只能按确定的规则来统治，统治者不能随心所欲、为所欲为。我们应该把一个确定的规则放在谁来统治这个问题之前。就像过去英格兰的著名法学家柯克爵士对当时的英格兰国王所言：国王啊国王，您尽管在万人之上，但仍然在上帝与法律之下。所以，基本的法要优先于统治本身，基本的法要优先于统治者本身。这种传统过去被称为"立宪主义"。我们首先要明确基本规则，明确统治者和统治机构能够做什么和不能做什么，然后再来讨论谁来统治和具体如何统治的问题。

第二个原则是，所有岛上公民的基本权利要有切实的保障。无论谁做统治者，他都不能破坏岛上公民的基本权利，其中最重要的是生命权、财产权与自由权。统治者的暴虐与对公民权利的侵害，往往是一个硬币的两面。当公民权利得到确定无疑的保护时，统治者也不应该和不能够为所欲为了。这样，统治者也更有可能成为优秀的统治者，岛上公民们才能获得一种有保障的生活。

第三个原则是，要通过一种和平的、寻求岛上多数公民支持的方式来选择统治者。当然，这意味着一种投票制度，但投票制度的具体形式则存在多种选择。一种办法是直接选举，所有岛上的成年公民——比如，18岁或20岁以上——可以在一个预先确定的时间，到广场上来投票决定未来两年中谁将成为我们的统治者，这是一个办法。但也有人会对这种选举方式表示担忧，众人真的能选出对本岛有益的领袖吗？他们的主要顾虑是，这里的好多年轻人没有政治经验，可能缺少政治判断力。因此，让所有18岁以上的公民来直接选举统治者，未必是一个审慎稳妥的做法。那么，怎么办呢？我们还可以先让18岁以上的公民选出一个议事机构——比如15位或25位公民代表，再由这个议事机构来决定谁将成为我们岛屿的统治者。我估计，大家会选择更有能力和智慧的年长公民来组成议事机构，这样可能会形成更审慎的决定。

当然，法理型统治的具体安排要比这三条原则复杂得多，但老朽以为这三条原则是最重要的。实际上，过去数十年中我们岛屿已经尝试多种统治方式和政治秩序，结果都不能令人满意。所以，我们现在的出路只有一条，那就是法理型统治。惟其如此，本岛才能长治久安。

如果你是岛上一位公民，听到长者这一番语重心长的话，再去思考本岛过去政治上的纷扰，你会不会赞同这位长者的见解呢？用他所倡导的法理型统治原则来构建我们岛屿的政治秩序，是否更合理呢？

这位长者的见解在岛上激起了很多秘密的讨论，尤其是那些富有经验的年长公民对此讨论更为热烈。一部分人说，在尝试了诸种并不理想——最后往往很糟糕——的统治方式之后，法理型统治是本岛唯一的出路。若不能实行法理型统治，本岛将继续在一批优秀的统治者与一批糟糕的统治者之间来回摇摆，将无法摆脱这种治乱交替的命运。

但另一部分人则认为，这种法理型统治的政治秩序固然是"可欲的"，但是它也是"可得的"吗？住在岛屿另一头的另一位年长智者就持有这种见解。他这样说：

> 听到上面那位老先生的见解，我感到有些忧虑。我已经同他争论好多年了，你们众人还是不要轻信了他的看法。在我们曾经生活的那片大陆上，出现过很多类似的情形。有的国家就采用刚才那位老先生倡议的方式来构建政治秩序。固然，有的国家实施得非常之好，但有的国家实施下来却是一场政治悲剧。照我看来，一个地方的政治如何，完全不取决于他们所实施的制度，而取决于实施这些制度的人。他们有什么样的人，比他们有什么样的制度，往往更重要。
>
> 在那片大陆上——如果我没有记错的话——有不少国家实行这种法理型统治的政治秩序后，并没有得到他们想要的结果。如果你

让公众投票来决定谁统治他们，结果是该国的精英阶层马上四分五裂了，形成大量的派系。富人有富人的派系，穷人有穷人的派系；有神论者有有神论者的派系，无神论者有无神论者的派系；甚至东南西北的人群还各有各的东南西北的派系。结果是，一开始各个派系之间只是互相竞争，到后来有的就变成互相恶斗了。在不少国家，投票活动常常都演变为暴力角逐。极常见的情形是，那得势的一方往往想方设法压制失势的一方，而那失势的一方总喜欢制造混乱的局面，使那得势的一方也难以统治。那样的话，不要说好的治理，就是连和平与秩序都难有保障了。

所以，要以我的经验来看，统治的问题，不是你想要怎样设计就能怎样设计。实际上，现有的政治就是我们这些年来自己造成的。不是我过于悲观，我只是一个务实的人。要我说，我们大概只能在现有的状态里生活。你们若问我如何变得更好，我直接的想法是我们可能很难有办法变得更好。我知道，你们未必同意我的见解，特别是那些憧憬未来的年轻人。但是，你们也要知道，人本身就有缺陷，所以人类社会怎么可能没有缺陷呢？

岛屿的故事讲到这里，大家又怎么看待这个问题呢？我们的讨论没有标准答案，政治不是数学，很多时候并不存在唯一的最优解。我只希望，诸位都能有自己的判断。

两位年长智者关心的是同一个问题：一个社会如何构建合理的政治秩序？然而，前者更多关注"什么是可欲的政治秩序"，后者更多关注"什么是可得的政治秩序"。用更学理的方式来说，第一个问题是我们在岛上应该构建何种政治秩序？第二个问题是我们在岛上能够构建何种政治秩序？前者是"应然"的问题，关注应该怎样；后者是"实然"的问题，关注事实怎样。诸位现在应该很清楚地知道，这两种思考问题的路径差异很大。

的确，当思考我们应该拥有何种政治秩序的时候，还必须考虑我们能够拥有何种政治秩序。如果回到经验世界，大家还会发现，一种政治秩序的构建较少取决于智者的思考，较多取决于政治参与者的行动。不是政治哲学原理决定了一个国家的政治秩序是怎样的，而是主要政治集团的观念、行为、选择以及互相之间的政治博弈决定了一个国家的政治秩序是怎样的。这正是现实政治的冷峻之处！

如果想做进一步的讨论，我们还可以超越一个岛屿的政治秩序问题，转而来思考诸岛竞争的问题。假定今天不只是我们这样一个班级和教室，而是我们有五个类似的班级和教室,每个教室里都有一位老师和 120 位学生,同样的规模,类似的男女比例,大家的智商和知识程度相当。此时,我们突然被一股神秘的力量同样弃置在太平洋深处五个规模与资源相当的不同岛屿之上。然后,经过 50 年、80 年、100 年的时间,那个时候的造船技术或别的技术也许发达一些。我们五个不同的岛屿能互相接触、彼此发现对方的时候,就存在一个诸岛竞争的问题。

那么,是什么因素决定了 50 年、80 年、100 年以后,我们的岛屿可能会比别的岛屿更富有和发达一些呢?我们当年的人口条件是相当的,岛屿的资源条件也是相当的。那么,是什么因素决定了诸岛发展程度的差异呢?

倘若我们的岛屿是其中最发达的一个,如果开放签证的话,其他岛屿的公民可能很乐意来我们的岛屿经商或者工作,乐意让他们的子女来我们这里接受教育,而我们会给他们当中条件较优秀的人发放绿卡,或者长期居留证。如果是这种情形,我们必须要问:我们是凭什么胜出的呢?因为有的岛屿可能跟我们完全不同。最糟糕岛屿的公民们发现还有别的岛屿之后,甚至还会发生大规模的逃亡。为什么诸岛之间会形成如此巨大的差异?如果深入探究,大家应该能发现,这种差异的根源在于政治秩序的不同。到那个时候,作为学者的我如果还活着的话,也许还能写出《岛富岛穷》或《为什么有的岛屿会失败?》这样的学术畅销书。

总的来说,政治秩序的好坏,直接关系到一个岛屿的福祉。每个人的生活好坏,每个人的职业成就高低,每个人的才干知识是否有用武之地,每个人是否具有努力工作的动力,每个人是否珍惜自己的德行与名声,每个家庭是否更安稳和幸福,整个社会是否拥有和平与安定,所有这些方面都跟岛屿的政治秩序有关。政治秩序的优劣,除了关系到一个岛屿的福祉,还关系到诸岛之间的竞争。一种优良的政治秩序,更能使一个社会产生发达的文明和强大的竞争力,从而使得这个岛屿不仅不会落后,反而还会遥遥领先,成为诸岛竞争中的胜出者,成为人类文明的领导者。

上面讲的故事尽管只是一个政治寓言,但这大概跟人类社会过去上千年走过的道路是有关系的。如何构建合理的政治秩序,是人类政治生活的基本问题。政治学思想与研究的演进,很大程度跟这个问题有关。

2.2 什么是政治学?

人类为了生存而过着群居的生活,有效的群居生活需要一定的社会组织和权威机构。刚才关于岛屿的情境研讨中,有人担心人性中恶的一面会泛滥,那怎么办呢?这就需要一个具有权威的机构。自古以来,就有少数人开始基于理性思考人类社会的政治权力、政治制度和政治秩序问题。在中国,春秋战国时期的诸子——特别是孔子、韩非子和老子——是其中最出色的思考者。在西方,古希腊的苏格拉底、柏拉图和亚里士多德等人则是最早思考这些问题的人。

最早的政治学通常被认为是哲学或历史学的分支,其主要的目的是发现人类社会构建政治秩序的基本原则。比如,柏拉图和亚里士多德的政治著作探究的主要问题就是:一个人类共同体应该立足于何种原则构建何种政治秩序?在古希腊的传统中,这是早期政治思考的主要问题。

一般认为,政治学作为一个学科经历了三种不同的传统,分别是哲学传统、经验传统与科学传统,这大概勾勒出了政治学的发展脉络。① 第一种是哲学传统。哲学传统重视规范研究,更多地进行哲学思辨式的探索,关注应该怎样的问题。比如,柏拉图和亚里士多德都问过类似的问题:什么是最优良的政体?什么是善的城邦?什么是善的社会?应该由谁来统治呢?这些问题一般都是规范性思考。他们更多地以哲学思辨方式来研究应该怎样,其核心仍然是人类社会应该构建何种政治秩序。

第二种是经验传统。经验传统关心的不是应该怎样,而是现实世界中的不同国家、不同城邦、不同政体的政治实际上是怎样的。这种研究以经验事实为基础,关注的"是什么",而非"应该是什么"。亚里士多德是政治学经验研究的开创者,他的《政治学》和《雅典政制》两本书关心的是当时希腊诸城邦不同政治体制实际上是怎样的。当然,在亚里士多德的著作中,还可以找到很多与应该怎样有关的内容。

后来,又兴起了第三种传统即科学传统。应该说,科学传统并不是独立于经验传统的路径,而是在经验研究中更多地采用科学方法。科学革命以来,牛顿和达尔文等自然科学先驱也为社会科学的发展开辟了道路。在科学传统中,学者们更关心对因果关系的探究,即何种原因导致何种结果,通常还包括对因果机制与过程的解释。好的社会科学研究基本上都是从问为什么开始的,关注的是为什么某种特定的原因会导致某种特定的结果。关于政治科学的研究方法,最后一讲会专门介绍。

从时间上说,哲学传统出现最早。到今天为止,政治学研究的哲学传统仍

---

① 关于这三种传统更详细的介绍,参见海伍德:《政治学(第二版)》,张立鹏译,北京:中国人民大学出版社 2006 年版,第 15—18 页。

然保留着。经验传统起源于亚里士多德,比较鼎盛的时期大约是 19 世纪。20 世纪之后,政治学研究更多地走向科学传统,政治学研究更加专业化,政治科学成为整个政治学研究的主流。如果今天去看美国排名最靠前的政治学学术期刊——比如《美国政治科学评论》(American Political Science Review)、《美国政治科学杂志》(American Journal of Political Science)等,大家会发现很多论文的数理化程度非常高,里面有大量的模型、数据和定量分析等。这也佐证了政治科学是目前政治学研究的主流。

那么,今天的政治学研究包括哪些主要领域呢?按照欧美一流大学政治学的学科体系,政治学通常包括四个主要领域:第一个领域是政治哲学,有时又被称为政治理论——特别是在英国。政治哲学关心的仍然是自西方的柏拉图和亚里士多德以及中国的孔子和韩非以来经久不衰的重要问题,包括:应该建立何种政治秩序?什么是最优良的政体?如何看待自由?自由和权威是何种关系?如何看待民主?个人和群体应该是何种关系?什么是正义?政治哲学研究经常借助思想史的方法,即探究政治思想史上不同重要人物对这些问题的观点,并对这些观点进行梳理和比较。思想史之所以重要,是因为今天大家所思考的问题通常都是过去的杰出头脑反复思考过的。当然,政治哲学研究还有其他方法,比如罗尔斯的《正义论》是一部从政治哲学视角探讨正义问题的杰出著作。

第二个领域是比较政治学,这是目前政治学研究最重要的领域。比较政治学是对不同国家和地区的政体制度、政治运行、公共治理与治理绩效的比较研究。最近二三十年的比较政治学非常重视与政体有关的研究。除了政体,比较政治学还关心很多其他的重要议题。比如,在 20 世纪 60、70 年代,学界就关心为什么有的国家政治稳定而有的国家政治不太稳定——这是关于政治稳定的研究。目前,在欧美的一流大学,比较政治是一个规模较大的研究领域。

第三个领域是本国政治。在美国,本国政治就是美国政治;在中国,本国政治就是中国政治。有人认为,本国政治研究是比较政治学的一部分。本国政治研究,不过是用比较政治学的理论与方法来研究自己的国家而已。那么,为什么本国政治通常又被归入一个独立的研究领域呢?主要是两个原因:一是任何政治学研究都存在"以我为主"的问题,所以本国政治研究通常会跟国别比较研究区别开来;二是本国政治研究一般会做得比较精细,不仅论文和著作的产量非常大,而且通常会比跨国研究更为专门和深入。

第四个领域是国际政治,又称国际关系。这是很多人都会关心的领域。对中国来说,中美关系、中欧关系、中俄关系以及中国与东亚、东南亚邻国的关系都是极重要的国际关系,也是国际政治研究的内容。当然,国际政治研究不只是关心本国与他国的国际关系,同时还研究别的国家和地区之间的国际关系。比如,利比亚发生内战以后,为什么法国会首先卷入,这也是国际政治关心的问题。

在欧美一流大学中,政治学一般被划分为上述四个领域:政治哲学、比较政治、本国政治和国际政治。当然,有人认为,政治经济学研究日益成为政治学中成长较快的专门领域之一。这里的政治经济学不是大家过去熟悉的马列主义政治经济学,而是一个政治和经济交叉研究的领域。在国内,朱天飚所著的《比较政治经济学》一书对此有系统介绍。① 此外,还有人把政治科学的研究方法作为一个专门的领域去研究。这个问题也非常重要。

2.3 古希腊与古罗马的传统

从这一节开始,本讲将会对西方从古希腊至今的政治学脉络做一概要介绍。西方的政治学传统可以追溯至古希腊。两位古希腊历史学家希罗多德和修昔底德就讨论过政治学的基本问题,被视为西方政治学的重要源头。上文业已提及,政治学最早被视为历史或哲学的分支。希罗多德所写的古典历史名著《历史》,主要记述的是古希腊与波斯帝国的战争。对于希罗多德《历史》一书是否可信,国际历史学界充满争议,暂且不论。但希罗多德在这部书中阐述了很多政治观点。特别是,他记录了波斯帝国内乱以后几位主要政治人物对于政体问题的讨论,这是有文字记载的政体类型学的最早起源。事件的背景是公元前6世纪波斯帝国发生内乱,内战结束后几个主要政治人物围绕建立何种统治秩序展开了争论,其中的代表人物是欧塔涅斯、美伽比佐斯和大流士。

欧塔涅斯是民主制的支持者、独裁制的反对者。他认为独裁统治带来了种种坏处,主张让全体波斯人参与国家的统治和管理。他这样说:

> 我以为我们必须停止使一个人进行独裁的统治,因为这既不是一件快活事,又不是一件好事。……当一个人愿意怎样做便怎么做而对自己所做的事情又可以毫不负责任的时候,那末这种独裁的统治又有什么好处呢?把这种权力给世上最优秀的人,他也会脱离他正常的心情的。……不过,相反地,人民的统治的优点首先在于他的最美好的名声,那就是,在法律面前人人平等。其次,那样便不会产生一个国王所容易犯的任何错误。一切职位由抽签决定,任职的

---

① 朱天飚:《比较政治经济学》,北京:北京大学出版社2006年版。

人对他们任上所做的一切事情负责,而一切意见均交由人民大众加以裁决。因此我的意见是,我们废掉独裁政治并增加人民的权力,因为一切事情是必须取决于公众的。①

美伽比佐斯并不看好民主制,他是寡头制的拥护者。他既不信任独裁的君主,亦不信任普通大众。他这样说:

> 我同意欧塔涅斯所说的全部反对一个人的统治的意见。但是,当他主张要你把权力给予民众的时候,他的见解便不是最好的见解了。没有比不好对付的群众更愚蠢和横暴无礼的了。把我们自己从一个暴君的横暴无礼的统治之下拯救出来,却又用它来换取那肆无忌惮的人民大众的专擅,那是不能容忍的事情。……只有希望波斯会变坏的人才拥护民治;还是让我们选一批最优秀的人物,把政权交给他们罢。②

大流士是后来波斯帝国历史上最重要的人物之一。在当时,大流士认为应该推行独裁统治,理由在于无论民主制还是寡头制都会带来不好的结果,而等到这种结果显现的时候都要靠独裁制来解决问题。他这样说:

> 现在选择既然在这三者之间,而这三者即民治、寡头之治和独裁之治之中的每一种既然又都指着它最好的一面而言,则我的意见,是认为独裁之治要比其他两种都好得多。没有什么能够比一个最优秀的人的统治更好了。……若实施寡头制,则许多人虽然愿意给国家做好事,但这种愿望却常常在他们之间产生剧烈的敌对情绪,因为每个人都想在所有人当中为首领,都想使自己的意见占上风,这结果便引起了激烈的倾轧,互相之间的倾轧产生了派系,派系产生流血事件,而流血事件的结果仍是独裁之治;因此可以看出,这种统治方式乃是最好的统治方式。再者,民众的统治必定会产生恶意,而当在公共的事务中产生恶意的时候,坏人便不会因为敌对而分裂,而是因巩固的友谊而团结起来;因为那些对大众做坏事的人是会狼狈为奸地行动的。这种情况会继续下去,直到某个人为民众的利益起来进行斗争并制止了这样的坏事。于是,他便成了人民崇拜的偶像,而既然成了人民崇拜的偶像,也便成了他们的独裁的君主;在这样的情况下

---

① 希罗多德:《历史》上册,王以筹译,北京:商务印书馆2005年版,第231—232页。
② 同上书,第232—233页。

也可以证明独裁之治是最好的统治办法。①

希罗多德这里记述了关于民主政体、寡头政体和独裁政体的讨论。争论的焦点是：究竟何种政体最好？何种政体最适合波斯帝国？实际上，这是政治学的基本问题。这里首次出现的政体类型学讨论，可以被视为后来亚里士多德发展更完善的政体类型学的基础。当然，这一争论到今天都还没有完全结束。

修昔底德所著的《伯罗奔尼撒战争史》则是对古希腊内部发生于公元前431—前404年的两大城邦联盟——以雅典为首的提洛同盟和以斯巴达为首的伯罗奔尼撒同盟——之间战争的记述。这部书的主题固然是城邦间战争与政治关系（今天被理解为国际关系），但是该书有较大篇幅记述了古希腊——特别是雅典城邦——的很多政治细节。所以，这部书是今天研究古代雅典民主制的重要史料。其中，雅典政治家伯里克利在将士葬礼上的演说，则是论述雅典民主的名篇。伯里克利这样说：

> 我们的宪法没有照搬任何毗邻城邦的法律，相反地，我们的宪法却成为其他城邦模仿的范例。我们的制度之所以被称为民主制，是因为城邦是由大多数人而不是由极少数人加以管理的。我们看到法律在解决私人争端的时候，为所有的人提供了平等的公正。在公共生活中，优先承担公职考虑的是一个人的才能，而不是他的社会地位，他属于哪个阶级；任何人，只要他对城邦有所贡献，绝对不会因为贫穷而湮没无闻。我们在政治生活中享有自由，我们在日常生活也是如此。……我们在私人关系上是宽松和自在，但是作为公民我们是追求法律的。对当权者和法律的敬畏使我们如此。我们不但服从那些当权者，我们还遵守法律，尤其是遵守那些保护受伤害者的法律，不论这些法律是成文法，还是虽未形成文字但是违反了就算是公认的耻辱的法律。……一言以蔽之，我们的城邦是全希腊的学校。②

伯里克利的演说片段至少涉及三个关键内容：一是雅典民主制是多数人的统治，"城邦是由大多数人而不是由极少数人加以管理的"；二是公共领域与私人领域的划分，他提到了"公共生活"与"私人关系"两个不同概念；三是雅典公民既享有自由，又懂得服从法律和权威。伯里克利身为雅典的政治领袖，对此感到非常自豪。

---

① 希罗多德：《历史》上册，第233页。
② 修昔底德：《伯罗奔尼撒战争史》，徐松岩译，桂林：广西师范大学出版社2004年版，第98—101页。

古希腊的政治学传统自然离不开著名哲学家柏拉图。柏拉图是一位众所周知的人物,在西方哲学史上的地位极高。到了 20 世纪,英国数学家与哲学家阿尔弗雷德·怀特海甚至这样说,后来的哲学研究不过是对"柏拉图的一系列注脚"。通过这一非常夸张的表述,可以看出柏拉图对整个西方哲学的影响。

柏拉图在《理想国》中开篇就讨论"什么是正义",这是政治哲学的经典议题之一。通过苏格拉底与他人的对话,柏拉图一一抛出了诸如"欠债还债就是正义""以善报友、以恶报敌就是正义""正义是强者的利益"等不同观点,然后他借苏格拉底之口提出了自己的正义观,即公平对待每个人,服从等级秩序,以及使每个人各安其位。

柏拉图非常关注的是什么是最好的政体,以及什么是善的社会。那么,理想的统治秩序应该是怎样的呢?理想的统治者应该是怎样的呢?他描绘了一个理想的社会:

> 到这里我们一致同意:一个安排得非常理想的国家必须妇女共有、儿童共有、全部教育共有。……他们的王则必须是那些被证明为文武双全的最优秀人物。①

柏拉图的一个招牌概念就是哲学王的统治。柏拉图何以对政治持有这样的见解呢?柏拉图的立论有两个基础:第一是对人性的基本判断。柏拉图认为,人性当中有向善的成分,又有堕落的成分。就德行而言,凡人皆有弱点,而多数人易于堕落。实际上,不同的人性观很大程度上决定了思考政治问题的不同起点。柏拉图在不同地方都讲到对人类易于堕落的担忧。所以,他认为,如果一个城邦按照普通人的德行水准来统治,很有可能是糟糕的统治。由此可见,柏拉图并非民主的朋友。

第二是他认为任何事情都需要专门的技艺,统治亦不例外。柏拉图举过很多例子,比如海上航行的船应该选谁做舵手或船长呢?是选一个很受欢迎的人,还是找一个掌握航海技艺的人?显然是后者。在他看来,航海、医疗、手工活等都需要专门的技艺,而统治同样需要专门的技艺。所以,他的结论是应该由哲学王来统治,亦即上面提到的掌握统治技艺的文武双全的人物。为了建成善的社会,当哲学王成为统治者以后,还应该把所有人都纳入国家权力统一的安排当中,教育、子女、家庭、婚姻甚至性都应该纳入国家的统一安排。这是柏拉图的理想政体类型。当然,柏拉图的这种观点也遭到后世学者的激烈批评。

---

① 柏拉图:《理想国》,郭斌和、张竹明译,北京:商务印书馆 2002 年版,第 312 页。

特别是,卡尔·波普尔在《开放社会及其敌人》中把柏拉图视为现代极权主义思想的滥觞。① 后来,柏拉图在《政治家》和《法律篇》等著作中则退了一步,他也认为哲学王的统治实际上是较难实现的。所以,混合政体被他视为一种次优选择。

在古希腊的政治学传统中,亚里士多德的开创性贡献是对政体类型进行了研究,并首创了比较研究的方法。他在《政治学》第3卷中认为:

> 最高治权的执行者既可以是一个人,也可以是少数人,又可以是多数人。这样,我们就可以说,这一人或少数人或多数人的统治要是旨在照顾全邦共同的利益,则由他或他们所执掌的公务团体就是正宗政体。反之,如果他或他们所执掌的公务团体只照顾自己一人或少数人或平民群众的私利,那就必然是变态政体。……政体(政府)得以一人为统治者,凡能照顾全邦人民利益的,通常就称为"王制(君主政体)"。凡政体以少数人,虽不止一人而又不是多数人,为统治者,则称"贵族(贤能)政体"。……以群众为统治者而能照顾到全邦人民公益的,人民称它为"共和政体"。……
>
> 相应于上述各类型的变态政体,僭主政体为王制的变态;寡头政体为贵族政体的变态;平民政体为共和政体的变态。僭主政体以一人为治,凡所设施也以他个人的利益为依归;寡头(少数)政体以富户的利益为依归;平民政体则以穷人的利益为依归。三者都不照顾城邦全体公民的利益。②

在上述简短精练的文字中,亚里士多德根据两个标准区分了政体类型:一是统治者数量的多寡,二是统治的目的是否服务于全城邦的利益。这样,他划定了六种政体类型,分别是三种正宗政体:君主政体、贵族政体和共和政体,以及相应的三种变态政体:僭主政体、寡头政体和平民政体。

亚里士多德在《政治学》中甚至还颇有远见地讨论了19世纪以来愈显重要的阶级斗争问题,论述了贫富冲突的危害以及中产阶级的重要性。他在《政治学》第4卷中说:

> 平民群众和财富阶级之间时时发生党争;不管取得胜利的是谁,那占了上风的一方总不肯以公共利益和平等原则为依归来组织中间

---

① 卡尔·波普尔:《开放社会及其敌人》,郑一明等译,北京:中国社会科学出版社1999年版。
② 亚里士多德:《政治学》,吴寿彭译,北京:商务印书馆2007年版,第136—137页。

形式的政体,他们把政治特权看做党争胜利的果实,抢占到自己的手中后,就各自宁愿偏向平民主义或寡头主义而独行其是。

惟有以中产阶级为基础才能组成最好的政体。中产阶级(小康之家)比任何其他阶级都较为稳定。他们既不像穷人那样希图他人的财物,他们的资产也不像富人那么多得足以引起穷人的觊觎。……很明显,最好的政治团体必须由中产阶级来执掌政权。①

即便是今天,亚里士多德对阶级问题的观察仍然很有意义。读亚里士多德《政治学》中的论述,就会知道阶级斗争并非19世纪的全新事物,亦不会随着1991年苏联解体和弗朗西斯·福山预言的"历史的终结"而归于消逝。

"光荣属于希腊,伟大属于罗马。"这行被误译却颇为传神的诗,赞美的是古希腊与古罗马的荣耀。古罗马产生了不少重要的政治思想家,这里主要介绍西塞罗。西塞罗(公元前106—前43)生活在古罗马共和国时代,他是古罗马较重要的政治家,同时还是一位哲学家。总的来说,西塞罗作品的原创性并不突出,但他的作品在同时代最为流行。

1888年,甚至还出现了一幅以西塞罗为主角的油画,名为《西塞罗谴责喀提林》。这幅油画描绘的就是古罗马元老院里的场景,元老院的座位呈半圆形摆放,一批身穿白色袍子的元老们围坐四周,而西塞罗正站在中间对其他元老们进行演讲。当时有人试图发动政变,西塞罗的演讲重点是谴责贵族试图发动针对共和国的政变阴谋。在今天的罗马,古罗马市场遗迹群中仍然可以看到有一个保存较好、规模不大的房子,是当年古罗马元老院的遗址。

西塞罗较为重要的贡献是对混合政体思想的发展,他是混合政体的忠实信徒。什么叫混合政体?亚里士多德和柏拉图在论述君主制、贵族制和民主制时认为,三种政体各有缺陷,最优良的政体是把这三种政体的有利特性结合起来。西塞罗则在古罗马发展了这种观点。他以问答的方式提出了自己的主张,有人问:"你认为这三种形式中哪一种最好呢?"他这样说:

如果仅仅采用其中一种,我不赞成其中的任何一种,我认为它们三者结合的形式优于其中任何单独的一种。……君主制吸引我们是由于我们对它们的感情,贵族制则由于他们的智慧,民众政府则由于它们的自由。②

---

① 亚里士多德:《政治学》,第211—212、209页。
② 西塞罗:《国家篇 法律篇》,沈叔平、苏力译,北京:商务印书馆2005年版,第42—43页。

实际上,古罗马共和国的政体构造就体现了混合政体的思想。古罗马共和国的执政官就代表君主的因素,元老院代表贵族的因素,公民大会及保民官则代表了平民的因素。古罗马历史学家波里比阿认为,罗马能在半个多世纪的时间里从一个小小的地方扩张到整个地中海,主要原因就在于古罗马共和国在政体上的巨大优势。执政官、元老院和公民大会及保民官三者的共同治理,使得各方的利益都够得到兼顾,这是混合政体的最早实践。①

2.4 从"黑暗时代"到启蒙时代

西罗马帝国覆灭之后,欧洲就进入了漫长的中世纪。过去中世纪被称为"黑暗时代",但今天的很多历史学家正在改变这一观点,甚至有人把中世纪视为欧洲从古希腊、古罗马的文明到现代文明的一个重要转换。比如,美国历史学家詹姆斯·汤普逊就盛赞中世纪及封建主义在欧洲现代文明孕育过程中的积极作用。

欧洲中世纪出现了一位著名的神学政治哲学家托马斯·阿奎那(1227—1274),他的重要工作是把亚里士多德的作品系统地介绍给西方基督教世界。在此过程中,阿奎那本人也阐述了很多政治思想,开始对此前和逐渐形成中的自然法思想有很多探索。后世有一幅关于阿奎那的著名油画,他一手托着教堂,一手拿着书籍。这大概就是他一生中两个最重要的方面。托马斯·阿奎那把亚里士多德的学问引入中世纪拉丁文世界的努力,使得亚里士多德后来的影响非常之大。列奥·施特劳斯主编的《政治哲学史》这样评价阿奎那的贡献:

> 他的著述生涯与亚里士多德的著作在西方世界被发现并开始产生巨大影响的时期大致相合。《政治学》尤其是全本《伦理学》(意指《尼各马可伦理学》)在其有生之年首次被译成拉丁文。他详加评注了亚里士多德的几乎全部主要论著,并在其神学著作中广泛利用亚里士多德的思想资料,在把亚里士多德确立为基督教西方世界中占主导地位的哲学权威方面,阿奎那的贡献是最大的。阿奎那自己的政治哲学最好看做是根据基督教的启示对亚里士多德的政治哲学所做的修正,或更准确地说,最好看做是这样的一种努力,即努力把亚

---

① 波里比阿:《罗马帝国的崛起》,翁嘉声译,北京:社会科学文献出版社2013年版。

里士多德同西方政治思想的早期传统结合起来……①

马基雅维利是另一位众人熟知的政治思想家。他生活在欧洲文艺复兴时期的佛罗伦萨,著有《君主论》和《论李维》等重要著作,是政治现实主义的代表人物。他阐述了将政治与道德相分离的原则,同时也敏锐地嗅觉到了欧洲民族国家革命即将拉开序幕。萨拜因这样评价马基雅维利:

> 在他那个时代,没有任何人能够像他那样清楚地洞见到欧洲政治演化的方向。没有任何人能够比他更了解那些正在被淘汰的制度的过时性质,也没有任何人能够比他更承认赤裸裸的强力(naked force)在这一进程中所具有的作用。②

上一讲曾讨论《君主论》的主要观点,此处不再赘述。由于《君主论》的知名度,马基雅维利的思想经常遭到误解。实际上,马基雅维利并不能被简单地视为一个君主论者——即便他在《君主论》一书中的思想亦非完全如此。可以确定无疑地说,马基雅维利有着清晰的古典共和主义思想。特别是,他在《论李维》一书中"表现出他对罗马共和国自由和自治的巨大热诚"。比如,他这样认为:"民众比君主更聪明、更忠诚";共和国比君主更信守承诺,因而比君主更值得信赖;"与君主国相比,共和国有更强盛的活力,更长久的好运";等等。总之,就本意而言,马基雅维利认为共和国是优于君主国的。③

欧洲政治思想的重要转换是16—17世纪宗教改革的兴起。宗教改革的背景是中世纪以来天主教会的腐败以及君主与教会权力的争执,同时宗教改革受到了文艺复兴中人本主义思潮的影响以及印刷术这一新技术兴起所带来的冲击。宗教改革之前,天主教会的突出问题是在欧洲各地出售赎罪券——实际上,这是以上帝的名义兜售自己的生意。当时,普通信徒是没有多少机会接触《圣经》的,阅读和诠释《圣经》是教会神职人员的特权,然后他们教会就充当了上帝与普通信众之间的中介。这样,天主教会成了一个特权机构——既是一个思想控制机构,又是一个利益分配机构。结果是,当时的天主教会沦为了十分腐败的特权机构。

教会的腐败促使很多人开始反思。两位杰出的宗教改革领袖马丁·路德

---

① 列奥·施特劳斯、约瑟夫·克罗波西主编:《政治哲学史(第三版)》,李洪润等译,北京:法律出版社2009年版,第232页。

② 乔治·萨拜因著,托马斯·索尔森修订:《政治学说史(第四版)》下册,邓正来译,上海:上海人民出版社2010年版,第7页。

③ 尼科洛·马基雅维里:《论李维》,冯克利译,上海:上海人民出版社2005年版。

(1483—1546)和约翰·加尔文(1509—1564)对天主教会当时的很多做法和腐败提出了尖锐批评,他们希望重新定义信徒与教会的关系、国家与教会的关系。有一次,马丁·路德神父在研读《圣经》时读到了"义人必因信得生",突然认识到原来人的得救只是因为他对上帝的信仰以及上帝的恩赐,其他一切的律法都不能保证使人得以"称义"。这种见解后来被称为"因信称义"。随后,1517年10月31日,马丁·路德将批判赎罪券和天主教会的《九十五条论纲》张贴在威登堡大学的教堂门口。这标志了宗教改革的兴起。从路德到加尔文,他们认为每个人都可以读《圣经》、都可以直接跟上帝对话,从而重新构建了普通信徒与教会关系,也为重新构建国家与教会的关系提供了思想资源。同样重要的是,有人认为,宗教改革也为科学革命提供了可能。

法国思想家让·博丹(1530—1596)的主要贡献是他的主权学说。他认为,主权是超越其他权力之上的、不受法律约束的最高权力。博丹的这种主权思想跟古希腊和古罗马的传统很不一样,跟后来启蒙运动时代的政治哲学差异就更大了。但是,博丹的这种主权学说对当时民族国家的兴起,对后来国家理论的出现应该产生了重要影响。萨拜因把博丹的主权学说总结为几个简要的原则:

(1)他认为,主权的出现乃是把国家同包括家庭在内的所有其他群体区别开来的标志。因此,他一开始便把公民身份定义为对主权者的服从。……

(2)博丹的第二个步骤乃是把主权定义为"不受法律约束的、对公民和臣民进行统治的最高权力",并对最高权力的概念进行分析。这种最高权力首先是永恒的。……它不是授予的权力,或者说它是一种无限制的或无条件的授权。……它不受法律的约束。国家的法律就是主权者的命令。……

(3)他认为,凡是未陷于无政府状态的统治,凡是"秩序良好的国家",在其间的某处肯定存在着这样一种不可分割的权威渊源。……

(4)博丹还把主权理论适用于他对国家从属机构的讨论。在一个君主制的国家里,议会的职能必须是咨询性质的。同样,行政官员所行使的权力也是主权者授予的。再者,国家内部所存在的所有法人团体……之所以拥有权力和特权,也是因为主权者的意志所致。①

---

① 乔治·萨拜因著,托马斯·索尔森修订:《政治学说史(第四版)》下册,第81—87页。正文插入部分内容的序号为本书作者所加。

然而，博丹的主权学说中还包含着自相矛盾和含糊不清的成分。他总体上认为，主权是不受任何约束的最高权力，但他同时认为"主权者是受上帝之法和自然法约束的"；他并不赞同国王可随性而为，"有些事情由法国国王去做是不合法的"；他信奉"私有财产权不可侵犯"的原则。正如很多杰出思想家一样，博丹的作品中也充满着内在冲突。

此后，英国又出现了一位重量级政治思想家托马斯·霍布斯（1588—1679），他的名著是《利维坦》。霍布斯在《利维坦》一书中最为杰出的贡献是从学理上阐明了国家的必要性。他的论证从自然状态出发，开创性地引入了个人主义方法论，结论是国家乃人类社会所必需。他这样说：

> 任何两个人如果想取得同一东西而又不能同时享用时，彼此就会成为仇敌。他们的目的主要是自我保全，有时候只是为了自己的欢乐；在达到这一目的的过程中，彼此都力图摧毁或征服对方。……
>
> 根据这一切，我们就可以显然看出：在没有一个共同权力使大家慑服的时候，人们便处在所谓的战争状态之下。这种战争是每一个人对每个人的战争。……
>
> 这种人人互相为战的战争状态，还会产生一种结果，那便是不可能有任何事情是不公道的。是和非以及公正不公正的观念在这儿都不能存在。没有共同权力的地方就没有法律，而没有法律的地方就无所谓不公正。暴力和欺诈在战争中是两种主要的美德。……这样一种状况还是下面情况产生的一种结果，那便是没有财产，没有统治权，没有"你的""我的"之分；每一个人能得到手的东西，在他能保住的时期内便是他的。①

面对这样的艰难境况，霍布斯认为出路在于——

> 那就只有一条道路：——把大家所有权力和力量托付给某一个人或一个能够通过多数的意见把大家的意志转化为一个意志的多数人组成的集体。……在这一点办到以后，像这样统一在一个人格之下的一群人被称为国家，在拉丁文当中被称为城邦。这也就是伟大的利维坦的诞生。……用一个定义来说，这就是一大群人互相订立信约、每人都对它的行为授权，以便使它能按其认为有

---

① 霍布斯：《利维坦》，黎思复、黎廷弼译，北京：商务印书馆1996年版，第93—96页。

利于大家的和平和共同防卫的方式运用全体的力量和手段的一个人格。承当这一人格的人就称为主权者,并被说成是具有主权,其余的每一个人都是他的臣民。……

取得这种主权的方式有两种:一种方式是通过自然之力获得的……另一种方式则是人们互相达成协议,自愿地服从一个人或一个集体……后者可以称为政治的国家,或按约建立的国家;前者则称为以力取得的国家。①

从这几段关键表述中,可以领略霍布斯这位杰出政治思想家对人类基本政治问题的思考。

霍布斯之后的杰出政治哲学家往往知名度更高。英国哲学家约翰·洛克(1632—1704)被视为早期自由主义的杰出代表,他认为统治应该基于被治理者的同意,提出了立法权与行政权两权分立的思想,认为政府的首要职责是保卫人们的生命权、自由权与财产权。由此,洛克确立了古典自由主义奠基者的历史地位。洛克的具体政治观点,下一讲还会择要介绍。

法国启蒙运动造就了两位享誉世界的杰出政治思想家孟德斯鸠(1689—1755)和卢梭(1712—1778)。孟德斯鸠的政治思想某种程度上是对洛克的继承,他一方面反对专制和捍卫自由,另一方面论证了三权分立的必要性。孟德斯鸠的学说后来启发了美国制宪会议及联邦党人,直接影响了1787年《美国宪法》的起草与美国政体的创建。关于政体类型、自由与三权分立,孟德斯鸠这样说:

政治自由并不是愿意做什么就做什么。在一个国家里,也就是说,在一个有法律的社会里,自由仅仅是:一个人能够做他应该做的事情,而不被强迫去做他不应该做的事情。……自由是做法律所允许的一切事情的权利;如果一个公民能够做法律所禁止的事情,他就不再有自由了,因为其他的人也同样会有这个权利。……

当立法权和行政权集中在同一个人或同一机关之手,自由便不复存在了;因为人们将要害怕这个国王或议会制定暴虐的法律,并暴虐地执行这些法律。……如果司法权不同立法权和行政权分立,自由也就不存在了。如果司法权同立法权合而为一,则将对公民的生命和自由施行专断的权力,因为法官就是立法者。如果司法权同行

---

① 霍布斯:《利维坦》,第131—132页。

政权合而为一,法官将握有压迫者的力量。①

卢梭的作品文字优美,具有极强的感染力。卢梭在《社会契约论》开篇的一段话,很多人都耳熟能详——

> 人是生而自由的,却无往不在枷锁之中。自以为是其他一切的主人的人,反而比其他一切更是奴隶。②

卢梭的重要贡献是完善了社会契约论,并提出了主权在民的学说。所以,卢梭被视为系统阐明民主理论的重要源头。他把社会契约视为组织政治社会的条件:

> 要寻找出一种结合的形式,使它能以全部共同的力量来卫护和保障每个结合者的人身和财富,并且由于这一结合而使得每一个与全体相联合的个人又只不过是在服从其本人,并且仍然像以往一样的自由。……这个社会公约一旦遭到破坏,每个人就立刻恢复了他原来的权利,并在丧失约定的自由时,就又重新获得了他为了约定的自由而放弃的自己的天然的自由。③

上述讨论,被卢梭视为社会契约所要解决的根本问题。在此基础上,卢梭进一步阐明了主权在民原则。卢梭所谓的"主权者",是指合法性源自人民,而非源自君主、贵族或任何的少部分人。在他看来,这种主权是不可让与和不可分割的。任何个人或任何团体都不能取代人民总体而被给予立法的权力。所以,后人把卢梭视为启蒙时代人民主权学说的主要阐发者。

当然,卢梭的这种民主观意味着他更强调直接民主,而非代议制民主。此外,他强调了公意及其不可分割性:

> ……社会公约可以简化为如下的词句:我们每个人都以其自身及其全部的力量共同置于公意的最高指导之下,并且我们在共同体中接纳每一个成员作为全体之不可分割的一部分。④

卢梭的这一表述引起过很多争议,有人认为这意味着某种集体主义的社会方案。所以,有人甚至担心,卢梭这一观点为现代极权主义统治打开了一条幽暗的通道。

---

① 孟德斯鸠:《论法的精神》上册,张雁深译,北京:商务印书馆1961年版,第154、156页。
② 卢梭:《社会契约论》,何兆武译,北京:商务印书馆2005年版,第8页。
③ 同上书,第23页。
④ 同上书,第24—25页。

在 19 世纪之前，人类政治思想史上最具有实践智慧的著作无疑要数《联邦党人文集》。三位杰出的联邦党人——亚历山大·汉密尔顿、詹姆斯·麦迪逊和约翰·杰伊——撰写《联邦党人文集》所列 85 篇文字的初衷，是为了说服纽约州人民批准新的美国宪法。他们三人不仅是杰出的政治思想家，而且是杰出的政治实践家——三位作者一人出任美国总统，一人出任财政部长，一人出任最高法院大法官。因为后来美国以自由民主政体闻名于世，而联邦党人的主张又与美国自由民主政体关系密切，所以多数研究者往往很重视联邦党人的共和制和联邦制思想——前者是指自治政府、代议制、三权分立、自由学说以及共和制的主张，后者是指中央与地方政府合理划分权力的主张。《联邦党人文集》的名言是"野心必须用野心来对抗"，他们这样阐述这方面的政治思想：

> 用这种种方法来控制政府的弊病，可能是对人性的一种耻辱。但是政府本身若不是对人性的最大耻辱，又是什么呢？如果人都是天使，就不需要任何政府了。如果是天使统治人，就不需要对政府有任何外来的或内在的控制了。在组织一个人统治人的政府时，最大困难在于必须首先使政府能够管理被统治者，然后再使政府管理自身。毫无疑问，依靠人民是对政府的主要控制；但是经验教导人们，必须有辅助性的预防措施。……

> 立法、行政和司法权置于同一人手中，不论是一个人、少数人或许多人，不论是世袭的、自己任命的或选举的，均可公正地断定是虐政。①

由于被视为分权思想的经典作品，《联邦党人文集》常常被忽视的是这部作品对强有力的联邦政府的倡导和对政府效能的重视。实际上，联邦党人——特别是汉密尔顿——用大量篇幅论述了强有力的联邦政府和政府效能的问题。比如：

> 明智而热情地支持政府的权能和效率，会被诬蔑为出于爱好专制权力，反对自由原则。……（但是）政府的力量是保障自由不可缺少的东西。……

> 决定行政管理是否完善的首要因素就是行政部门的强而有力。……软弱无力的行政部门必然造成软弱无力的行政管理，而软

---

① 汉密尔顿、杰伊、麦迪逊：《联邦党人文集》，程逢如等译，北京：商务印书馆1995年版，第264、246 页。

弱无力无非是管理不善的另一种说法而已;管理不善的政府,不论理论上有何种说辞,在实践上就是个坏政府。……

使行政部门能够强而有力,所需要的因素是:第一,统一;第二,稳定;第三,充分的法律支持;第四,足够的权力。①

一方面强调分权制衡,另一方面强调政府效能,两者的结合才是联邦党人的完整思想表述。通过上述两组言论的比较,大家就可以较全面地理解联邦党人的政治观点。

2.5 经验研究范式的兴起

19世纪政治学的主要特征是整体上向经验研究的转向。这一转向得益于欧美社会16—18世纪的很多积累,特别是宗教改革、启蒙运动和科学革命为这种转向开辟了可能性。这样,到19世纪,实证主义(positivism)哲学开始兴起。法国哲学家奥古斯特·孔德所著的《实证哲学讲义》把整个人类对重要问题的思考分成三个阶段,分别是神学阶段、玄学阶段和科学阶段。他认为,到了19世纪整个社会科学应该进入到科学阶段。

那么,什么是实证主义呢?简单地说,这是一种以实际验证为核心的哲学思想,注重以科学方法来观察和研究经验事实,通过这种观察和研究来探究事物的本源及事物与事物间的联系。相比而言,霍布斯在《利维坦》中的方法——先假设存在一个自然状态,分析这种状态里人和人可能是一种怎样的关系,然后推导出他的结论——就不是经验研究或实证研究的方法。到了19世纪,人们把对政治和社会的研究看作是科学,可以把政治现象描述出来,然后探讨现象背后的因果关系和因果机制。

到了19世纪30年代,托克维尔的名著《论美国的民主》开启了关于美国民主的政治社会学研究。② 托克维尔的写作方法完全不同于柏拉图、霍布斯或卢梭,他深入美国社会去做实地调查,考察和了解美国民主体制的运转情况。托克维尔把关于这项研究的目标确定为:探究有助于美国能够维护民主共和制度的主要原因。托克维尔的研究主要不是基于哲学思辨,而是基于对美国社会的实地考察,在实地考察的基础上再做归纳和分析。

《论美国的民主》一书认为,美国能维持民主制度,应归根于地理环境、法

---

① 汉密尔顿、杰伊、麦迪逊:《联邦党人文集》,第5、356页。
② 托克维尔:《论美国的民主》,董果良译,北京:商务印书馆1989年版。

制和民情。立足经验研究,托克维尔认为,固然自然环境、法制和民情三者都很重要,但是,自然环境不如法制,法制不如民情。托克维尔为此提供了大量的经验证据,包括对美国地理的描述,对美国宪法和制度的考察,对北美13个殖民地——特别是新英格兰地区——的社会风俗研究,对美国民主实际运行状况的调查,等等。所以,《论美国的民主》一书是一部对美国民主的经验研究作品。

英国哲学家、社会学家赫伯特·斯宾塞的《社会学研究》一书也部分地采用这种研究方法。① 作为一位著名的社会进化论者,斯宾塞已经注意到社会进化过程中文化和政治因素的作用,他把地理环境的物理特征(如山区和平原地势的差别)视为一个国家政治上分权或集权的解释变量,他还认为民主和政治平等的发展会受到社会经济条件变化及城市化的直接影响。所有这些都是经验研究。

后来出版的《关于政治的高尚科学》一书这样评价当时的研究趋势:

> 在19世纪,关于政治现象的本质以及如何进行解释的观点,逐步更多地建立在历史归纳的基础上,而不是基于对人类属性的假设。这在很大程度上归因于与当代和历史社会有关的知识的增长。实证主义和殖民主义逐步地把广泛的、复杂的文化(如印度),以及小范围的、较为原始的社会(如美国印第安和南非社会),纳入欧洲的学者和知识分子进行学术研究的范围。与马基雅维利和孟德斯鸠所处的时代相比,外来的世界变得更容易到达,这使得人们变得越来越好奇,并在因果推论方面进行了不懈的努力。②

这样,基于经验观察基础上的研究,而非纯粹的逻辑演绎和推导,成为19世纪政治学的新趋势。与19世纪之前的政治哲学和政治思想研究不同,政治学的经验研究试图在事物和事物之间、现象和现象之间建立一种因果联系,发掘政治现象背后的因果机制。

2.6 从政治科学到研究范式的多样化

20世纪以来,政治学研究迎来了政治科学的时代。卡尔·波普尔在《猜想与反驳》中认为,社会科学研究的一个标准是研究者提出的理论假说应该具有

---

① 赫伯特·斯宾塞:《社会学研究》,张红晖、吴江波译,北京:华夏出版社2001年版。
② 转引自罗伯特·古丁、汉斯-迪特尔·克林格曼主编:《政治科学新手册》上册,钟开斌等译,北京:生活·读书·新知三联书店2006年版,第85页。

"可证伪性"(falsifiability),也就是具有证伪机制。波普尔认为,科学与哲学的分界不是归纳方法与思想方法,而是:

> 我建议应当把理论系统的可反驳性或可证伪性作为分界标准。按照我仍然坚持的这个观点,一个系统只有作出可能与观察相冲突的论断,才可以看作是科学的;实际上通过设法造成这样的冲突,也即通过设法驳倒它,一个系统才受到检验。①

波普尔把可证伪性视为科学研究的核心特征。一个经典的例子是,有人提出这样的一个假说——"所有天鹅都是白的"。对于这个假说,证伪就在于找到一只黑天鹅(严格地说应该是一只非白天鹅),中间的证伪机制是明确的。再比如,有人提出这样一个假说——"凡是经济富裕的国家都是民主国家"。证伪机制也很清楚,只要找到一个富裕国家但它同时不是民主国家,这个假说就被证伪了。在波普尔看来,如果一个理论观点不存在证伪机制,就不符合一项好的科学研究的标准。

政治科学研究的核心是探索政治现象背后的因果关系,而不是别的什么研究。像自由是什么、民主是什么这样的问题也很重要,但政治科学研究最感兴趣的并不是这样的问题,而是发掘事物之间的因果关系。比如,政治科学领域有一项著名的研究:为什么有些国家是民主国家而有些国家是非民主国家?为什么有些国家实现了民主转型与巩固而有些国家没有?这就是一项试图揭示因果关系的研究。研究者试图把这一政治现象背后的原因找出来,而不只是简单描述这种现象。在政治科学研究中,这种因果关系的理论形式经常表述为一个理论假说——即何种原因导致何种结果。

经过19世纪经验研究及实证主义的兴起,再到20世纪向政治科学研究的转向,后来的政治科学越来越专业化了,美国开始取代欧洲成为政治学研究的中心。20世纪10到30年代,美国政治学研究中开始兴起了芝加哥学派。经济学领域的芝加哥学派是新古典自由主义的重镇,并成为大量诺贝尔经济学奖获得者的摇篮。政治学领域的芝加哥学派则是用交叉学科的研究战略,开始在政治学领域引入定量研究方法,同时开始为定量研究收集大规模的调查数据。这一时期出现的新现象是有人开始为这类研究提供资助。

这场政治科学的革命也被称为行为主义革命。过去,政治学的研究重点是政治制度和政治秩序等。到了行为主义革命阶段,研究重点变成人的政治行

---

① 卡尔·波普尔:《猜想与反驳——科学知识的增长》,傅季重等译,上海译文出版社1986年版,第36页。

为。行为主义既不赞同政治哲学的思辨方法,亦不认可对政治制度的静态描述,而是认为政治学应该研究实际存在并且可以观察到的人的政治行为。因此,行为主义比较重视数据的收集和整理,常常运用抽样调查、数理模式、模拟实验、统计分析等手段进行研究,一般强调精确性、科学性、量化及价值中立等原则。比如,选民为什么支持共和党或民主党?这是行为主义最为常见的研究议题。由此可见,这种研究路径的转向是很大的。

一个具有里程碑意义的重要事件是 1923 年芝加哥大学政治学者对芝加哥 6000 个选民进行的抽样调查。这项抽样调查的主要内容包括:一是被调查者的个人背景,二是被调查者投票支持谁,三是被调查者在政策问题上的看法。在当时,这种研究在整个政治学领域是闻所未闻的。1929 年他们又做了一个研究项目,主题是"为什么美国最优秀的人不从政",同样是基于大样本的调查问卷。后来,政治学家哈罗德·拉斯韦尔开始在政治心理学研究中使用问卷调查的数据。

基于大型抽样调查的政治科学研究有其显著的优势。比如,现在要做一项研究:美国虔诚的基督徒选民更支持共和党还是民主党?如果没有数据,这个问题就很难说清楚。研究者可能会说虔诚的基督徒有什么特征,具有什么样的意识形态特点,然后再比较民主党和共和党的意识形态与政策主张。在此基础上,研究者得出结论:虔诚的基督徒更有可能支持共和党或民主党。但是,这种研究成果一旦发表出来,可能马上有人会出来质疑。为什么呢?主要原因在于缺乏"过硬"的证据。然而,有了大型抽样调查,这个问题就迎刃而解了。比如,可以在美国若干个州发放 10000 份调查问卷,问题主要分为三组。一组问题调查受访者的信教情况,去教堂或参加宗教聚会的频率,等等;一组问题调查受访者在上次总统或国会选举中的投票倾向;一组问题调查受访者的职业、收入、年龄、性别和族群等情况——最后一组问题可以作为控制变量。通过这些问卷调查所采集到的大量数据,可以看出虔诚的基督徒是否更可能投票支持共和党或民主党;然后再看看其他变量,比如职业、收入、年龄、性别和族群等,对选民投票倾向的影响是否很显著。这样的研究,在证据方面就非常可靠。这个例子说明了大型抽样调查在政治科学研究中的优势与潜力。

后来,芝加哥学派的研究方法在美国一流高校里开始传播。很多早期在芝加哥大学受过训练的学者后来前往密歇根大学任教,并把密歇根大学发展成了美国政治学调查研究的重镇和行为主义革命的基地。直到今天,密歇根大学仍然维持着这一领域的强大优势。1947 年,密歇根大学搞了一个培训学会,实际上就是对这种研究调查方法的大规模推广。1977 年,密歇根大学获得了全美选举调查研究资助,由此拥有了美国最成熟、最完备的选民调查数据库。后来,其他机构开始做欧洲主要国家的选民调查数据库。如今,政治文化研究领域的一个重要调查——世界价值观调查(world value survey)——的开创也依托于密歇根大学的研究力量。

所以,这场政治科学革命的重点已经从对政治秩序或政治制度的研究,转向对人的政治行为的研究。在西方发达工业民主国家,政治行为首先是投票行为。这种研究聚焦于对选民投票行为的研究,并试图解释投票行为差异的原因,研究方法上则更多采用定量研究的方法。基于这种研究路径,1960年密歇根大学的安格斯·坎贝尔等人出版了该领域的一部重要著作《美国投票者》。[①] 该书的研究团队基于一个庞大的选民调查问卷数据库,试图完整地展示美国选民在投票与政治行为上的特征及其原因。该研究的一个重要结论是:多数美国选民根据党派立场来投票,而这种党派立场很大程度上受到其家庭背景的影响。

但是,行为主义革命的进一步发展也引起了学术界的反思。行为主义革命强调恪守价值中立原则,反对做价值判断,认为应该专注于事实和经验。但政治哲学家列奥·施特劳斯认为:"(那种认为)价值判断不是主观的,归根到底是受理性控制的观点,导致了在涉及正确与错误、善与恶时出现一种做出不负责任的判断的倾向。"行为主义研究意味着价值被放弃了,而这恰恰是施特劳斯担心的事情,他认为,人们对政治的看法本身非常重要,什么是政治之善?什么是政治之恶?这都会对实际的政治产生显著的影响。另一项对行为主义的批评来自戴维·里西。他在1984年出版的《政治科学的悲剧》中,批评20年代到60年代美国政治科学中所出现的对政治"科学"所持的幼稚看法。作为一门实证科学,如果政治科学无法系统性地吸收道德和伦理价值的因素,也无法对政治行为承担责任,它注定是要令人失望的。[②]

另一个现象是,一部分政治科学学者由于过分重视调查数据和量化分析方法本身,忽视研究议题与理论构建的重要性,学术期刊上也出现了不少意义不大的研究论文。一些研究在数据部分处理得非常精彩,但最后的结论要么不重要,要么是过去早已知道的。所以,政治科学研究过程中的理论导向和理论构建,与研究方法和量化技术,两者最好要兼顾。当然,对中国而言,基于调查问卷的研究和量化分析是目前做得远远不够的,跟国际学界相比差距还很大,所

---

① Angus Campbell, Philip Converse, Warren Miller, and Donald Stokes, *The American Voter*, Chicago: University of Chicago Press, 1980.

② 罗伯特·古丁、汉斯-迪特尔·克林格曼主编:《政治科学新手册》上册,第108—112页。

以亟待加强。

尽管对于政治科学研究大规模向量化研究转向充满了争议,但是目前美国最好的政治学刊物——特别是《美国政治学评论》和《美国政治科学杂志》等,每期都有半数以上的学术论文是借助调查数据与定量研究来完成的。如今一流政治学学术期刊上很多论文的体例、格式与呈现形式跟经济学论文非常相似。

行为主义革命之后,到20世纪70年代左右,经济学研究方法在其他社会科学研究领域的扩展,推动了理性选择范式的兴起。这股潮流被称为"经济学帝国主义"。当时,有一些经济学家声称,经济学不是受限于研究稀缺资源配置这一特定议题的学科,而是一整套与人类行为有关的研究范式与方法。经济学家和社会科学家可以用经济学方法来研究一般意义上的人类行为,从而实现了经济学方法在其他社会科学领域的大规模应用。比如,在今天,《国家为什么会失败》(Why Nations Fail)的两位作者、经济学家德隆·阿西莫格鲁和詹姆斯·罗宾逊就发表了大量与政治、转型有关的经济学论文。

理性选择理论(Rational Choice Theory)从20世纪70年代到90年代逐步成为美国政治科学领域最有影响的研究范式与理论流派。理性选择学派的核心是用经济学理论和方法研究政治,特别是借鉴新古典经济学的视角,它把政治领域类比为市场,把政治活动(比如选举)视为交易。经济学认为市场中有两种主要角色,一种是厂商,一种是消费者,他们之间的交易构成了市场。理性选择学派认为,这种交易关系在政治中也存在。政治家为选民提供某些受到欢迎的公共政策,选民则把选票投给符合自己政治偏好的政治家。选民参与政治交易的目的,是为了获得对自己有利的政策,就像消费者想通过市场交易获得面包一样。政治家参与政治交易的目的,是为了获得更多选票和席位,就像厂商想通过市场交易获得收入和利润一样。

理性选择范式基于经济人假设,经济人假设认为人有三个基本属性:(1)人是自利的;(2)人是理性的;(3)人追求效用最大化。有了经济人假设,理性选择学派把选民、官员、政治家和统治者都视为经济人。过去不少人认为:政治家和官员应该比普通人更加高尚一些。按照这种分析框架,政治家和官员并非更加高尚的特殊物种,他们跟普通人一样也是经济人,是自利的、理性的和追求效用最大化。

美国政治学者安东尼·唐斯出版于1957年的《民主的经济理论》是这一

领域的奠基作品之一。① 唐斯在书中把民主政治过程视为政治家和选民之间的理性选择与市场交易的过程。在政治市场上,政治家为了获得选票,选民为了获得政策收益,两者之间形成了类似于政治市场的交易行为。这是把新古典经济学的方法应用于对选举和民主的早期研究之一。

理性选择学派的另一位代表人物是经济学诺贝尔奖得主詹姆斯·布坎南,他在研究中认为,政治家、官僚和选民都是理性经济人,政治过程同样被视为政治家作为厂商与选民作为顾客之间的交易。布坎南在一项研究中讨论了西方发达民主国家的财政赤字与公债问题。大家都知道,现在西方国家公共债务危机日趋严重。学术界对财政赤字和政府公债问题已经有很多分析,而布坎南的分析则非常独特。他认为,财政赤字植根于民主政治的运作机制当中,是民主政体选举竞争条件下政治家与选民互相博弈的结果。在民主政体下,选民希望福利越多越好,比如免费教育、免费医疗、各种政府补贴等等;同时,选民希望税收越少越好。为了赢得更多的选票和选民支持,政治家倾向于尽可能扩大福利支出,同时不增加或少增加税收。既扩大福利开支,同时又不增加税收,如何能做到呢?唯一的办法就是财政赤字,赤字的累积就是沉重的政府公债。布坎南对财政问题的分析是政治经济学的视角,其分析范式属于理性选择学派。②

理性选择学派还跟一个重要的新古典经济学研究分支有关,就是新制度主义经济学。新制度主义经济学的代表人物之一道格拉斯·诺思还提出了"新古典国家理论"。什么是新古典国家理论?诺思把国家视为"使福利或效用最大化的统治者",具有三个特征:

> 首先,国家用一组服务——我们可以称作保护和公正——来交换岁入。……其次,国家试图像一个有识别力的垄断者那样行动,将每一个选民团体分开,为每个选民团体发明产权以最大限度增加国家的岁入。……最后,既然永远存在着能够提供同一组服务的潜在的竞争对手,国家是受其选民的机会成本所制约的。竞争对手有其他国家,另外还有在现存的政治经济单位内可能成为统治者的个人。③

所以,在诺思看来,国家通过作为一个统治者,追求的是通过提供安全与秩序来获取统治租金收入的最大化。

---

① 安东尼·唐斯:《民主的经济理论》,姚洋、邢予青、赖平耀译,上海:上海人民出版社2005年版。
② 詹姆斯·布坎南:《民主财政论》,穆怀朋译,北京:商务印书馆2002年版。
③ 道格拉斯·C.诺思:《经济史上的结构与变革》,厉以平译,北京:商务印书馆2005年版,第29页。

与理性选择范式有关的是博弈论在政治科学研究中的应用。博弈论把政治视为不同政治参与者博弈的过程。博弈论最简单的应用是囚徒困境,而多数博弈论研究采用的是比较复杂的数理形式。作为通识读物,这里仅简要介绍一项关于内战的博弈论研究。

按照芭芭拉·瓦尔特的统计,1940年到1990年间全球爆发的41场内战中,仅有17场内战交战各方达成了和平协议。但是,在达成和平协议之后,仅有8场内战的和平协议得到真正执行,还有9场内战的交战各方又重新回到了内战。换言之,仅有19.5%的内战是以和平方式解决的,八成以上的内战最后以暴力竞争和一方决定性胜利的方式解决。瓦尔特认为,之所以交战各方不愿意达成和平协议,或者达成和平协议之后也不愿意执行,很大程度上是由于缺乏"可信承诺(credible commitments)"机制。简单地说,任何一方首先放弃或削减自己的武力,如果另一方反悔,就会给前者造成毁灭性的打击。这个逻辑非常简单,但非常有说服力。所以,瓦尔特注意到,那些成功地达成并执行和平协议的案例中,通常存在一个强有力的外部干预者,这个外部干预者拥有更强大的武力能迫使交战各方强制执行和平协议。这种情形下,和平协议就具有了一种可信承诺机制。缺少可信承诺机制的条件下,保存武力甚至强化武力是一种理性的选择。①

瓦尔特对于可信承诺机制的分析就是一种博弈论的理论应用。此处博弈论分析的要点是,如果 A 有很多军队,B 也有很多军队,双方开始打内战,当内战长期持续时,双方处在胶着状态,彼此都不太好受,双方终于同意坐下来签订一个和平协议。但问题是,接下来和平协议怎么执行呢? 最大的困难是,执行和平协议意味着 A 和 B 都要放弃军队,他们都要放弃单独控制军队的做法,内战才能真正结束。所以,要么 A 把军队控制权交给 B,要么 B 把军队控制权交给 A,要么双方都把各自军队的控制权交给一个双方共同产生的国家级机构。而这里最大的风险是:如果有哪方先交出军队,他们这边的风险就变得巨大。一旦对方反悔,对他们来说就是灭顶之灾。所以,更多情况下是,没有哪一方会率先交出军队的控制权,结果和平协议就很难真正执行。所以,除非存在强有力的外部干预者,其主要作用是保证协议得到强制执行。除此之外,内战往往无法以和平方式终结。

到了20世纪90年代以后,政治学的研究范式又出现了很多新的趋势,总

---

① Barbara F. Walter, *Committing to Peace: The Successful Settlement of Civil Wars*, Princeton: Princeton University Press, 2002.

体上越来越多元化。这样,关于政治学研究方法的争论某种程度上已经陷入了僵局。比如,关于质性研究与量化研究的争论,关于政治哲学研究与政治科学研究的争论,并没有什么结果。现在总的态势是基于量化方法的实证研究是政治学研究的主流,但不同研究领域的学者根据自己的理论与方法偏好来从事各自的研究,而所谓最优研究范式的问题不再成为一个争论的焦点。这样,单一路径的政治学研究范式就被舍弃了。

总之,这一时期,政治哲学与政治思想的研究又获得了某种程度的复兴,实证研究中质性分析与量化分析两种路径的平行发展,理性选择范式扩展到更多的研究领域,后现代主义的研究方法也开始兴起——有的学者甚至开始走向解构和诠释的路径。

【推荐阅读书目】

乔治·萨拜因著,托马斯·索尔森修订:《政治学说史(第四版)》上册,邓正来译,上海:上海人民出版社2008年版;乔治·萨拜因著,托马斯·索尔森修订:《政治学说史(第四版)》下册,邓正来译,上海:上海人民出版社2010年版。

列奥·施特劳斯、约瑟夫·克罗波西主编:《政治哲学史(第三版)》,李洪润等译,北京:法律出版社2009年版。

罗伯特·古丁、汉斯-迪特尔·克林格曼主编:《政治科学新手册》,钟开斌等译,北京:生活·读书·新知三联书店2006年版。

第 3 讲 意识形态大论战

第一,个人的行为只要仅仅涉及自身而不涉及其他任何人的利害,他就不必向社会承担责任。……第二,对于损害他人利益的行为,个人则需要承担责任,并且在社会认为需要用这种或者那种惩罚保护它自身时,个人还应当承受社会的或法律的惩罚。

——约翰·斯图亚特·密尔

一个人不受制于另一人或另一些人因专断意志而产生的强制的状态,亦常被称为"个人"自由或"人身"自由的状态。……自由政策的使命就必须是将强制或其恶果减至最小限度,纵使不能将其完全消灭。

——弗里德里希·奥古斯特·冯·哈耶克

我应该中止我对于法国的新的自由的祝贺,直到我获悉了它是怎样与政府结合在一起的,与公共力量、与军队的纪律性和服从、与一种有效的而分配良好的征税制度、与道德和宗教、与财产的稳定、与和平的秩序、与政治和社会的风尚结合在一起的。

——埃德蒙·柏克

可以说,老工党对市场力量抱有深深的疑虑,它试图通过集中化的经济计划和大量的干预主义政策限制市场的力量……老工党笃信公有制的优越性,它试图以牺牲私营部门为代价稳定地扩大公有制的范围。老工党以工会是工人阶级的代表为理由,赞同在政府中保有工会的权力……最后,老工党倾向于放任国家的财政,常常会屈从于税收、支出和借款等"快修"方法的诱惑,而不是寻求更为适度和审慎的方法。

——埃里克·肖

3.1 政治观点背后的意识形态

不同的人信奉不同的意识形态,这是人类社会的普遍现象。这一讲的主题是现代政治意识形态的交锋。先请看两段话:

> 我们每天所需的食料和饮料,不是出自屠户、酿酒家或烙面师的恩惠,而是出自他们自利的打算。我们不说唤起他们利他心的话,而说唤起他们利己心的话。我们不说自己有需要,而说对他们有利。……

> 确实,他通常既不打算促进公共的利益,也不知道他自己是在什么程度上促进那种利益。……他受着一只看不见的手的指导,去尽力达到一个并非他本意要达到的目的。……他追求自己的利益,往往使他能比在真正出于本意的情况下更有效地促进社会的利益。①

这里主要是两个观点。一是对人性的基本判断:人都是自利的,人所有行为的动机都是出于他们自利的打算。但是,这里没有说"自利"是好的还是坏的,作者中立地看待人的自利行为。从字里行间可以看出,自利至少在客观上可能给他人和社会带来好处。二是阐述了"看不见的手"原理。作者把市场机制的力量比喻成"一只看不见的手"——自利的个人会受到这只"看不见的手"的引导"有效地促进社会的利益"。

这是英国著名经济学家亚当·斯密在《国富论》中最为著名的两段话。他信奉的意识形态被称为自由主义,有人喜欢称之为古典自由主义。

再请看两段话:

> 工人变成了机器的单纯的附属品,要求他做的只是极其简单、极其单调和极容易学会的操作。……他们不仅是资产阶级的、资产阶级国家的奴隶,他们每日每时都受机器、受监工、首先是受各个经营工厂的资产者本人的奴役。……

> 现代的资产阶级私有制是建立阶级对立上面、建立在一些人对另一些人的剥削上面的产品生产和占有的最后而又最完备的表现。……从这个意义上说,共产党人可以把自己的理论概括为一句

---

① 亚当·斯密:《国民财富的性质和原因的研究》,郭大力、王亚南译,北京:商务印书馆 2005 年版,上册第 14 页、下册第 27 页。

话:消灭私有制。①

这两段话显示作者身处工业革命突飞猛进的年代,出处是马克思和恩格斯1848年所著的《共产党宣言》。他们对当时欧洲的阶级关系、财产制度、生产制度、国家和统治都进行了批判。尽管马克思本人受到了亚当·斯密的很大影响,但两人对市场机制和产权制度的主要观点完全不同。马克思在劳资关系中发明了剩余价值的概念,提出了剥削学说。在19世纪的欧洲,这是富有"革命性"的见解。当然,按照这种观点,很多毕业生争相到世界500强公司工作,不过是在努力争取一种被"剥削"的资格。而亚当·斯密完全不这样看。斯密认为,用劳动力去换取报酬不过是一种正常的市场交易行为;而资方并非不劳而获或平白无故就能挣钱,利润被视为经营的回报。两种不同的观点,大家可以自己去比较和判断。

马克思和恩格斯的上述见解,在政治意识形态上被称为社会主义。但是,按照现在国际学界的观点,马克思和恩格斯的社会主义是一种特定类型的社会主义,即"科学社会主义"或"共产主义"。在社会主义意识形态的内部,19世纪晚期与20世纪早期又兴起了后来影响很大的一个分支——"民主社会主义"或"社会民主主义"。

最后请再看几段话:

> 多亏了我们对变革的坚韧抗拒,多亏了我们冷峻持重的国民性,我们还保留着我们祖先的特征。我认为,我们并没有丢掉十四世纪思想的大度和尊严,也没有把我们自己变成野蛮人。……
>
> 我们不是抛弃我们所有的那些旧的成见,而是在很大程度上珍视他们;而且大言不惭地说,因为它们是成见,所以我们珍视它们;它们存在的时间越长,它们流行的范围越广,我们便越发珍视它们。……
>
> 一种绝对的民主制,就像是一种绝对的君主制一样,都不能算作是政府的合法形式。②

这里的"成见"是指一个社会过去长期形成的看法与见解。"成见",通常被理解为"陈旧的见解",然而这位作者似乎把它当成传统智慧的一部分。他认为应该珍视一个社会中的成见,他甚至直截了当地把变革视为一件坏事,而

---

① 马克思、恩格斯:《共产党宣言》,北京:人民出版社1997年版,第34、41页。
② 埃德蒙·柏克:《法国革命论》,何兆武等译,北京:商务印书馆2010年版,第115、116、165页。

把保守视为一件好事。这与今天的时尚正好相悖,大家如今通常把变革视为一个褒义词。作者还认为,如果抛弃了传统,就有可能"把我们自己变成野蛮人"。在最后一段,作者更把"绝对的民主制"视为亚里士多德意义上的暴民政体。这些文字摘自英国思想家埃德蒙·柏克的名著《法国革命论》,柏克被视为保守主义的代表人物。

借助这三则言论,大家可以对三种主要的现代政治意识形态——自由主义、社会主义和保守主义的概貌有一个了解。比如,假设某个欧洲国家有三个主要政党——一个自由主义政党、一个保守主义政党和一个社会主义政党,一个普通选民会给谁投票呢?这在很大程度上取决于这位选民的政治意识形态。从欧洲政治史来看,上述三种主要的意识形态在不同国家的不同时期均有过较大的影响。

在现实生活中,很多人在讨论公共问题时互不相让,甚至争得面红耳赤,一个主要原因就是大家在不同的政治意识形态里看问题。比如,第一个人在古典自由主义意识形态里看问题,第二个人在保守主义意识形态里看问题,第三个人则是在社会主义意识形态里看问题。这种情况下,他们多半不会就某个政治问题或某项公共政策达成共识。

大家不妨来看几则政治意识形态的判断题,只能回答是或否:

总的来说自由比平等更重要。	是/否
集体应该优先于个人。	是/否
管得越少的政府越是好政府。	是/否
应该实行最低工资法。	是/否
财产与生产最好实行社会化控制。	是/否
由多数人决定公共事务是靠不住的。	是/否
与变革相比,恪守传统更重要。	是/否

一个人的政治意识形态不同,对上述问题的选择当然也不同。大家可以给出自己的选择,然后思考支持这一观点的逻辑,再想清楚反对这一观点的理由。经过正反两面观点与逻辑的比较,你还会坚持最初的选择项吗?

3.2 现代意识形态的兴起

主要的现代意识形态均诞生于欧洲,所以意识形态的兴起需要在欧洲的历史背景中解读。从 14 世纪开始,一直延续到 16—17 世纪,欧洲经历了起源于意大利佛罗伦萨的文艺复兴。文艺复兴的政治社会意义,一方面是对古希腊和古罗马文献的重新发现,所以被称为"复兴";另一方面是对人性看法的改变,整个思潮逐步趋向于重视"以人为本"的人道主义。后来,在16—17世纪,欧洲很多地区又经历了以德国为发源地的宗教改革。随着新教的兴起,过去普通教徒与教会、与神职人员的关系被改变了。每个普通人都有权阅读《圣经》,都可以直接跟上帝沟通和对话,而新教不再认为天主教会有权垄断诠释《圣经》与上帝旨意的权力。然后,18—19世纪又发生了以英国和法国为中心的启蒙运动。中国历史教科书通常更重视18世纪法国的启蒙运动,特别是伏尔泰、卢梭和孟德斯鸠等人的学说。但实际上,差不多就在这个时候,英国还出现了苏格兰启蒙运动,包括像大卫·休谟、亚当·斯密等人的哲学与政治经济学思想都产生了重要影响。由于启蒙运动的兴起,欧洲人开始对人的理性有了重新的认识。德国哲学家康德说,"启蒙运动的口号"就是"要有勇气运用你的理智"。正是这种对人性前所未有的尊重和对人类理性的重新发现,人本身的地位被抬高到过去从未有过的高度。而1789年的法国大革命更是喊出了"自由、平等、博爱"的政治口号。所有这些,都对整个社会产生了重要影响,也构成了现代意识形态兴起的思想背景。

除了文化、宗教与思想的潮流,同样重要的是,理解现代意识形态还要了解从文艺复兴到当代欧洲社会(后来也包括美国)主要的历史进程。当然,这里只能做粗略的勾勒,最重要的是三方面的重大变迁。第一,欧洲从政治上讲大概经历了从封建主义的衰落到民族国家的兴起——比如英法民族君主国的出现和德国统一等等——再到政治革命——比如英国宪政革命、法国大革命、美国独立战争及选举权普及等等——这样的历史过程。简单地说,封建主义是政治和经济上比较割裂的一种状态,从这种割裂状态过渡到民族国家,是欧洲历史上非常重要的里程碑。这个历史过程跟不少政治思想家有关,比如霍布斯关于利维坦的学说强调国家的必要性,博丹的主权论强调一个国家或君主拥有至高无上的权力,马基雅维利的君主论关注的也是欧洲近代国家建设过程中君主的作为,等等。

然后,从民族国家到政治革命的过程中,有大量思想家开始呼吁大众主权,呼吁更自由的政体,呼吁更平等的政治权利,呼吁对个人权利的尊重。所以,与政治革命相对应的是,政治思想领域也发生着重大变迁。比如,卢梭对人民主权的肯定,对共和制度的肯定,对公意和公益的肯定;孟德斯鸠对宪政体制的强调,对绝对君主制和专制主义的批判,对权力分立与制衡的倡导,都跟他们身处时代的政治变革联系在一起。

但是,正是由于法国大革命的出现,少部分人开始对那个时代的激进思潮进行了审慎的反思。比如,法国大革命以后,埃德蒙·柏克就对激进政治思潮进行了反思和批判。另外,尽管人民主权学说支持选举权的普及,但19世纪英国很多保守主义思想家非常警惕选举权的普及。他们担心,如果让普通公民掌握了选举权,将会对市场机制和财产制度产生毁灭性的影响。所以,上面讲到的两种思潮在政治上存在着激烈的交锋。

第二,欧洲社会结构出现了很多重要的变化。简单地说,在工业化、现代化和城市的变迁中,这些国家的阶级结构发生着重要的变迁。工业革命到来之前,欧洲大部分人都生活在农村,城市人口大概不足10%或15%。随着工业革命的进展,人开始脱离土地,进入工厂,涌入城市。当时英国和法国主要城市的人口由数万至十万这样的量级,快速膨胀到50万、甚至是100万以上。在这一过程中,人的社会身份也随之发生变化,有产者和无产者两大阶级集团开始形成。显然,两个集团都有自己的意识形态,资产者需要资产者的意识形态,无产者需要无产者的意识形态。所以,工业革命带来的是欧洲阶级结构的巨大变迁,进而塑造出互相对立的意识形态。

大概到19世纪后期,工业革命的继续发展推动了中产阶级的兴起。特别是20世纪中叶以后,欧美社会逐步进入所谓的后工业社会。美国管理学家彼得·德鲁克把这种社会形态称为知识社会,把规模日益增大的非体力劳动者称为知识工作者。这样,整个20世纪,中产阶级在社会人口中的比例逐渐增加。到了20世纪后半叶,如果要用阶级结构去划分整个社会的话,过去那种上层阶级(有产者)和下层阶级(无产者)——两阶级对立的模式开始逐步弱化,一种新的社会阶级结构正在兴起。

现在西方研究阶级的学者用几个不同的维度来划分整个社会的阶级结构:一个维度是是否掌握生产性资源的财产权,另一个维度是科层制结构中的权力高低,第三个维度是工作所需专业技能的高低。然后,根据上述几个标准区分出更为复杂的阶级结构图(参见图3.1)。埃里克·赖特的相关研究显示,今天欧美主要国家中,从事简单劳动的非技术工人阶层,总体上占整个社会就业人口的比例已经降至40%以下。在最发达的欧洲国家,能够被称为白领阶层或更高阶层的人口已经占到整个社会人口比例的60%以上。这样,到了20世纪后半叶,过去(19世纪)马克思所定义的两大阶级对立的社会结构在欧美社会基本上已经瓦解。

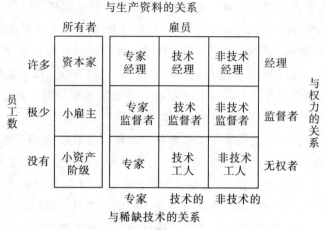

图 3.1 欧美国家的阶级结构分布

资料来源:埃里克·奥林·赖特:《后工业社会中的阶级:阶级分析的比较研究》,陈心想等译,沈阳:辽宁教育出版社 2004 年版,第 49 页,图 2.1。

由此可见,在今天最发达的欧美国家,阶级因素在整个政治生活中已经弱化。历史地看,工业革命导致了有产者和无产者的尖锐对立。大概在 19 世纪中叶《共产党宣言》发表的时候,欧洲整个社会的阶级对立是非常严重的。但是,到了 19 世纪晚期德国民主社会主义者伯恩斯坦的时代,以及后来的 20 世纪上半叶,欧美社会就发生了一个重要的变迁。德国首相俾斯曼最早开始尝试社会保险制度,让很多普通人的生活变得更有保障了。以此为先导,欧洲福利国家逐步开始兴起。这个变迁的重要结果是欧美社会阶级对立的弱化。此外,在这一过程中,还有大量的养老金开始兴起,开始控制欧美社会大型上市公司股份的较大份额。比如,2013 年美国养老金总额已经突破 16 万亿美元,这一数据与美国 2013 年 GDP 相当,约为 2014 年初美国股票市场总市值的 80%。尽管养老金并非全部投资于股票市场,但是通常有相当比例的养老金是投资于股市的。这样,实际上,美国主要大公司的股票均有相当比例是为各种养老金持有的,而这些养老金最终是由相当分散的很多普通美国公民持有的。这些数据意味着,美国大型上市公司资本的社会化程度已经非常高,当然这是通过市场化方式来实现的。这是一个非常有趣的事实。所以,这些变化也影响着一个社会政治意识形态的走向。

第三,欧美社会经济的重要变迁。英国工业革命启动之后,西欧经济实现了相对较快的增长。但是,后来马克思意义上的经济危机随之而来。自由资本主义创造经济繁荣和技术进步的同时,也面临不定期的经济波动问题。自由资本主义造就的经济繁荣使其拥有大量的支持者,同时由于经济不稳定或经济危机创造了大量的反对者。那么,如何解释经济不稳定呢?

比如,何种原因导致了1929—1933年的世界经济大萧条呢?现在有两种完全对立的观点。一种观点受到马克思学说的左右,认为是自由资本主义和市场经济本身引发了世界经济大萧条,而经济危机的机制又是资本主义本质决定的。另一种观点则认为世界经济大萧条是美联储的不当做法导致的。本来,1929年的美国只会面临一次小小的经济波动,但美联储的不当做法使得这一经济波动演变为有史以来最大规模的经济大萧条。① 同样面对经济大萧条这一事实,基于不同意识形态立场的学者给出了不同解释,因此也意味着不同的政策主张。如果是前一种解释,政策主张是要求加强政府对市场的调控与干预,强化对大银行和大公司的市场及金融行为的监管,主张更多的政府和更少的市场。如果是后一种解释,政策主张是要求放松管制,尤其要避免错误的政府干预。在后一种观点看来,市场波动是不可避免的,但并不会酿成严重危机,正常的经济波动是市场经济的必要代价。所以,国家与市场的关系,也构成了意识形态冲突的重要来源。

此外,欧美社会也经历了贫富差距与经济不平等方面的重大变化。工业化过程中,欧美社会曾出现较为严重的贫富差距。后来,由于经济发展所带来的"涓滴效应",福利国家的建设以及累进所得税等再分配政策的实施,欧美社会的贫富差距显著缩小了。到今天为止,跟中国等很多发展中国家相比,欧美主要国家的贫富差距不是更大,而是更小。经合组织主要国家的基尼系数显示,多数发达国家的贫富差距相对比较温和(参见表3.1)。所以,现在不少到欧美社会工作和生活的中国人,都会惊讶于多数社会阶层收入的平均程度。贫富差距与不平等程度的减弱,总体上会缓和与阶级有关的意识形态冲突。

表3.1 经合组织主要国家的基尼系数(2010年)

国家	澳大利亚	加拿大	丹麦	法国	德国	爱尔兰*	以色列	意大利
基尼系数	0.33	0.32	0.25	0.30	0.29	0.33	0.38	0.32
国家	日本*	韩国	新西兰*	荷兰	西班牙	瑞典	英国	美国
基尼系数	0.34	0.31	0.32	0.29	0.34	0.27	0.34	0.38

备注:带*的为2009年数据。

数据来源:参见经合组织(OECD)网站数据频道:http://stats.oecd.org/Index.aspx?DataSetCode=IDD#。

---

① 米尔顿·弗里德曼、安娜·雅各布森·施瓦茨:《美国货币史》,巴曙松译,北京:北京大学出版社2009年版。

上述因素构成了理解现代政治意识形态的背景。

意识形态的概念是法国哲学家德·特雷西(Destutt de Tracy)首先提出来的,最初的用法是指"观念的科学"(idea-ology)。马克思在1846年的《德意志意识形态》中,把意识形态这个概念政治化了。马克思认为,意识形态就是统治阶级的思想体系,因而具有比较强的欺骗性,其目的是让被统治阶级主动服从统治阶级的统治。所以,在马克思那里,意识形态有着强烈的政治色彩。[①]而现在的政治学研究中,通常把意识形态作为一个中性的词汇来处理,但是毫无疑问它仍然跟政治有非常密切的关系。

从概念上说,意识形态是现代社会科学体系中的一个概念和范畴,意指"一个行动导向的信念体系,一套以某种方式指导或激励政治行动的相互联系的思想观念"。[②] 通常来说,政治意识形态有几个主要特征:

第一,意识形态需要解释世界。为什么世界是这个样子而不是那个样子,意识形态需要给出一整套的理论解释。当意识形态给出的解释具有说服力时,这种意识形态更能产生影响。比如,自由主义对世界的解释,社会主义对世界的解释,保守主义对世界的解释,三者很不一样。世界的现状为什么是这样的?不同的意识形态有不同的解释。

第二,如同马克思所说的——"重要的不是解释世界而是改造世界",意识形态通常具有改造世界的企图心。多数意识形态都支持这样的信念:现状不够完美,现状能够变得更好。所以,很多意识形态倾向于承认存在某种社会改造计划的可能性。

第三,意识形态通常还带有行动导向的色彩。特定的意识形态通常会鼓励某些特定的行动或行为,有时这种特定行动和行为可能发展为某种运动、政党甚至是革命。与一般的理论不同的是,意识形态具有强烈的行动导向。所以,意识形态不只是停留在书斋中的理论,而是有着强烈的行动导向。

第四,意识形态的另一个特点是群众取向。很多理论学说非常高深,普通民众不太容易理解。但是,意识形态——如果要成为成功的意识形态——最终一定要简化到普通民众能够理解的语言,甚至最后简化为几个口号。意识形态只有能够用非常简单的语言来表述,才具有对普通大众的政治动员能力。这是政治意识形态不同于一般理论学说的重要特征。比如,社会主义可以简化成几个简单口号,自由主义在历史上也曾简化为几个简单口号。

---

① 《马克思恩格斯选集》第一卷,北京:人民出版社1995年版,第62—135页。
② 安德鲁·海伍德:《政治学(第二版)》,张立鹏译,北京:中国人民大学出版社2006年版,第51—53页。

第五,值得提醒的是,某种意识形态和这种意识形态的实践往往是两回事。比如,一个国家据说要搞某某主义,而该国最终搞的是不是某某主义,不一定有必然的联系。所以,意识形态的口号与号称在某种意识形态指导下的政治实践是两回事,这个问题往往具有较大的迷惑性。

3.3　什么是自由主义?

对政治意识形态的介绍一般从自由主义开始,原因在于自由主义在流行的意识形态中是最早出现的一种,而后来的意识形态通常是站在批评、反对或修正自由主义的立场上逐渐成形的。自由主义被认为是资本主义和工业革命时期的意识形态,大概在18世纪晚期和19世纪早期趋于成熟。自由主义的主要观点可以被归纳为一项政治主张和一项经济主张。

政治上,自由主义反对两样东西:一是欧洲民族国家兴起过程中尚存的封建主义和封建制,二是绝对君主制和专制主义。自由主义主张立宪政府与个人自由。自由主义的基本政治主张是要有一个有限政府或立宪政府,政府的权力、行为和边界要受到强有力的约束。政府不能想干什么就干什么,其行为应该有明确限定。同时,社会中的普通公民和法人的权利应该享有明确的保护,特别是要防止他们受到政治权力恣意妄为的侵害。

经济上,自由主义反对重商主义。重商主义曾经是非常流行的政策主张,重商主义今天已经演变为经济民族主义或贸易保护主义。自由主义在经济上主张自由放任,它赞同亚当·斯密所阐述的"看不见的手"原理。自由主义认为,政府要尽可能少干预市场,应该由"看不见的手"来协调市场主体的行为,而这是最有效率的一种方式。在自由主义框架内,国家的合理角色被界定为"守夜人"。换句话说,一个理想国家或政府的主要角色应该是制止犯罪、防止非法的暴力及提供基本的秩序。除此之外,国家最好不要干别的事情。比如,国家要不要提供公立教育呢?最好不要。国家有没有义务提供就业岗位呢?没有这样的义务。国家应不应该提供各种福利?不应该提供福利。这些事情,国家最好都不要管。在自由主义者眼中,理想国家主要角色是警察和法官。

借鉴安德鲁·海伍德的论述,笔者把古典自由主义总结为对若干重要原则的倡导[①]:

一是个人主义原则。"个人主义"过去被视为一个贬义词,但在社会科学

[①] 关于自由主义的要点总结,参见安德鲁·海伍德:《政治学(第二版)》,第54—56页。

中它是一个中性词。个人主义的概念到19世纪早期才逐渐形成。在这种哲学中,个人被剥离了其他身份,而成为一个抽象的人类个体。这个抽象的人类个体本身的价值和权利就是至高无上的,这些权利无须依赖基本公民身份以外的其他任何身份,这些权利不能被国家或任何集体剥夺。

因此,这里的个人主义并非日常话语中理解的不守纪律、没有组织观念或缺少团队精神,更非损人利己。真正的个人主义至少应该包括两层含义:首先,个人要优先于群体。这里的优先,并不是说只要个人、不要群体,而是思考问题的一种特定视角。比如,对于一种政策,不要首先说这对整个社会有利,而要问是否改善或促进了个人福利。在个人主义看来,抽象的社会是看不见的,社会是由一个个不同的个人构成的。只有这种政策相当程度上能实现了个人福利时,社会福利才能得以实现。所以,个人主义主张个人优先于群体,既是一种认知问题的视角,又是在价值上倡导个人的优先性。

其次,把个人因素视为整个社会创造动力的来源。一个理想的社会应该是什么样的? 一种视角认为,一个理想的社会要给每个人提供有保障的就业,让每个人都过上一种有保障的生活。但是,另一种视角却认为,一个理想的社会应该激发每个人的主动性与创造力,让每个人的激励因素与个性特征成为促进社会进步的动力。只有这样,社会才会繁荣。个人主义更支持后一种观点。比如,这一代美国政治家思考的一个问题是:如何让美国产生更多的史蒂夫·乔布斯? 乔布斯是苹果公司的创始人和缔造苹果公司辉煌的企业家。这就是说:如何让美国产生更多的优秀企业家? 所以,个人主义把个人视为社会繁荣与创新的源头。

二是个人自由原则。从个人主义原则出发,可以推导出对个人自由的倡导。政治哲学意义上的自由,既非通常被理解的完全没有约束,亦非心灵或意志层面的自由,而是指政治自由或社会自由。按照密尔的说法,界定这种自由的是"社会可以合法地施加于个人的权力之性质和界限"。倡导个人自由原则,意味着主张来自国家或社会的强制力干预越少越好。实际上,古典自由义会认为,国家或社会可以干预个人行为的唯一正当理由是为了保护其他人同等的自由与权利。

三是理性原则。德国哲学家康德说:"要有勇气运用你自己的理智! 这就是启蒙运动的口号。"这里的理智与理性是一个意思。自由主义相信人的理性的力量,所以在历史维度上趋近于进步史观。自由主义相信随着人理性力量的发展,对自然和社会的科学知识的进一步发掘,这个社会能够不断地获得进步和加以改善。由于这种进步史观,自由主义倾向于支持变革。在这个维度上,自由主义与保守主义就发生了分野。自由主义相信人理性的力量,信奉进步史观,而保守主义并非如此。

四是平等原则。自由主义主张的平等更多的是指形式的平等和机会的平等,而非实质的平等和结果的平等。自由主义主张每个人都有同样的权利,但并不认为同样的权利就会得到同样的结果。自由主义承认每个人的天赋存在差异,认识到每个人付出的努力是不一样的,而且还存在运气等偶然因素的差异。总的来说,这些差异是无法抹杀的,每个人最后得到的结果自然是不同的。所以,自由主义的平等更多是强调机会、形式、程序和资格方面的平等,或者说是法律面前人人平等。再进一步说,自由主义者甚至认为要追求实质的平等和结果的平等可能是危险的,甚至最终会走向自由的反面。

五是宽容原则。自由主义相信,每个人的个性与自由非常重要,所以应该倡导宽容原则。社会要允许、容纳、甚至是鼓励多样性,宽容各种不同的选择和各种可能的见解。从功利的角度看,这些不同选择和不同见解可能会对社会产生重大的裨益。比如,创新的重要特征是其不确定性。由于不能确定创新来自何处,一个允许和鼓励多样性的社会要比另外一个禁止或遏制多样性的社会更有可能出现创新。从权利上说,每个公民都有选择的自由,所以,社会应该对这些不同的选择保持尊重和宽容。

六是被治理者同意的原则。既然个人权利优先于群体,国家权力来自个人,因此自由主义认为,所有统治都应该基于被治理者的同意。当然,这条原则的实践形式经历了复杂的演变。1258年英格兰贵族迫使国王签订的《牛津条约》规定,国王征税等重大事务需要经过贵族会议的同意。这大概是统治要基于被治理者同意的最早形式。英格兰贵族并不认为国王职位应该由大家来选或由贵族轮流来担任,但是国王征税却必须要经过他们的同意。而到了现代社会,统治要基于被治理者同意的原则往往跟某种程度的民主形式联系在一起。上文曾提到,自由主义未必主张民主政治。但如果说自由主义可能支持民主的话,很大程度上是因为统治要基于被治理者同意的这一原则。在现代社会,怎样落实统治要基于被治理者同意的原则呢?实际可操作性的办法就是让全体或多数公民以民主投票方式产生政府。需要说明的是,尽管如此,自由主义非常警惕普通民众是否会以多数投票方式侵犯自由权利,是否会导致托克维尔和密尔所警惕的"多数暴政"问题。所以,自由主义通常认为,民主政治同时需要宪政原则的约束。

七是宪政原则。自由主义认为,政府权力应该受到明确的限制,这就是最简单意义上的宪政原则。据说,英国有这样一个小故事。在一个风雨交加的夜晚,有一支英格兰国王的军队途经某个农庄。士兵们非常渴望能进到这个农庄,喝口热水和享受片刻温暖。军队的先锋官就去询问农庄的主人,是否同意国王的军队进去休息一下? 结果,农庄主人说出了一句后来广为流传的话:"风能进,雨能进,国王不能进。"这句极具煽情色彩的话,乃是强调了对公民权利——特别是私人财产权利——确定无疑的尊重和保护,对应的则是对国王或政府权力明确的限定。

八是自由放任原则。古典自由主义主张自由放任,无论是经济政策上还是社会政策上。诚如杰斐逊所言——"管得越少的政府越是好的政府"。上文提到的亚当·斯密的"看不见的手"原理,也是强调自由放任原则。所以,古典自由主义者眼中,守夜人国家就是理想的国家类型。

3.4 古典自由主义的大师们

英国哲学家约翰·洛克是古典自由主义的早期代表人物。他认为,基于自然法和契约论,政府的权力应该来自被统治者的共同认可或者一致同意,设立政府的唯一目的就是保护国民的生命权、自由权和财产权。洛克的学说某种程度上为有限政治和立宪主义奠定了理论基础。洛克说:

> 无论是绝对任意的权力,抑或是没有稳固不变的法律的统治,都是与社会和政府的目的相左。如果社会和政府不去保护人们的生命、自由和财产,如果没有关于权利和财产的一贯有效的规定来保障他们的和平与安宁,人们就不会舍弃自然状态的自由而加入社会和甘受它的约束。……
>
> 我们的论证显然是有理的,人类天生是自由的,历史的实例又证明世界凡是在和平中创建的政府,都以上述基础为开端,并基于人民的同意而建立的。……政治社会的创始是以那些要加入和建立一个社会的个人的同意为依据的;当他们这样组成一个整体时,他们可以建立他们认为合适的政府形式。①

洛克在上述两段文字分别阐述了社会的目的是保护人们的生命权、自由权和财产权,以及统治应该基于被治理者的同意。实际上,后世很多人受到洛克

---

① 洛克:《政府论(下篇)》,叶启芳、瞿菊农译,北京:商务印书馆1996年版,第85、64—65页。此处译文根据英文原著略有调整。

学说的影响。比如,下面这份重要文件这样说:

> 我们认为下面这些真理是不言而喻的:人人生而平等,造物者赋予他们若干不可剥夺的权利,其中包括生命权、自由权和追求幸福的权利。为了保障这些权利,人类才在他们之间建立政府,而政府之正当权力,是经被治理者的同意而产生的。

这是1776年北美13个殖民地发布的《独立宣言》的开头内容。如果熟悉洛克的言论,就会清晰地看到《独立宣言》开篇即充满了洛克思想的影子。所以,从《独立宣言》可以看出,美国建国之初的政治意识形态最接近于自由主义,或者说美国就是一个以自由主义立国的国家。此后,1787年《美国宪法》开篇则这样写道:

> 我们合众国人民,为了建立一个更完善的联邦,树立正义,确保国内安宁,完备共同防御,增进公共福利,并保证我们自身和子孙后代永享自由的幸福,特制定美利坚合众国宪法。

古典自由主义的另一位杰出代表人物是上文提及的亚当·斯密。亚当·斯密总体上认为,人是自利的,其追求自利的过程客观上会在"看不见的手"的引导下促进社会的利益,所以他主张自由放任政策与守夜人国家。这些内容本讲开篇即做介绍,不再赘述。

有人认为,既然亚当·斯密认为应该自由放任,所以国家并不重要。但是,这是对斯密观点的极大误解,也是对自由主义的极大误解。亚当·斯密在《国富论》中用较大篇幅专门探讨了"君主或国家的义务"。尽管主张自由放任,但他认为君主应该履行三项主要职责,分别是:

> 君主的义务,首在保护本国社会的安全,使之不受其他独立社会的暴行与侵略。……君主的第二个义务,为保护人民不使社会中任何人受其他人的欺侮或压迫,换言之,就是建立一个严正的司法行政机构。……君主或国家的第三种义务就是建立并维持某些公共机关和公共工程。①

由此可见,斯密从来没有主张政府无足轻重;相反,政府很重要。当然,斯密主张政府的职能与行为应该严格限制在"三项义务"的范围之内。

---

① 亚当·斯密:《国民财富的性质和原因的研究》下册,郭大力、王亚南译,北京:商务印书馆2005年版,第254、272、284页。

约翰·斯图亚特·密尔是另一位杰出的自由主义思想家,他是19世纪英国最重要的政治学家、经济学家和哲学家之一,他的小册子《论自由》被视为自由主义的名篇。他把《论自由》的主题与目标设定为:

> 本文的主题不是所谓的"意志之自由"……而是公民自由或社会自由,即社会可以合法地施加于个人的权力之性质和界限。……
> 本文旨在确立一条极简原则……人类可以个别地或集体地对任何成员的行动自由进行干涉,其唯一正当理由旨在自我保护。①

密尔思考的起点是假定每个人的自由都是绝对的。但如果每个人都拥有不受限制的"绝对自由",当大家行使这种"绝对自由"时,彼此可能会发生互相侵害和冲突。所以,一个社会必须要给这种自由以一定的限制,但密尔讲得很清楚,此种限制的唯一目的是防止一个人去侵害他人。就是说,限制个人自由的唯一理由是给他人以合理的保护。这条原则也意味着,政府不能仅仅因为某事对某人自身有利或不利而强制个人从事或不从事某种行为。政府不能因为"父爱主义"而来干涉公民的行为、选择与自由,因为政府没有或不应该拥有这个权力。政府唯一有权对个人行为加以干涉,是由于这个人的行为会对他人造成侵害。密尔继续说:

> 对于文明群体中的任何一个成员,可以违反其意志而正当地行使权力的唯一目的,就是防止对他人的伤害。至于这个人自己的好处,无论是物质上的,还是精神上的,都不是充足的正当理由。②

按照密尔的看法,国家和社会无权为了你的福利而干涉你的自由,这是进一步的推导。密尔接着说:

> 只有涉及他人的那部分行为,才是任何人应该对社会负责的行为。从正当性上说,在仅涉及他自己的那部分行为上,他的独立性是绝对的。对于他自己,对于他的身体和心智,个人是最高主权者。③

密尔在《论自由》中对言论自由和思想自由的论证,不仅强调权利的视角,也借用了功利主义的方法。为什么要有言论自由呢?理由是:

> 第一点,就我们所能够确切知道的而言,如果任何观点被迫保持

---

① 密尔:《论自由》,顾肃译,南京:译林出版社2010年版,第3、11页。
② 同上书,第11页。
③ 同上书,第11—12页。

沉默,则该观点有可能是正确的。……第二点,即使被迫沉默的观点本身是错误的,它也可能,而且通常总是包含着部分真理。……第三点,即使公认的观点不仅是真理,而且是全部真理,但是,如果不允许它接受并且实际接受强有力的、认真的争论,那么,它的大多数接受者就会像持有一个偏见那样持有它,也很少理解或感知它的理性依据。……第四点,该学说本身的意义也会有丧失或减弱,失去其对品行和行为关键影响力的危险。①

此外,密尔还强调"个性的自由发展是福祉的首要因素之一"。比如,他认为"天下没有一件事不是由某个人首先做出来的,现存的一切美好事物都是首创性的果实",所以自由的重要性不言而喻。在做总结时,密尔认为主要就是两条格言:

> 第一,个人的行为只要仅仅涉及自身而不涉及其他任何人的利害,他就不必向社会承担责任。……第二,对于损害他人利益的行为,个人则需要承担责任,并且在社会认为需要用这种或者那种惩罚保护它自身时,个人还应当承受社会的或法律的惩罚。②

3.5 自由主义的演进与嬗变

后来,自由主义遇到了很多严重的挑战。这种挑战首先来自自由市场经济本身。间歇性的经济危机、贫富悬殊以及托拉斯和大企业垄断等问题,都是古典自由主义者未曾预见或难以有效回应的。此外,工业化和城市化的快速发展还产生了对大规模公共服务的需求。比如,19世纪早期的巴黎一度是一个臭气熏天的城市,主要原因在于大量人口的涌入、公共设施及基本公共服务的匮乏。如果以自由主义作为立国原则,当时的政治家和政府既不认为自己有权利,也不认为自己有义务来应对城市大规模扩张所带来的实际问题。要知道,政府在历史上没有干过也不需要干这种事情。但客观上,大规模城市化对政府产生了极大的公共服务需求。此外,欧洲发达国家19世纪以来的重要政治趋势是选举权的陆续普及。与选举权普及同步发生的是政党政治和政党竞争的兴起。可以料想,不同政党会主张不同的政治纲领与社会政策。

---

① 密尔:《论自由》,第56页。
② 同上书,第99页。

由于选民人口中低收入阶层占有较高比例,福利国家政策的兴起就成了欧洲社会的大趋势。

在这种背景下,陆续兴起的其他不同意识形态开始构成对古典自由主义的挑战,特别是保守主义和社会主义。一般认为,大概在1870年前后,古典自由主义就开始趋向衰落。洛克、斯密和密尔等人所认同的那套价值理念和学说体系日渐式微。后来,自由主义意识形态内部兴起了现代自由主义。现代自由主义既是对古典自由主义的继承,又是对古典自由主义的改造。

现代自由主义需要应对原先的自由资本主义和自由市场经济所带来的诸种问题,需要有效回应工业革命和现代化所带来的种种挑战,所以对古典自由主义进行了大幅修正。一个最主要的变化,就是"把政府找回来"。现代自由主义认为,原先高度自由放任的制度安排是不恰当的,应该让政府发挥更积极的作用。因此,现代自由主义有两个基本特点:一方面,是尊重过去基本的制度安排,包括尊重私人财产权和市场经济,尊重宪政、法治与公民的自由权利;另一方面,在此基础上,主张强化政府干预——包括对市场、行业和企业的管制,加强对劳工阶层的保护以及建设福利社会。

现在多数人认为,福利国家是个褒义词,或者说福利国家才是好国家。但是,古典自由主义并不赞同这种看法。为什么呢?因为政府权力太大了,政府做的事情太多了,政府占有的资源比例也太高了。政府既有可能促进了一般意义上的社会福利,但同时却可能侵害了个人自由和选择。所以,关于政府的恰当角色,在自由主义内部存在着剧烈的争论。但从社会实践来看,强化政府干预的大趋势基本上是难以阻挡的。从1870年左右开始,到整个20世纪的多数时间里,政府规模和政府干预都经历了大幅扩张。

1900年西方主要国家的财政收入占GDP的比例普遍低于10%,但今天这些国家的比例大概是30%到50%。美国的比例略低,是30%左右,但一些北欧国家的比例超过了50%。这意味着,对今天欧美发达国家来说,整个经济活动中政府的比重已经超过三分之一,有的甚至已超过二分之一。所以,如果亚当·斯密健在的话,面对这一切,估计他是难以接受的。但是,这个趋势至少到目前来看,仍然是不可逆转的。

现代自由主义的代表人物很多,当代世界很多主流的经济学家和政治学家都持有现代自由主义的基本观点。从历史上看,美国总统富兰克林·罗斯福可以被视为现代自由主义的早期践行者。1929—1933年世界大萧条时,整个美国经济遇到了严重危机。面对这种前所未有的情况,怎么办?罗斯福总统采取一系列的"救市"行为,主要是经济救济、改革、复兴计划(所谓3R计划),后世称为"罗斯福新政"。比如,为了缓解失业带来的压力,他搞了很多救济和公共工程,前者是直接解决苦难,后者则有助于提高就业率;为了克服金融困难,他对银行业进行了整顿,又成立了存款保险公司,以降低挤兑和其他金融风险;他还努力恢复了工业和农业生产,保护劳工权利,制定最低工资法及规定最高工时,并强化社会保障措施和进行福利国家建设。

当然,与欧洲大陆的发达国家比,今天的美国总体上仍然是福利更少而自由更多。这也与美国人强调每个人都应该成为自力成功者、而不是靠社会或国家的力量来保障个人生活的理念有关。所以,美国很晚才陆陆续续出现欧洲大陆早已流行的很多福利政策。到今天为止,美国的社会福利仍然低于欧洲大陆发达国家。

现代自由主义在经济学界的重要代表人物是被誉为20世纪最著名经济学家的约翰·梅纳德·凯恩斯,他于1936年出版了名著《就业、利息和货币通论》。① 凯恩斯认为,如果整个市场自由运转,采用自由放任政策,就会出现有效需求不足的问题,所以政府干预就成为必要。与古典自由主义不同,凯恩斯倾向于认为政府对经济增长和稳定负有责任。后来,经济增长率、就业率和通货膨胀率开始逐步成为欧美发达国家政府的施政目标。政府需要通过财政政策和货币政策的灵活运用,来保证适度的经济增长率、低失业率和低通货膨胀率。

当然,凯恩斯学说的完整内容要比上述介绍复杂得多。过分简化的归纳容易扭曲一个重要思想家的观点。据说凯恩斯在世时,"凯恩斯主义"一词已开始流行,但凯恩斯则公开说:"我不是一个凯恩斯主义者。"国内经济学界和公共政策领域对凯恩斯的误解则更多。比如,某些官员借鉴凯恩斯主义理论提出政府要加强宏观调控,但很多政策其实都是微观调控。凯恩斯的宏观调控主要是指财政政策与货币政策,所以不应该把所有的东西都往宏观调控这个筐里装。

20世纪后半叶重要的现代自由主义政治哲学家约翰·罗尔斯,在其1971年出版的名著《正义论》一书开篇就说:"正义是社会制度的首要德性,正像真理是思想体系的首要德性一样。"罗尔斯在这部著作中阐述了两条正义原则:

第一个正义原则:每个人都拥有平等的权利来享有最广泛的、与他人类似的自由相容的基本自由。

---

① 约翰·梅纳德·凯恩斯:《就业、利息和货币通论》,高鸿业译,北京:商务印书馆2004年版。

第二个正义原则：社会和经济的不平等应该：(1)有利于受惠最少者的最大利益；(2)职位和机会应该向所有人开放。①

罗尔斯的第一条正义原则可以称之为自由原则。简单地说，一个人的自由在不侵犯他人同等自由的条件下应该尽可能地大。第一条原则似乎与古典自由主义、与密尔在《论自由》中的主要观点没有区别。但是，罗尔斯的正义论还要兼顾第二条原则，可以称为平等原则。简单地说，罗尔斯强调的平等原则是要对社会中的弱势群体较为有利。这样的话，政府干预就成为必要，政府干预也成为塑造正义社会的一部分。所以，罗尔斯一方面强调每一个人都应该享有最广泛的自由，另一方面强调还应该采取辅助性手段来改善弱势群体的处境。他的学说实际上是两者的结合，这也就是现代自由主义的基本特征。

现代自由主义涉及很多实际而重大的政策争论。比如，最近的挑战就是如何应对2008年的美国金融危机。其中的一个争论是，美国政府是否应该去救助那些在金融危机中濒临倒闭的大企业——特别是房利美、房地美这样的房地产金融机构，雷曼兄弟公司这样的大型投资银行，以及通用汽车这样的大型实业公司。当时，美国最大汽车公司通用汽车面临破产倒闭的危险。那么，美国政府是否应该为通用汽车提供经济援助呢？不同的政治家与学者政策立场迥异。身为民主党人的奥巴马总统认为"该出手时就出手"，认为需要拯救通用汽车。共和党保守派的主要看法是政府不应该出面去拯救一家公司，美国很多经济学家也持有这种见解。那么，为什么有人支持政府出面拯救通用汽车而有人反对呢？

反对的理由来自三个方面：第一，直接援助某个企业的做法破坏了市场经济规则。有人经营不成功，就应该让它垮掉，这是一种优胜劣汰的机制。只有这样，那些原本被浪费或低效使用的经济资源才可以配置到更高效的部门中去。第二，政府拿谁的钱去拯救这些企业？纳税人的钱。问题就来了，政府凭什么把纳税人的钱花在一个特定的企业上呢？第三，政府出面拯救企业，无形中弱化了企业的主要股东和主要经营者的责任。这也违背市场经济的基本原则。

支持的理由更多是基于社会公益的视角。如果任由通用汽车彻底破产而不进行重组，会带来什么社会问题呢？首先，通用汽车本身就是一个大企业，这

---

① 约翰·罗尔斯：《正义论》，何怀宏、何包钢、廖申白译，北京：中国社会科学出版社2009年版，第47页。此处对照英文原著对译文做了调整，参见 John Rawls, *A Theory of Justice*, Cambridge: Harvard University Press, 1999, p.53。

样会导致很多人失业。此外,通用汽车还有很多关联协作企业,特别是为数众多的主要供应商和主要经销商,他们都有可能面临经营困难,甚至是破产。这会通过连锁反应触发更严重的失业问题。基于此种考虑,政府应该出手援助。奥巴马政府最后的政策选择是给通用汽车提供经济援助,但这种援助并非无偿。但时至今日,这种做法仍然充满争议。

3.6 新古典自由主义的复兴

从20世纪30年代到60年代,是欧美发达国家现代自由主义的鼎盛时期。但是,到了20世纪70年代左右,凯恩斯主义政策开始引发很多问题,经济上主要表现是滞胀现象,即经济停滞与通货膨胀的并存;社会方面表现为福利政策导致的很多社会病。这样,实行多年的凯恩斯主义经济政策与福利国家方案遭到了大量质疑。另一个背景是,在二战之后的冷战条件下,资本主义和社会主义两大阵营发生了严重对抗和激烈论战。20世纪70年代以后,新自由主义(neoliberalism)或者叫新古典自由主义(neo-classical liberalism)开始崛起。新古典自由主义从概念上看,是对古典自由主义的一种复兴。

20世纪全球思想界的一个重要人物是弗里德里希·奥古斯特·冯·哈耶克。2013年国内出版了一部题为《凯恩斯大战哈耶克》的译著,这个书名大概恰如其分地反映了欧美发达国家从20世纪40年代到70、80年代经济公共政策领域的最重要争论,也就是哈耶克观点和凯恩斯观点的交锋。哈耶克一生出版了为数众多的经济学与政治哲学作品,1944年出版的《通往奴役之路》是他最具影响力的一部作品。哈耶克的另一部重要著作《自由秩序原理》还直接影响了英国首相撒切尔夫人的政治观点与施政纲领。所以,要说撒切尔夫人是哈耶克最著名的粉丝,一点都不为过。

丹尼尔·耶金等人生动地描述了撒切尔夫人对哈耶克的推崇:

> 自1974年以来,作为反对党的领袖,她无疑也是保守党最忠实的自由市场的信徒之一。70年代中期,在成为领袖不久之后,她访问了保守党的研究部门。当一名研究人员向她扼要介绍他自己主张保守党奉行左右之间的中间道路的一篇论文时,她粗暴地打断了他。她对于重温哈罗德·麦克米伦的观点毫无兴趣。相反,她从自己的公文包中抽出一本书——哈耶克的《自由秩序原理》。她把它举起

来给每一个人看,坚定地说:"这才是我们所信奉的。"①

这个例子彰显了哈耶克在西方世界的巨大影响。那么,哈耶克到底说了什么?这里只能做粗略的介绍。首先,从方法论上说,哈耶克秉承的是个人主义方法论。他基于个人主义方法论来观察社会和世界。个人不仅被置于集体之前的优先位置,而且个人还被视为社会繁荣的真正根源与动力。他在作品中还区分了什么是真的个人主义和什么是假的个人主义。哈耶克说:

> 真个人主义首先是一种社会理论,亦即一种旨在理解各种决定着人类社会生活的力量的努力;其次它才是一套从这种社会观念衍生出来的政治准则。……最为愚蠢的误解……亦即那种认为个人主义乃是一种以孤立的或自足的个人的存在为预设的……
>
> 真个人主义的基本主张认为,通过对个人行动之综合影响的探究,我们发现:第一,人类赖以取得成就的许多制度乃是在心智未加设计和指导的情况下逐渐形成并正在发挥作用的;第二,套用亚当·弗格森的话来说,"民族或国家乃是因偶然缘故而形成的,但是它们的制度则实实在在是人之行动的结果,而非人之设计的结果";第三,自由人经由自生自发的合作而创造的成就,往往要比他们个人的心智所能充分理解的东西更伟大。

其次,哈耶克的学说很大程度上基于其知识论。他的基本观点是:人在很大程度上是无知的,因为人所具有的知识和信息与其决策所需的信息相比总是少得可怜。因此,人类无法借助完全的理性来认知所有复杂事物背后的关键信息。从知识的结构来说,这些不同的有用知识总是分散在社会的各处。他这样说:

> 合理经济秩序的问题所具有的这种独特性质,完全是由这样一个事实决定的,即我们必须运用的有关各种情势的知识,从来就不是以一种集中的且整合的形式存在的,而仅仅是作为所有独立的个人所掌握的不完全的而且还常常是互相矛盾的分散知识而存在的。因此,社会经济问题就不只是一个如何配置"给定"资源的问题。……它实际上就是一个如何运用知识——亦即那种在整体上对于任何个

---

① 丹尼尔·耶金、约瑟夫·斯坦尼斯罗:《制高点:重建现代世界的政府与市场之争》,段宏、邢玉春、赵青海译,北京:外文出版社2000年版,第151页。

人来说都不是给定的知识——的问题。①

基于这种知识论,哈耶克有两个推论:第一,假定有一个中央机构基于理性和科学、依靠其所知的庞大信息来统一做经济决策,是完全靠不住的。理由是该机构所具有的知识和信息,与决策所需的知识和信息相比,还是少得太多。

第二,人是相对无知的,这个社会又需要创新,而创新具有高度的不确定性。因此,一个好的社会要给每一个人及组织以探索和尝试的自由。由于不能事先计划和确定创新来自何处,自由就为创新所必需。没有此种自由,社会就会慢慢停滞和僵化。当创新不再,经济繁荣和社会进步也成了幻想。所以,哈耶克反对理性建构主义(rational constructuralism)的观点和社会工程(social engineering)的概念。他认为,人类认为可以凭借自己的完全理性与完全信息,把社会推倒并按照自己的意图重新设计一次,这种想法是完全靠不住的。

哈耶克无疑是20世纪最重要的政治哲学家之一,他同时也是一位不知疲倦的思想战士,同时在东西方阵营之间和西方阵营内部作战。有人把哈耶克视为20世纪社会主义计划经济最强悍的对手之一,因为他一生都在持续不断地批评社会主义计划经济。他主张社会主义计划经济的不可行性,因为它无法解决两大问题:信息问题和激励问题。他同时认为,计划经济会严重地侵害自由。他引用托洛茨基的话说:

> 在一个国家为唯一雇主的国度,反抗意味着慢慢地饥饿至死。
> 那个不工作不得食的旧原则,现已为一新的原则所替代,即不服从不得食。

在西方阵营内部,哈耶克的主要对手是以凯恩斯学说为代表的各式各样的国家干预理论,现代自由主义、民主社会主义和福利国家学说都是哈耶克的批评对象。总的来说,哈耶克这样定义自由及主张自由政策:

> 一个人不受制于另一人或另一些人因专断意志而产生的强制的状态,亦常被称为"个人"自由或"人身"自由的状态。……自由政策的使命就必须是将强制或其恶果减至最小限度,纵使不能将其完全消灭。②

---

① F. A. 冯·哈耶克:《个人主义与经济秩序》,邓正来译,北京:生活·读书·新知三联书店2003年版,第11、12、117—118页。

② 弗里德利希·冯·哈耶克:《自由秩序原理》上册,邓正来译,北京:生活·读书·新知三联书店1997年版,第169、4页。

另一个与哈耶克关系密切的新古典自由主义代表人物是路德维希·冯·米瑟斯,他在捍卫自由的立场上甚至比哈耶克走得更远。米瑟斯早年一部浅显易懂的作品是《自由主义》,国内译为《自由与繁荣的国度》。他在书中这样说:

> 谈到资本主义,就使人联想到一个心狠手毒、唯利是图的资本家,他剥削同类,无恶不作。事实上,自由主义所主张的资本主义社会秩序是:资本家如果要发财致富,唯一的途径是像满足他们自身需求一样来改善同胞的物质供应条件。

如果一个人想致富,市场经济会给他提供机会。但惟有他设法改善其同胞的物质与生活条件,他才能实现自己的目标。谋求致富的年轻人发现,只有推动技术进步,实现产品创新,提供更好的消费者价值,才有机会致富。所以,这个逻辑跟亚当·斯密"看不见的手"原理是一样的。当然,如果政治权力进入市场,就可以通过很多别的办法牟利。

米瑟斯进一步比较了公有制与私有制。整个20世纪存在过两种主要的经济模式:一种以生产资料私有制为基础,一种以生产资料公有制为基础。至于后来的混合经济(mixed economy)、社会市场经济(social market economy)或社会主义市场经济(socialist market economy)等等,都是两者的变种或结合。米瑟斯这样说:

> 自由主义断言,在实行劳动分工的社会里,人们互相合作的唯一可行的制度是生产资料的私有制。自由主义断言,社会主义作为一个包括全部生产资料的社会制度是行不通的,尽管这种制度在只占有部分生产资料的情况下,并非完全不可能,但是它会导致生产力的下降,以至于使其非但不能够创造更多利润,不能够创造更多的财富,反而会起到减少财富的作用。

米瑟斯认为,完全的公有制是行不通的,这种社会很快就会垮掉;如果是公有制和私有制结合的状态,就会导致生产力的下降,无法创造更多的财富。这种视角,值得大家去借鉴和思考。米瑟斯还一针见血地讨论了平等问题,他这样说:

> 有人指责自由主义关于法律面前人人平等的观念,他们认为法律面前的人人平等并不是真正的平等,这种指责毫无道理,想把人变得真正平等起来,这是依靠人的一切力量都办不到的事情,人与人之间本来就是不平等的,而且将继续不平等下去。……真正理智、清

醒、并且合乎目的的处理办法就是争取在法律上平等待人。自由主义并不奢望得到比这更多的东西,因为超出这个范围以外的东西是不存在的,也是不可能办到的。①

所以,米瑟斯主张的是权利的平等而非结果的平等,形式的平等而非实质的平等。实际上,如果消灭了财产或财富的不平等,就会有其他的不平等出现。比如,把财产和市场消灭掉后,社会上就会出现了一个掌握巨大政治经济权力的新阶级,而这个阶级跟普通人之间会产生新的巨大的不平等。

20世纪后半叶,美国主流经济学家米尔顿·弗里德曼成了新古典自由主义复兴的重要旗手。他被视为货币主义的倡导者,《资本主义与自由》和《自由选择》则是阐释其政治哲学的通俗作品。弗里德曼认为,经济自由是政治自由的前提;私有产权和契约自由是整个市场制度的核心;政府职能必须严格限定在较小范围内;政府权力必须有限度和足够分散。

弗里德曼对大量公共政策问题都有论述,这里仅举一例。比如,他是国家垄断教育的坚定反对者。从政治上讲,教育国有化的一个弊端是政府有可能借助教育控制整个社会的思想和意识形态,所以公立教育系统可能会沦为政府的工具。另外,公立教育还会带来很多实际问题,比如,从公立学校内部管理来说,小学或中学教师们的薪水基本上是固定的,是根据等级及年资来晋升的,所以弗里德曼认为这会导致优秀教师拿得太少,而不合格教师拿得太多的问题。再比如,由于公立学校只能按学区来统一安排,就限制了家长选择教育的自由,家长在很大程度上丧失对自己子女教育的选择权。

实际上,很多美国公民都对公立教育系统不满意。那么,该怎么办呢?弗里德曼提出应该推广教育券制度,或称代金券制度。这种制度可以提高美国公民在教育问题上的自由选择权。具体来说,政府可以发行教育券,同时鼓励和允许设立特许学校(chartered school)。比如,对本地公立教育系统不满的某个社区的家长们可以发起设立特许学校,这所学校可以完全自主决定教材、选聘教师和确定招生方案。有人会问,这个学校的钱从哪里来呢?是不是全部要向学生家长们收取呢?弗里德曼说,这不公平,因为所有上公立学校的孩子们都获得政府的补贴,比如每个孩子平均获得4000美元的财政补贴。既然每个州政府或学区都知道本学区每个孩子的财政补贴数额,就应该根据一所特许学校的招生规模,再乘以平均每个学生财政补贴数额,来补贴给特许学校。

---

① 路德维希·冯·米瑟斯:《自由与繁荣的国度》,韩光明等译,北京:中国社会科学出版社2005年版,第53、61、69—70页。

他认为,地方政府应该给家长发行教育券,每张教育券代表了相当数额的财政补贴数额,而家长拿到教育券后,可自行决定孩子上公立学校还是特许学校。这样,在既有财政和公立教育系统中,就引入了一种更加市场化的机制。一旦允许设立特许学校,允许不同体制的学校之间进行竞争,那些管理糟糕、教学质量低下的学校就有很大压力。如果不改进管理和教育质量的话,学生可能会逐渐流失,学校甚至会倒闭。这是弗里德曼这位经济学家基于新古典自由主义经济学对美国教育问题开出的药方,非常有意思。①

20世纪70年代,新古典自由主义阵营中出现的一位重要政治学家是罗伯特·诺齐克,其代表作《无政府、国家与乌托邦》与罗尔斯的《正义论》同样被列为70年代的政治哲学经典。他主张"最小国家论"。在他看来,个人拥有确定无疑的基本权利。这些权利是如此重要和广泛,以至于国家及其官员还能做些什么,在诺齐克看来就是一个问题。个人权利为国家留下多大的活动空间呢?国家应有的合法功能和作用应该是什么?这些都是诺齐克关心的问题。他在书中直截了当地说:

> 我们关于国家的主要结论是:能被证明为正当的就是一种最小国家(minimal state),即仅限于防止暴力、偷窃、欺骗和强制履行契约等有限功能的国家;更多功能的国家(extensive state)都将被证明为是非正当的,因为这样的国家会侵犯到个人不被强迫从事某些特定事情的权利。惟有这种最小国家是令人鼓舞的和值得期待的,也是公正的,而所有超出这个限度的国家都被认为是一种恶。②

比如,在美国,奥巴马政府的新医改方案要求更高比例的公民以法律强制方式缴纳医疗保险。对此,反对者提出的质疑是:政府到底有没有权力强制更高比例的公民去缴纳医疗保险?从诺齐克的原则出发,这无疑是一个问题。

3.7 什么是保守主义?

保守主义亦是一种影响很大的思潮。18世纪晚期至19世纪早期,保守主义的兴起是对当时日益加速的社会变革和政治革命的一种"反动",也是对启

---

① 米尔顿·弗里德曼、罗丝·弗里德曼:《自由选择》,张琦译,北京:机械工业出版社2008年版,第145—187页。
② Robert Nozick, *Anarchy, State and Utopia*, Oxford: Blackwell, 2001, p. iv. 该书中译本为:罗伯特·诺奇克:《无政府、国家与乌托邦》,姚大志译,北京:中国社会科学出版社2008年版。

蒙运动和进步主义思潮中激烈变革要求的一种"反动"。按照安德鲁·海伍德的看法,早期的保守主义有两个版本,一个版本是所谓"十足的保守派",即反对变化,彻头彻尾地谋求维持现状,不愿意做丝毫的实质性改变。另一个版本的保守主义则比较灵活。这种保守主义是为了保存而变革。这种保守主义主张对现状应该持维护和继承的态度,但同时认为有的方面必须要变革——因为不变革的话,既有的东西都很难保存下来。埃德蒙·柏克曾说:"一个国家,如果没有变革的手段,也就没有保守的手段。"后来,保守主义意识形态的重大变化发生在20世纪70年代以后,它吸收古典自由主义的内核,发展成了新保守主义。

历史地看,保守主义是一种非常复杂的意识形态。比如,美国历史学者杰里·马勒这样写道:

> 因为保守主义者曾在这样那样的时间与场合,捍卫过皇权、立宪君主制、贵族特权、代议制民主和总统独裁;高关税和自由贸易;民族主义和国际主义;中央集权和联邦制;一个继承房产的社会,一个资本主义市场的社会以及福利国家的这种或那种版本。他们也捍卫普遍意义上的宗教、正统教会,及政府抵制宗教狂热分子的言论以捍卫自身的必要性。毫无疑问,今天那些自我声称的保守主义者很难想象过去的保守主义者会支持不同于其主张的制度和实践。①

在中国的语境中,"保守"的日常含义与"保守主义"作为一种意识形态和学术话语差异很大。比如,有的女生夏天从来不穿短裙,被称为衣着风格的"保守";有的家长建议子女大学毕业后不要去跨国公司或民营企业工作,而是去政府机关工作,亦被称为观念上的"保守"。所以,在中国日常语境中的"保守"跟保守主义不是一回事。

借鉴安德鲁·海伍德的论述,这里把作为意识形态的保守主义总结为若干重要原则②:

一是捍卫传统的原则。保守主义认为,传统当中包含了很多有益的价值与思想。"成见"一词在埃德蒙·柏克的作品中具有十分积极的含义,可以被视为传统的另一种说法。尊重成见,即是尊重传统。出于捍卫传统的考虑,保守主义都会反对激进变革。这一点本讲开篇已经重点讨论过。爱德华·希尔斯

---

① 杰里·马勒:《保守主义:从休谟到当前的社会政治思想文集》,刘曙辉、张容南译,南京:译林出版社2010年版,第7页。
② 关于保守主义的要点总结,参见安德鲁·海伍德:《政治学(第二版)》,第58—60页。

在《论传统》一书中开篇即讲,因为理性的力量和科学的进步,让我们觉得传统不再重要了,而该书的主要目标是阐明传统的重要性。这样的著作无疑具有浓厚的保守主义色彩。

二是经验主义原则。与经验主义相对的是理性主义,保守主义强调的是人的有界理性。理性主义认为,既然达尔文可以发现生物界的进化规律,牛顿可以发现天体运动的规律,那么人们是否可以发现人类社会的规律?当这个规律被发现后,能否根据这个规律来改造我们的社会?如果按照人的理性认知来重新设计这个社会,人类的生活会不会更美好呢?经验主义对这种理性主义——一种过度的理性主义——持高度警惕和怀疑的态度。经验主义对很多过度乐观的方案持审慎、甚至怀疑的态度。上文曾提到,哈耶克尽管被认为是一位新古典自由主义者,但他在知识论上倾向于认为人是无知的,这一见解与保守主义立场很相似。经验主义认为,人的理性是有边界的,不能想对社会做什么改造就能做什么改造,在尊重现有惯例、传统与习俗基础上做逐步改进更为合理。

三是人类的不完善原则。某些意识形态最后都会塑造一个乌托邦,但保守主义对此从来就抱有警惕和怀疑。乔万伊·萨托利在《民主新论》中批评过"至善论"的危险——这是一种与塑造乌托邦有关的思维模式。当认识到这个社会的不完美时,一种可能性是对这种不完美性和不完善性感到厌恶,由此可能会产生一种念头:这个社会应该变得更加完美、完善和纯洁。既然这样,能否按照这种理想来构建和塑造一个新社会?能否把一切与真、善、美不相关的东西统统摒弃掉或消灭掉?至善论的观念,最后往往导向一条追求乌托邦的道路,就是想要创造一个无限美好的社会。保守主义对此持否定态度,他们往往以一种冷峻的态度来思考现实问题。正如霍布斯在《利维坦》中所说:"人类的事情决不可能没有一点毛病。"

四是社会作为有机体的原则。有机体的观点意味着社会是一个复杂的有机系统,社会内部不同部分之间是互相关联的。所以,不能凭自己的理论、臆想或理性来随意创造一种新社会。哈耶克极力反对的一个概念是"社会工程学"(social engineering),即凭借理性对社会进行再造,就如同把整个社会视为一个建筑工程一般。保守主义认为,社会中很多重要事物是人的理性无法完全认知的,却在现实中极其重要。比如,哈耶克曾论述,我们每天使用的语言就是一种无意识进化的结果,是来自于自生自发的秩序,而非人类有意设计的产物。所以,人类自生自发的秩序中包含了很多有价值的东西。[①] 如果要从头构建一个

[①] F. A. 哈耶克:《致命的自负》,冯克利、胡晋华等译,北京:中国社会科学出版社 2000 年版。

新的社会、彻底打破一切惯例和常规,最后可能会发现这个依靠理性构建起来的社会由于缺少有机体因素的支撑而难以有效运转,甚至完全陷于瘫痪。

五是重视等级、秩序和权威的原则。与保守主义相比,自由主义者更重视资格的平等和个人的自由,自由主义的理想世界是在一个自由公平的市场中进行资格平等的自由竞争。当然,自由主义承认市场竞争的结果对每个人是有差别的。但是,在保守主义者眼中,这个社会存在等级本身是很正常的。有些人更富有、更高贵、更有权势、更有影响力也很正常,社会本来就应该是这样的。回顾人类的历史,又有哪个社会不是这样的呢?如果有人想构建一个人人实现实质平等的社会,比如彻底打破了现有等级秩序和财产结构,用不了多久就又会形成一个高下有别、尊卑有序的社会。保守主义总体上倾向于维护过去业已形成的既有秩序和社会等级。所以,对于那种试图彻底打破既有秩序的社会革命思潮,保守主义是强烈反对的。如同尊重既有秩序和社会等级,保守主义也信奉尊重权威的原则。当然,这个原则不能解释过度。尊重权威并不意味着主张国家为所欲为或政府干预;相反,保守主义通常是反对上述做法的。保守主义的尊重权威往往需要跟其他原则和价值相协调,比如跟后面要讲到的尊重财产权原则等。

六是重视家庭的原则。自由主义更强调个人作为个体的价值和意义,并没有特别强调家庭的价值和意义。保守主义认为,家庭是很多重要社会功能的承担者,比如教育;同时,家庭也维系着一个社会的稳定与秩序。从更深层上说,家庭代表的是传统秩序的一部分。

七是重视和认同宗教的原则。在欧洲大陆国家,天主教徒更有可能是保守主义者。在欧洲历史上,教会与国家之间曾发生过激烈的冲突。在欧洲现代国家兴起之前,教会控制着大量的经济资源和教育资源,甚至主宰司法和婚姻。当时的保守主义者基本上倾向于维护和捍卫教会已有的地位和角色,反对现代国家接管这些事务和权力。今天的保守主义者则更认同传统宗教,通常是更为虔诚的教徒,更可能在堕胎、同性恋等政治议题上持反对立场。

八是重视道德的原则。对一个运转良好的社会来说,道德的重要性毋庸置疑。但自由主义学说对道德并不是很重视,自由主义很少专门论述道德问题——尽管创作《国富论》的亚当·斯密同时创作了《道德情操论》。当然,这并不是说自由主义反对道德,而是自由主义认为:每个人都倾向于追逐自己的利益,当外部法律环境公平时,自由市场机制就能有效运转,每个人追逐自我利益的行为客观上就能实现社会的共同利益。自由主义对这种基于自我利益的市场行为最后能达致社会和谐抱有充分的信心。麦特·里德雷(Matt Ridley)

在《美德的起源》一书中干脆认为,美德是自利的个人互相博弈与长期演化的结果。换言之,美德是自利的产物。但是,保守主义则非常重视道德,认为道德是一个良好社会的重要因素。

九是尊重财产权的原则。保守主义非常重要的一条原则是强调对财产权的保护和捍卫。在这一点上,保守主义与古典自由主义的立场别无二致。保守主义不仅反对国家剥夺或征收财产,而且反对国家对私人市场的过度干预、高税收和高福利等做法。上述这些做法违背了尊重财产权的原则。保守主义在20世纪70、80年代演变为新保守主义时,在这一问题上是跟新古典自由主义是一致的。

当然,保守主义的上述几项原则并非完全能做到内在自洽。作为一个博大精深的思想体系,保守主义内部可能存在冲突。所以,要完整而准确地理解保守主义并非易事。这里再以埃德蒙·柏克的《法国革命论》佐证上述几项原则。柏克创作该书的背景是1789年的法国大革命。法国大革命爆发之后,有人给柏克写信介绍法国的情况,然后柏克给这位朋友写了一封非常长的回信,这就是《法国革命论》,书名直译应该是《法国革命的反思》。当然,上面这些细节可能仅是一个传说,柏克不过是借着这个由头要写这样一本书。

法国大革命刚发生时,很多英国人和欧洲人对法国大革命抱有热切的期待,革命意味着一种对旧秩序的打破和对一种新秩序的创造。但是,经过一段时间之后,他们发现,这个革命变得越来越暴力,越来越没有秩序,而且历时漫长。那么,柏克对法国大革命怎么看呢?这里再做进一步的介绍。柏克说:

> 我应该中止我对于法国的新的自由的祝贺,直到我获悉了它是怎样与政府相结合在一起的,与公共力量、与军队的纪律性和服从、与一种有效的而分配良好的征税制度、与道德和宗教、与财产的稳定、与和平的秩序、与政治和社会的风尚相结合在一起的。所有这些(以它们的方式)也都是好东西;而且没有它们,就是有了自由,也不是什么好事,并且大概是不会长久的。[①]

柏克对诸种重要的社会价值有一个排序,一边放着自由或称之为"新的自由",另一边放着政府、公共力量、军队的纪律和服从、税收制度、美德与宗教、财产权、和平的秩序以及整个社会过去形成的传统与风尚。他说,当同时拥有后面这些东西时,这个新的自由才是好的;如果没有这些东西,新的自由就不是

[①] 埃德蒙·柏克:《法国革命论》,何兆武等译,北京:商务印书馆2010年版,第11页。

什么好事。

他这段话不仅包括了对法国大革命的看法,而且含有对这场大革命前景的预言。如果有自由,但是没有上述这些重要的事情,这种自由是不会长久的。在拿破仑上台之前,法国就经历了相当长时间的混乱。为什么法国需要拿破仑?一个简单的解释是:拿破仑在当时代表了秩序和稳定,代表了对社会分歧的弥合。特别是,今天你被推上了断头台,明天他被推上了断头台——法国人后来发现再不能忍受这种生活了,整个法国渴望回归秩序。所以,在长时间混乱之后,拿破仑成了法国人民欢迎的人物。拿破仑带来的是稳定的秩序、财产的保障、有效的政府力量及军队的服从。

面对法国大革命,柏克还感到非常遗憾:

> 但是骑士的时代已经成为过去了。继之而来的是诡辩家、经济家和计算家的时代;欧洲的光荣是永远消失了。我们永远、永远再也看不到那种对上级和对女性的慷慨的效忠、那种骄傲的驯服、那种庄严的服从、那种衷心的部曲关系——它们哪怕是在卑顺本身之中,也活生生地保持着一种崇高的自由精神。①

在这段话中,柏克对欧洲传统的消逝充满遗憾和留恋。他同时还强调,法国大革命之前欧洲的时代,是一个既拥有秩序与权威、又饱含自由精神的时代。讲到反对革命与激进变革,他还说:

> 我对革命——它那信号往往都是从布道论坛上发出的——感到厌恶;改革的精神已经传到了国外;对一切古老制度——当其被置之于当前的方便感或与当前的倾向相对立时——的全盘鄙弃,正在你们那里风行,并且可能也要在我们这里风行:所有以上的考虑在我看来,就使得唤起我们对自己国内法律的真正原则的关注成为并非是不可取的事。②

柏克的这段话中充满了对英格兰法律传统的强调。在该书其他部分,柏克还反复提到对家庭的尊重、对美德的尊重、对宗教的尊重,以及对社会既有传统的尊重。所有这些都从不同维度上声张了保守主义的观点。

柏克之后,保守主义思潮又经历了复杂的演变。按照杰里·马勒的说法,詹姆斯·麦迪逊、约瑟夫·熊彼特、卡尔·施米特、迈克尔·奥克肖特、哈耶克

---

① 埃德蒙·柏克:《法国革命论》,第101页。
② 同上书,第33—34页。

等思想家身上,或多或少包含了保守主义的思想倾向。保守主义意识形态内部的一大争论是,保守主义究竟是一整套系统的价值观念和意识形态体系,还是仅仅是一种对于现状的维系与变革之间的思想倾向。这方面并无定论。更为复杂的是,按照杰里·马勒的说法:"保守主义的内容不仅随着时间和国家语境改变,而且常常在同一时间地点自称保守主义者的人中也内涵不一。"①

3.8 撒切尔夫人改革与里根革命

20 世纪 70 年代以后,随着欧美社会经济滞胀和福利病的出现,保守主义开始迎来新的春天。以英国和美国为首,新保守主义运动开始兴起。两位发动新保守主义改革的政治家是英国首相玛格丽特·撒切尔夫人与美国总统罗纳德·里根。

英国在 20 世纪 40 年代的第二次世界大战时期已经建成福利社会,又经过 50、60 年代较快的经济增长,但到 70 年代也随整个欧美社会开始陷入一定程度的危机。福利国家的包袱越来越重,国家的经济干预越来越深,整个社会的活力与创新精神开始下降,通货膨胀与失业同时出现。面对这种情况,英国何去何从?撒切尔夫人当时对英国的经济和社会的评价是:

> 一种有气无力的社会主义已经成为英国的时尚。工党统治下接连不断的危机——经济、财政和工业危机不断地驱使我们思考和提出背离流行的看法和共识的思想和政策。②

在撒切尔夫人看来,工党统治所实行的政策已经造成了一系列的危机,所以这种现实逼迫作为保守党人的撒切尔夫人提出与当时主流不一样的思想和政策。那么,当时的主流看法有什么问题呢?当时英国保守党的另一位重要政治家基思·约瑟夫说:"我们管理得太多,支出得太多,税收得太多,钱借得太多,人员也配备得太多。"

那么,该怎么办呢?一句话,统统要砍下来。要把多余的管理和政府干预砍下来,把过多的支出砍下来,把过多的税收砍下来,把过多的公债砍下来,把过多的政府和人员规模也砍下来。撒切尔夫人的基本想法是:"我想利用私有化来实现我自己建立一个拥有资本的民主国家的理想。"这意味着,撒切尔夫

---

① 杰里·马勒:《保守主义:从休谟到当前的社会政治思想文集》,第 36 页。
② 参见丹尼尔·耶金、约瑟夫·斯坦尼斯罗:《制高点:重建现代世界的政府与市场之争》,第 131 页。

人的理想国家是资本和市场力量充分发挥作用、政府大幅缩减规模的民主国家。这种理念就更像是向古典自由主义的回归。

撒切尔夫人的基本做法就是大力推进私有化改革，出售了很多国有企业，同时缩减政府干预的范围。这些方面尽管阻力重重，但总的来说还是取得了重大进展。撒切尔夫人还试图把社会福利砍下来，但遭到了社会的严重反弹，结果是收效甚微。主要原因在于，整个社会对于这种改革的抵抗非常厉害，现代工业社会的背景加上民主政体与普选制的制度——所有这一切都束缚了撒切尔夫人的手脚，最终使得她这种新保守主义改革无法达到她期待的结果。

里根总统的名言是："政府不是解决问题的手段，政府就是问题本身。"这句出自里根1981年总统就职典礼的演说，它仿佛吹响了里根革命的号角。一般认为，里根革命的理论依据是供给学派的经济学。里根推行的是供给学派的经济政策，比如将所得税降低了25%，努力降低通货膨胀，降低利率，并对企业和市场行为放松政府管制。里根始终怀疑政府干预和管制的有效性，他的做法是撤回政府干预并降低税率和市场管制，以此让自由市场机制自动修正所面临的问题。

关于税率与财政收入的关系，里根总统的经济政策受到了美国经济学家阿瑟·拉弗的影响。拉弗有一个关于税率与财政收入的理论，可以用图3.2的拉弗曲线来表示。拉弗曲线其实并不高深，图中横轴是税率高低，纵轴是政府收入数量。如果税率为零，政府收入亦为零；随着税率的提高，政府收入也会提高；但是，当税率高到某个点之后，随着税率的提高，政府收入反而会下降。

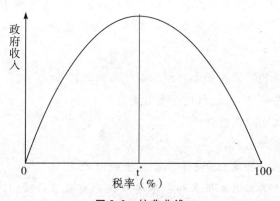

图 3.2　拉弗曲线

为什么呢？因为税率过高时，大家就没有动力工作了，这样经济就发展不了。所以，如果原本税率过高，通过降低税率和放松管制，使自由市场经济的活力得到激发，经济发展速度就会提高，结果是实现政府收入的提高。里根在很大程度上参考了拉弗曲线的政策。

但是,遗憾的是,里根革命并未达到里根总统的预期效果。他把税率砍了下来,结果短期内政府收入减少了,但是福利没有办法砍下来,这样财政赤字就上去了。所以,新保守主义改革在20世纪80年代给美国留下了一堆沉重的政府公债。尽管里根总统并未达到其改革目标,但有人认为里根的新保守主义改革为20世纪90年代美国新经济和经济增长奠定了基础。

3.9 什么是社会主义?

第三种主要意识形态是社会主义。关于平等和乌托邦的理想,可以追溯到很久以前。柏拉图在《理想国》中就有关于"财产公有"的描述。尽管柏拉图没有系统地论证这一观点,但他表述了这方面的思想。当然柏拉图不能被称为是一位社会主义者。社会主义作为一种意识形态的出现,是对资本主义早期发展的反应。首先出现的是空想社会主义。像欧文、圣西门和傅立叶等人都是空想社会主义的代表,他们强调集体主义和互助,批评资本主义的诸种负面现象。后来,这一派的学说就慢慢地发展为科学社会主义或者叫共产主义,这主要是指马克思和恩格斯的学说。马克思和恩格斯主张通过无产阶级革命来建立公有制,实行计划经济,建设共产主义。《共产党宣言》中动员工人阶级的著名口号是:"全世界无产者联合起来!"

1848年马克思和恩格斯起草的《共产党宣言》中包括了十条基本政策,这可以被视为马克思和恩格斯的政治纲领。尽管他们两人后来对该政治纲领的表述做出了修正,但这十条基本政策至少代表了他们在1848年的观点。他们说:

> 最先进的国家几乎都可以采取下面的措施:
> 1. 剥夺地产,把地租用于国家支出。
> 2. 征收高额累进税。
> 3. 废除继承权。
> 4. 没收一切流亡分子和叛乱分子的财产。
> 5. 通过拥有国家资本和独享垄断权的国家银行,把信贷集中在国家手里。
> 6. 把全部运输业集中在国家手里。
> 7. 按照总的计划增加国家工厂和生产工具,开垦荒地和改良土壤。

8. 实行普遍劳动义务制,成立产业军,特别是在农业方面。

9. 把农业和工业结合起来,促使城乡对立逐步消灭。

10. 对所有儿童实行公共的和免费的教育。取消现在这种形式的儿童的工厂劳动。把教育同物质生产结合起来,等等。①

马克思与恩格斯之后,社会主义学说后来又有新的发展,被称为改良的社会主义或社会民主主义。其中的一位杰出代表性人物是德国思想家与政治活动家爱德华·伯恩斯坦,他认为应该放弃暴力革命,主张通过议会方式进行民主斗争,并进而改变资本主义国家的经济政策,强化再分配,实现社会平等以及建设福利国家。数十年之后,伯恩斯坦倡导的很多主张已经成为欧洲发达国家的基本政策和实际状态。所以,从某种程度上说,今天的发达国家——特别是欧洲大陆的发达国家——其政治经济模式已经融合了自由主义和民主社会主义的因素。

那么,什么是社会主义意识形态的主要特征呢?借鉴安德鲁·海伍德的论述,这里把社会主义意识形态视为对若干原则的倡导②:

一是强调共同体原则。在个人与群体的关系上,社会主义强调的是群体,认为脱离了群体的个人是不存在的,个人脱离群体实际上也无法生存。比如,如果一个小孩生活在孤岛上,如鲁滨逊一般,不跟其他社会成员发生交往,他最后是无法成为一个社会人的,只不过是一个具有人形的动物罢了。所以,倘若脱离了群体,个体的价值就无从体现,甚至难以成为一个完整意义上的人。

二是平等主义原则。如果说自由主义更重视自由,保守主义更重视秩序与财产,那么社会主义就更重视平等。社会主义的平等观,不只是形式平等和机会平等,同样重要的是实质平等和结果平等。所以,一个符合社会主义理想的社会,其社会成员之间的贫富差距程度应该要远远小于按照其他原则构建的社会。平等的重要性与优先性,是衡量一种观点是否属于社会主义意识形态的关键标准。

三是博爱原则。社会主义主张博爱,认为应该以同等的方式去对待社会中的每一分子。社会主义的最终目标也是要让所有人或绝大多数人都过上一种更美好、更体面和更有尊严的生活。

四是阶级原则。社会主义秉承阶级分析方法,把社会分成资产阶级和无产阶级,或上层阶级和下层阶级。前者是统治阶级,后者是被统治阶级。社会主

---

① 《马克思恩格斯选集》第一卷,第 421—422 页。
② 关于社会主义的要点总结,参见安德鲁·海伍德:《政治学(第二版)》,第 64—65 页。

义认为,上层阶级与下层阶级之间存在压迫与被压迫关系。凡是下层阶级的一员,实际上时刻都受着上层阶级的压迫。所以,社会主义主张打破既有的阶级结构,以构建更平等的、甚至无阶级的社会作为理想。

五是财产的社会控制原则。社会主义认为,只要财产控制在私人手里,必定会带来前面提到的不平等和阶级压迫。所以,社会主义寻求的是让财产的私人占有过渡到某种形式的财产的社会控制。当然,关于财产的社会控制应该采取何种具体手段,马克思有自己的看法,其他社会主义思想家们也有各自的见解。总的来说,财产的社会控制主要存在国家控制和社会自治体控制两种不同的设想。

六是满足需求的原则。社会主义比较注重人基本需求的满足。每一个人都有很多基本需求,每个人应该拥有满足这些基本需求的权利。所以,共产主义的口号是"各尽所能,按需分配"。与自由主义和保守主义相比,社会主义至少在意识形态上更注重人的基本需求,这也是社会主义意识形态的独特之处。

自工业革命以来,不同类型的社会主义在欧洲知识界一直占据着较大的市场。很多杰出的知识分子都走到社会主义立场上,这一点大概跟人的同情心有关。英国哲学家伯特兰·罗素曾说:"三种激情支配了我的一生:爱的渴望,知识的渴求,以及对人类苦难的极度同情。"如同罗素,很多人思考社会问题都是从观察苦难入手的。不少人在从小到大的环境里会见识了各种苦难;随后是思考苦难,由此产生了减轻社会苦难的积极愿望。从社会分层看,下层阶级的苦难往往更多一些。所以,思考如何让下层阶级的生活变得更好时,很多知识分子容易走上信奉社会主义的思想道路。

3.10 从民主社会主义到新工党

社会主义意识形态有很多重要的代表人物,当然最重要的是卡尔·马克思。但考虑到读者对马克思学说相对比较了解,本书不打算花很多篇幅讨论这个专题。总的来说,马克思认为,"一切历史都是阶级斗争的历史",资产阶级与无产阶级的矛盾和斗争是资本主义社会发展的动力;由于生产资料私有制与社会化大生产之间的矛盾,资本主义会面临不断的经济危机,由此从资本主义过渡到社会主义就具有必然性;资本主义的进一步发展就是通过无产阶级革命实现共产主义。①

马克思的学说传到俄国后,列宁的创新也非常重要。按照马克思的观点,共产主义首先会在资本主义最发达的国家实现。但是,列宁认为,资本主义发达国家通过帝国主义方式把主要矛盾转移到了发展中国家,所以无产阶级革命有可能率先在资本主义最薄弱的链条上建立起来。这样,列宁就把马克思学说往前发展了一步。由此,列宁找到了在资本主义链条最薄弱的地方率先发动无产阶级革命的理论依据。列宁还提出,无产阶级革命政党应该发挥领导作用,借助革命政党的领导能把无产阶级力量团结起来,就有可能建立起社会主义或共产主义。列宁特别强调了暴力革命的重要作用,即通过暴力方式来实现无产阶级革命。② 所以,从马克思这样一个理论家和革命预言家,到列宁这样一个理论家和革命实践家,不仅是社会主义意识形态从理论到实践的转换,而且包含了理论上的创新。

但是,早在列宁领导布尔什维克发动十月革命之前,在 19 世纪的晚期,马克思的学说在欧洲大陆已经受到很多挑战。德国社会民主党的重要领袖爱德华·伯恩斯坦认为马克思和恩格斯的观点过于激进,转而走上了改良社会主义的道路,并在德国阐明了民主社会主义或社会民主党的政治纲领。

伯恩斯坦总体上并不赞成从马克思和恩格斯到后来列宁的无产阶级革命观点。相反,他认为应该在资产阶级宪政民主框架内,通过议会斗争的方式来实现社会主义的基本目标。当时的社会背景是,普鲁士和德国的普通民众开始逐步获得普选权。对工人阶级,普选权意味着什么呢?只要人数足够多,工人阶级就能把一个工人阶级政党或社会民主党选到议会里去。

如果这样一个政党能够掌握政治权力,就可以推行有利于无产阶级的公共政策,包括保护劳工权益、建设福利国家、强化再分配、甚至实行一定程度的财产社会化政策,等等。伯恩斯坦认为,马克思生活的年代还没有出现普选——除了 1848 年普鲁士短暂的民主实验以外,所以,马克思本人并没有看到通过选举改革让普通民众获得选举权的可能性。但是,后来快速的政治变迁揭示,普通民众和工人阶级完全可以拥有普选权。伯恩斯坦的创见在于,当社会趋势发生急剧变迁时,他在政治上看到了一种新的可能性。

与此同时,伯恩斯坦对马克思和恩格斯在《共产党宣言》中的政治纲领与

---

① 国内流行的教科书往往容易简化地理解马克思和恩格斯的学说,马克思与恩格斯的论著参见《马克思恩格斯选集》第一至四卷,北京:人民出版社 1995 年版;Karl Marx and Friedrich Engels, *The Marx-Engels Reader*, ed. by Robert C. Tucker, New York: W. W. Norton & Company, 1978.

② 参见《列宁选集》第一至四卷,北京:人民出版社 1995 年版。

社会设计充满了担忧。首先,他认为,完全的公有制可能会造成劳工阶层的积极性不足。后来很多关于计划经济的研究已经为这种观点提供了理论和经验支持。其次,这种模式会导致生产过程的官僚主义化。从企业与市场由资本家主导的管理模式变成一种由行政官僚统治的管理模式——行政官僚本身缺少市场激励,整个生产过程容易变成一种官僚化运作。最后,他认为马克思的工人阶级中心论有可能带来一些问题。比如,如何处理工人阶级与其他阶级(如管理阶层、知识阶层、农民阶层)的关系。实际上,伯恩斯坦的部分担忧已经为苏联的某些实践所证实。①

那么,社会民主主义主张何种政策呢?他们主张的一个主要政策是通过税收和再分配使不同社会阶层的收入更加平等化。比如,他们主张对高收入阶层征收累进所得税——收入越高税率就越高,实际上多数西方发达国家现在就是这么做的。不少国家最高个人所得税的税率已经达到40%—50%。社会福利政策也是一个重要方面,社会民主主义的早期理想是建设从摇篮到坟墓的、无所不包的福利国家。社会民主主义通常还会促成充分就业以及支持与强大的工会力量合作。这些大概是社会民主主义政策的概要表述。

大家会发现,社会民主主义的早期政治纲领在如今的很多欧洲国家已成为现实。今天,很多西方国家的制度与政策都是借鉴了这些原则。在20世纪的欧洲,从政治家到普通公民,很多人甚至认为这些制度与政策应该成为现代国家的通行做法。但是,在20世纪70—80年代西方社会的经济危机中,福利国家的模式遭遇了挑战。上文业已提到,正是在这种背景下,英国首相撒切尔夫人和美国总统里根开始对既有的福利国家模式和社会政策进行大刀阔斧的改革。

在此种背景下,特别是20世纪80年代以来,社会民主主义阵营内部出现了分化,其主流开始与新自由主义的部分主张合流,兴起了"新的社会民主主义""第三条道路""中间道路""新社会民主党"和"新工党"等概念。总的趋势是,他们部分地接受新自由主义的经济理论,承认市场经济的作用,强调企业家精神和激励因素的重要性,不赞同建设无所不包的福利国家。

在英国,过去工党更倾向社会民主主义的政策主张甚至被视为落伍陈旧的观念。有学者这样评价英国"老"工党的政策:

> 可以说,老工党对市场力量抱有深深的疑虑,它试图通过集中化

---

① 参见殷叙彝编:《伯恩施坦文选》,北京:人民出版社2008年版。

的经济计划和大量的干预主义政策限制市场的力量……老工党笃信公有制的优越性,它试图以牺牲私营部门为代价稳定地扩大公有制的范围。老工党以工会是工人阶级的代表为理由,赞同在政府中保有工会的权力……最后,老工党倾向于放任国家的财政,常常会屈从于税收、支出和借款等"快修"方法的诱惑,而不是寻求更为适度和审慎的方法。①

另一种说法则代表了后来英国"新"工党的基本政策:"市场应当在企业家的指导下起主导的作用,政府的干预应减少到最低限度;应缩减税收和公共开支;应尽可能淡化工会的作用。"这则言论非常明确地强调,英国工党在向新自由主义的政策靠近。由此,大家可以完整地理解欧洲国家社会民主主义及其政策的历史变迁,了解社会主义这种意识形态的完整发展脉络。②

3.11 意识形态论战的场域

不同的政治意识形态往往容易在一些重要议题上产生交锋。首要的问题是个人与群体的关系。究竟是个人优先于群体,还是群体优先于个人?不同意识形态的分歧很大。比如,下面就罗列了一次课堂讨论中两种主张的交锋:

支持个人优先的观点一:

> 集体权力是个人权利让渡而来的。形成集体的目的就在于保障个人。如果个人的权利与利益不能得到保障,集体的存在就没有意义。如果一味强调集体而忽视个人,实际上集体主义会沦为一个空洞的口号。只有每一个人的权利和利益得到切实的保障,这个集体才能得到保障。

支持集体优先的观点一:

> 如果坚持个人优先,国家政策往往是鼓励个人自由、权利与利益的最大化,但这其实自相矛盾。比如,一个人自由的最大化,往往会妨碍另一个人的自由。所以,如果想要达到对所有人都有利的结果,首先应该保证集体或群体的最大利益。如果说集体利益是个人利益

---

① 英国新工党政策的兴起,参见斯图亚特·汤普森:《社会民主主义的困境:思想意识、治理与全球化》,贺和风、朱艳圣译,重庆:重庆出版社2008年版,第134—167页。
② 关于英国新工党,参见马丁·鲍威尔编:《新工党,新福利国家? 英国社会政策中的"第三条道路"》,林德山等译,重庆:重庆出版社2010年版。

的加总，那么只有保证集体利益，才能保证个人利益。

支持个人优先的观点二：

上述观点似乎在强调，个人利益被包含在集体利益中。但是，集体会不会侵犯个人利益呢？有人说，只要利益在个人间得到合理分配，集体就不会侵犯个人利益。但问题是，如何保证利益在个人之间进行合理分配呢？那些在分配利益过程中掌握更大权力的人，会不会设计一种对自己更有利的分配方案呢？这个问题在很多集体主义社会中非常严重。由于控制了集体资源的分配权，那些掌握权力的阶层日益成为"新阶级"。所以，这种观点并没有什么牢靠的基础。

支持集体优先的观点二：

集体权力未必就是个人权利的简单让渡。集体利益不只在于保障每一个构成集体的个人的利益，集体本身也有自己的利益。比如，如果一个群体流落到一个野兽出没、危险丛生的原始森林，大家该怎么办呢？这种时候，集体通常无法确保每一个人的安全，此时作为一个整体能存活下去是更重要的问题。所以，当身强体壮的人被组织起来去对付猛兽时，他们本身的生命可能处于更大的危险之中。但这样做，是为了让他们的妻子儿女及同类有更大的存活概率。所以，集体并非个人的简单加总。此种情形下，为了集体，个人必须做出必要的牺牲。

支持个人优先的观点三：

集体主义的弊端是集体容易吞噬个人。在按集体主义原则组织的群体中，组织的惯例与规则是非常强大的，个人进入这类群体后会自觉不自觉地遵循和服从这些东西。结果是，个性更容易被磨灭，创造精神被消磨，卓越分子可能被淘汰，群体智力水平可能会下降。长期当中，这样的群体就可能会衰落。

支持集体优先的观点三：

个人优先，会鼓励每个人都去争权夺利。这种情况下，每一个人对资源、利益和权力的争夺可能相当激烈，结果是内耗可能会很严重。人与人之间更有可能成为竞争和冲突关系，而不是合作与互助关系。这种模式下达成的均衡未必更好。①

通过上述讨论,可以看出支持个人优先的观点有几个基本倾向。首先,社会或群体是由个体构成的,所以个人应该有优先性。其次,整个社会的基础与动力都在于个人,所以相应的制度与政策都需要落实到个人激励上。比如,当每个人都更努力和有效地工作时,这个社会才能变好;当每个人都创造价值时,这个社会才能变好;当每个人都更加行为端正、讲求礼节时,这个社会才能变好。当然,个人优先的结果一定是不同个体之间会有差距。所以,主张个人优先的观点必须接受贫富差距的事实。但这一点,可能会让不少人的同情心遭到重创。

支持集体优先的观点有几个基本倾向。首先,有人强调共同体生存是第一位的。这种意识可能会导致比较强烈的民族主义立场。比如,普鲁士当年国家主义盛行,黑格尔甚至把国家称为"神在地上行走",其中的驱动力跟共同体生存环境有关。普鲁士西有法国,东有俄国,普鲁士或德国作为一个国家如何生存下去呢?以国家方式表现出来的集体的强大,被认一个必要条件。其次,这种观点强调个人的最优选择未必会导致集体的最优选择,个人利益的最大化或可跟集体利益的最大化相冲突。一个著名例子就是"囚徒困境"。每个人都选择对自己最有利的,结果可能对大家都是不利的。所以,"囚徒困境"的博弈情境似乎在论证,亚当·斯密所设想的那个自由竞争的和谐世界未必存在。那么,集体优先模式的问题是什么?最重要的是,凡是倡导集体优先的社会,必然都会强调一种更强组织化的手段和更强的集体控制。由此带来了两个问题:一是个人可能会被压制,个性受到压抑;二是那掌握集体控制手段的个人或集团,往往会拥有更大的权力,甚至可能侵犯其他普通个人的自由与权利。这也是集体主义模式的危险所在。

另一个重要议题是国家的角色与作用。有人认为,国家一半是天使,一半是魔鬼。怎样看待国家,往往取决于思考问题的视角。以美国为例,美国的政治文化中通常充斥着对国家、对政府和对权力的不信任。最近流行的著名美剧《纸牌屋》,把美国高层政治描绘成很不堪的样子,其实这不过是美国影视界的一贯做法。很多到美国读书的人都听过这样一个小故事:

有一个美国小男孩要过圣诞节了,却还没有收到礼物,感到很郁闷。于是,他就写了一封信,想寄给上帝。他在信中说,马上要过圣

---

① 上述观点来自课堂学生发言,多数是2012年入学的复旦大学新闻学院大一本科生。文字经过作者的修改和润色,感谢这些积极参与课堂讨论的同学!

诞节了,上帝您给我100美金做礼物好吗?邮递员看到信后觉得很搞笑,上面写着寄给上帝,那送给谁呢?邮递员决定把信送到白宫。当时的总统收到这封信感到有些激动,本来寄给上帝的信最后送给了他。所以,他决定给这个小男孩寄点钱过去,但100美金太多了,所以就让秘书寄了50美金过去。

很快,那个小男孩收到了50美金,而且注意到钱是从白宫寄来的。于是,他给上帝写了一封回信。不久,美国总统收到了小男孩寄给上帝的第二封信。当这位总统开心地打开小男孩的信件时,他读到了这样的文字:"非常感谢上帝,您寄来的圣诞节礼物已经收到,但遗憾的是,您的钱是从白宫转过来的,这钱经过白宫时,被那帮混蛋克扣了50美金!"

这个小男孩觉得上帝寄给他的应该是100美金,而他只收到了50美金,那50美金一定是被白宫征收了。这个说明美国整个政治文化中对国家、政府和权力抱有一种高度警惕的态度。很多美国人认为,国家随时都有可能干坏事,他们对政治的见解或许正如林达的书名——《总统是靠不住的》。所以,与政府有关的美国电影,在情节设计上跟中国电影有很大的不同。很多中国影片到最后,上头总归有一个好人。很多美国影片到最后,上头通常都有一个坏人。这是对国家、政府和权力的不同价值观——一种预设国家更多地会干好事,另一种预设国家更有可能会干坏事。

从更中立的视角看,国家的好处与坏处都是明显的。没有国家,就没有公共秩序,就没有基本安全,就没有国防力量,就没有最基本的公共基础设施。尽管私人部门也可以提供很多半公共品,但是总的来说,纯公共品主要依赖于国家提供。所以,对一个社会来说,没有国家是难以想象的。另一方面,国家的坏处也是明显的。国家天然地倾向于扩展其职能范围,想接管个人权利,想干预社会生活。国家或政府权力还经常容易被滥用,统治者和官员会因为拥有政治权力而变得腐败。这些都是可能的弊端。所以,一个好国家是有能力做好事、却没有能力做坏事的国家。

从美国小男孩的故事可以看出,美国的政治文化时时在提防国家和官员用权力干坏事。这样,他们更有可能从限制国家权力的角度去思考问题。但是,另一种政治文化里头,如果大家更多地想到国家的好处,甚至把国家和官员视为父爱主义者,那么国家和官员的政治权力从制度上就更有可能缺少制约。究竟孰优孰劣,留给大家自己去思考和评判。总之,不同的意识形态对国家的好处和坏处有着不同的判断。

第三个重要议题是自由及其限度。这里的自由是指政治自由,政治自由的谱系上存在两极:一极是自由至上主义(libertarianism),一极是极权主义(totalitarianism)。自由至上主义不是无政府主义,而是把国家限制在极小范围内。他们认为,凡超过这个必要的极小范围,都不是国家应该介入的领域。极权主义意味着国家试图利用政治权力控制一切,政治权力渗透到经济、社会乃至家庭等各个领域。在自由问题上,多数人的意识形态处在这一政治谱系两极中间的某个位置。

举例来说,国家应该不应该禁烟?有的女性厌恶二手烟,所以倾向于赞同国家完全禁烟。但同时还要问:抽烟者有没有抽烟的权利?如果赞同,为什么有这种权利?如果反对,为什么没有这种权利?还可以继续追问:如果有,行使这种权利有条件吗?比如,家里抽烟是否可以?街上抽烟是否可以?一般公共场所抽烟是否可以?在入住的酒店抽烟是否可以?一位大学教师上课抽烟不太好,但是下课后在操场上抽烟是否可以呢?这些问题其实不那么容易回答。

抽烟之所以成为一个有争议的问题,主要有两个原因。第一,抽烟容易影响他人。空气是到处流动的,空气产权很难界定。所以,一个人抽烟有可能伤害到他人。比如,两个人在一个房间里上班和工作。如果我抽烟你不抽烟,我抽烟时就可能侵犯了你的空气不被烟污染的权利。然而,问题的另一面是,我并没有故意要污染你的空气,而空气客观上是流动的。那么,这种情况下,我到底有没有抽烟的权利呢?第二,抽烟可能伤害自身健康。抽烟有害健康是共识。医学界普遍认为,抽烟会提高多种疾病及肺癌的发生率。那么,国家有没有权力出于对抽烟公民本身健康的考虑而禁烟呢?当然,禁烟之后,客观上更多人会有更好的身体,多种疾病及肺癌发生率会更低。但是,强调自由权利的观点认为,国家没有权力这样做,对这种事情的判断和决策权应该留给公民个人。所以,国家是否应该禁烟看似一个小问题,但我们都可以对此进行政治思考。这个问题的背后是自由的边界问题。

关于自由和权威的关系,英国思想家大卫·休谟曾写下一段非常经典的话,值得参考。他这样说:

> 在所有政府内部始终存在权威与自由之间的斗争,有时候是公开的,有时是隐蔽的,两者之中从无一方在争斗中占据绝对上风。在每一个政府中自由都必须做出重大牺牲,而限制自由的权威,绝不能而且也不应该在任何的政治中,成为全面专制,不受控制。必须承认

自由乃文明社会的尽善化,但仍然必须承认权威乃其生存之必需。①

再来探讨民主这一重要议题。有人支持民主,有人不那么支持民主,甚至反对民主。支持民主的理由是什么?反对民主的理由又是什么?关于民主,温斯顿·丘吉尔有一段广为流传的话:

> 没有人试图假装认为民主是尽善尽美或全知全能的,事实上,据说民主是最坏的政府形式——除了所有那些过去被反复尝试过的政府形式以外。②

丘吉尔的这段话后来经常被翻译为"民主是最不坏的政府形式"。实际上,这段话的意思是说"民主是最好的政府形式"——尽管民主并不完美。但是,支持民主观点成为一种流行见解,总体上是19世纪以后的事情。在此之前,很少有人为民主说好话,而且民主不乏强有力的批评者。在古希腊,一位被称为老寡头(old oliarchy)的人就对民主进行过有力的批评,柏拉图也倾向于批评民主,亚里士多德对民主亦无太多好感。反对民主的理由有很多,其中一个主要看法是,根据多数人的意见来决定一个国家的统治与公共政策不仅是不恰当的,而且可能是危险的。那么,支持民主的理由有哪些呢?主要观点有两个:第一,所有统治都应该基于被治理者的同意,而民主是实现被治理者同意的一种可操作方式。第二,在现有的人类政体类型选项中,找不到一个更好的选择。正如丘吉尔所言,民主固然不完美,但还有更好的制度选项吗?

当然,现在多数主流政治学家都是支持民主的,但不少人认为民主存在一定的弊端。那么,这些弊端能否克服呢?实际上,1787年美国制宪会议就做出了一个很好榜样。制宪会议代表们要考虑的是如何既保证大众的权利,又恰当地限制大众的影响。他们最后在1787年《美国宪法》中设计了几个主要的制度安排。一是在美国总统选举规则中设计了选举人团制度,这实际上是一种间接选举制度。其早期操作是,先由拥有选举权的公民选举出选举人团,然后由选举人团自行决定给哪位总统候选人投票。制宪会议代表们认为,选举人团的政治智慧与政治技能要超过整个社会选民的平均水平,所以让他们来决定谁适合担任总统是一种更为稳妥的做法。当然,在美国后来的民主进程中,各州选举人团越来越根据本州选民的多数意见来投票,这样民主因素就得到了加强。

二是设立参议院。宪法规定,参议员由各州议会选举产生,任期6年。这

---

① David Hume, *Political Essays*, Cambridge: Cambridge University Press, 1994, pp.22-23.
② 原文是:No one pretends that democracy is perfect or all-wise. Indeed, it has been said that democracy is the worst form of government except all those other forms that have been tried from time to time.

也是一种政治精英选举政治精英的制度安排。参议院对应的是罗马共和国的元老院。要知道,一个人的任期越长,就越不容易受到一时情绪和情势的左右。当然,如今美国参议员的选举方式更加民主化。

三是设立最高(联邦)法院。当然,最高(联邦)法院作为政治上具有重要影响的机构是慢慢发展起来的,其政治权力部分来自宪法的授予,部分来自其最初数代大法官的努力经营。后来,最高法院获得了制约行政权和立法权的力量。主要依靠违宪审查权,最高法院可以宣布总统、国会或各州的立法与决定违宪,从而使其丧失法律效力。最高法院这种巨大的政治权力也并非来自民主的因素。

所以,美国宪法所确立的几种制度安排都带有强烈的精英主义民主色彩。罗伯特·达尔在《美国宪法的民主批判》一书中就认为,1787年《美国宪法》还不够民主。实际上,左翼的政治学家希望寻求的政治平等是一种更加实质性的政治平等。不是说每个人都有投票权就够了,而是能否使每个人都获得同样或比较接近的政治影响力。平民主义民主理论和参与民主理论等,都更多地强调人民主权与民意因素。如果谁想要用精英力量来平衡大众权利、来限制大众民意,他们则认为这样的民主还不够民主。① 但是,精英主义民主论者会认为,实质性的政治平等是不可能的——无论过去还是将来都不会实现。此外,让每个人都发挥同样的政治影响力的制度安排不仅是不可爱的,而且是危险的。所以,民主也是引发意识形态冲突的一个重要议题。

最后,还有两个重要的议题——平等以及政府和市场关系——前面已经有过较多的讨论,这里仅做简略分析。不同的意识形态对平等的看法差异很大。保守主义强调的是既有秩序和社会等级,所以保守主义并不热爱平等。自由主义强调的是自由优先,在自由主义框架中平等的价值显然要低于自由的价值。但与此同时,自由主义主张机会的平等和形式的平等,或者说是法律面前人人平等。当然,社会主义更多地主张结果的平等和实质的平等。所以,不同意识形态具有差异很大的平等观。此外,政府与市场的关系也是一个重要议题。政府与市场的边界在哪里?政府干预是否必要?如果政府干预确属必要,应该以何者为限?上文已有较多探讨,不再赘述。总之,更支持自由市场,还是更支持政府干预,代表了意识形态维度上的很大分歧。

---

① 相关著作,参见罗伯特·达尔:《美国宪法的民主批判》,佟德志译,北京:东方出版社2007年版;罗伯特·达尔:《论政治平等》,谢岳译,上海:上海人民出版社2010年版。

【推荐阅读书目】

安德鲁·文森特:《现代政治意识形态》,袁久红等译,南京:江苏人民出版社2005年版。

《马克思恩格斯选集》,北京:人民出版社1995年版。

李强:《自由主义》,长春:吉林出版社2007年版。

杰里·马勒:《保守主义:从休谟到当前的社会政治思想文集》,刘曙辉、张容南译,南京:译林出版社2010年版。

第4讲 政治生活中的国家

政府的力量是保证自由不可缺少的东西。

——亚历山大·汉密尔顿

国家是这样一个人类团体,它在一定疆域之内(成功地)宣布了对正当使用暴力的垄断权。

——马克斯·韦伯

(国家能力是)对力量强大的社会组织实际的或潜在的反对时,国家执行其正式目标的能力。

——西达·斯考切波

美国建立的是一套有限政府制度,在历史上就限制了国家活动的范围。但在这个范围内,国家制定及实施法律和政策的能力非常之强。

——弗朗西斯·福山

4.1 世界版图上的国家

打开世界地图,第一印象是世界由不同的国家组成。但是,如果回到 500 年前,即亦公元 1500 年左右,世界地图完全是另一个样子。当时的中国是明朝时期;欧洲已出现一些国家,但多数地方仍然是不同于国家的政治实体;在印度,莫卧儿王朝居于统治地位,但印度并不是一个完全统一的国家;非洲存在一些小规模的王国,但很多地方是没有发展成国家形态的松散政治体;美洲曾出现三个比较古老的文明:玛雅文明、印加文明和阿兹克特文明,其他地方则是原始的部落状态。公元 1500 年的世界地图给人留下的印象是,当时世界上并没有多少地方是由国家统治的。所以,这也说明国家并非从来就有的。

到了公元 1900 年,南北美洲的大部分国家已成型,欧洲相当比例的国家也已成型;还有很多国家——比如印度——是欧洲列强的殖民地;中国亦受到世界列强势力的支配,但基本保持着独立国家的形态;日本是为数不多的位于欧美两洲之外保持独立的国家;非洲大部分地方都是欧洲国家的殖民地。所以,1900 年的世界地图大致上是世界殖民地图。实际上,更多国家的形成是 20 世纪以来的事情,很多非洲国家从独立到现在总共是半个世纪左右的时间。可想而知,这样的国家与已有数百年国家史的少数欧洲国家相比,政治上的差距会非常大。

美国政治学家加布里埃尔·阿尔蒙德等人经过统计认为,在美国宣布独立的 1776 年,按照现代国家的标准,全球只有 21 个国家;在俄国革命爆发的 1917 年,世界上只有 53 个国家;在二战结束的 1945 年,世界上也只有 68 个国家;到 2002 年为止,联合国成员国已经达到 191 个。① 由此可见,世界上大部分国家都是二战以后形成的。

一些国家独立以后,国家构建问题或国家性(statehood)问题不那么严重。比如,中国过去被认为是半殖民状态,特别是 1931—1945 年遭到日本的长期入侵。20 世纪中叶之后,中国需要考虑如何建设新国家的问题。但与很多发展中国家相比,中国的优势是历史上长期保持较为完整的传统国家形态。尽管分分合合,但统一的官僚制、中央控制的军队以及全国化的税收系统在中国都已存在很长的时间。统一国家的观念更是由来已久,这块土地上多数地方的绝

---

① 加布里埃尔·A.阿尔蒙德、拉塞尔·J.多尔顿、小 G.宾厄姆·鲍威尔、卡雷·斯特罗姆等:《当代比较政治学:世界视野(第八版)》,杨红伟等译,上海:上海人民出版社 2010 年版,第 17 页。

大部分人口对国家存在着基本认同。

相对来说，印度在国家问题上的压力要大一些，但印度的情形要优于很多非洲国家。印度的首要问题是族群和宗教结构异常复杂。当时英国考虑撤出印度时，就面临一个棘手的问题：作为国家的印度到底该怎么办？印度历史上固然有印度国家的观念，但印度的版图更多时候是四分五裂的，而且印度历史是不断被征服的历史。当英国计划撤出印度时，就有人提出过不同的国家和版图方案，最后决定印度和巴基斯坦实行分治。由于孟加拉国最初是巴基斯坦的一块飞地，后来孟加拉国也独立了。所以，1947年之前的印度今天已成为三个国家：印度、巴基斯坦与孟加拉国。尽管印度历史上有比较成型的国家形态，一些王朝有着较长的历史，但由于复杂的族群与宗教状况，印度在国家认同与民族认同上的挑战仍然很大。

与中国和印度相比，非洲绝大多数国家在这一方面的问题更为严重。欧洲人进入非洲时，撒哈拉以南非洲的很多地方都是部落状态，有些地方存在着小规模的王国或松散的政治实体。要在这样的地区凭空建立国家和塑造国家认同是非常困难的。比如，非洲人口最多的国家尼日利亚20世纪初还不存在。英国19世纪进入尼日利亚这块地方以后，分别建立南、北尼日利亚两个殖民地。1914年，英国才把北尼日利亚和南尼日利亚合并成今日的尼日利亚。但是，南北两个殖民地的人们并没有什么准备，他们一开始并不认为南北尼日利亚是一个完整的国家。南部和北部的不同地区为不同的主要族群占据，而且经济发展的地区差异很大，不同族群之间还存在着复杂的历史恩怨，这就使得尼日利亚在国家构建方面遭遇了巨大的挑战。后来，尼日利亚独立不久，就爆发了一场长达两年多时间的内战。所以，对该地区来说，不少国家有着类似的问题。

美国和平基金会(Fund for Peace)与美国《外交政策》杂志现在每年进行全球脆弱国家指数(FragileStatesIndex，2013年前称为失败国家指数，英文为FailedStatesIndex)的评级。① 2014年脆弱国家指数的评级显示，全球各国指数大致与该国人均GDP的数据相当，当然并不完全一致。很多发达国家都处于可持续(sustainable)或稳定(stable)级别，非洲很多国家处于警告(warning)或危急(alert)级别。脆弱国家指数或失败国家指数衡量的不是一个国家的民主程度或自由程度，而是衡量国家本身能否有效运转。最糟糕的一种情形，是一个国家陷入内战或完全崩溃的境地。

---

① 全球脆弱国家指数评级，参见和平基金会网站(http://fsi.fundforpeace.org/)。

第4讲 政治生活中的国家

所以,如果身处那些被评级为危险或危急的国家,那里的人们首先关心的可能不是民主与自由,而是安全和秩序。美国著名政治学家塞缪尔·亨廷顿在1968年《变化社会中的政治秩序》中认为:

> 首要的问题不是自由,而是建立一个合法的公共秩序。人当然可以有秩序而无自由,但不能有自由而无秩序。必须先存在权威,而后才谈得上限制权威。①

亨廷顿的观点如果过度解读,就会有逻辑问题,自由和秩序并不是完全对立的。但他提供了思考政治问题的另一个视角。当然,引文中的这个观点不仅遭到很多人的批驳,而且亨廷顿本人在其后续著作中已对此做了大幅修正。但对于今天的"脆弱国家"或"失败国家"来说,这一思考视角仍然极其重要。

4.2 国家起源的逻辑:安全与暴力

国家的起源与人性的基本渴望有关。人性中有两种基本渴望:一种是对安全的渴望,一种是对自主的渴望。人既希望拥有安全,又希望实现自主。但是,如果二者无法兼得时,人可能首先会放弃自主,选择安全。换句话说,当人面对高度的不确定状态、其安全受到威胁时,很多人首先考虑的是安全问题。

而安全这种基本需求,跟国家能否提供秩序有关。但是,过去国家问题没有受到应有的重视。随着20世纪80年代国家理论的兴起,学术界越来越认识到国家本身就是一个重要的政治问题。

实际上,正如第1讲提及的,霍布斯在《利维坦》中已阐明国家问题的基本逻辑。他说:

> 在没有一个共同权力使大家慑服时,人们便处在所谓的战争状态之下。这种战争是每一个人对每个人的战争。……
>
> 这就是伟大的利维坦的诞生。……根据国家中每一个人授权,他就能运用托付给他的权力与力量,通过其威慑组织大家的意志,对内谋求和平,对外互相帮助抵御外敌。②

恩格斯在《家庭、私有制和国家的起源》中的观点,也跟霍布斯的逻辑有

---

① 塞缪尔·P.亨廷顿:《变化社会中的政治秩序》,王冠华、刘为译,上海:上海人民出版社2008年版,第6页。
② 霍布斯:《利维坦》,黎思复、黎廷弼译,北京:商务印书馆1996年版,第94、132页。

关。恩格斯这样说：

> 确切说，国家是社会在一定发展阶段上的产物；国家是承认：这个社会陷入了不可解决的自我矛盾，分裂为不可调和的对立面而又无力摆脱这些对立面。而为了使这些对立面，这些经济利益互相冲突的阶级，不致在无谓的斗争中把自己和社会消灭，就需要有一种表面上凌驾于社会之上的力量，这种力量应当缓和冲突，把冲突保持在"秩序"的范围以内；这种从社会中产生但又自居于社会之上并且日益同社会相异化的力量，就是国家。①

恩格斯的国家理论是基于政治冲突的视角，即从对冲突的考察、对秩序的需要来理解国家的起源。国家的必要性，与人类对于安全和秩序的需要有关。如果没有国家，社会就会陷入缺乏安全和秩序的状态。而安全和秩序的缺失，是人类最无法忍受的事情。尽管一个社会也许存在压迫，但与之相比，人类更不能忍受的是无秩序的状态。按照霍布斯的逻辑，没有国家意味着每个人都有可能对他人使用暴力。对每个人来说，这种状态是没有安全保障可言的。那么，如何遏制这种个人与个人之间可能的暴力呢？这就需要一个更大的暴力，需要在一个相当大的地理范围内控制更大暴力的机构，这样才能遏制其他个别的暴力。

所以，安全与暴力这两个看似对立的事物，本质上却有着相通的逻辑。众人能生活在一个相对安全的社会里，是因为一个拥有巨大暴力的机构的存在，这种巨大暴力的存在使得普通的个人与个人之间潜在的暴力被遏制了。这种情况下，没有人有权力对其他人使用或首先使用暴力。所以，安全与暴力貌似完全对立，却是相伴而生。美国社会学家查尔斯·蒂利把早期的国家构建过程比喻成有组织的暴力犯罪集团竞争的过程。那个最强大的有组织的暴力集团最终垄断了暴力，就完成了初步的国家构建。② 总之，一个社会的基本问题是需要一个最高的暴力机构来垄断特定地域范围内的暴力。这种状态无疑要比每一个人随时随地可能对其他人行使暴力要好得多。这是对国家起源的一种逻辑解读。

---

① 《马克思恩格斯选集》第四卷，北京：人民出版社1995年版，第170页。
② 查尔斯·梯利：《发动战争与缔造国家类似于有组织的犯罪》，载彼得·埃文斯、迪特里希·鲁施迈耶、西达·斯考克波：《找回国家》，方力维等译，北京：生活·读书·新知三联书店2009年版，第228—261页。

4.3 从封建主义到现代国家

那么,现代国家是在何时何地产生的呢?国际学界一般认为,现代国家起源于近代欧洲。当然,不少人不同意这种看法。按照后文介绍的现代国家的定义,中国秦汉时期的国家形态大致已经具有"现代国家"的主要特征。美国学者弗朗西斯·福山在《政治秩序的起源》中认为,中国东周至秦汉时期已经具有了国家形态。① 欧洲则与此不同。欧洲的中世纪在政治上处于割据状态,那是封建制度和封建主义盛行的时代。大约公元990年前后,欧洲大概存在几千个政治实体,包括很多王国、公国、侯国、伯爵领地及自治市等。到1500年,欧洲政治实体的数量减少到500个左右。到1780年,即法国大革命之前,数量减少到100个。到2000年,欧洲变成了27个国家。②

民族国家兴起之前,欧洲是封建主义时代。什么是封建主义?过去,国内对封建主义的概念存有普遍的误解。封建制是领主与封臣之间基于土地的恩赐而形成的一种政治经济安排。领主恩赐给封臣的土地一般称为采邑。领主把采邑分封给封臣——又称附庸,由此形成领主与附庸之间的依附关系。在这种依附关系中,领主不仅要为附庸提供土地,而且还有对附庸提供保护的义务。附庸需要向领主表示效忠,同时需要提供必要的援助——这种援助包括经济与财务的支持,但更主要是在战争期间提供军事援助。所以,领主与附庸之间既是一种等级制的人身依附关系,又有一定的契约关系。封建制度是一种融合了保护与效忠关系、人身依附与契约精神的复杂混合体。封建制度的基础是土地,领主享有某些特定的权利,同时需要承担某些特定的义务;附庸也是如此。

法国学者马克·布洛赫把欧洲的封建制度称为一种政体。那些拥有地产的人,同时控制政治。而封建契约某种程度上取代了过去罗马帝国时期的国家权力和正式的政治制度安排。在罗马帝国时代,中央权威是强大且具有渗透力的,但后来慢慢演变到了封建主义的结构。③ 那么,欧洲为什么会兴起封建主义?而不是出现某种类似于中国的中央集权官僚制帝国?美国中世纪史专家

---

① 弗朗西斯·福山:《政治秩序的起源:从前人类时代到法国大革命》,毛俊杰译,桂林:广西师范大学出版社2012年版,第109—134页。

② 关于现代国家的兴起,参见朱天飚:《比较政治经济学》,北京:北京大学出版社2005年版,第21—37页。

③ 关于封建社会的一项权威研究,参见马克·布洛赫:《封建社会》,张绪山译,北京:商务印书馆2005年版。

詹姆斯·汤普逊认为,封建主义的起源与罗马帝国解体之后欧洲的军事—政治—经济逻辑有关。君主们夺取了罗马帝国的权力之后,他们并没有足够的财力资源来维持官僚机构,没有钱来维持法院和司法系统,没有钱来支持军队的供养。怎么办?后来,君主们就把占领的土地分封给下面跟随他们一起带兵作战的那些人。后者慢慢就变成了拥有领主恩赐采邑的附庸。①

从封建主义本身变迁来看,采邑的性质经历了一些重要的变化。一开始,采邑的赐予被视为临时性的,但后来,如果没有特殊情形,采邑的占有变为终身制了。尽管如此,等年迈的封臣去世以后,还需要举行一个领主重新赐予封臣继承人领地的仪式。意思是,采邑这个东西是领主的,领主通过这种隆重的仪式授予给新的封臣。但是,越是到后来,采邑慢慢地越来越不被认为是领主的,封臣的自主权力也大大增加了。当然,这并没有改变封建关系的本质:领主需要提供封地和保护,封臣需要对领主效忠并提供兵役,两者之间仍然存在一种与人身依附有关的契约关系。

图4.1大概描绘了欧洲封建社会的基本结构。在封建制度的顶端是国王,就是一定区域内最大的领主。国王把土地和头衔赐予贵族,贵族则要为国王提供士兵——主要是骑士。在平时,特别是在国王与其他政治体发生战争时,贵族就有提供士兵的义务。再往下,贵族和农户之间也是图中的关系,贵族为农户提供土地与法律保护,而农户则需要为贵族提供货币租与实物租。所以,正是这样一层一层的网络构成了整个封建社会的基本结构。当然,此图把很多东西忽略掉了,比如说大贵族与小贵族之间的关系。实际上,从领主到附庸的关系中,一个人的附庸又可能是另一个人的领主,这种领主—附庸的层级关系是很多的。

那么,在封建主义体系之中,有没有现代国家?没有。有没有中央集权或中央一体化的治理结构?没有。国王有没有常设的统一军队和大型官僚机构?没有。有没有统一的税收系统?没有。有没有统一的司法系统?也没有。在封建主义体系中,特别是在英格兰传统中,当时甚至还有这样的说法:"国王应该靠自己的收入养活自己。"只有发生战争时,国王下面的贵族们——也就是大小级别不等的领主与附庸们,才有义务为国王提供军事支持。在平时,国王主要应该靠自己直接领地的收入来养活自己,而不是靠附庸们来供养他。所以,在封建主义体系中,国王与不同贵族之间的关系既是一种经济关系,又是一

---

① 汤普逊:《中世纪经济社会史(300—1300年)》上册,耿淡如译,北京:商务印书馆1997年版,第251—301页。

种政治关系；既包含了人身依附的等级制色彩，又包含一种基于传统的契约精神。

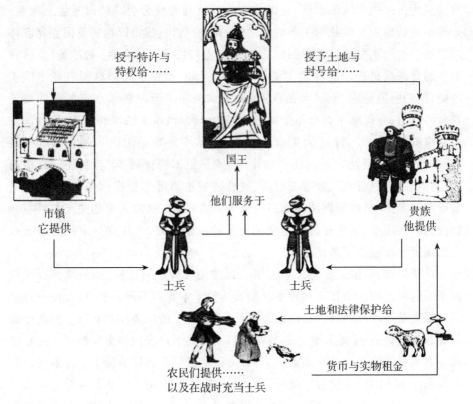

图4.1 欧洲封建社会的结构

资料来源：http://lifeexamination.wordpress.com。

过去，由于受到启蒙运动思潮的影响，封建主义盛行的中世纪常常被视为黑暗时代。一种比较主流的观点认为，欧洲古希腊和古罗马的文明是很辉煌的，启蒙运动之后的欧洲文明也是很辉煌的，而两者之间是一个相对衰落的时代。但是，现在这种倾向已经改变。比如，具有代表性的一种观点是，詹姆斯·汤普逊在《中世纪经济社会史》对欧洲封建社会有很多积极的评价。他这样说：

> 尽管封建制度常常有着强暴而又恶劣的性质，无可置疑，整个来说，它是一个社会进步的和社会完整化的现象，而非一个社会腐烂的现象。如果我们从远处来看，我们能看到封建时代的文明是多么有建设性的、多么有创造性的和多么有伟大性的一种文明。……封建制度不是一座跨过野蛮和文明之间的海湾上的桥梁——它本身就是

文明,这一种高级文化,在 1150 和 1250 年之间,达到了它的顶峰。①

封建主义对现代政体的一个特殊贡献是,近现代立宪政体是从封建制度中直接演化出来的。应该承认,英国立宪政体就有着较为明确的封建主义起源。如果不是封建主义以及国王和贵族之间的政治结构,就难以理解英国立宪政体的起源。英国立宪政体起源的标志性事件是 1215 年《大宪章》的签署,而这一事件的背景就是英国的封建主义结构。1215 年,英格兰贵族联盟打败了国王约翰,然后胁迫他签下了《大宪章》。大宪章确立了英国贵族享有的一些政治权利与自由,亦保障了教会不受国王的控制;同时改革了法律和司法,限制国王及王室的行为。最初的《大宪章》有 63 条,其中影响最为深远的是第 39 条:"除非经过由普通法官进行的法律审判,或是根据法律行事;否则任何自由的人,不应被拘留或囚禁、被夺去财产、被放逐或被杀害。"根据该条文,如果国王要审判一个人,只能依据法律而不是他个人的好恶。这在人类历史上是具有开创性的。实际上,正是在封建主义结构下的政治冲突,为建立约束国王政治权力的制度安排创造了条件。

众所周知,后来封建主义衰落了。封建主义衰落的过程,就是欧洲近现代国家崛起的过程。为什么封建主义会衰落?学术界有不同的解释,其中一种流行的观点是技术性解释。在冷兵器时代,重装骑士的优势非常明显。但骑士的装备非常昂贵,一个重装骑士的装备相当于二三十户农户的全家财产。这意味着普通人是很难作为士兵出征的,只有贵族才能供养这样的骑士。这就使得贵族具有非常强的军事优势。此外,贵族的城堡本身也是一项非常重要的军事设施。在冷兵器时代,重装骑士作为主要的进攻手段,坚固的城堡作为主要的防守手段,两者结合了起来,决定封建主义时代的军事模式。总的来说,这种模式下,防守一方更为有利一些,重装骑士通常较难攻破坚固的城堡。因此,城堡某种程度上成了欧洲封建制度和领主权力的政治象征。

但是,后来战争的技术条件发生了重要变化,中国人发明的火药经由阿拉伯世界传到了欧洲,后来欧洲又出现了火炮。火炮的出现使得封建贵族的城堡不再牢不可破,城堡根本无力抵御火炮的轰击。由于火炮非常昂贵,国王的武器购买能力要远远高过贵族,所以国王与贵族的军事优势差距也变大了。这样,国王在武器方面就逐渐取得了明显的优势。所以,这种理论认为,火炮的发

---

① 汤普逊:《中世纪经济社会史(300—1300 年)》下册,耿淡如译,北京:商务印书馆 1997 年版,第 326—327 页。

明和传入欧洲,成为最终瓦解封建制度的主要原因。①

查尔斯·蒂利把现代国家的兴起视为一个"战争塑造国家,国家制造战争"的过程。上文曾提到,欧洲最初政治实体的数量非常之多,而这些政治实体之间不断地发生战争。为了打赢战争,一个君主最想拥有强大的军队。只有强大的军队,才能让一个君主生存下来。为了建设军队,君主需要依靠有效税收系统的支持,最好还有一整套官僚系统。所以,为了赢得战争,君主需要发展军队,需要发展官僚系统,需要发展税收系统。当一个君主的军队、官僚制和税收系统得以发展起来时,他就更有可能在对外战争中取得优势。而君主的军队、官僚制和税收系统的发展过程,实际上就是一个现代国家的塑造过程。在这样一个军事竞争格局中,凡是那些没有发展出军队、官僚制和税收系统的政治实体就慢慢被消灭了。那些拥有军事优势的政治实体通过发动战争会占领更大的地盘。正是这样,在一个"战争塑造国家,国家制造战争"的政治军事过程中,欧洲现代国家开始兴起。②

4.4　理解国家的不同维度

那么,什么是国家？如何定义国家呢？目前国际学术界广泛认可的定义是德国社会学家马克斯·韦伯提出来的:

> 国家是这样一个人类团体,它在一定疆域之内(成功地)宣布了对正当使用暴力的垄断权。③

韦伯的国家定义被总结为一句简单的话:国家是合法垄断暴力的组织。美国社会学家迈克尔·曼根据韦伯的概念发展出了一个更详细的定义,他认为:

1. 国家是一组分工合作的制度和人员;
2. 具有向心性,即与中心有双向交流的政治关系;
3. 具有明确的地域;

---

① 比如,斯塔夫里阿诺斯在《全球通史》中也采纳了这一观点,参见斯塔夫里阿诺斯:《全球通史》上册,董书慧等译,北京:北京大学出版社 2007 年版,第 394—395 页。

② Charles Tilly, *Coercion, Capital and European States: AD 990-1992* (Revised Edition), Cambridge: Wiley-Blackwell, 1992.

③ 马克斯·韦伯:《学术与政治》,冯克利译,北京:生活·读书·新知三联书店 2003 年版,第 51 页。

4. 借助某种有组织的暴力，行使某种程度的权威，确保令行禁止。①

更简单地说，曼认为现代国家是具有明确地域的一种强制性组织。这跟韦伯的定义非常接近。通过对国家定义的理解，可以总结出现代国家的几个基本特征：

第一，国家要有特定疆域。就是说，国家的地理范围是确定的，而不是随意变动的。现代国家无疑都有着特定的疆域。当国家边界不确定时，会产生很大的问题，甚至会威胁到国家本身的稳定。

第二，国家包含特定人口。问题是，有的国家人口的同质性程度很高，有的国家人口的异质性程度很高。人口的同质性程度高，自然对国家较为有利。那些族群、宗教和语言构成差异大的社会，国家面临的挑战会更大些。这个问题通常会涉及如何塑造国家认同和民族认同。

第三，国家的主要特征是垄断暴力。每个国家都需要把军队和警察部门掌握在自己手里。从很多国家的政治史来看，垄断暴力是国家构建过程中的核心问题。从韦伯到蒂利，这些学者都把处理暴力问题视为国家的基本问题。

第四，国家需要一整套官僚系统。政府是国家的载体，而政府是由一整套官僚系统组成的。这套官僚系统通常从中央延伸到地方，具有统一的命令协调体系，一般包含职能分工与层级分工。没有这套官僚系统的支持，国家是无法运转的。

第五，国家依赖于税收系统。通常，国家必须要靠社会来提供税收。按照诺思的说法，国家通过提供公共服务来换取收入，这里的收入主要是税收。税收问题曾经在西方政治史上产生过重要影响。有人认为，英国立宪国家的起源跟贵族和国王关于税收权的战争有关。美国独立革命的口号则是"没有代表权，就不纳税"。但无论怎样，任何国家都要以税收为基础。所以，建立一个全国性的税收系统也是国家构建的重要方面。

第六，国家主权需要得到国际承认。现代国家处于现代国际体系之中，国家主权是国家的主要特征之一。主权得到其他主要国家或国际社会的承认，也是现代国家的特点。

从历史维度和全球视野来看，国家可以区分为不同类型。第一个类型区分是国家权力的特征。在欧洲国家兴起的过程中，慢慢形成了两种国家类型：一

---

① 迈克尔·曼：《社会权力的来源》第二卷上册，陈海宏等译，上海：上海人民出版社2007年版，第64—65页。

种是绝对主义国家,一种是立宪主义国家(即宪政国家)。在立宪主义国家,君主权力受到宪法和法治传统的约束。在绝对主义国家,君主权力是绝对的,君主权力和意志是不受制约的。一般认为,英国是欧洲历史上第一个立宪主义国家,其宪政历史可以追溯至1215年《大宪章》。而大革命之前的法国是欧洲绝对主义国家的代表。欧洲不同国家的不同历史演进路径,是非常值得研究的一个问题。同样从封建主义到现代国家的演进,为什么会造成立宪主义国家和绝对主义国家的分野?

第二个类型区分是国家不同的功能和角色。不同的意识形态流派有其相对应的理想国家类型。同时,不同时空背景下也出现过功能与角色差异较大的不同国家类型。当然,这并非严格意义上的"国家类型学"。比如,古典自由主义欣赏的是"守夜人"国家,即自由放任国家。这种类型下的理想国家主要扮演警察与法官的角色。他们相信:"管得越少的政府越是好政府。"比如,从19世纪晚期到20世纪以来,欧洲逐渐兴起了福利国家,福利国家的关键词是社会福利。这种国家观认为,国家不仅要给社会提供基本保护,还要为公民提供基本的社会福利。今天,欧洲发达国家或多或少都具有福利国家的色彩。再比如,20世纪30—40年代,希特勒统治的德国一般被称为极权主义国家,又称政治全能主义国家。极权主义国家的关键词是政治控制,即国家通过政治手段渗透到经济、社会、甚至家庭各个领域,试图对个人和社会实现无所不包的政治控制。又比如,随着东亚国家的经济崛起,国际学术界又提出了发展型国家的概念,这类国家的关键特征是发展导向。发展型国家通过适当规划和政府干预,在落后社会实现了经济增长与繁荣。最后,非洲等一些落后地区的国家则容易沦为掠夺型国家,这类国家以某种程度的"盗匪统治"为特征。在这类情形下,统治集团利用国家权力对社会进行肆无忌惮地掠夺。这样,经济和社会发展几乎是没有可能的。

讨论国家功能和角色,就涉及不同理论流派关于国家角色的论战。关于国家的理想角色,目前大致有三种主要观点。第一种观点认为,国家的理想角色主要是提供保护;第二种观点认为,国家的理想角色主要应该是促进发展;第三种观点认为,国家的理想角色主要应该是提供福利。启蒙运动以来的很多西方思想家认为,国家的首要角色应该是提供保护,主要是保护社会成员的生命权、自由权和财产权,国家不需要也不应该做太多的事情。国家治理的重点是保护公民自由和财产权利,提供法律和秩序,并强制执行契约,而非干预经济和社会活动。这种观点属于国家角色的自由主义传统。

然而,很多发展中国家赢得独立时面临着与欧洲发达国家完全不同的情境。比如,印度 1947 年独立时,经济发展水平非常低,人均 GDP 大约只有数十美元。以贾瓦哈拉尔·尼赫鲁为代表的印度领导阶层多数都在英国留过学,他们了解英国和欧洲国家的发展水平。所以,这些人掌握政治权力以后,他们的天然想法就是要用国家的力量来发展这个社会。国家不仅要扮演提供法律、秩序和保护的角色,最好还能成为经济与社会发展的促进者与推动者。所以,尼赫鲁在当时的印度就实行了既强调国家指导又容纳民营企业的某种计划经济模式。实际上,20 世纪中叶,很多发展中国家都走到了政府干预的经济道路上去。当然,有的国家做得并不成功,比如印度;有的国家做得极其出色,比如朴正熙时代的韩国。但无论怎样,很多发展中国家的政治家和精英集团试图把国家作为发展的一种工具,是完全可以理解的。

此外,从 19 世纪晚期到 20 世纪上半叶,欧洲的发达国家则走上了普遍提供社会福利的道路,福利国家成为欧洲的一种潮流。德国从俾斯麦时代开始,尝试建立起初步的社会保险和福利制度,后来这一做法扩展到其他欧洲国家。当然,这种福利国家的模式在 20 世纪 70—80 年代以后遇到了很多挑战。今天,福利国家模式已经使得很多欧洲国家政府收支占 GDP 的比例达到了 40%—60% 的水平,逐年累积的财政赤字更使不少欧洲国家公债占 GDP 的比例达到 100%—160%。总的来说,今天的欧洲国家已经把提供社会福利视为自己当然的职责,但同时福利国家模式面临着严重问题,改革迫在眉睫。

4.5 国家理论的不同流派

如何从理论上理解国家呢?这是政治学的古老问题。尽管柏拉图和亚里士多德没有讨论今天意义上的国家理论,但他们的政治思想中已涉及国家问题。文艺复兴之后及民族国家兴起的过程中,英国的霍布斯和法国的博丹则把国家视为一个中心问题。从 19 世纪到今天,学术界已经形成了几种主要的国家理论。[1]

第一,多元主义国家理论。多元主义理论沿袭自由主义传统,一般适用于现代的自由民主国家。在多元主义视角下,代表不同社会利益的政党和集团在国家这个政治舞台上进行政治竞争,背后则是民众的广泛参与和不同利益的表达。在这一理论框架中,国家本身没有自己的自主性和利益。国家就好比是一

---

[1] 关于不同的国家理论流派及国家主义的理论文献,参见迈克尔·曼:《社会权力的来源》第二卷上册,第 50—107 页;朱天飚:《比较政治经济学》,第 85—103 页。

个巨型剧院的中央舞台,谁都可以在上面表演节目。你能够竞争到多少时间和多少舞台面积,你就拥有多少影响。所有的利益集团和政党都可以平等地竞争,最后国家的公共决策则被视为不同利益集团政治竞争和博弈的一种均衡。这是自由主义的国家理论。

第二,马克思主义国家理论。马克思主义国家理论的基础是阶级分析方法。按照马克思与恩格斯的说法,迄今为止所有有文字记载的历史都是阶级斗争的历史。国家是为一个社会的经济生产方式和阶级利益服务的;或者更直接地说,国家是阶级统治的工具。通过国家,统治阶级实现了对被统治阶级的政治统治,从而可以更好地实现其经济利益。马克思主义国家理论具有很强的经济决定论色彩。经济上的支配阶级,也是政治上的支配阶级。国家的本质是经济上的支配阶级实现对被支配阶级进行政治统治的工具。从这种理论视角出发,国家本身并没有自主性,国家的意志不过是统治阶级意志的反应,其最终目标是服务于统治阶级的经济利益。

第三,新古典国家理论。这是理性选择学派的国家理论,国家被模型化为一个追求统治收益最大化的统治者。这种国家理论采用的是经济人假设和新古典经济学的分析方法。经济人假设把人视为自利的、理性计算的和追求效用最大化的。而国家被等同于统治者,统治者也是自利的、理性计算的和追求统治收益最大化的。这种国家理论是道格拉斯·诺思在《经济史上的结构与变迁》中阐发的。诺思认为,统治者用提供基本的公共服务来换取统治收入,谋求的是统治收益的最大化。但是,统治者同时受到两个条件的约束:一是交易成本——这是新制度主义经济学的核心概念;二是竞争约束——就是说现有统治者干得不好时潜在竞争对手会出现。① 诺思在这样一个理论框架中理解国家和解释国家行为。

第四,国家主义国家理论。这是关于国家的精英主义视角,后面还会详细介绍。比如美国学者西达·斯考切波就把国家视为"一套具有自主性的机构"。国家具有自主性,而且根据国家自身利益行事。由此可见,这种理论框架具有强烈的国家中心论视角,而非过去很多理论沿袭的社会中心论。尽管这一理论遭遇了很多挑战,但国家主义现在是一个非常流行的理论流派,其重要性至今并未减弱。

如何恰当地评价这些不同的国家理论是一件困难的事情。每一种理论都倾向于站在自己理论的优势方面对其他理论进行批评,而实际上每种理论都有

---

① 道格拉斯·C.诺思:《经济史上的结构与变革》,厉以平译,北京:商务印书馆2005年版。

其解释力的不足。因此,与其说哪种国家理论更接近真理,不如说哪种理论在何种方面、何种情境下更能帮助大家理解国家这一政治分析的中心问题。

4.6 国家构建与国家能力

关于国家的理论思考由来已久,但启蒙运动以来的思想传统倾向于把国家视为一种"必要的恶",这是一种自由主义的视角。正因为如此,关于国家本身的理论并没有得到很好的发展。

到了 20 世纪 80 年代,国家理论研究迎来了它的春天。1985 年,彼得·埃文斯等学者主编的《找回国家》(Bring the State Back in)一书的出版,通常被视为政治学研究中国家主义理论复兴的标志性事件。这部著作认为,社会科学研究中以社会为中心的理论视角应该被摒弃,而国家与社会互动的视角或者以国家为中心的视角是值得倡导的。

国家主义理论常用的三个概念分别是国家自主性、国家构建和国家能力。美国哈佛大学教授西达·斯考切波认为其他理论——

> 都没有将国家看成一套具有自主性的结构——这一结构具有自身的逻辑和利益,而不必与社会支配阶级的利益和政体中全体成员群体的利益等同或融合。①

为什么存在国家自主性呢?有学者认为,这种理论视角最有效的解释力来自这样一个事实,即现代国家总是处在一个国家构成的全球体系中,处在国际体系和国内社会临界点上。这样,国家只能根据国家竞争和地缘政治需要来采取政治行动。因此,国家不一定会受国内社会力量的直接约束,而是从适应国际体系中国家间竞争的需要出发自主地行动。这被视为国家自主性的重要来源。② 国家自主性意味着国家或政府可以不受社会力量、阶级力量、甚至是官僚集团力量的左右,它有自己的特定意愿和诉求。所以,国家自主性也是指国家独立于社会进行自我决策的程度。

尽管如此,国家自主性的概念至今充满争议,这些争议主要来自两个方面。首先是理性选择学派提出的问题:国家自主性的概念背后有没有微观基础?国家自主性的微观基础是什么?是官僚集团的利益吗?如果不是,那又是什

---

① 西达·斯考切波:《国家与社会革命——对法国、俄国和中国的比较分析》,上海:上海人民出版社 2007 年版,第 27—28 页。
② 参见朱天飚:《比较政治经济学》,第五章。

么呢？如果是官僚集团的利益，那么就不是国家本身的利益，也就谈不上国家自主性的概念。这还与另一个重要问题有关，即"几乎没有一个国家是统一的运作者"。比如，对于"国家按照自己的利益行事"这种说法，基欧汉和奈等学者就追问过："是什么样的自己，是什么利益？"国家主义理论和国家自主性的概念对这些质疑总体上较难有效回应。其次是几乎没有哪个国家拥有执行其国家目标和意志所需的全部资源。为了实现国家目标和意志，国家统治精英几乎都需要以某种方式与社会中的强势集团进行结盟或协商。一旦国家与社会的互动贯穿其中，国家自主性就可能成为一个问题。这是另一种质疑的视角。①

另一个常用概念是国家构建。国家构建是指一个现代国家或一个有效的现代国家塑造的过程，这个过程可以从三个维度来理解。

第一，政治共同体的形成。比如，19世纪末期的德意志有那么多不同的政治实体，能不能成为一个统一的国家就是一个巨大的挑战。1960年，尼日利亚独立时的一个重大挑战就是该国能否真正成为一个完整统一的政治共同体。在一些国家的内部，始终存在部分地区要统一还是要分裂的问题。比如，最近发生在乌克兰克里米亚地区的政治危机，就是一场事关政治共同体完整性的危机。总的来看，一个国家内部的族群、宗教及语言的多样性程度较高时，要建立统一的政治共同体的难度就更大。

第二，国家机构与制度建设的问题。政治制度的建设、官僚系统的建设、军队的组建与集中控制以及税收系统的建设，都是国家构建的重要方面。对很多非洲国家来说，20世纪60年代欧洲殖民者离开非洲时留下了一整套国家机构与制度，但这套系统并不完善。在一些国家，欧洲殖民者还把部分政府机构撤走了。所以，很多非洲国家就需要从头建设这样一套国家机构与制度，但这方面的挑战很大。在当时的非洲，有的国家只有数十名大学生，不少国家城市化率不到10%，工业化程度非常低，绝大多数人口都不识字。这种情况下，要建立一整套官僚机构和政治制度就非常困难。要知道，现代官僚制很大程度上是以书写系统为基础，公共治理是依靠一整套公文和书写系统来实施的。

第三，国家能力塑造和增强的过程。上文曾经提及，汉密尔顿在《联邦党人文集》中说：

> 政府的力量是保证自由不可缺少的东西。……

---

① 参见迈克尔·曼：《社会权力的来源》第二卷上册，第58—59页。

软弱无力的行政部门必然造成软弱无力的行政管理,而软弱无力无非是管理不善的另一种说法而已;管理不善的政府,不论理论上有何种说辞,在实践上就是个坏政府。①

对很多发展中国家来说,国家能力的塑造和增强非常重要。如果国家能力低下,很多发展中国家无力应付各种基本的政治、经济与社会挑战,那么建设现代政治文明就无从谈起。对落后国家来说,国家构建的首要困难来自经济社会条件的约束。对于经济落后、教育尚未普及、城市化和工业化程度很低的国家来说,经济与社会发展构成其国家构建的基础条件,其次才谈得上政治共同体的建设,官僚制、军队系统和税收体系的完善,以及政府能力和效能的建设。实际上,这些国家面临着国家构建与社会发展的悖论。这个悖论是:没有一个有效的国家,社会经济很难发展起来;但同时,如果没有起码的经济与社会发展,就不能形成一个有效的国家。这就使得不少国家陷入"国家构建—社会发展"的恶性循环。

那么,什么是国家能力呢?不同学者对此有不同的定义。总的来说有两种视角:一种是从国家与社会的关系视角来定义,一种是从国家本身来定义。斯考切波认为,国家能力是指"面对力量强大的社会组织实际的或潜在的反对时,国家执行其正式目标的能力"。这里强调的是国家独立于社会,国家自主地执行其目标的能力。米格代尔认为,国家能力是指国家领导层"通过国家的计划、政策和行动来实现其改造社会的目标的能力"。他强调的是国家对社会的改造。上述两种定义都强调了国家与社会之间的关系。②

但是,蒂利对国家能力的定义更多着眼于国家本身。简洁地说,国家能力是"国家执行其政治决策的能力"。更具体地说,"国家能力是指国家机关对现有的非国家资源、活动和人际关系的干预,改变那些资源的现行分配状态,改变那些活动、人际关系以及在分配中的关系的程度。"③这一定义并没有强调国家与社会之间的互动。

香港中文大学教授王绍光认为,国家能力是"国家将自己的意志、目标转化为现实的能力"。在他看来,国家能力的构成可以分解为六个具体的维度:

---

① 汉密尔顿、杰伊、麦迪逊:《联邦党人文集》,程逢如、在汉、舒逊译,北京:商务印书馆1995年版,第5、356页。
② 参见西达·斯考切波:《国家与社会革命——对法国、俄国和中国的比较分析》;乔尔·S.米格代尔:《强社会与弱国家——第三世界的国家社会关系及国家能力》,张长东等译,南京:江苏人民出版社2012年版。
③ 查尔斯·蒂利:《民主》,魏洪钟译,上海:上海人民出版社2009年版,第14—15页。

"第一,对暴力合法使用的垄断;第二,提取资源;第三,塑造民族统一性和动员群众;第四,调控经济和社会;第五,维持政府机构的内部凝聚力;第六,重新分配资源。"①当然,王绍光对国家能力的界定具有强烈的国家干预倾向,因而也充满争议。

4.7 国家能力的不同视角

迈克尔·曼把国家能力区分为两种类型:专制性权力(despotic power)和基础性权力(infrastructural power),国内也有人分别译为"独裁性权力"与"建制性权力"。迈克尔·曼认为:

> 专制性权力是国家精英对于市民社会的分配权力(distributive power)。这种权力源自国家精英无须与市民社会集团进行常规性协商就能采取的行动。

这意味着专制性权力来源于强制力。专制性权力强,意味着国家可以不必与市民社会协商,不必经过与社会讨价还价,即可自行决策及将决定强加于社会的权力。有些国家的专制性权力强,就是指政治权力可以自行其是的随意性比较大。

> 建制性权力是一个中央化国家(a central state)——无论专制的还是非专制——的制度能力,这种制度能力能够渗透其所辖的疆域,并在后勤保障上贯彻其决定。这是一种集体性权力,权力基于国家的基础结构,并通过社会来协调社会生活。②

这意味着基础性权力是国家以制度化方式向社会渗透、与社会互动而在其领土范围内有效贯彻其政治决策的能力。基础性权力依赖于稳定的制度化路径,而专制性权力依赖的是随意的强制力。比较而言,前者有更高的合法性,后者的合法性更低。

基于历史的考察,曼认为存在四种不同组合:专制性权力和基础性权力都弱的类型;专制性权力强而基础性权力弱的类型;专制性权力弱而基础性权力强的类型;专制性权力和基础性权力都强的类型。曼这样区分这四种理

---

① 王绍光:《安邦之道:国家转型的目标与途径》,北京:生活·读书·新知三联书店 2007 年版,第 61 页。

② Michael Mann, *The Sources of Social Power*, Vol. Ⅱ, *The Rise of Classes and Nation-States, 1760-1914*, Cambridge: Cambridge University Press, 1993, p.59.

想类型：

> 封建主义国家结合了很少的专制性权力和基础性权力，它几乎没有能力干预社会生活。……罗马帝国、中华帝国和欧洲绝对主义王权……都拥有断然的专制性权力，而少有基础性权力。……现代西方自由主义官僚制国家……拥有广泛的基础结构，这一基础结构在很大程度上受制于资本家或民主程序。……现代威权主义国家——顶峰时期的苏联——同时拥有专制性权力和坚实的基础结构（尽管它们的凝聚力没有我们想象的那么强）。①

从曼的上述分析来看，像美国这样的发达民主国家，国家能力总体上是比较强的，但这类国家强的是基础性权力，而非专制性权力。历史上的传统君主专制国家，由于其政治权力没有受到正式约束，所以专制权力通常是比较强的，但这些国家的基础权力通常都很弱。

弗朗西斯·福山在《国家构建》中区分了国家能力的两个维度：一是国家职能范围，二是国家力量强弱：

> 有必要将国家活动的范围和国家权力的强度区别开来，前者主要是指政府所承担的各种职能和追求的目标，后者是指国家制定并实施政策和执法能力特别是干净的、透明的执法能力——现在通常指国家能力或制度能力。②

福山首先界定了国家职能的范围，他借鉴了世界银行《1997年世界发展报告》对国家职能范围的划分：第一种是最小职能，基本上就是自由放任国家应该做的事情；第二种是中等职能，这种职能与自由放任国家不同，基本接近于20世纪现代自由主义理念下的国家职能；第三种是积极职能，政府要比在现代自由主义的理念下做了更多的事情。简单地说，国家做事的多少，是国家职能范围的概念。

福山强调的第二个维度是国家力量强弱。福山认为：

> 它表示制度能力的强度。在这个意义上的强度包括前面提到的制定和实施政策以及制定法律的能力，高效管理的能力，控制渎职、

---

① Michael Mann, *The Sources of Social Power*, Vol. II, *The Rise of Classes and Nation-States, 1760-1914*, p.60.

② 弗朗西斯·福山：《国家构建：21世纪的国家治理与世界秩序》，黄胜强、许铭原译，北京：中国社会科学出版社2007年版，第7页。

腐败和行贿的能力,保持政府机关高度透明和诚信的能力以及(最重要的)执法能力。①

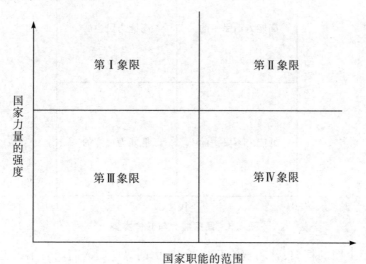

图 4.2　国家职能的范围与国家力量的强度

基于上述两个视角的讨论,福山根据国家职能范围大小和国家力量强弱区分出四种不同类型的国家。如图 4.2 所示,这四种国家类型组合分别是:(1)国家职能范围小,国家力量强度高;(2)国家职能范围大,国家力量强度高;(3)国家职能范围小,国家力量强度低;(4)国家职能范围大,国家力量强度低。举例来说,美国大致应该归入第一象限,即国家职能范围小但国家力量强度高。福山对美国评价是:"美国建立的是一套有限政府制度,在历史上就限制了国家活动的范围。但在这个范围内,国家制定及实施法律和政策的能力非常之强。"②通过以上分析,大家就能较为完整地理解国家职能范围与国家力量强弱的概念。

查尔斯·蒂利则把国家能力与一国的政体类型进行了组合分析。他把国家政体类型区分为民主与不民主,把国家能力类型区分为高能力与低能力。国家能力对民主国家之所以重要,是因为"如果国家缺乏监督民主决策和将其结果付诸实现的能力,民主就不能起作用"。由此,蒂利区分了四种不同类型的国家,如图 4.3 所示。③

---

① 弗朗西斯·福山:《国家构建:21 世纪的国家治理与世界秩序》,第 9 页。
② 同上书,第 11 页。
③ 查尔斯·蒂利:《民主》,第 14—17 页。

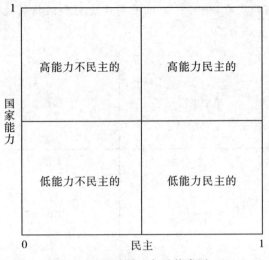

图 4.3 国家能力与政体类型

按照上图的框架，蒂利把哈萨克斯坦、伊朗等国归入高能力不民主国家类型，把索马里、刚果（金）等国归入低能力不民主国家类型，把挪威、日本等国归入高能力民主国家类型，把牙买加、比利时等国归入低能力民主国家类型。这也是一种重要的类型划分。对转型国家来说，理想目标应该是成为高能力民主国家。

【推荐阅读书目】

贾恩弗朗哥·波齐：《国家：本质、发展与前景》，陈尧译，上海：上海人民出版社 2007 年版。

西达·斯考切波：《国家与社会革命——对法国、俄国和中国的比较分析》，上海：上海人民出版社 2007 年版。

乔尔·S. 米格代尔：《强社会与弱国家——第三世界的国家社会关系及国家能力》，张长东等译，南京：江苏人民出版社 2012 年版。

弗朗西斯·福山：《国家构建：21 世纪的国家治理与世界秩序》，黄胜强、许铭原译，北京：中国社会科学出版社 2007 年版。

第 5 讲　不同的政体：民主、威权与极权

民主方法就是那种为做出政治决定而实行的制度安排,在这种安排中,某些人通过争取人民选票取得作决定的权力。

——约瑟夫·熊彼特

民主国家的一个重要特征,就是政府不断地对公民的选择做出响应,公民在政治上被一视同仁。

——罗伯特·达尔

正是组织使当选者获得了对于选民、被委托者对于委托者、代表对于被代表者的统治地位。组织处处意味着寡头统治。

——西蒙·李普塞特

民主政治不仅是最广泛受到称颂的政治制度,而且也可能是最难以坚守的政治制度。在所有的政府形式中,唯独民主政体依赖于最少的强制和最多的同意。民主政府最终发现它们自己陷于内在的悖论和矛盾的冲突中。……建立一个民主政治和坚守一个民主政治是两件不同的事。……假如民主不能起作用,人们则可能宁愿选择不经他们同意的统治,他们可能选择不再忍受去作出政治抉择的痛苦。

——拉里·戴蒙德

5.1 全球视野中的政体类型

本书的第 2 讲曾探讨过如何构建政治秩序的问题。在现代政治分析框架中，政治秩序的核心是政体问题。如何界定政体类型，是政治学一个古老问题。关于 20 世纪以来的全球政体类型，目前比较公认的区分是三种：民主政体、威权政体（authoritarianism）和极权政体（totalitarianism）。

一般认为，比较正式的政体类型学起源于亚里士多德。他区分政体类型有两个标准：第一个标准是最高统治权掌握在谁手中：是一个人手中，少数人手中，还是多数人手中；第二个标准是这种统治服务于部分人的利益还是城邦整体的利益。基于上述两个标准，亚里士多德区分了六种政体类型，见表 5.1。

表 5.1 亚里士多德的政体类型学

	正宗政体	变态政体
一人统治	君主政体	僭主政体
少数人统治	贵族政体	寡头政体
多数人统治	共和政体	平民政体

第一种类型较易理解。如果是一人统治且服务于整体利益，就是一种有节制的君主政体。可以理解的是，既然君主的统治行为是不受制约的，君主政体有可能会腐败或变坏，这样就蜕变为僭主政体。第二种也比较好理解。如果是少数人统治，但这些统治精英们总体上比较有节制，不是贪得无厌，治理国家比较有分寸，就是贵族政体。但如果统治精英们变得极其贪婪，丝毫不顾及多数普通民众的利益，就蜕变为寡头政体。较难理解是第三种类型。如果是多数人统治，又服务于部分人的利益而非城邦全体的利益，这是什么意思？亚里士多德把多数人的统治视为穷人的统治，因为在任何社会下层阶级的数量总是要超过上层阶级的数量。多数人的统治只服务于部分人的利益是指，这种统治完全不考虑上层阶级的利益。亚里士多德认为，如果以平民为基础的多数人的统治试图要迫害富人或试图征收富人的财产，就会蜕变为暴民政体。所以，亚里士多德意义上的共和政体意指，统治尽管是基于多数人的意志，但这种统治兼顾了多数人和少数人、穷人阶级和富人阶级的利益；否则，就蜕变为平民政体或暴民政体。

到 20 世纪，现代政体类型一般被分类为：民主政体、威权主义政体和极权主义政体。三者之中，民主政体的概念是最早出现的。威权主义政体的概念是美国政治学者胡安·林茨较早提出的。林茨认为，威权主义政体既不同于西方世界的自由民主政体,也不同于苏联集团的共产主义政体,而是介于两者之间。后来,这个概念就开始流行。经验研究发现,大量国家在第三波民主化之前都属于威权主义政体的类型,既非民主政体,亦非极权主义政体。在极权主义政体的概念中,极权不同于集权——集权通常与分权相对,而极权主义(totalitarianism)英文单词的词根是"total",是"整体"或"全部"的意思。"整体"或"全部"在这里的含义是,政治权力试图囊括一切、无所不包。极权主义意味着政治权力要渗透到社会生活的每一角落。所以,极权主义政体又译为全能主义政体。

胡安·林茨认为现代政体类型不止这三种,他在《民主转型与巩固的问题》中划分了五种现代政体类型,分别是民主政体、威权主义政体、全能主义(极权主义)政体、后全能主义(极权主义)政体和苏丹制政体。后全能主义政体是全能主义政体发生改革或演进的产物。后全能主义政体既可能转变为较为标准的威权主义政体,又可能仍然保留着比较多的全能主义特征。林茨这里的苏丹制,沿用的是马克斯·韦伯的概念,粗略地说是指完全基于个人统治的专制主义政体。林茨主要从政治动员、政治领导权、多元化和意识形态四个方面来比较五种政体类型的异同,请参见表 5.2。该表清晰地展示了五种现代政体类型在四个主要维度上的差异。

表 5.2　林茨：现代政体的主要理想类型及其判定依据

特征	民主	威权主义	全能主义	后全能主义	苏丹制
多元主义	责任的政治多元化,因多元自主性在经济、社会和组织内部生活等广泛领域的存在而得到增强。法律保护的多元化与"社会法团主义"而不是"国家法团主义"保持一致。	政治制度具有有限的、非责任的政治多元化,通常是非常广泛的社会和经济多元化。威权主义政体中,大多数的多元化在政体建立之前已根植于社会之中,通常给予半反对派一些空间。	没有显著的经济、社会或政治多元化。执政党在法律和事实上都垄断权力。政党几乎消除了所有前全能主义的多元化。没有第二经济或平行社会的存在空间。	有限的但非责任的社会、经济和制度多元化。几乎没有政治多元化,因为政党仍正式地掌握着垄断权力。可能存在"第二经济",但国家仍具有压倒性的势力。"扁平的政体"中大多数的多元化运动形成于宽容的国家结构中,或形成于那些自觉组成的反全能主义政体的反对派团体中。在成熟的后全能主义中,反对派通常建立"第二文化"或"平行社会"。	经济和社会多元化没有消失,但受到无法预测的专制干涉的管束。公民社会、政治社会或国家中的任何个人或团体,都无法摆脱苏丹的专制权力的控制。没有法治。制度化程度低。私域和公域高度融合。

续表

特征	民主	威权主义	全能主义	后全能主义	苏丹制
意识形态	对公民身份和竞争的程度规则具有广泛的知识承诺。非目的论。尊重少数人的权利、法律，以及个人主义的价值。	政治制度没有详尽的指导性意识形态，但具有独特的精神。	详尽的指导性的意识形态，清楚阐明了一个可以实现的乌托邦。领导人、个人和团体的使命感、合法性，以及常常很具体的政策，大部分源自他们对于人类和社会的整体性认知的信奉。	指导性意识形态仍然是法定的，且作为社会现实的一部分而存在。但对乌托邦的忠诚和信仰已经减弱，从强调意识形态转向强调计划性一致，这种转变大概是建立在没有过多引证意识形态的理性决策和有效的争论之上的。	对象征的高度的专制操控。对统治者的极度赞颂。除专断的个人至上论外，没有惊喜的指导性意识形态，甚至没有独特的精神，不试图在意识形态基础上来证明主要行动的合理性，国家雇员、臣民和外部世界都不信奉这种冒牌的意识形态。
动员	通过公民社会自发产生的组织以及法律体系保证下政治社会中的竞争性政党来参与。重视低度的体制动员和高度的公民参与。政府广泛宣传塑造良好公民和爱国情感。宽容对待和平有序的反对派。	除了政治制度发展的某些时刻外，其他时候不存在广泛深入的动员。	广泛动员加入政体建立的强制性组织的巨大阵容。强调骨干和军人的积极精神。努力动员积极性。私人生活受侵蚀。	领导人和非领导人参与组织动员的兴趣日益下降。对国家赞助的组织内的人员的常规动员，目的是获取最低程度的一致和服从。许多"干部"和"军人"只是职业家和机会主义者。对主导价值的厌倦、淡出以及最终的私人化成为公认的事实。	低度但不定期的仪式型的操纵动员，运用高压和庇护主义的方式，不需常设的组织。半国家团体的阶段性动员，它们使用暴力对付苏丹所攻击的团体。

续表

特征	民主	威权主义	全能主义	后全能主义	苏丹制
领导权	由自由选举产生的高层领导权,必须在宪法和法律规定范围内行使。领导权必须定期地经历选举并产生于选举。	政治制度中由领袖或偶尔是小团体行使权力,这种权力受到正式的、不甚明确的、但事实上却可预测的规范的限制。尽力从老精英团体中指派职位,国家公务和军队有一定的自主性。	全能主义领导权的统治,对成员和非成员而言,都受到不明确的限制和巨大的不可预测性,通常是克里斯马型的,对高层领导的选拔很大程度上取决于他们在政党组织中的成就和贡献。	后全能主义政治精英越来越强调个人安全,通过正当结构、程序和"内部民主"实现对高层领导权的制约。高层领导人很少是克里斯马型的,高层领导的选拔仅限于执政党内,但很少取决于政党组织的事业发展。高层领导人可能来自国家机构中的政党技术专家。	高度的个人化和专制。没有理性—法律制约。强烈的朝代化倾向。国家事业中没有自主性。领袖不受意识形态的束缚,对领导人的服从是建立在强烈的恐惧和个人回报之上的,官员是领袖的家族成员、朋友、商业伙伴,或那些直接参与使用暴力维持政体的人中间选拔。官员的地位源于他们对统治者的纯粹的个人屈从。

资料来源:胡安·J. 林茨、阿尔弗莱德·斯泰潘:《民主转型与巩固的问题:南欧、南美和后共产主义欧洲》,孙龙等译,杭州:浙江人民出版社2008年版,第46—47页,表3.1。

5.2 什么是民主政体?

很多教科书说,所谓民主就是人民当家作主。这种说法大概是20世纪中叶之前对民主的主流表述。民主意指人民的统治,就是人民当家作主的意思。这一定义实际上出自民主的希腊文原意,"民主"一词的古希腊文对应的是"democratia","demo"是"人民"或"大众"的意思,"cratia"就是"统治"的意思。按照古希腊人的理解,民主也可以指多数人的统治。美国前总统亚伯拉罕·林肯在葛底斯堡演说中称,民主应该是民有、民治、民享的政府。这是人们对于民主的一般理解,上述定义也被称为民主的实质性定义。

但是,有人可能会对此提出疑问。一方面,究竟谁是人民? 人民是指全体公民? 多数公民? 还是政治上正确的公民? 另一方面,到底如何统治? 实际上,在稍有规模的现代国家,人民几乎是无法直接统治的。这一定义引发的另一个问题是:如何区分民主政体与非民主政体?乔万伊·萨托利在《民主新论》中说,1945年以后,人类社会中再也没有人公开宣称自己是民主的敌人,绝大多数国家都自称民主国家,绝大多数政党都自称民主政党。这样,从实质性定义出发,区分民主政体和非民主政体就变得很困难。

1942年,美国经济学家约瑟夫·熊彼特在《资本主义、社会主义与民主》一书中提出了民主的程序性定义,逐渐成为政治学界的常用定义。他说:

> 民主方法就是那种为做出政治决定而实行的制度安排,在这种安排中,某些人通过争取人民选票取得作决定的权力。……
>
> 民主政治并不意味着人民真正在统治——就"人民"和"统治"两词的任何明显意义而言——民主政治的意思只能是:人民有接受或拒绝将要来统治他们的人的机会。①

如果一个人要成为重要的政务官——无论他想成为总统、总理或首相、议员、州长或市长,他通常都要争取别人的选票。民主国家大部分最重要的政治职位都是通过争取选票的方式来获得的。按照熊彼特的这一定义,民主等同于公民广泛参与的竞争性选举制度。这种制度安排有两个要素:一是政治参与,二是政治竞争。

所以,目前学界形成了关于民主的两种定义:一种是实质性定义,另一种是程序性定义。当然,熊彼特提出的程序性定义也遭到部分学者的批评。比如,有学者认为,从这种视角定义民主容易导致"选举主义的谬误"(fallacy of electoralism),即过分强调选举的作用而忽略了民主的实质。从第三波民主转型国家的经验来看,有些国家转型后的状态是有选举而无民主,或者沦为"两不像政体"(hybrid regime)。② 这一现象国外已经有较多研究,国内学界介绍较少。"两不像政体"顾名思义,就是既非标准的威权政体,亦非标准的民主政体,而是介于两者之间。其常见特征是:主要行政长官和议员通常由定期选举产生,普通选民的投票能发挥着实际作用,选举过程中存在不同力量的政治竞争;但是,这些国家的选举过程并没有做到自由和公正,通常存在不同程度的选举舞弊和欺诈,当选的执政者则常常利用行政资源压制反对派和媒体,进行各种政

---

① 约瑟夫·熊彼特:《资本主义、社会主义与民主》,吴良健译,北京:商务印书馆2007年版,第395—396、415页。

② 美国学者拉里·戴蒙德曾专门撰文讨论这一政体类型,参见 Larry Diamond, "Thinking about Hybrid Regimes," *Journal of Democracy*, Vol.13, No.2, Apr. 2002, pp.21-35。

治操纵,甚至为一己之私而推动修宪。正因为这些特征,国际学界通常把"两不像政体"视为威权色彩浓厚的政体类型。

王绍光则把竞争性选举制度意义上的民主称为"选主",即选票决定一切。他批评道,在"选主"体制下,最终多数人的利益可能并没有得到保证,还是少数人实质性地控制着政治。他还使用了"选出新的主子"这种意识形态味道浓烈的说法,他甚至认为应该"用抽签替代选举"。① 王绍光的批评,实际上涉及民主政体条件下的政治平等究竟是程序平等、还是实质平等问题。在20世纪的重要理论家中,美国政治学家罗伯特·达尔晚年也非常强调实质性的政治平等。这个问题后面还会有专门的讨论。但是,从人类已有经验来看,要通过选举来实现实质性的政治平等,即每个公民实现同等的政治影响力,几乎都是办不到的。公民参与的竞争性选举制度是人类社会目前可以实践的民主形式。

其实,罗伯特·达尔早年在《多头政体》中定义的民主或多头政体,更接近于熊彼特的程序性定义。达尔认为:"民主国家的一个重要特征,就是政府不断地对公民的选择做出响应,公民在政治上被一视同仁。"他接着问:"一种制度要成为严格民主制度,还要具备哪些其他特征呢?"他依次列出了多头政体的八个条件:

1. 建立和加入组织的自由。这里的组织当然是指政治组织,也就是说人们可以自由决定建立或加入某些政治团体或政党。这是政治自由的一个基本方面。

2. 表达自由。人们有表达自己的意愿、观点、立场和主张的自由。既然有表达自由,就应该有出版自由和新闻自由。

3. 投票权。所有成年公民都拥有投票权和普选权。但是,大家不要机械地理解普选权。研究民主的历史,大家会发现很多国家的投票权是一个逐渐普及的过程,不是所有公民一开始就享有同等权利的投票权。

4. 取得公共职务的资格。这就是说,所有成年公民大致都有取得公共职务的资格。当然,有些公职对一个人的出生地、年龄可能有限制条件,还有个别国家对一些公职还有学历限制。

5. 政治领导人为争取支持而竞争的权利。这里的竞争是公开的政治竞争。一个人可以在不同场合、以不同方式公开地呼吁选民的政治支持。所以,政治竞争是民主的一个实质性标准。在达尔看

---

① 王绍光:《民主四讲》,北京:生活·读书·新知三联书店2008年版,第242—256页。

来，民主政体之下存在着公开的政治竞争和公开的反对派。

6. 可选择的信息来源。这跟第二条表达自由有关。可选择的信息来源是什么意思呢？不应该只有一个统一的机构来提供信息，所以可选择的信息来源跟新闻和出版自由有关。在互联网时代，自然还应该包括网络信息传播的自由。

7. 自由公正的选举。这是民主政体非常重要的特征，甚至是民主的核心条件。自由公正的选举，意味着它不只是选举，而是说选举的规则和过程是公正的，不同候选人和选民都有公平地参与政治和竞争的权利。

8. 根据选票和其他的民意表达制定政府政策的制度。如果选票真正起作用，那自然应该能够保证政府的政策是根据民意表达来制定的。一个议员如果不能代表他所在地区的利益、不能在政策制定过程中反映民意，他下一次被选下去的概率就非常高。①

与熊彼特关于民主的最低标准定义相比，罗伯特·达尔阐述的八个条件内容要丰富得多。但达尔对于多头政体的界定，从实质性条件来看，主要是政治参与和政治竞争这两个标准。

结合上述讨论，可以总结出民主政体的几个基本特征：

第一个特征是政治参与。民主意味着多数成年公民拥有投票权。基于对欧洲历史的考察，最初是财产较多的男子拥有投票权，后来是财产资格标准的降低与取消，再后来又逐步扩展到成年女子。拿英国来说，19 世纪之前，仅有少数富有的男性公民拥有投票权，后来经过 19 世纪的几次选举改革，男性公民参加投票的财产资格逐步降低。而成年男女公民获得同等的普选权一直要到 1928 年才实现。在智利等不少国家，投票权普及过程中最初还伴随着教育资格和识字要求，后来这些限制条件也逐步取消了。

第二个特征是政治竞争。按照程序性定义，民主本身就包括了政治竞争的含义。不同候选人可以就公共职位展开公开角逐，通过争取选民手中的选票来获得当选的机会。现代政治中，这种政治竞争不仅指单个政治家之间的竞争，而且指不同政治团体——主要是不同政党——之间的竞争。政治竞争和上面提及的政治参与构成了民主政体的两个基本特征。

第三个特征是问责制或责任制。什么是问责制呢？就是指当一个公职人

---

① 罗伯特·达尔：《多头政体：参与和反对》，谭君久、刘惠荣译，北京：商务印书馆 2003 年版，第 11—15 页。

员做事情的时候,是对某个政治共同体或特定地域内的选民负有责任的。简单地说,他要对别人有个交代,他要承担自己政治行为的后果,干得不好时通常就必须走人。这就是问责制的特点。在政治实践中,各个国家的实际做法可能不一样,但有一点是共通的:在民主政体下,选举产生的或由当选政治家任命的重要官员都要对选民和共同体负责。

第四个特征是回应或响应机制。在民主政体下,政府对于公众的利益诉求有一种正式的回应或响应机制。例如,最近出现了重大的公共问题,如果很多人在报纸、电视、网络上呼吁,或以集会、示威游行方式呼吁的话,政治家和政府不会置之不理,他们通常都会做出回应。既然民主意味着政治家要根据大众的利益诉求和政治意愿来进行统治,民主政体就是一种正式的回应或响应机制。政府或政治家如果对民众诉求置之不理,通常会在下一次选举中遭到失败。

第五个特征是起码的政治平等。这里的政治平等是指具有平等地参与政治、政治表达和投票的基本权利,所有公民在这方面应该是平等的。这里的政治平等首先强调的是形式平等和资格平等,而非实质平等和结果平等。当然,对于何谓政治平等存在争议。罗伯特·达尔晚年更强调实质性的政治平等,希望实现不同公民在政治影响力上更为平等。当然,这种实质性的政治平等是否存在,可能存在很大争议。

第六个特征是多数决定的规则。这就是平时说的少数服从多数。做公共决策的时候,大家意见不一致怎么办?通常需要根据人数较多一方的意见来做决定。这里是指一个公共决策应该赢得超过50%的支持率,这是绝对多数。还有所谓相对多数的概念,即所有方案中赢得最多支持率的那个方案胜出,而无论这一支持率是多少。当然,很多时候会发现这种多数规则未必能够满足。20世纪50年代,美国学者肯尼思·阿罗提出了著名的"阿罗不可能定理",意思是说很多情况下多数决定规则实际上是不可能的。比如,现在有三个女生去买冰激凌吃。冰激凌商店给出的优惠活动是:同款冰激凌买三个就会有很大折扣,不同款冰激凌单独买价格就会比较贵。所以,三个女生决定买一款冰激凌。但是,三个女生对不同款冰激凌的偏好次序是不一样的,如下:

  第一个女生对冰激凌的偏好次序:巧克力 > 草莓 > 香草;
  第二个女生对冰激凌的偏好次序:草莓 > 香草 > 巧克力;
  第三个女生对冰激凌的偏好次序:香草 > 巧克力 > 草莓。

那么,这三个女生最终会买什么口味的冰激凌呢?如果按照多数决定规则来投票,结果是什么呢?经过推导,就会发现这种情形下投票结果实际上取决于投票次序。所以,阿罗论证了在一些情况下多数决定规则是不可能的。

第七个特征是对少数权利的保护。与多数决定规则相关的一个问题是:多数决定规则并不意味着多数可以侵犯少数的权利。密尔在《论自由》、托克维尔在《论美国的民主》中都讨论过"多数暴政"问题。民主在尊重多数规则的同时,还要保护少数的权利。换句话说,多数统治并不意味着多数可以就任何事情做出任何决策。多数决定规则是有其明确的边界和范围的。现在一般把欧美发达国家的民主政体称为自由民主政体,其基本特征是对少数权利的保护与尊重。

第八个特征是言论自由与新闻自由。既然民主意味着政治参与和政治竞争,就必然需要政治表达和政治沟通,言论自由与新闻自由就是基本条件。只有在这种条件下,一个社会中才能听到不同的政治理念与政策主张,才存在实质性的政治竞争。在互联网时代,网络信息传播的自由也变得同样重要。

5.3 民主政体的治理细节

这里通过两个小案例来分析民主政体是如何运转的。第一个案例是市镇的治理。一个民主的市镇应该是怎样治理的呢?比如,该市镇有一个作为水源地和风景区的湖泊,而湖泊的水质正在恶化。那么,如果是民主治理,民主机制会对此作出何种反应呢?

首先,马上有记者会在市镇报纸上报道此事:湖泊水质正在恶化!饮用水安全受威胁!为什么湖泊水质变坏了?谁负责?然后,小镇居民——特别是积极参与政治的人士——会通过不同方式进行呼吁与抗议,包括约见自己投票支持的市镇议员、在市政厅门前的示威以及周末举行绕湖游行活动,等等。这样做的直接后果是,那些政治上的当选者——市镇议员或是市镇长——会非常着急。他们很清楚,如果不能对此采取有效行动的话,下次当选的可能性就会下降。所以,调查水污染的原因、研究应对水污染的解决方案以及为此调动所需资源,将成为他们下一步的主要工作。

当然,还有另外一种可能。市镇长或议员跟大家报告,目前还很难有办法,原因在于河道是相通的,本地并没有污染源,而是上游的污水流淌到这里,所以湖泊水质才下降了。但是,即便这种情况下,这个市镇长也会积极地跟上游政府机构协调,比如建立一个河道或水系的联席会议,并督促上游治理水污染。如果上游的政府也实行民主治理,这个事情相对来说就更容易协调。长期来看,湖泊的水污染就可能得到有效治理。

在这个市镇治理案例中,如果是民主政体,可以看到公民的基本诉求能通过一种正式的机制反馈到政府,并对其产生直接影响。无论是新闻媒体的自由报道,还是普通选民的抗议与施压,或者选民对公职人员的投票机制及其候选人之间的竞争,均有助于建立一种更为有效的公共治理机制。把这个市镇治理的案例扩展到整个国家,其政治逻辑是一样的。

再来一个公立学校管理的案例。比如,在非民主政体下,某地有些家长对当地一所公立学校的校长非常不满,那么他们能怎么办呢？实际上,对于这样的校长,教师、家长和学生都不满意。教师们私下抱怨校长如何不称职,家长们知道校长治校无方,学生们的满意度也不会很高。结果可能是,该校学生的考试成绩连年下滑,学校恶性事件时有发生,很多教师工作缺乏动力或者开始不务正业。那么,最关心本地学校教育质量的家长们能做什么呢？大家会发现缺少正式的制度化途径。在非民主政体下,公立学校校长通常是由当地教育局长或市镇长任命的,教育局长或市镇长又是由上一级政府机构任命的。这种情况下,普通公民很难对校长任免过程及治校产生有效干预。结果是,一旦本地公立学校出现一位不称职的校长,当地公民往往无力改善这一状况。

如果换一种政体框架思考这个问题呢？比如,有的民主国家基层治理单位是学区。学区怎么治理呢？每个学区设有学区委员会。当地选民每两年就投票选举一次学区委员,然后由学区委员组成学区委员会,学区委员会再任命本学区各公立学校的校长。这样,再由校长聘任本校的副校长及各部门主任——当然,通常情况下大部分教师的工作是相对稳定的。在民主治理下,如果家长们发现本地公立学校校长不能胜任校长职务,接下来会发生什么呢？通常,家长们会先找到某位学区委员反映情况——这位学区委员正是依靠这一选区选票的支持才当选的。学区委员们若同时接到若干家长对同一位校长的投诉,他们会启动调查程序。经过调查,若情况属实,他们马上会提议在学区委员会讨论该校长任职问题。经过这样的程序,学区委员会如觉必要,就会很快免去这位校长的职务,并任命新校长。

通过这个案例的比较,大家就会发现两种不同治理体系的差异。民主政体意味着有效的问责制,意味着从公民到政府的积极响应机制,这种政体具有很强的自我调适能力。通过这两个案例,大家可以看出民主治理机制是如何起作用的,以及为什么民主治理通常要比非民主治理更为有效。此外,大家还发现这种治理方式对人的要求其实不那么高。因为信息是畅通的,最了解信息的人拥有本地的治理主权,这对治理难度和复杂性的要求就大大降低了。

所以,倘若大家关心如何把一个国家治理好,不妨来关心如何把一个市镇治理好,如何把一个公立学校治理好。一个国家的每一个市镇都治理得更好,每一个公立学校都治理得更好,这个国家才能治理得更好。上述两个案例简要说明了民主治理的细节及其优势。

5.4 民主模式的多样性

民主政体并非千篇一律,而是涉及复杂的多样性问题。首先,大家经常会提到直接民主和间接民主的问题,后者又称为代议制民主。所谓直接民主,就是公民直接参与政治活动和政治决策的一种制度安排;所谓代议制民主就是公民选举代表参与政治活动和政治决策的一种制度安排。

比如,对一个村庄的公共事务来说,很多事情可以采用直接民主的办法。但是,通常直接民主只适用比较小的地理和人口规模,如果这个范围过大的话就只能采用代议制民主的方法。迄今为止,雅典城邦是人类政治史上直接民主的典型。随着互联网时代的到来,现在有人提出来,如果采用网络投票的方式,是否有可能在更大范围内实行直接民主?从现在的趋势来看,发达国家有望率先使用这种电子投票方式。如果是这样,直接民主的范围就可以有效扩大。

现在的主流是代议制民主。当然,全民公决有时会作为代议制民主的一项补充性制度。以美国联邦政府为例,选民通过选举人团投票选举总统,同时选民投票选举本选区的众议员和本州的参议员。然后,平时就由总统、参议员组成的参议院和众议员组成的众议院代表美国人民做出政治决策。这是一种典型的代议制民主。有人说,代议制民主实际上不够民主。因为代议制民主意味着最重要的政治权力往往掌握在被选出来的代表手中。尽管代议制民主不如直接民主更为民主,但代议制民主的优势也是显著的。首先,代议制民主可以解决国家规模和统治可行性的问题,这使得大国的民主治理成为可能。其次,代议制民主还在政治生活中恰到好处地平衡大众民意和精英治理之间的关系。比如,C国与J国就D岛发生争议,然后两国民众群情激愤,都希望派军队直接占领该岛。如果这种事情付诸全民公决的话,很有可能引发严重的国际冲突。在这种政治关头,民意有可能像脱缰的野马一样失去控制。代议制民主的一个机制是用精英治理来平衡大众民意。这类重要事务就应该交给那些更懂得国际政治和更擅长外交的人来做决定——当然,这些人是民众通过投票选出来的或是由民选的政治家任命的。因此,代议制民主包含了某种微妙的平衡,长远来看有利于民主的稳定。

跟代议制民主有关的一个问题是平民主义民主与精英主义民主的分野。熊彼特是典型的精英主义民主论者,他把民主定义为人们通过投票来选择政治家的一种制度安排。他甚至明确地说,民主只是意味着人民有选择或拒绝统治他们的人的机会。但是,并非所有人都支持精英主义民主论,平民主义民主论者罗伯特·达尔在《论政治平等》中就这样问:有没有可能实现实质性的政治平等,而非形式上的政治平等呢?

一般理解的政治平等更多是形式上的平等,是一种资格的概念,即每个公民都有参与政治的平等资格。但是,当所有人都参与政治的时候,是不是每个人都发挥了同等的影响力呢?比如,财富多的人可以花钱做广告,可以提供资助,可以组建工作班子,他的政治影响力就会比较大;有的人言论影响力很大,比如他在一个发行量巨大的媒体上开专栏,也会影响很多人;有的人是主要政党的重要领导人或政治活动家,可以通过政党组织来组织动员,他对政治的影响会非常大。所以,尽管每个人参与政治的资格是一样的,但是每个人实际的政治影响力差异很大。从这个角度说,即便在民主政治条件下,影响力意义上的"政治平等"是难以实现的。罗伯特·达尔追问道:实质性的政治平等可欲吗?再进一步说,假定实质性的政治平等是可欲的,那么它可行吗?

对于这个问题,有人认为实质性的政治平等是不可能实现的,这只是一种政治幻想。每个人有参与政治的投票权,有政治表达的权利,有结社的权利,有同等的政治身份和公民身份——我们能做到这些,就已经非常好了。如果要追求实质性的政治平等,要追求每个公民政治影响力的平等,那既是无法做到的,又不值得去追求。但是,也有人认为实质性的政治平等是值得追求的东西。比如,罗伯特·达尔认为实质性的"政治平等在一个国家中是可欲的"。但是,达尔也认为实质性政治平等的阻力很大:

> 一个政治单位公民之间政治平等的目标总是和到处面临着可怕的障碍:政治资源、技能和动机的分配;时间不可约减的限度;政治制度的规模;市场经济的盛行;重要的但不民主的国际组织的存在;严重危机的不可避免性。①

对于实质性政治平等的观点,你是支持还是反对呢?每个人可以做出自己的判断。支持实质性政治平等的观点,倾向于更支持平民主义民主;反之,则倾向于支持精英主义民主。

讲到政治平等的问题,经常会提到一部名为《寡头统治铁律》的重要著作,作者是意大利政治学家罗伯特·米歇尔斯,他研究了现代民主政体中的政党组

---

① 罗伯特·达尔:《论政治平等》,谢岳译,上海:上海人民出版社2010年版,第48页。

织,结论是任何组织最终都是寡头统治的。他认为,任何政党组织总是由这个组织的少数人领导和控制的,不可能实现一种真正的大众治理。这是一种非常强烈的精英主义观点。美国学者西蒙·马丁·李普塞特在《寡头统治铁律》一书的序言中总结道:

> 正是组织使当选者获得了对于选民、被委托者对于委托者、代表对于被代表者的统治地位。组织处处意味着寡头统治。①

所以,在米歇尔斯看来,人类社会说到底是精英统治的,主要权力和资源都控制在精英手中,对这个社会具有重要影响的决定也是精英做出的。

再进一步探讨,若暂且接受精英主义的视角,就是假定所有社会都是由精英统治的,那么有人会问:威权主义的精英统治和民主主义的精英统治有何区别呢?既然社会实际上都是由少数人统治的,那么两种类型的社会还会有区别吗?

从逻辑上说,两者的区别主要在于三个方面:第一,政治领导权是不是对外部开放?在民主主义的精英统治中,政治领导权是开放的。比如,一个人出生时可以是穷人,可以出生在一个普通家庭,甚至肤色与多数人不同。后来,他经过努力,上了最好的大学,在法学院获得学位,又通过做律师挣了不少钱,或者在一流大学教书。然后,他发现自己更大的抱负是在政治领域,他就选择投身于政治,最终成了这个国家的最高行政官。这个例子说明,民主的精英统治,其政治领导权是对外部开放的。对威权的精英统治来说,其政治权力封闭在一个规模相对较小的特定集团或特定圈子中。这大概是两者的重要区别。第二,民主的精英统治更需要兼顾公共利益,或者说是兼顾多数人的利益。至于威权的精英统治,更有可能只是为了少数人利益进行统治的。第三,普通公民固然并没有太多机会直接参与公共决策,但在民主的精英统治下,普通公民拥有选择这个还是那个政治精英、这派还是那派政治精英来统治的权利,他们可以通过投票来选择或否决政治精英。而威权的精英统治下,普通公民并不拥有这种政治权利。所以,两者的差异还是明显的。

5.5 民主的悖论与被误解的民主

为了完整地理解什么是民主,这里再介绍一些关于民主的最新研究。一方面,本书作为一部政治学通识读本,关于民主的基本介绍要尽可能做到完整;另

---

① 罗伯特·米歇尔斯:《寡头统治铁律:现代民主制度中的政党社会学》,任军锋等译,天津:天津人民出版社2003年版,前言第1页。

一方面,目前国内公共领域流行着关于民主的很多误解。这些研究的基调都是不要过分理想化地理解民主与民主政体。

《民主政治的三个悖论》是一篇流传较广的论文,作者是美国斯坦福大学高级研究员拉里·戴蒙德,他还是著名学术期刊《民主杂志》的联合主编之一。基于比较政治的经验研究,他认为民主在发展中世界所遭遇的许多问题都源自民主本性中的三种紧张和悖论:

> 民主在发展中世界所经历的许多问题都是源自内在于民主的本性中的三种紧张和悖论。第一种紧张是冲突与认同之间的紧张。……没有竞争和冲突,就没有民主政治。但是,任何认可政治冲突的国家都冒着这样的风险,社会变得如此紧张,充满冲突,以至于社会的和平和政治的稳定都将陷于危境。……
>
> 第二种紧张或矛盾是代表性与治国能力的冲突。民主政治意味着不愿将权力集中到少数人手中,要使领导人和政策服从于人民的代表和责任机制。但是,为了稳定,民主政治(或任何政府制度)必须有亚历山大·汉密尔顿称作'能量'的东西:它必须能够行动,必须能够随时地、迅速地、决然地采取行动。政府不仅应回应利益团体的需要,它还必须能够抵制它们的过分要求,并在它们之间进行协调。……
>
> 第三种矛盾,即同意和效能之间的矛盾。……假如民主不能起作用,人们则可能宁愿选择不经他们同意的统治,他们可能选择不再忍受去做出政治抉择的痛苦。因此,存在一个悖论:民主需要同意。同意需要合法性。合法性需要有效率的运作。但是,效率可能因为同意而被牺牲。

在分析上述三个悖论时,戴蒙德善意地提醒那些国家:

> 民主政治不仅是最广泛受到称颂的政治制度,而且也可能是最难以坚守的政治制度。在所有的政府形式中,唯独民主政体依赖于最少的强制和最多的同意。民主政府最终发现它们自己陷于内在的悖论和矛盾的冲突中。……建立一个民主政治和坚守一个民主政治是两件不同的事。……假如民主不能起作用,人们则可能宁愿选择

不经他们同意的统治,他们可能选择不再忍受去作出政治抉择的痛苦。①

应该说,戴蒙德一文恰到好处地反映出第三世界新兴民主国家在建设和巩固民主政治上遇到的挑战和问题。这篇论文从另外一个视角对民主在实践和运行中的很多实际问题进行了讨论,提醒大家民主并非一种完美和谐的政治状态。

此外,国内学界和公共领域对民主存在着普遍的误解。这种误解表现在七个典型的方面,分别是:②

误解一:民主主要是一个政治哲学命题? 目前国内学界和媒体通常把民主当成一个政治哲学问题来处理。比如,最常见的讨论议题包括民主是否优于其他政体,以及民主的优势与弊端等;最经常被提及的人物包括法国启蒙思想家卢梭、法国思想家托克维尔和《民主新论》作者萨托利等;最著名的引用语包括"民主是个好东西"(哈佛大学教授塞缪尔·亨廷顿在《第三波》前言中的话),以及"多数暴政"等。这些热点内容大致反映出国内对民主问题的关注重点与普遍认知。

民主的哲学思辨当然非常重要。但是,最近半个世纪以来,民主主要是一个转型问题。离开转型谈民主,意义不是太大。与哲学思辨相比,转型研究更多关注经验世界已经发生什么和正在发生什么,而非"应该"发生什么。但实际情况却是,民主的哲学思辨是一个热门话题,转型的经验研究却鲜有人问津。很多人对乌克兰、泰国、委内瑞拉与埃及转型乱象的惊讶、困惑乃至大感失望,主要缘于大家对转型的经验知识知之甚少。如今,大众视野里的民主要么是政治哲学意义上的民主,要么是作为发达国家民主典范的英美民主。前者往往把民主理解为一个"应然"的问题,后者容易把民主过分理想化。但是,特别是对于发展中地区来说,经验世界里的民主与实际发生的转型,跟前面两种解读都相去甚远。所以,只有关注转型问题,才不会以过分简单化的思维来理解民主。

误解二:转型是一个单向线性的进程? 即便进入经验世界,不少人容易把转型理解为一个单向线性的进程,众所周知的转型三部曲是:旧政体的瓦解、新政体的创建和新政体的巩固。顺利完成转型三部曲的最著名案例要算美国。

---

① 拉里·戴蒙德:《民主政治的三个悖论》,彭灵勇译,载刘军宁主编:《民主与民主化》,北京:商务印书馆1999年版,第121—141页。这里的译文根据原文略做调整,参见 Larry Jay Diamond," Three Paradoxes of Democracy," *Journal of Democracy*, Vol.1, No.3, Summer 1990, pp.48-60。

② 这里的内容曾以《被误解的民主》为题刊载于《东方早报》2014年3月18日。

美国人第一步是通过1776—1783年的独立战争赶走了英国人,瓦解了旧政体;第二步是1787年制定宪法以及随后建立联邦政府,创建了新政体;第三步是宪法的有效运转及政治制度的完善,巩固了新政体。

但是,需要提醒的是,美国通常被视为政治发展的特例。其他大国——诸如法国、德国、意大利、日本等,从传统政治向现代政治的转型都经历过较为曲折的过程,这些国家至少都经历过一次民主政体的崩溃。法国经历过共和制与君主制的反复,二战以后还遭遇了第四共和国的严重危机。后面三个国家则都经历过军国体制和第二次世界大战之后的政治改造。至于第三波民主化国家中的西班牙、韩国、智利、巴西、土耳其等无不经历过类似的曲折进程。在这些国家的历史上,政变随时可能发生,内战亦非没有可能——比如西班牙内战就与转型有关。从很多国家的经验来看,转型就如同新政体的分娩过程,可能伴随着巨大的痛苦与反复的挣扎。这样,就不难理解乌克兰的转型难题与政治危机。有的国家至今还在转型道路上不停地徘徊,比如泰国。

误解三:政体要么民主要么不民主?这是政体类型的经典两分法,这种两分法在1974年启动的第三波民主化之前并无大碍。但是,正如第5讲已经提及的,第三波以来的重要现象是出现了大量的"两不像政体"(hybrid regime)。这种政体既非标准的威权政体,亦非标准的民主政体,而是介于两者之间,但国际学界通常把"两不像政体"视为威权色彩浓厚的政体类型。借助这一概念,大家就更容易理解一些转型国家正在发生的事情。

关于乌克兰国内政治危机的争论,很大分歧就出现在对其基本政体类型的判断上。有研究者认为乌克兰此前符合立宪民主政体的标准,相反观点则把乌克兰视为某种程度的威权体制类型。按照"政体Ⅳ"等数据库的评级,乌克兰被归入"两不像政体"的类型,也就是说乌克兰的政体具有相当程度的威权色彩。所以,乌克兰政治危机中的法理问题没有那么简单,并不像一是一、二是二这般清晰。讨论乌克兰政治危机的另一种观点认为,需要区分民主政体下的街头运动与其他政体下的街头运动,这当然是对的。但是,不能把乌克兰的政治运动简单视为民主政体下的街头政治。转型国家不能排除的一种情形是,总统或总理一旦当选并采取违反宪法或法治原则的政治行动时,现行的正式制度框架可能会失去有效制约总统或总理权力的力量。一些国家街头政治的兴起,就与此有关。更为复杂的是,尽管泰国与乌克兰同样面临街头政治的问题,但泰国总理英拉·西那瓦与乌克兰前总统亚努科维奇在很多问题上的做法存在重要差异。国际上一般认为,英拉当选总理以来大体上没有采取过与宪政或法治原则相抵触的政治行动。因此,街头政治的法理问题并没有那么简单。

第5讲 不同的政体：民主、威权与极权

误解四：不民主就是因为不民主？ 这种表述本身容易招来误解，但某些流行观点的逻辑正是如此。当讨论亚努科维奇的总统权力如何不受约束时，一种观点认为这是"因为乌克兰缺乏宪政"。这种见解的问题是，不能用"缺乏宪政"来解释"总统权力不受约束"，因为在这种情境下"总统权力不受约束"本身就等于"缺乏宪政"。这种解释会变成同义反复。再进一步说，倘若宪政是宪法的统治，那么宪法本身又如何统治呢？在政治上，宪政本身是无法自我实施的。

背后的深层逻辑是，不少人把民主的文本或宪法简单地视为一套可拆卸的政治装置。一旦一个国家安上这套政治装置，该国就变成民主国家或立宪国家了。但实际上，民主的文本或宪法本身不过是几张纸而已。民主的文本或宪法能否生效，能否运转起来，以及能否运转得好，全赖实际的政治过程，全赖主要政治力量的所作所为，全赖政治家的领导力与选择。所以，民主这套政治装置究竟怎样，不仅取决于这套政治装置本身，更取决于安装和操作这套装置的人。很多国家面临的问题是：为什么制定了宪法和确立了民主框架，这套政治装置仍然无法运转？或者，为什么这套政治装置启动以后，就背离了原本的设计机理和设计初衷？这是比同义反复的解释与思考更有价值的问题。

误解五：民主搞不好是因为民主本身不好？ 在全球范围内，有些国家的民主搞得不怎么好，比如债台高筑和陷入经济困境的希腊，民选政府经常面临政变或街头政治威胁的泰国，启动转型后陷于教派冲突和军队干政的埃及，等等。一些国家甚至由过去尽管毫无生机却拥有稳定与秩序的社会，变成了彻底的一团糟。所以，一种论调认为民主成了这些国家的祸害。但是，民主搞得好不好与民主本身好不好，是两个问题。用并不准确但容易理解的话语来说，这就好比汽车开得好不好与汽车本身好不好，是两回事。车开得好不好，既取决于车本身，又取决于谁来开以及如何开。即便是一部好车，若遇到一个糟糕的司机，同样容易出问题。所以，在马路上看到有人车开得不好，出现故障，甚至遭遇车祸，都无法得出汽车本身不好的简单结论。况且，还有大量的汽车不仅行驶速度很快，而且还相当稳定。

民主搞不好的直接问题是不会搞民主。民主要搞好，既涉及一套基于民主文本和宪法条款的制度安排，又涉及政治精英与主要政治力量的信念与行为，还涉及最初的民主实践能否常规化、惯例化与稳定化。这里的任何一个方面要搞好，都太不容易。转型困难国家的一个重大挑战，是此前的旧政体没有给新政体留下多少有利的遗产，反而是留下了很多沉重的包袱。一位美国学者在评价埃及转型时这样说："对民主而言，威权政体是一所糟糕的学校。"以埃及为

例,复杂的教派冲突、政治上强势的军队、缺乏充分民主信念的精英阶层、落后的经济社会状况都是转型的阻力,当然也都是政治搞不好的原因。但是,这些问题没有一样是民主本身造成的,而都是此前统治的遗产。所以,这样的国家民主搞不好很可能是此前的负资产过于庞大,而不能简单归咎于民主本身的问题。

误解六:民主重在选举竞争与权力制衡而政府效能无关紧要?很多人受启蒙运动以来的政治哲学影响极大,一谈到民主就马上想到"分权制衡"这几个字。英国思想家洛克和法国思想家孟德斯鸠的分权学说被视为启蒙时代以来政治理念的正统,《联邦党人文集》中更受重视的是关于联邦制与三权分立的篇章。当然,对现代民主来说,分权制衡非常重要。但是,把民主仅仅理解为分权制衡就有失偏颇。实际上,只有政治参与、政治竞争、宪政约束与分权制衡,没有相当的政治权威与政府效能,任何政府是难以为继的,民主政体将无法维系。英国宪法学家白芝浩认为,先要有权威,然后才谈得上限制权威。美国思想家汉密尔顿在《联邦党人文集》中更是大篇幅地论述有效政府如何必要,以及政府效能不可或缺。

对不少转型国家来说,无法通过民主的方式形成有效的政府能力,是民主搞不好的重要原因。政府缺乏效能的常见情形包括:行政权与立法权的冲突、无法形成多数派执政党、议会政党数量的碎片化、政治领导层阶层缺乏领导力和政治技巧,以及缺乏功能健全的官僚系统,等等。在保证政治参与和政治竞争的同时,民主政府同时还必须有所作为,这样才能维系其民主政体本身。如果民主政府缺乏效能,从消极方面讲,政府可能会陷于瘫痪,政治竞争与分权制衡将演变为不同政治家与党派的恶斗;从积极方面讲,政府将无力应对重大的政治经济问题,无法在市场改革与经济发展等关键问题上达成绩效,也就无法通过提高新政体的绩效合法性来强化程序合法性。有民主而无效能,终将损害民主本身。

误解七:不同国家的民主模式都是相似的?国内媒体讨论民主通常比较粗放,仿佛不同国家的民主模式都是相似的。经典的政体类型学区分了不同政体类型的差异,但民主政体内部的模式差异却没有受到应有的重视。实际上,不同民主国家制度模式的差异是很大的,这些国家在政府形式、选举制度、政党体制和央地关系上均有不同的制度安排和不同组合。现有研究认为,不同的制度模式有着不同的政治逻辑,同时不同的制度模式还需要考虑与一个国家经济社会条件相匹配的问题。总的来说,不同的民主制度模式可能会导致不同的政治后果。

拿乌克兰的政治危机来说,原因当然是多方面的。但是,半总统制的政治架构无疑难辞其咎,这是导致这场政治危机的重要制度成因。乌克兰经历过涉及总统、总理与议会三大核心权力机构关系的多次修宪和改革,但该国总体上属于半总统制模式。半总统制的最大问题是,总统与议会之间、总统与议会任命或选举的总理之间容易发生严重的政治对抗。出任总理的女性政治家、主要政党领导人季莫申科被总统亚努科维奇投入监狱,正是在这种制度背景下发生的。这种政治架构和此类事件逐步瓦解了亚努科维奇作为总统的权力基础与合法性基础(吊诡的是,半总统制这种饱受争议的制度模式在第三波国家中扩展还很快)。另一方面,乌克兰还面临着不同地区的认同冲突,这种认同冲突与族群和语言因素有关。如今,这种冲突的焦点出现在克里米亚。从制度视角看,民主政体下不同的制度模式设计——特别是选举制度和央地关系上的制度安排——被视为一种解决国内族群和地区冲突的工具。所以,民主制度模式的多样性也是一个关键问题。

总之,民主——特别是作为转型问题的民主——的真实逻辑不同于这些广为流传的误解。国内公共领域的通病是把民主问题口号化与简单化,结果是整个社会中民主与转型常识的稀缺。这样,对民主的理解就容易停留在"好的"或"坏的"这样的思维层次上,更需要思考的乃是全球背景下真实的民主经验与转型逻辑。

5.6 威权主义政体的逻辑

威权主义政体是指一个人或一个小集团的统治,居于统治地位的可能是君主、独裁者、军队或政党等。一般来说,威权政体下缺少正式的政治参与和政治竞争,政府亦非责任制或问责制政府。现代世界的威权政体主要有几种类型。一种类型是君主制,君主制一般是家族统治,有明确的家族继承关系,统治者从传统中获得一定的合法性。一些中东石油国家至今仍然保留着这种统治形式。军人统治也是过去非常流行的一种威权政体类型。20世纪60—70年代世界上有大量国家都实行军人统治,在拉丁美洲和非洲尤为常见。东亚的韩国过去也曾经出现过较长时间的军人统治。非军人统治的个人独裁也是一种常见的威权政体类型。比如,韩国在朴正熙政变之前较长时间由李承晚统治。李承晚并非军人出身,而是一位文职政治家。他统治的前期还有较多的民主参与成分,后来整个统治就越来越威权化。威权政体的另一种类型是神权统治。这种国家一般是实行政教合一的宗教国家,而非世俗国家。在这样的国家,经由政治程序产生的最高行政长官至多是该国的第二号人物,该国最重要的政治人物是宗教领袖,他的实际政治权力和影响力往往要超过最高行政长官。另外,按照萨托利的说法,一党制与霸权党制都是威权主义的统治类型。

那么,威权主义政体的基本特征是什么呢?第一个特征是政治上的非多元化。在这种政体形式下,政治参与和政治竞争受到严格的限制。当然,有些威权国家保留着政治参与的形式,甚至一些国家也有政治竞争,但这种参与和竞争或多或少受到实质性的限制,通常不会出现像民主国家那样的不受限制的、公开的政治竞争。所以,威权主义政体之下的政治领域带有一定的封闭性,它不是那么开放,一小撮重要的政治人物决定着重要的公共事务。

第二个特征是在经济和社会领域倡导多元化,这是威权政体不同于极权主义政体的地方。威权政体之下通常都存在私人企业部门,允许发展市场经济,部分威权国家还允许开办私人报纸和私人电台。威权政体应该是政治领域非多元化与经济社会领域多元化的结合。一个典型的例子就是皮诺切特时代的智利,他通过军事政变颠覆了智利已经岌岌可危的民主政体,把很多反对派的政治家投入监狱或秘密处决,最终垄断了智利的政治权力。但是,他同时在经济上推行自由主义,请美国芝加哥大学毕业的一批年轻经济学家来协助他进行自由化改革。所以,皮诺切特统治是政治上威权化和经济上自由化的结合。

第三个特征是实行一定的政治控制和政治压制。如果不实行一定的政治控制和政治压制的话,政治的非多元化和封闭性就会被打破掉,上面提及的第一个特征——即政治上的非多元化——就会出现问题。

第四个特征是意识形态控制和政治动员程度总体偏低,这也是威权政体不同于极权政体的一个重要方面。在皮诺切特时代的智利或朴正熙时代的韩国,他们基本上都没有实行大规模的意识形态控制,也没有出现政府出面实施的全面政治动员。

第五个特征是政治领导权的更迭规则完全不同于民主政体。如果是君主制的话,政治领导权的更迭规则是清晰的,子承父业或兄弟相承是主要方式。还有一些威权政体,政治领导权的更迭遵循元老政治模式。比如,由上一任领导人来指定下一任领导人,或由一个规模非常小的封闭精英团体来决定下一任领导人。还有一些威权政体则经常借助暴力方式来完成政治领导人的更迭。一个将军去世后,会有第二个将军依靠武力优势脱颖而出,成为新的领导人。甚至当前一任领导人尚健在的时候,新崛起的将军会通过军事政变来取代他。所以,这种政治领导权更迭规则带有明显的暴力色彩。而民主政体下政治领导权的更迭通常是通过公开的政治竞争完成的。

理解现代威权政体,还要注意几个关键的逻辑问题。第一是合法性问题。第二次世界大战以后,全球的政治意识形态为民主价值观所支配。国际社会的一个基本共识是:"民主是个好东西。"这是塞缪尔·亨廷顿在《第三波》序言中的一句话。反过来,不民主在意识形态上被认定为坏的。所以,在观念上,民主政体要优于非民主政体。一旦国际主流社会接受民主价值观,威权政体或多或少都会面临合法性的严峻挑战。威权政体始终不能解决程序合法性的问题。按照孔子的说法,所谓名不正,则言不顺;言不顺,则事不成。从这样的视角看,这类政体始终会面临能否维系政治稳定的困境。特别是,一旦遭遇重大危机,威权政体的合法性问题马上会浮出水面。

有人说,威权政体通过改善经济绩效可以增强自己的合法性。这种说法不无道理,但威权政体同时还面临着"发展悖论"。一方面,优质威权政体一旦推动发展,更加现代化的经济、教育与观念往往会引发更多的民众抗争,从而构成对原有体制的挑战;另一方面,如果没有发展,劣质威权政体会由于经济停滞、社会不公和治理不善而激起严重的怨愤心理,从而在另一个方向上引发抗争。所以,合法性始终是威权政体的"阿喀琉斯之踵"。

第二是国家治理问题。1997 年世界银行发展报告《变革中世界的政府》发布之后,"有效治理"的概念就开始在全球流行。"good governance"一般译为"有效治理"或"善治"。威权政体在国家治理问题上的挑战,可以从两个视角来理解。一方面,威权政体的治理方式通常是自上而下的。这种治理方式天然地会导致严重的委托代理问题。在委托代理关系中,如果是一层委托代理关系,委托人通常都能有效地监督代理人。但是,如果是多层委托代理关系,对有效治理的挑战就非常大。总的来说,委托代理关系链条越长,在链条终端的最后一级代理人能实现最初委托人意图的可能性就越低。考虑到委托代理关系链条的长度,对一个威权大国来说,委托代理链条的终端上往往难以实现有效治理。

另一方面,威权政体的治理挑战还来自信息问题。印度经济学家阿玛蒂亚·森在《贫困与饥荒》中认为,在自由民主国家,因为新闻自由,从来没有发生过大规模的饥荒致死案例。① 他认为主要机制在于:自由民主国家若发生非常小规模的饥荒,媒体就会报道,全国就会知晓,然后应急机制就会启动。但是,在威权政体下,最大的风险是所有这些不同层级的政府与部门都可能会封闭和阻塞信息。中央政府封锁信息的原因在于担心听到批评的声音,包括防止批评

---

① 阿玛蒂亚·森:《贫困与饥荒》,王宇、王文玉译,北京:商务印书馆 2001 年版。

者借此挑战其合法性。地方政府封锁信息的原因在于主要地方官员担心自己的乌纱帽。如果地方官员统辖下的地区出现负面消息,并为更高级别的上级政府所知,上级政府不排除会启动对该地主要官员的惩戒程序。所以,威权政体下封锁消息是可以理解的。正是因为有这样一种机制,最初饥荒发生时信息往往被人为阻断了。一旦等到饥荒信息得到大范围传播时,饥荒通常已严重到不可收拾的程度了。当然,人类在 21 世纪之前尚未大规模使用互联网、移动通信、社交媒体以及各种自媒体,所以,那时的威权政府或许能够实现有效的信息封闭。而在移动互联网广泛普及的今天,这更是威权政体的治理难题。

第三个重要问题是威权国家的稳定性很多时候取决于政治领导人这一偶然因素。在任何一个政体中,都可以区分出较为优秀的政治领导人和较为逊色的政治领导人,而威权政体始终面临着这方面的巨大风险。由于威权政体产生或选择政治领导人的机制不是开放的,所以选择领导人方面的风险就尤其大。而一旦成为政治领导人,由于没有充分的权力制约,他既有可能行为端正、治国有方,又有可能不知节制、为所欲为。与民主政体不同的是,如果威权政体遭遇一位较为逊色、甚至极其糟糕的政治领导人时,内部可能缺乏有效的矫正机制。这就使得单个政治领导人与政体稳定之间的关联性会被大幅放大。

第四个问题是很多威权政体都不可避免地面临着最终的政治困境和转型问题。威权政体由于缺乏程序合法性,所以更多地依赖于政绩合法性。这意味着,大家生活比较好的时候,社会相对会比较平稳,满意度也比较高,程序合法性的问题就不那么突出了。但是,如果这些问题没有很好解决时,程序合法性问题就会冒出来。历史地看,只有极少的威权政体能够维持长期的经济增长和繁荣。所以,很多威权国家都会面临一个政治困境与转型的问题。比如,韩国就是一个威权政体下实现经济起飞、而后又通过政治转型走向民主的典型案例。

5.7 极权主义政体的逻辑

极权主义政体是另一种政体类型,是指国家试图"完全"控制国民和社会的一种政治体系。当然,这里的"完全"需要打引号,世界上没有哪一种政体国家能真正做到完全控制国民和社会,但极权主义试图这样做。与传统的威权主义政体不同,极权主义政体的出现是比较晚近的事情,兴起在第一次世界大战以后。按照美国学者汉娜·阿伦特的说法,该种政体的主要特征是:

> 极权统治的手段不仅比较严厉,而且其极权主义形式与我们所

第5讲 不同的政体：民主、威权与极权

知的其他政治压迫形式（例如专制政府、僭主暴政、独裁）有本质区别。凡是在它崛起执政的地方，它建立全新的政治制度，摧毁一个国家所有的社会、法治和政治传统。无论它的意识形态来自何种具体的民族传统或特殊的精神根源，极权主义政府总是将阶级转变为群众，撤换政党制度（不是用一党制，而是用群众运动来替代政党制度），将权力中心从军队转移到警察，建立一种公开走向主宰世界的外交政策。①

当然，究竟哪些国家符合极权政体的标准，学术界一直存在着争议。1933年至1945年希特勒统治的纳粹德国一般被公认为极权主义政体的类型。极权主义政体的兴起与现代的技术和组织条件有关。一个重要的技术条件是媒体与通信技术的革新。在古代君主专制国家，即便是皇帝或国王要想监控一个人的行为，在技术上也是很难办到的。他如何可能监控每一个臣民呢？另一方面，皇帝或国王想让臣民了解他自己的思想，想把他自己的思想灌输给臣民，也是很难办到的，因为缺乏有效的政治传播途径。但是，媒体与通信手段的革新使得这一切成为可能。所以，对政治来说，媒体和通信手段是双刃剑。

一个重要的组织条件是诞生了军队之外的大规模组织。随着工业化和城市化的进展，大规模的政治组织和普遍的大众政治动员成为可能。在此之前，人们很难理解在军队之外还可以建立起一个数万人甚至数十万人的政治组织，并能实现自上而下的政治动员。比如，在希特勒出任总理之前，他领导的纳粹党已成为魏玛德国动员能力最强、规模最大的政治组织了。

那么，极权主义有哪些基本特征呢？简单地说，卡尔·弗里德里希和兹比格纽·布热津斯基认为，极权主义包括六个基本特征：一个包罗万象的意识形态、单一政党、有组织的恐怖、传媒垄断、武器垄断、经济管制。②

当然，总的来说极权主义的国家数量并不是很多。但是，由极权主义政体引发对自由的破坏，在西方世界引发了极大的恐惧，由此诞生了很多与此有关的文学及影视作品。2006年英国拍摄了一部名为《V字仇杀队》(*V For Vendetta*)的电影，这部电影改编自艾伦·摩尔等绘编的漫画《V怪客》。这部电影的场景设定在未来的伦敦，而当时的英国被设想为一个极权主义社会。

---

① 汉娜·阿伦特：《极权主义的起源》，林骧华译，北京：生活·读书·新知三联书店2008年版，第574页。

② Carl J. Friedrich and Zbigniew K. Brezinski, *Totalitarian Dictatorship and Autocracy*, Cambridge: Harvard University Press, 1956.

这部电影有一个重要情节,就是戴着面具的自由斗士 V 利用极权主义国家控制的国家电视台播放了一个自己录制的演讲。这是 V 对当时假想的伦敦市民所做的一场演讲,其内容实际上是对极权主义的反思和对抵制极权主义的呼吁。这个演讲词写得非常好,反映出人类对极权主义统治的深刻思考。V 在演讲中这样说:

晚上好,伦敦。

首先,请允许我向你们道歉。我和你们很多人一样,欣赏有规律生活的舒适、熟悉面孔带来的安全感以及日复一日的平静。我跟每一个人一样享受这些,不过,就节庆角度来讲,这节庆是从美好的角度来庆祝过去的重大事件,这通常和某人的死亡或者血腥残酷的斗争结束有关,我想我们可以通过抽出一点时间坐下来聊聊的方式来纪念今年的 11 月 5 日,一个被可悲地遗忘了的日子。

当然,有些人不希望我们讲话,我怀疑就在此时此刻,电话里吼叫着命令,全副武装的人很快就会上路,为什么?因为沉默代替了谈话,言语总能保持它的力量,言语提供了表达见解的方式,而且它也可以告诉那些愿意倾听的人真相,而真相是这个国家有些事情不正常得可怕,不是吗?

残暴、不公、歧视和镇压,在这块土地上,你们曾经有过反对的自由,有过思考和言论的自由,而你们现在拥有的是胁迫你们就范的审查制度和监视系统。这是怎么发生的?又应该怪谁?当然,有些人要背负比别人更大的责任,并且他们也会为此付出代价。但是,说实话,如果你们要找罪人的话,只需要照照镜子好了。我知道你们为什么如此,我知道你们害怕,谁不害怕呢?战争、恐怖事件、疾病⋯⋯

无数的问题企图要摧毁你的理性,剥夺你的常识,恐惧控制了你,你在慌乱中投向了元首亚当·苏特勒。他许诺给你们秩序,给你们和平,所要的回报就是你的服从和沉默。昨晚,我决定结束这沉默。昨晚我摧毁了老巴里街,来提醒这个国家它所忘记的事情。

400 多年前,一位伟大的公民打算将 11 月 5 日永远刻入我们的记忆之中,他希望以此提醒世界,公平、正义和自由不只是口号而已,它们应该是我们实现的目标。所以,如果你什么也没有看见,仍然对这个政府犯下的罪行一无所知,我建议你让这个 11 月 5 日平淡地过去;可是,如果你见我之所见,感我之所感,而愿求我之所求,我请你一年后的今晚和我并肩站到议会大厦的外面,我们将一起给他们留下一个永生难忘的11月5日。①

这篇精彩而简短的演讲词是对极权主义的反思。其中最有力的话语,是V对于这种极权主义为何能够延续的检讨。他讲到,众人因为恐惧而奔向元首,每个人都被恐惧所包围,所以没有人站出来说出真相。实际上,我们每个人都脱不了干系。这篇演讲的台词并不深奥复杂,却难以置信地有力。

在《V字仇杀队》这部电影中,有很多表现极权主义统治的重要信息。比如,国家电视台是直接连接到每一个家庭、每一个酒吧和每一个娱乐场所的,而且所有地方的电视节目都是一样的。又比如,警察们随时出现在城市的每一个角落,在他们元首的领导下管理和控制着整个城市。此外,除了很多穿制服的警察,还有大量随时会出现的秘密警察。再比如,每个家庭的客厅里都挂着元首苏特勒的头像。这部电影恰到好处地设想了极权主义统治下一种可能的生活状态。

有理由相信,电影《V字仇杀队》的漫画底稿《V怪客》是借鉴了英国作家乔治·奥威尔在著名政治小说《1984》中的精巧构思。奥威尔在《1984》中构思了一个极权主义统治的国家,并生动地描绘了极权统治的种种细节。在该书中,世界由三个巨型国家构成——大洋国、欧亚国和东亚国。奥威尔描绘的正是大洋国极权主义下的政治生活。该书有很多有意思的细节。比如,读者会看到无处不在的老大哥头像,老大哥就是大洋国的元首。书中反复出现的一句话是:"老大哥在看着你。"又比如,在主人公温斯顿的家中,有一个被称为电幕的电子装置,它既是一个可以观看元首讲话和国家电视台节目的接收终端,又是一个随时可以监控每一个人的电子装置——相当于一个360度的摄像头。温斯顿只有在家里的某个特定位置才能避开电幕随时的监控。这就意味着,大洋国的任何公民都没有私人空间。再比如,这个国家的街头还有不停歇的负责巡逻的警察,警察不仅要负责巡视街道,甚至还要负责窥探每个家庭的窗户。此外,大洋国还有负责管理思想的警察,称为思想警察。

在《1984》中,大洋国只有一个政党,即英社。该党的著名口号是:"战争即和平;自由即奴役;无知即力量。"这个国家有四个政府部门:真理部、和平部、友爱部和富裕部。"真理部负责新闻、娱乐、教育、艺术;和平部负责战争;友爱部维持法律和秩序;富裕部负责经济事务。"在《1984》中,一个令人啼笑皆非的细节是不断重印报纸。党的一句口号说:"谁控制过去就控制未来,谁控制现在就控制过去。"为什么要不断地重印报纸呢?因为从今天的立场看,历史上

---

① 这段引文选用了电影脚本的网络译本,译者不详。笔者根据英文原文做了修订。

所发生的一些事情政治上是不正确的,所以需要把过去的报纸重新拿出来印刷,印上过去的时期和今天认为适宜的内容。实际上,奥威尔这里作为政治调侃发明的很多细节,在个别国家的历史上就真实发生过。所以,《1984》愈发显示出其作为讽刺极权主义政治小说的重要地位。①

与传统的威权统治不同,极权主义统治试图让每一个人都卷入政治,并最终能控制公民和社会的一切。这种统治方式既不同于传统的君主专制,又不同于20世纪后来的很多新式独裁。一般的威权统治都无法像希特勒和纳粹党一样获得对整个社会如此之强的控制能力和动员能力。因此,极权主义显然是不同于威权主义的一种政体类型。

【推荐阅读书目】

罗伯特·达尔:《多头政体:参与和反对》,谭君久、刘惠荣译,北京:商务印书馆2003年版。

胡安·J.林茨、阿尔弗莱德·斯泰潘:《民主转型与巩固的问题:南欧、南美和后共产主义欧洲》,孙龙等译,杭州:浙江人民出版社2008年版。

乔治·奥威尔:《1984》,董乐山、傅惟慈译,沈阳:万卷出版公司2010年版。

汉娜·阿伦特:《极权主义的起源》,林骧华译,北京:生活·读书·新知三联书店2008年版。

---

① 乔治·奥威尔:《1984》,董乐山、傅惟慈译,沈阳:万卷出版公司2010年版。

第 6 讲 政府结构与政治制度

议会制民主政体在历史上表现更加出色绝非偶然。对议会制和总统制进行认真的比较以后会得出结论：总体上前者较后者更有利于民主政体的稳定。这一结论尤其适用于存在深刻政治分裂和众多政党的国家；对这些国家来说，议会制更有可能维系民主政体。

——胡安·林茨

（论极化多党制）一个以离心驱动力、不负责的反对党和不公正的竞争为特点的政治制度很难说是一种可行的制度。……这并不必然意味着极化政体注定是软弱的且最终是自我毁灭。然而，它们却难以应对爆炸性的或源自外部的危机。

——乔万尼·萨托利

（迪韦尔热定律）（1）比例代表制倾向于导致形成多个独立的政党……（2）两轮绝对多数决定制倾向于导致形成多个彼此存在政治联盟关系的政党；（3）简单多数决定制倾向于导致两个政党的体制。

——莫里斯·迪韦尔热

简而言之，如果国家的基础条件同时存在有利与不利的情况，一个好的宪法设计就会有利于民主制度的生存；反之，一个坏的宪法设计可能导致民主制度的崩溃。

——罗伯特·达尔

第 6 讲　政府结构与政治制度

6.1　如何理解政府机构？

美国是典型的三权分立国家,很多介绍政府机构的著述喜欢从美国讲起。众所周知,美国联邦政府有三个主要的政府机构:白宫、国会与联邦法院。白宫是美国的总统府,它是世界上最有权力的机构之一。白宫的决定将直接影响到美国和整个世界。白宫其实是一个规模不大的地方,但美国很多最重要的政治决定都是在那个地方做出的。当然,美国白宫只是美国政府的一个符号,它实际上领导着美国国务院、财政部、国防部、内政部等大量联邦行政机关。另一个重要机构是美国国会,美国国会以一幢白色圆顶建筑闻名于世,世人称其为"国会山"。这是美国参议院和众议院的办公场所,100 个参议员和 435 个众议员在那里办公。第三个主要政府机构是美国联邦法院,它是美国最高司法机构,其主要人物是 9 位联邦最高大法官。

白宫、国会与联邦法院是美国三个最重要的政府机构。白宫拥有行政权,国会拥有立法权,联邦法院则拥有司法权。那么,世界各国的政府机构设置都跟美国相似吗? 当然不是。比如,英国不仅没有总统,而且其最高法院也很少有人提及——除非是英国政治与司法问题的专门研究者。所以,英国的政府机构跟美国就有显著差异。至于日本、俄罗斯、印度和中国等国的政府机构,跟美国的差异也是相当之大。

一个国家政治生活的重要方面就是政府机构的设置,政府机构设置还对应着一整套政治制度的安排。一国政府机构设置的不同意味着该国政治制度安排的不同。政治学还关心政府机构和政治制度安排的不同会造成何种不同的政治效应? 这是一个重要问题。

从概念上说,政府是制定和实施公共决策与政策的机构,政府履行着国家的基本职能。大家还经常提到政府机构,比如上海市卫生局。大家一般不说上海市卫生局是一个政府,而说是一个政府机构。政府正是由很多不同类型和层级的政府机构组成的。从政府机构类型来说,可以从两个维度进行分类:一个是职能维度,一个是层级维度。

从职能维度来说,政府机构主要有三类:行政机构、立法机构和司法机构,其中行政机构的规模通常是最大的。凡是有国家和政府的地方,必定存在行政机构,而后面两种机构——功能分离且相对独立的立法机构和司法机构——的产生则是特定环境下政治演进的产物。但是,对政治权力三种职能划分的见解,古希腊早已有之。亚里士多德就区分了政府的三种职能,即行政、立法和审议,对应的是三种类型的政府机构。审议机构在今天看来,可以大致归类为司法机构。

到了近代,英国思想家洛克认为政府有三种重要的权力:立法权、行政权和外交权。现在通常认为,外交权从属于行政权,所以洛克实际上提出了两权分立的概念,即行政权和立法权应该分开。后来的法国思想家孟德斯鸠则第一个系统地阐述三权分立的思想,即政治权力划分为立法权、行政权和司法权。孟德斯鸠认为应该实行三权分立与制衡,他最著名的论断是:当立法权、行政权和司法权集中在同一个人或同一机关之手,自由便不复存在了。

孟德斯鸠尽管提出了三权分立的思想,但当时世界上并没有一个国家的政府体系是按照这种方式来构建的。由于美国制宪会议和美国联邦党人的努力,这样一种政府体系的理想类型首先在美国成为现实。当然,美国1787年《宪法》所确定的只是文本意义上的三权分立体制,跟后来实际演进过程中的三权分立体制存有差异。比如,美国总统和国会的关系是后来慢慢地演化为今天的样子。再比如,美国的最高法院从建立到今天,实际上经历了一个司法权不断扩张的过程,从而使得最高法院最终拥有了很大的政治权力。

下面先简要介绍行政、立法与司法三大政府机构。一是行政机构。行政机构是政府的核心。为什么说它是政府的核心?因为一个政府可以没有立法机构、可以没有司法机构,但是一个政府必须要有行政机构。古代的官僚制帝国或王国,可能并没有正式的立法机构或司法机构——当然很多政府职能是融合在一起的——但它必须要有正式的行政机构。如果没有行政机构,国家就不成其为国家,政府就不成其为政府。因此,行政机关通常被视为是政府的核心,是具体制定和实施公共政策的部门。

对行政机构来说,除了个别国家的最高行政长官职位实行委员会制度以外,绝大多数国家都拥有单一最高行政长官。这个最高行政长官的头衔通常是总统、总理、首相或主席。在行政机构内部,通常都有严格的上下级等级关系。拿美国上届政府来说,担任国务卿期间的希拉里·克林顿尽管是一位非常强势的政治家,但只要美国总统奥巴马出席的活动,国务卿希拉里·克林顿讲话就非常低调,她深知整个活动重要的主角是总统奥巴马,因为奥巴马是她的上司。尽管希拉里一度是美国民主党党内奥巴马总统提名的竞争对手,但她一旦落选,并被总统奥巴马任命为国务卿,她就是在接受奥巴马的委托,应该服从奥巴马的命令,并履行奥巴马希望她履行的职责。作为美国国务卿,希拉里固然在为美国人民做事,但是她的工作直接服务于美国总统,因为是美国总统需要对选民负责。所以,从希拉里和奥巴马的关系中,可以看出行政机构是按照上下级科层制方式来组织和构建的。

在朝鲜战争期间,美国驻日本的最高司令官麦克阿瑟将军给美国总统杜鲁门提出建议,认为朝鲜半岛的地面战争很难能赢,除非与中国开战。麦克阿瑟不止一次跟白宫沟通这个想法,但当时杜鲁门总统担心,如果美国与中国开战,苏联将会参战,第三次世界大战可能马上爆发,而杜鲁门并不愿意出现这种局面。所以,他最后只能撤换麦克阿瑟将军,理由很简单:你既然不能服从我的命令,执行我的作战思路,我只能撤换你。从这个案例也可以看出,行政机构内部的上下级等级关系是非常清楚的。

二是立法机构。立法机构一般称为国会、议会、国民大会或代表大会,或直接叫立法机构。立法机构是指审议和批准法律及公共决策的机构,它是一个由较多成员组成的代议机构。中文的"代议"大概是两个意思:代表和议事。所以,立法机构就是一个代表的议事机构。那么,他们代表的是谁呢?各个议员代表的是他们各自背后的选民。选民们投票让他们到这个地方来,所以议员们代表的是那些支持和选举他们的人——就是那些投票让他们到华盛顿来的人,投票让他们到伦敦来的人,或投票让他们到巴黎来的人。同时,立法机构还是一个议事机构。代表们在这里通过审议、辩论、表决来决定法律与决策的通过与否。与行政机构不同的是,立法机构内部的所有成员通常都是平等的。所以,立法机关内部不像总统或总理领导的政府内部有等级森严的上下级关系,所有议员或代表之间是更平等的关系。当然,实际上,一部分资深议员或政党领袖的实际政治影响力会比较大。

三是司法机构。司法机构是指维护法律、确保法律执行以及解决法律争议的政府机构。司法机构通常由不同层级的法院构成,法院的主要工作人员是法官。如果一国的法治程度较高,法官应该是不存在上下级等级关系的独立工作人员。

上面讨论的是政府机构的职能分工,另一个方面是政府机构不同层级的划分。要知道,世界上只有极少国家是由一级政府管理的,比如像梵蒂冈这样的国家,该国总面积不过0.44平方公里。这么大一个国家,一级政府机构就可以了。但是,大部分规模较大的现代国家都至少需要两级政府机构来管理。对于规模较大的国家,通常会有三级政府机构来管理。最高层级的政府机构被称为中央政府,有些联邦制国家称为联邦政府。美国的联邦政府设在华盛顿,英国的中央政府设在伦敦,中国的中央政府设在北京。第二层级的政府机构是次国家(sub-national)层次的政府机构,最常见的名称是省政府、州政府或邦政府。此外,如果国家比较大的话,省、州或邦之下还会有第三层级的地方政府。不少国家只设一级地方政府,但有些国家由于国土面积过大或治理模式的原因,会设两级或两级以上的地方政府。比如,中国实际的政府层级包括:中央政府、省(直辖市、自治区或特别行政区)政府、地级市(行署)政府、县市政府、乡镇(街道)政府这五级。乡镇或街道之下,还有部分履行政府职能的村或居委会一级自治组织。所以,中国政府层次的数量要比美国更多。

在多数国家,不同层级的政府机构之间不仅是管辖范围的差异,而且职能上也存在显著的分工。比如,以早期的美国为例,当时普遍认为联邦政府主要是解决外交、防务、州际贸易及其他全国性问题,其他大量的公共事务则交由地方政府去处置。地方的道路、本地的公共基础设施及公立学校等,都应该交给地方政府去管理。像美国这样的国家,在19世纪,中央政府履行的职能非常之少,中央政府人员规模也非常之小,一方面是因为政府职能范围本身比较有限,另一方面是因为很多政府职能是地方政府在承担。

到了20世纪,西方国家政府机构演进的基本特点是:首先是政府职能范围与规模(相对于市场和社会)的大幅扩张,其次是中央政府职能范围与规模(相对于地方政府)的大幅扩张。比如,以政府收入占GDP的比例为例,一战以前西方主要国家大致停留在10%左右的水平上,而今天西方主要发达国家平均已经达到30%—50%。在这一过程中,中央政府占整个政府收支的比例也在不断提高。以美国为例,1929年联邦政府占所有政府支出的比例仅为17%,2009年则增至54%。其他西方发达国家的总趋势也大体如此。如今,很多国家都是中央政府对地方政府实行大规模转移支付政策,这无疑扩大了中央政府职能的范围与规模,也增加了中央政府对地方政府的影响力。

6.2 政治系统与官僚系统的比较

关于政府机构,要区分具有较强政治色彩的狭义的政治系统和负责具体行政事务的行政系统或官僚系统。通常,政治系统和官僚系统的差异是明显的。美国政治学者弗兰克·古德诺在《政治与行政》一书中说:"政治是国家意志的表达,行政是国家意志的执行。"政治系统与官僚系统的差异,可以参见表6.1。

表 6.1　政治系统与官僚系统的差异

特征 类型	政治系统（政治）	官僚系统（行政）
定位	政治权力的获取；公共政策的制定	政治权力的行使；公共政策的执行
身份	政治家或政务官	官僚或公务员
录用	选举与政治任命	考试与晋升
规则	竞争与回应性	服从与科层制
关系	依赖官僚系统的有效性	依赖政治系统的指导

从定位来说，政治系统更多是跟政治权力获取有关的。比如，两个人竞争一个地方议员的席位，是一个政治过程。而官僚系统更多是跟公共政策执行有关的。比如，卫生局开会商讨如何应对禽流感疫情，这里更多是政治权力如何执行、具体公共事务如何管理的问题。所以，政治系统强调政治权力的获取和公共政策的制定——尽管有时也涉及公共政策的执行；官僚系统强调政治权力的行使和公共政策的执行——尽管有时也涉及公共政策的制定。需要注意的是，不同国家政治系统与官僚系统的角色分工有所不同。比如，像日本这样的国家，官僚系统的主导性要比美国更强一些，很多重要公共政策是在官僚系统内部制定的。所以，有人开玩笑说，日本一年换几个首相都没有关系——只要日本政府的处长们依然在努力工作。还有一种调侃的说法，把日本的决策模式称为"处长治国"。这种说法并不严谨，但有些道理。日本有大量政策，比如产业政策，都是一批处长级别的专业官僚——而不是一批当选的政治家——提出建议、提供草案、提交报告，然后进入决策或立法流程的。主管内阁大臣看完报告和政策建议后，与内阁协商并经首相同意，或再经国会批准，政策就这样定下来了。所以，在日本这样的国家，专业官僚完全可能会涉及公共政策的制定，而不只是公共政策的执行。大家会发现，不同国家政治系统与官僚系统的定位和关系并不完全相同。

从身份来说，在政治系统中工作的核心人员通常被称为政治家或政务官。在美国，这是随着选举结果的不同而更迭的那一部分人，在联邦层面包括总统、联邦参议员、联邦众议员以及美国总统任命的包括国务卿、财政部长、驻外大使等在内的一大批高级官员。当然，在美国的政府体系中，总统任命的人数相对是比较多的。而在另外一些国家，总统或首相任命的官员数量可能相对较少。在官僚系统里工作的人员通常被称为公务员、官僚或事务官。英国的文官系统用政务官和事务官来区分上述两种身份角色。需要提醒的是，这里的官僚是中性词,就是指行政系统内部的公务人员。

从录用方式来说,两者也是不同的。民主政体下的政治家职位或政务官的产生主要有两种方式:一种是选举的方式;另一种是经由选举产生的主要行政官来任命,亦政治任命,比如总统任命国务卿、部长或驻外大使。此种政治任命往往也是政治家贯彻自己政治意图和政策的重要方式,比如国务卿应该要贯彻总统的外交立场,财政部长应该要执行总统的财政政策。官僚系统的公务员与事务官的录用一般是考试和升迁的办法。在官僚系统中,比如英国、美国或很多西方发达国家,公务员序列一般最高能晋升到副部长这一级,这是事务官的最高行政级别。副部长以上的部长和内阁成员则是由总统或首相任命的,或直接由选举产生。这种级别的政务官一般都有政党身份,主要取决于政治竞争的结果。

从主要规则来说,政治系统强调的是回应性。政治家要对选民具有回应性。谁投票让政治家到华盛顿来、到伦敦来,政治家就应该对他们具有回应性。回应性某种程度上也跟政治系统的竞争规则有关。回应性对应的是问责制,问责制的直接表现是:如果选民们觉得某个政治家干得不好,这个政治家通常会输掉下一轮选举。官僚系统更多强调服从和科层制原则。上面怎么决定,下面就应该怎么执行,这是服从原则。整个官僚系统则是按照这种科层制的方式来组建的。按照德国著名社会学家马克斯·韦伯的论述,官僚制具有如下基本特征:

第一,一个正式的等级制结构。每个等级控制其下的等级并为其上的等级所控制。一个正式的等级制是中央规划与集中化决策的基础。

第二,用规则来管理。经由规则控制的系统使得高层决策能够被较低层级保持一致地执行。下级的基本职责就是服从上级的命令并执行上级的决策。

第三,功能专业化的组织。任务由专家来完成,所有人都基于他们任务的类型或专长技能进行分类组织。

第四,两种使命类型:关注上面或者关注内部。前者的使命是服务于股东、董事会或上级授权机构,后者的使命是服务于该组织本身。

第五,非人格化。对所有雇员与客户一视同仁,而不会受到个人差异的影响。

第六,雇佣基于专业能力。这意味着雇佣不是基于人的天然身份或人际关系,而是专业能力。①

那么,政治系统与官僚系统之间是什么关系呢？政治系统要有效,很大程度上依赖官僚系统的有效性。在政治过程中,实际做事的是官僚机构,政治家把握的是方向和目标,政治家的意图要依赖官僚系统去贯彻和执行。如果官僚系统有效性很低,就会导致整个政治系统出现问题,整个国家的治理绩效就不会太好。另一方面,官僚系统则依赖于政治系统的指导。事务官只能到副部长这一级,政策方向与目标应该是部长、内阁及政府首脑来把握的。当然,在一些特殊领域,两者的关系更为复杂。如果某个领域的专业性程度非常高,政治家可能不得不更多地依赖专业官僚给出建议。比如,对美国来说,当年面对伊拉克或阿富汗的局势,究竟是否要采取军事行动？这里既有政治决策,又要听取美国军方的建议和意见。所以,一般来说,官僚系统依赖于政治系统的指导,但有时因为专业性的原因,官僚系统也可能会影响政治系统的决策。

6.3　政府形式:议会制、总统制与半总统制

政治机构有职能和层级的划分,政治制度也可以区分为不同的层次。对一个国家来说,有四个主要层次的政治制度。第一,是政府形式。对民主国家来说,狭义的政府形式通常是指议会制、总统制与半总统制。第二,选举制度。民主政体的主要选举制度包括多数决定制、比例代表制与混合制等。第三,政党体制。民主政体的政党体制主要包括两党制与多党制,也包括一党独大制,多党制还可以区分为温和多党制与极化多党制。政党体制对整个政治生活的影响通常是重大的。第四,央地关系。两种常见的制度安排是联邦制和单一制,当然还有两者之间的混合形式。与联邦制和单一制这样的制度标签相比,更重要的是中央与地方之间实际的分权安排。

先介绍政府形式。狭义的政府形式是指立法机构和行政机构的关系,主要有三种类型:总统制、议会制和半总统制。那么,三种政府形式的差异是什么？是否存在某种最佳的政府形式？或者说,何种政府形式最适合某个特定的社会？这些都是重要问题。在现实世界中,不同的政府形式既有成功的例子,又有失败的例子。总统制国家的典型是美国,议会制国家的典型是英国,半总统制国家的典型是法国。这三个国家尽管政府形式不同,但整体的政治和治理状

---

① 韦伯论述官僚制的相关内容,参见马克斯·韦伯:《马克斯·韦伯社会学文集》,阎克文译,北京:人民出版社 2010 年版,第 188—230 页。

况都比较好。但也有相反的例子。比如,大家可以看到拉丁美洲曾出现过很多总统制政体失败的案例,还可以看到其他地区议会制民主运转不灵的情形,半总统制也在一些国家引发过剧烈的冲突。为了比较三种政府形式的优劣,先要弄清楚它们各自的特点。

首先来看总统制。在总统制条件下,选民选举立法机构,即一院制或两院制国会;同时选举总统,民选总统选择与任命内阁部长并领导内阁管理政府部门。总统制的主要特征是:

第一,行政机关和立法机关均由民选产生,民选总统是政府首脑。

第二,总统任期与国会任期固定,彼此互不统属,互相均不能推翻对方。

第三,总统任命与指导内阁,并具有宪法承认的部分立法权。

总统制的政治结构可以参见图6.1。这张图简略地表示了总统制的主要特征。

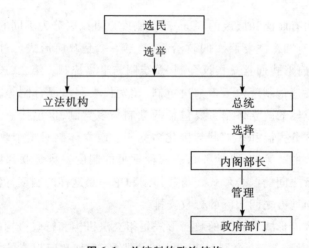

图6.1 总统制的政治结构

资料来源:罗德·黑格、马丁·哈罗普:《比较政府与政治导论》,张小劲等译,北京:中国人民大学出版社2007年版,第381页,图15-1。

再来看议会制。议会制下,选民选举议员组成一院制或两院制立法机构,然后由立法机构(通常是下院或众议院)选举或任免首相及内阁。纯粹的议会制的主要特征是:

第一,立法机关由民选产生。

第二,由首相(或总理)与内阁成员构成的行政机关来自立法机关。

第三,立法机关多数通过"不信任投票"可以罢免行政机关。

议会制的主要结构参见图6.2。这张图简略地表示了议会制的主要特征。在该图中,首相或总理在形式上是由国家元首(国王或总统)任命的,但这是礼仪性的。

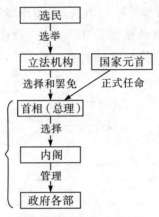

图 6.2 议会制的政治结构

资料来源:罗德·黑格、马丁·哈罗普:《比较政府与政治导论》,张小劲等译,北京:中国人民大学出版社2007年版,第384页,图15-2。

简要介绍总统制和议会制的政治结构后,一个有趣的问题随之而来:美国总统与英国首相,谁的政治权力更大?谁更有政治权威?有人认为,美国总统的政治权力更大。理由是总统由选民选举产生、直接对选民负责,来自全民的授权,具有很高的合法性。但是,这种看法存有争议。从具体的权力行使过程看,总统制下的总统时时受到立法机构的制约。在议会制下,行政机关(内阁)与立法机关是高度融合的,英国首相通常由议会多数党领袖出任。这样,首相想要通过某项预算、法案或重要决定时面对的阻力反而会更小。因而,首相的政治权力与政治权威反而可能更大。相反,在总统制下,总统的预算、法案和重要决定如何能通过立法机构的批准,这是一个巨大的挑战。比如,2013年美国总统奥巴马就在两个问题上面临压力:一是医疗改革法案,二是预算与公债上限法案。所以,总统与国会之间可能会产生紧张的政治对抗关系。当然,在美国,总统所在的政党同时控制国会参议院和众议院多数席位时,总统的政治权力就会非常大。但是,这种情形并不总是会发生。

最后来看半总统制。半总统制下,选民同时要选举立法机构和总统,总统

任命总理及各部部长,但总统任命总理时必须要得到立法机构半数以上的支持。半总统制的主要特征是:

第一,总统与立法机构均由民选产生。

第二,总统拥有巨大的宪法权威,可以任免首相(或总理)与内阁。

第三,首相(或总理)与内阁必须要得到立法机关多数的信任。

半总统制的主要结构参见图6.3。这张图简要勾勒出半总统制的主要特征。总的来看,半总统制某种程度上是总统制与议会制的结合。因此,半总统制既可能集中了总统制和议会制的优点,又可能集中了总统制和议会制的缺点。

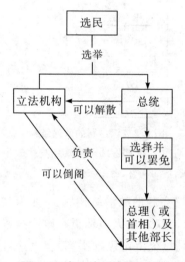

图 6.3 半总统制的政治结构

资料来源:罗德·黑格、马丁·哈罗普:《比较政府与政治导论》,张小劲等译,北京:中国人民大学出版社2007年版,第394页,图15-4。

半总统制之下,如果总统和国会多数党或政党联盟同属一党,立法与行政之间的结构性冲突通常较小;但如果总统与国会多数党或政党联盟不是同属一党,两者的结构性冲突可能会很激烈。总统提请国会任命总理的人选,国会既可能同意,又可能不同意。半总统制下,如果总统任命的总理人选无法在国会得到多数支持,就可能会变成一个政治僵局。这里的关键问题是:总统提出一个怎样的人选能在国会获得多数支持呢?一个可能的答案是国会多数党或多数政党联盟的主要领袖。

所以,在政治实践中,成熟的半总统制民主国家——特别是法国,总统完全可能任命国会多数党或政党联盟主要领袖出任总理。这也是法国可能出现"左右共治"模式的制度原因。在总统大选中获胜的一位右派总统可能任命一位在国会拥有多数席位的左翼多数党领袖出任总理职位。这样,就出现了"左右共治"格局。这是半总统制情况下可能会出现一些情况。但是,如果是其他国家,这种格局不排除会引发比较严重的政治冲突。历史上德国魏玛共和国(1919—1933)民主政体的垮台就跟半总统制的政府形式有关,2013—2014年乌克兰的政治危机某种程度上也与半总统制的架构有关。①

举例来说,美国是典型的总统制国家。尽管宪法规定美国总统由选举人团选举产生,但目前的实际做法与选民直接选举产生无异,任期四年,可连任一次。民选总统任命内阁成员并领导政府,内阁部长是由总统任命的。但在美国,内阁部长的任命还需要经过国会的批准。当然,不同国家的总统制在这种人事任命制度上的具体安排是不一样的。美国总统拥有强大的行政权,但实际上又处处受到国会的制约。美国总统在预算、重要人事任命、法案及重要决策上都需要跟国会协商,需要经过国会的批准与同意。总统和议会任期固定,并且互相均不能推翻对方以垄断全部的权力。大家有没有听过美国总统解散议会呢?没有。大家有没有听过美国国会因为政策分歧而罢免总统呢?没有——除非是美国总统违宪而遭到弹劾。从制度上说,总统和议会都有固定任期,而且行政部门和立法机构成员之间不能互相重叠。在美国,如果希拉里要做国务卿,就需要把参议员的席位辞掉。因此,总统制是非常典型的立法权和行政权分立的制度,再加上政治上具有很强独立性的法院与司法权,美国是典型的三权分立制度。

美国国会实行两院制,拥有立法权,有权批准美国政府的预算、部长人选及法案。众议院由美国选民选举产生,任期两年,各州议员数量按照人口比例确定,共435人;参议员由美国各州议会选举产生,任期为6年,每两年改选1/3左右,每州2个席位,共100人。一般认为,美国参议院代表的是各州,众议院代表的是美国人民。在总统与国会的权力关系上,没有一方能够支配另一方。在批准财政预算、重大人事任免和立法方面,美国国会的权力是非常大的。

英国是典型的议会制模式。英国国会分为上议院和下议院,即贵族院和平民院,英国的两院制是历史演进的产物。在两院中,下议院掌握主要的政治权力,赢得下议院选举多数席位的政党组成政府,党魁一般出任首相,并挑选20

---

① 关于三种政府形式的主要特征,参见 Matthew Soberg Shugart, "Comparative Executive-Legislative Relations," in R. A. W. Rhodes, Sarah A. Binder and Bert A. Rockman, *The Oxford Handbook of Political Instituions*, Oxford: Oxford University Press, 2006, pp. 344-365。

多名议会同僚组成内阁。内阁来源于国会，内阁部长通常仍然是立法机构成员。与总统制不同，内阁是通常同僚合作型的。在内阁制下，首相或者总理通常是所有平等内阁成员中的第一个（first among equals）。换句话说，英国首相和美国总统的不同在于，英国首相某种程度上算不上是内阁部长们的老板。英国内阁成员之间更多的是一种合作关系，而首相只是其中为首的一个。

在议会制下，首相和内阁需要对议会负责，议会多数的不信任票可以解散内阁。英国国王是荣誉元首，国王任命首相及定期会晤首相的制度是礼节性的，国王并不掌握实际的政治权力。如果研究英国的王室历史，就会发现英国国王从17世纪到19世纪基本上是一个逐步去行政化的过程，后来国王不再掌握实际的政治权力。

法国是典型的半总统制国家。法国总统具有广泛的政治权力，担任三军总司令，有权提议全民公决，有解散议会和实行紧急状态的权力。实际上，这里的全民公决制度是为总统和议会可能的冲突所准备的。半总统制下，总统和议会都有最高的合法性与最高的政治权力，如果两者发生冲突就会导致政治僵局，全民公决就可能成为一种有效的调停机制。总统由直接选举产生，现在的任期为五年，并可连任一次。法国总统还任命总理。通常，总统和总理存在着明确的分工，法国总统往往对外交事务和国防等负有特殊责任，而法国总理大体上不怎么管外交，主要负责指导政府的日常事务。所以，法国总理和英国首相角色很不一样，法国总理更多是一个总管的角色，而且他经常需要去应付议会。从制度安排上说，总理要对议会负责，议会不信任票可以迫使总理和内阁辞职。所以，为了总理能够顺利地履行职责，法国总统后来就干脆跟国会多数派政党协商确定总理人选。

结果，法国政治的特色是可能会出现"左右共治"。可以想象，这种"左右共治"模式的问题是政府很难实行立场强硬的政策，因为这种模式下政策都是不同力量妥协的产物，需要兼顾各个不同集团与党派的利益。如果一个社会问题较少的时候，这种模式能够促成社会和谐。但是，如果一个社会面临比较严重的问题，比如内部冲突或财政危机，要想实施社会或经济改革，难度就非常大。这种模式下，改革的力量通常比较弱，因为它时时需要平衡各方的政治力量。

6.4 议会制"大战"总统制

从20世纪90年代开始，国际学术界出现了一场总统制与议会制的大论战，本书称之为议会制"大战"总统制。现代政治学分析不同的政府形式与政治制度通常需要考虑两个维度：一个是分权制衡维度，一个是政府效能维度。实际上，政府形式与政治制度既需要强调分权制衡，又需要注重政府效能。在这两个维度上，大家熟知的三权分立学说强调的是前者，即分权制衡的因素。有学者把自启蒙运动时代以来洛克、孟德斯鸠及麦迪逊等人强调的这种观点，称为西方政治传统中的分权学说。但其实，西方政治传统中还有另外一种传统，即强调政府效能的因素。比如，汉密尔顿在《联邦党人文集》的多处都强调政府效能的重要性，以及强有力的联邦政府的必要性。因此，《联邦党人文集》倡导的是分权制衡和政府效能两者之间的平衡。

英国著名法学家白芝浩在《英国宪法》一书中专门讨论了英国议会制与美国总统制的优劣。他并不看好美国的总统制，认为美国的总统制是有问题的，而英国的议会制优点比较突出。他这样说：

> 在一个主要的方面，英国的制度远胜于美国。由议会产生并可由这个立法性机构中占多数席位的党派撤换的英国首相肯定依凭于这个议会。如果他想让立法机构支持他的政策，他就能够得到这种支持，并进而推行他的政策。但美国总统得不到这种保证。总统是某个时候用某种方式产生的，而国会（无论是哪一院）是在另外某个时候用另一种方式产生的。二者之间没有什么东西将其捆绑在一起，且从事实上讲，二者之间不断地产生冲突。①

有人说白芝浩是英国人，偏爱英国议会制并不奇怪。但后来一位非常著名的美国人也对白芝浩观点深表赞同，这位大人物是身兼美国总统和政治学家双重身份的伍德罗·威尔逊。他也认为美国的总统制不如英国的议会制。

到了20世纪90年代初，随着第三波民主化的进展，胡安·林茨重新挑起了议会制与总统制之争。1990年，他先后发表了《总统制的危害》和《议会制的优点》两篇论文。② 林茨在《总统制的危害》一文中认为：

> 议会制民主政体在历史上表现更加出色绝非偶然。对议会制和总统制进行认真的比较以后会得出结论：总体上前者较后者更有利于民主政体的稳定。这一结论尤其适用于存在深刻政治分裂和众多政党的国家；对这些国家来说，议会制更有可能维系民主政体。

---

① 沃尔特·白芝浩：《英国宪法》，夏彦才译，北京：商务印书馆2005年版，第42—43页。
② Juan J. Linz, "The Perils of Presidentialism," *Journal of Democracy*, Vol. 1, No. 1, Winter 1990, pp. 51-69; Juan J. Linz, "The Virtues of Parliamentarism," *Journal of Democracy*, Vol. 1, No. 4, Fall 1990, pp. 84-91.

他认为,总统制存在五个严重问题。首要的问题是总统和议会双重合法性的冲突。在总统制下,总统拥有最高的政治权力与合法性,议会也拥有最高的政治权力与合法性。当这两种政治权力不一致的时候,就会产生双重合法性的冲突。议会认为,他们拥有最高的政治权力。总统认为,他才是最高政治权力的所有者。举例来说,总统想要通过预算法案,但议会就是不让它通过,怎么办呢?如果是在美国,由于美国民主政治已运转两百多年,民主、共和两党之间已存在政治默契,到了最后关头两党往往愿意做出妥协和让步。但是,并不是所有国家都能解决这样的问题,特别是发展中世界的新兴民主国家。比如 20 世纪 70 年代初的智利,阿连德就任智利总统的 1970—1973 年间,他希望把整个国家社会主义化,包括土地再分配、矿产国有化、银行和大型企业收归国有,等等。但是,智利议会同意这样干吗?结果,议会和总统陷入了激烈的政治冲突。最后,总统就绕开议会,以紧急状态令的方式强行推行他的改革计划。这样,议会认为总统的做法违宪,两者的政治冲突已经陷入不可调和的境地,最后的结果是军事政变。林茨把总统与议会之间的这种冲突称为双重合法性的冲突。

第二个重要缺陷是总统的固定任期,这种固定任期或可导致政治僵局。总统任期是固定的,通常是四年或五年。那么,这会产生什么问题呢?比如,议会里有两个主要政党 A 党和 B 党,其中一党获得了略高于 50% 的席位,另一党获得略低于 50% 的席位。如果总统跟议会多数党属于一党,这种时候比较好办,总统的大部分法案都能通过。但是,如果议会多数党是总统的反对党,这个时候两者就容易产生冲突。由于总统任期固定,而且通常长达四或五年,就容易导致长期的政治僵局。如果不是两党制而是多党制,这个问题只会更加严重,原因在于总统所属的政党通常只有一定比例的议会席位。那么,在议会制下,如何解决这个问题呢?当总理和内阁不能得到议会多数支持时,总理和内阁就只能去职,进行内阁的重新选举,这样行政机关就能进行重新调整。这展示了政治上的灵活性。

第三个问题是总统制下更容易出现"赢家通吃"与"零和博弈"的局面。通常在议会制下,总理或首相的职位及内阁相关职位固然可能是一党主导,但很多时候也是不同政党妥协的产物。在这种制度安排下,不同的政治力量可以分享政治权力。但是,在总统制下,由于总统职位的唯一性以及选举方式的限制,结果往往是一个政治家或一个政党实质性地控制了行政权,这就更容易导致"赢家通吃"。在政治竞争中,关于总统职位的选举则更接近于"零和博弈"。这可能引发更大的政治冲突,更不容易激励政治合作与妥协。

第四个问题是总统制更不容易宽容反对派,这是林茨经验观察的结果。与

第 6 讲 政府结构与政治制度

议会制下的总理或首相相比,民选总统在执政过程中更有可能对反对派采取激烈和极端的做法,因为他自以为全民选举总统赋予了他更大的合法性与政治权威。但这更容易激化政治冲突。

第五个问题也非常重要,总统制下政治新星快速崛起的可能性更大,这种情况下更容易导致政治不稳定。法国历史上的第二共和国就实行总统制。1852 年,法兰西第二共和国要进行第一次总统直接选举,选民是数百万法国成年男性公民。在这场选举中,巴黎有一位具有重要影响力的政治家卡芬雅克的呼声很高。当时,巴黎的政界、工商界、知识界和中产阶级中的很多人认为,他应该会当选法国总统。但就在此时,拿破仑的侄儿路易·拿破仑·波拿巴刚从英国流亡返回法国,他在巴黎政治生活中不过是一个不起眼的小角色,但他有一个非常显赫的姓氏,他被视为伟大的拿破仑皇帝的继承者。他决定也要参加法国总统的角逐。当然,他的参选也获得秩序党的支持。当时的情形是,法国各省的几百万农民刚获得投票权,他们根本就没有听说过巴黎那些赫赫有名的人物。所以,一开始投票,全国选民的绝大多数选票——543.4 万张选票——都投给了波拿巴,而卡芬雅克仅仅得到了 144.8 万张选票。结果是,卡芬雅克这位声望极高的巴黎政治家根本无缘总统职位,而波拿巴这颗政治新星一举成为法国总统,史称拿破仑三世。那么,当这样一位政治新星快速崛起之后,他会做什么呢?这是更难以预见的事情。实际上,他当选总统之后不过几年,就把法兰西第二共和国搞成了法兰西第二帝国。这无疑增加了政治系统的不稳定性。而在议会制下,这种政治新星快速崛起的事情就更难发生。

《总统制的危害》一文发表后,学术界出现了很多支持林茨观点的学术文献。比如,美国学者约瑟·柴巴布的数量研究显示,议会制民主政体平均 58 年崩溃一次,每年崩溃的可能性是 1.71%;而总统制民主政体平均 24 年崩溃一次,每年崩溃的可能性是 4.16%。从两个数据的比较看出来,议会制远比总统制更加稳定。另一个数据是从 1946 年到 2002 年,全球共发生 157 次政体变更,而拉美一个地方就占到 58 次,比例为 37%,而拉美大部分国家都是总统制。所以,这些经验研究的证据都支持林茨的观点,总体上讲与议会制相比,总统制更不稳定。①

柴巴布还用一个图来表示总统制民主政体不稳定的政治逻辑,参见图6.4。他认为,总统制本身意味着权力分立——即立法权与行政权的分立。通常,总

---

① Jose Antonio Cheibub, *Presidentialism, Parliamentarism, and Democracy*, Cambridge: Cambridge University Press, 2007.

统制并没有为形成政治联盟提供有效激励;而且总统制下的政党纪律往往并不严格,也导致政党力量总体上比较弱。当这种情形与多党制相结合时,就容易出现少数派政府。这意味着总统在议会中只拥有不到50%的支持率。少数派政府是一个立法权与行政权分裂的政府,从立法角度看容易成为一个无效的政府。比如,行政机构与立法机构很容易就关键人事任命、重要法案及重大公共政策发生冲突。当总统的提案常常无法在议会通过时,就陷入了某种程度的"僵局"。有人把这种行政权与立法权之间的僵局称为"宪法危机"。如果总统和议会之间的政治僵局或宪法危机长期持续,最后会导致民主政体无法有效运转,甚至就会导致民主政体的崩溃。

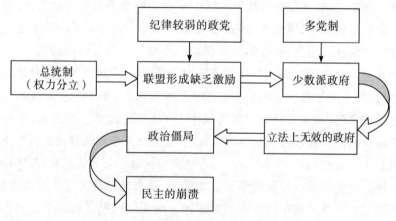

图 6.4 从总统制到民主崩溃

资料来源:Jose Antonio Cheibub, *Presidentialism, Parliamentarism, and Democracy*, Cambridge: Cambridge University Press, 2007, p.8, figure 1.1。

尽管如此,林茨的观点也遭到很多挑战。美国政治学者唐纳尔德·霍洛维茨认为,林茨这项研究的最大问题是样本选择的地区偏差。议会制民主政体主要集中在欧洲,总统制民主政体主要集中在拉丁美洲。由于存在着显著的地区差异,所以政体不稳定的原因可能不是来自政府形式本身,而是来自别的因素。比如,拉丁美洲从经济社会条件、政治文化到历史传统,都更不利于民主的稳定。因此,这项研究无法得出总统制不如议会制的结论。霍洛维茨还认为,总统制未必如林茨所言那般缺乏灵活性,总统制通过具体制度安排的调整可以增加其灵活性。总之,霍洛维茨挑战的是林茨研究的基本逻辑。[1]

---

[1] Donald L. Horowitz, "Comparing Democratic Systems," *Journal of Democracy*, Vol.1, No.4, 1999, pp.73-79.

后来,另外一位学者斯科特·梅因沃林在这场争论中引入了一个新的变量:政党体制。他认为,此前关于总统制与议会制的讨论都是有价值的,但忽略了一个重要因素:即总统制是否稳定,取决于它跟何种政党体制相结合。当总统制跟多党制结合在一起时,就容易不稳定;当总统制跟两党制结合,就是一个高度稳定的民主政体。比如,美国就是总统制与两党制结合的民主稳定案例。再进一步说,即便在议会制条件下,如果议会政党数量非常多的话,也难以成为稳定的民主政体。①

柴巴布在其研究中指出了另一种逻辑。如上文所说,他同意总统制较议会制更不稳定,但是他认为,拉丁美洲地区的总统制内生于过去的军人统治传统。换句话说,只要是长期军人统治的国家,在启动民主转型之后,通常更可能选择总统制政体。而具有长期军人统治历史的政体,本身固有的政治特征就更容易走向政治不稳定。所以,拉美地区总统制的不稳定,最关键的是此前的政治传统。这样,柴巴布又提供了一个新的视角。②

上面比较了议会制和总统制,而在第三波民主转型国家中很流行的政府形式是半总统制。按照罗伯特·埃尔杰(Robert Elgie)的统计,到 2010 年全球国家或地区中大约有 52 个半总统制的民主政体或半民主政体。③ 当然,有人认为埃尔杰界定半总统制的标准过于宽泛。但无论怎样,20 世纪 90 年代以来,大量的转型国家选择半总统制似乎是一个重要趋势。从逻辑上讲,半总统制既可能兼有议会制与总统制的优点,又可能兼有两者的缺点。按照现有的经验研究,半总统制政体的绩效不如议会制政体,甚至也不如总统制政体。但问题是,既然半总统制政体绩效不那么好,为什么那么多新兴转型国家采用此种政府形式? 这是一个有待研究的学术议题。

6.5 公民投票与选举行为

选举投票是公民政治参与的基本方式。选举,是指选民通过投票来选择自己代表的政治活动。这里选举的既可以是不同级别的议员,包括从国会议员到

---

① Scott Mainwaring, "Presidentialism, Multiparty Systems, and Democracy: The Difficult Equation," working paper, Notre Dame: Helen Kellogg Institute for International Studies, 1990.

② Jose Antonio Cheibub, *Presidentialism*, *Parliamentarism*, *and Democracy*.

③ Robert Elgie, *Semi-Presidentialism*: *Sub-Types and Democratic Performance*, Oxford: Oxford University Press, 2011.

乡镇议员;又可以是不同级别的行政长官,包括从国家元首、政府首脑到县市长。当然,任何选举都需要特定的制度安排。

狭义上的选举制度,是指选票转化为席位(from votes to seats)的方式。广义的选举制度除了把选票转化为席位的方式外,还包括选区规模、当选门槛、议会规模等基本制度安排。选票转化为席位的选举公式差异,构成了选举制度基本类型的不同,后面会详细讨论。这里的选区规模,不是指一个选区的人口多寡或面积大小,而是指一个选区产生几个议员的名额。如果每个选区只产生一个名额,一般称为小选区制;如果每个选区产生较多名额,一般称为大选区制。有些选举制度还会设定当选门槛。比如,德国的半数国会议员由政党名单比例代表制选举产生,但选举制度设定政党当选门槛为至少获得5%的选票。另外,议会规模也非常重要。罗伯特·达尔曾统计世界上主要民主国家国会下议院的规模,其人数范围基本上介于150—650之间。按照他的统计,人口数量较多的10多个主要民主国家国会下议院的平均规模为412人。这也是广义的选举制度安排的一部分。

很多人关心,议会规模究竟多大比较好?这个问题很难给出标准的回答。议会规模过小可能会导致两个问题:第一是代表性不足,议会规模小意味着每一个议员要代表更多选民;第二是存在容易滑向实质性寡头统治的风险——少数几个人密谋就能决定重要公共事务。当然,议会规模不是越大越好。考虑到议会本身是一个协商议事的场所,议会人数太多就难以保证协商议事的有效性。比如,一万人开会就难以有效议事。从现有人类的政治经验来看,大国议会规模保持在300—500人是较合适的规模,小国议会规模保持在100—200人就可以。拿美国这个大国来说,参议院的人数规模是100人,众议院的人数规模是435人。人口1000多万的拉美国家智利,参议院的人数规模是60人,众议院的人数规模是120人。如果议会规模太大的话,要么议会难以有效运转,要么还需要在议会之中设立"核心议会"或"高级议会"。

这里还可以比较两个著名案例。法国大革命之前,法国曾召开三级会议,总共有1200人参加。第一个等级是僧侣阶层,代表是300人;第二个等级是贵族阶层,代表是300人;第三个等级是平民阶层,代表是600人。这1200人一起开会,最后尽管制定出一部宪法,但这部宪法很快就被推翻了。原因当然有很多,但1200人在一起开会议事本身就有问题,往往难以进行有效的协商议事,最后也无法达成对法国有利的政治决议。

再来看美国1787年的制宪会议,一般认为有55名代表参加,但这个数字只是一个大致的说法。美国制宪会议的成果是1787年《美国宪法》,这部宪法至今已实施两百多年,帮助美国成长为全球最强大的国家。除了数十个宪法修正案外,1787年《宪法》基本条款至今没有改变。所以,可以说1787年美国制宪会议是一次极其成功的会议,而这跟制宪会议的人数规模不无关系。与法国1200人的三级会议相比,美国制宪会议更有可能进行有效议事,所以结果也更好。

讲到选举投票,很多人自然关心选民投票背后的决定因素是什么?比如,在美国,为什么有的选民投票给民主党,有的投票给共和党?在德国这样的国家,政党体制比美国更为复杂,所以选民投票的多样化程度更高。按照现有研究,影响选民投票的主要因素包括阶级因素、宗教因素、族群与语言因素、代际因素、性别因素,等等。

整个20世纪中,阶级因素通常被视为影响选民投票行为的最重要因素。罗伯特·达尔甚至把西方国家的民主视为"和平的阶级斗争"。从古到今,穷人和富人在很多重要政治议题上的观念相左。比如,早在2000年前的古罗马共和国,那个时候元老院更多代表贵族的立场,平民大会和保民官更多代表平民的利益。所以,阶级身份影响政治立场和观点的概念,并非马克思发明的。

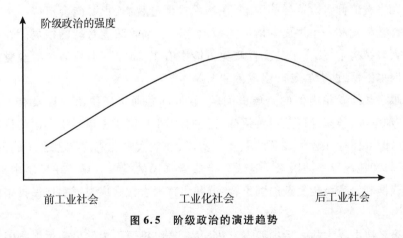

图 6.5　阶级政治的演进趋势

当然,工业革命以来,阶级因素在政治生活中变得日益重要。图6.5说明了不同社会发展阶段上阶级政治因素的强弱。横轴代表的是从前工业社会到工业社会,再到后工业社会的时间演进,纵轴代表的是阶级政治因素的强弱。一个总的趋势是,在前工业社会,阶级政治因素并不是太强。随着工业化的进展和工人数量的增加,阶级冲突的程度随之提高。但随着后工业社会的到来、福利国家的建设及贫富差距的缩小,过去意义上的阶级政治或阶级冲突后来就慢慢弱化了。当然,这只是大致的情形。比如,金融危机到来时,由于普通民众生活艰难,阶级冲突可能会加剧。这些因素都会影响选民的投票行为。

阶级有两种比较经典的定义。马克思把对生产资料占有的不同,视为区分不同阶级的标准,比如资产阶级与无产阶级。另一种定义把一个人在社会上的收入和职业状况视为区分不同阶级的标准,这里的阶级有时被视为阶层,韦伯基本上倾向于这种分类方法。从马克思创作《共产党宣言》的19世纪中叶到现在,西方发达国家的阶级结构已发生重大变化。几个主要的趋势包括:简单体力劳动者比例的降低、中产阶级的崛起以及并不拥有股权(生产资料所有权)的高薪管理阶层的壮大。这种阶级结构的变化,加上福利国家建设和贫富差距缩小,欧美发达国家已经从二元对立的社会阶级结构,转型为社会阶层的多样化和阶级冲突的温和化。这一点在第3讲开头曾做过简要剖析。尽管如此,一个人的阶级身份还是会影响他的投票行为。

宗教也是影响选民投票行为的重要因素。与没有宗教信仰者相比,有宗教信仰的人总的来说更加保守。在欧洲大陆国家信教选民中,天主教徒比新教徒更为保守。在全球化时代的今天,不同宗教信仰者同处一国的情形将更为常见。比如,整个人口中有50%是基督徒,有35%是穆斯林,还有15%的其他教徒和无宗教信仰者。这样的国家,在选举投票过程中,很可能会形成一个主要的基督教政党和一个主要的伊斯兰教政党两大宗教政党对峙的格局。在此种选民人口结构下,议会中基督教政党可能占有主导地位,但伊斯兰教政党的席位比例也不低,两者容易产生政治冲突。

跟宗教问题相类似的是族群问题,族群问题通常还跟语言因素有关。比如,在加拿大,很多地区是讲英语的,但也有不少地区讲法语。讲英语的群体跟讲法语的群体存在较为显著的差异。所以,加拿大魁北克问题融合了族群、语言、宗教和地区等不同因素。这无疑会影响选民的投票立场。在发展中世界,一些族群和语言结构复杂的国家,族群和语言因素常常成为影响选民投票的重要原因。

第二次世界大战之后的西方发达国家,选民投票行为的另一个影响因素是现代与后现代的差异。罗纳德·英格尔哈特认为,西方发达国家在二战之后已经历了从物质主义向后物质主义的转型。① 比如,很多选民更关心环保、动物保护、同性恋、堕胎等问题,而不是关心下层阶级的收入、政教关系等问题。影响这类选民投票行为的主要因素是后现代的价值观。受这种价值观的影响,选

---

① 罗纳德·英格尔哈特:《发达工业社会的文化转型》,张秀琴译,北京:社会科学文献出版社2013年版。

民在政治上会变得更加温和。无论是环保议题、堕胎议题还是同性恋议题等，都不容易引发类似阶级冲突的政治结果。基于后物质主义价值观的投票行为，与19世纪到20世纪早期基于阶级利益的投票行为相比，有着很大的不同。

目前还有一个问题正在变得越来越突出，即代际问题，这也会影响不同选民的投票倾向。考虑到西方发达民主国家沉重的公共债务危机，一种观点认为西方国家现在活着的这代人正在努力把债务转移到尚未出生的那一代人身上。众所周知，西方发达国家的政府欠了太多的公债，那么这些公债由谁来支付呢？如果目前的政策没有变化，答案只能是下一代！所以，尚未出生的一代可能正在遭受在世一代的"暴政"。此外，还有其他的代际冲突。比如，从年龄构成来说，老年人群投票时往往更看重福利政策和社会保障，年轻人群投票时则希望有更多的成长机会。但随着人口老龄化问题的加剧，政治上整体可能会趋于保守。如果把投票的左右倾向作为因变量，把人口的年龄作为自变量，进行数量分析，大家可能会看到这样的结果：年龄较大的投票者整体上更倾向于保守，年龄较小的投票者整体更倾向于激进。这是投票行为背后的代际因素。

不同性别选民的投票倾向也存在系统的差异。一种观点认为，如果更多女性政治家执政的话，国际政治与国内政治可能会变得更加温和。这种说法尚需实证研究的检验。很多人的生活经验是，男人跟女人在不同问题上的立场、思考和理解问题的视角很不一样。西方有本畅销书题为《男人来自火星，女人来自金星》，讲的是男女差异在感情与家庭关系中引起的摩擦。有研究表明，男女选民在投票方面也存在着显著的差异。

除此之外，在社会分裂的传统研究中，城乡分裂也是导致选民立场不同的一种重要类型。但对于现在的西方主流国家来说，这个问题已变得越来越次要了。主要原因是，现在西方发达国家的城乡差别已经很小，农业人口占总人口的比例已经很低。很多人还住在农村或城市郊区，但他们从事的是跟农业无关的活动，他们的收入来源也不取决于农业。但是，在今天的发展中国家，城乡因素仍然是影响选民投票的重要因素。城乡差异的背后，是职业的差异和观念的差异。

上述分析，更接近解释投票行为的社会学模式，即将投票行为与选民的团体成员身份联系起来，认为选民会采取一种与其所属团体的经济社会地位相似的投票模式。此外，还有几种较为主流的解释投票行为的理论模型。

一种是政党认同模式。这一模型认为，选民投票主要取决于政党认同。选民认同哪个政党，他就倾向于投该党的票——至于该党在此次选举中提供何种政策、推出哪位候选人，都是次要的。这一理论认为，不仅选民的政党认同非常稳定,而且还具有世代之间的继承关系。比如,在美国,一个支持共和党的选民,很有可能来自一个支持共和党的家庭——至少他的父亲很可能是一位共和党的支持者。

另一种是理性投票模型。这一模型把选民视为经济人,他会把政治家(候选人)提供的公共政策视为自身效用函数的一部分。在比较不同政党和候选人的政策之后,他会根据理性计算原则,从自身福利的最大化出发来进行投票。所以,投票既非一种心理认同,亦非一种习惯,乃是一种理性行为。这一模型是把理性选择学派的理论应用于选民投票行为的研究,安东尼·唐斯和詹姆斯·布坎南等都从这一视角讨论投票行为。

还有一种是支配型意识形态模型。这一模型认为,选民会根据自己主导性的意识形态立场来投票。这种理论强调的是政治观念对于政治行为的塑造。面对纷繁复杂的世界,其实普通选民根本无力对重要的政策议题做出自己的理性判断与选择。至于何种政策会导致何种结果,多数选民更是无力思考。在这种情况下,选民会根据意识形态立场来投票,这在政治上是一种简便的做法。比如,在英国,受自由市场意识形态支配的选民会把选票投给保守党,而主张政府干预意识形态的选民会把选票投给工党。有时,选民的意识形态立场与政党偏好是重叠的。①

6.6 不同选举制度的逻辑

了解选民投票行为的基本情况后,可以来分析不同的选举制度。一般意义上的选举制度是指议会或议员的选举制度,总统或行政长官的选举制度后面还会简略介绍。粗略地说,议会选举制度有三种主要类型。这三种选举制度各不相同,政治后果也不同。②

第一种是多数决定制(plurality system)。多数决定制就是得票最多者当选,又分为两种类型。一种是简单多数决定制,即在所有候选人中得票最多者胜出(first past the post,简称 FPTP)。比如,某个选区选一个议员,ABCD 四人竞选,A 得了 35%,B 得了 25%,C 得了 20%,D 得了 20%。根据得票最多者胜

---

① 关于主要的投票理论模型,参见 Ken Newton and Jan W. Van Deth, *Foundations of Comparative Politics: Democracies in the Modern World*, Cambridge: Cambridge University Press, 2005, pp.200-220.

② 关于选举制度的简要知识,参见安德鲁·海伍德:《政治学(第二版)》,张立鹏译,北京:中国人民大学出版社 2006 年版,第 277—282 页;较为全面的研究,参见 David M. Farrell, *Electoral Systems: A Comparative Introduction*, 2nd edition, New York: Palgrave Macmillan, 2011.

出的规则,A 当选。这种规则不需要当选者获得至少 50% 的选票,而只需获得相对最多的选票。到目前为止,英国、美国、加拿大、印度等不少国家在议员选举中都采用简单多数决定制。

另一种是绝对多数决定制(majority system),要求当选者至少需要获得 50% 的选票。当然,存在多个候选人的情况下,第一轮投票可能很难产生获得绝对多数票的候选人,这就需要对得票最多的两名候选人举行第二轮投票。在上述案例中,就是对 A、B 两人举行第二轮投票。通常,第二轮会产生一个达到 50% 得票率的绝对多数候选人。与相对多数决定制相比,绝对多数决定制的好处是当选者至少获得了 50% 的选票支持,具有更高的合法性,但这种制度操作起来比较复杂,成本比较高。

还有一种具有绝对多数决定制特征的选举制度是选择性投票制(alternative vote),又译偏好投票制。在这种投票制度下,选民投票时被要求给所有候选人排序。比如,选票上有 A、B、C、D、E 五个候选人,选民需要做的是给五个候选人排序,即区分出 1、2、3、4、5 的次序。然后,清点选票时需要统计每个候选人得到选民第 1、2、3、4、5 排序的得票比率。现在假定 A 获得所有投票第一选项的比率为 40%,B 获得所有投票第一选项的比率是 25%,C 获得 20%,D 获得 10%,E 获得 5%。从结果来看,没有一个候选人得第一选项的选票率超过 50%,那怎么办? 在这种情况下,需要把第一选项得票比率最低的候选人 E 划掉,投 E 第一选项的这部分选票根据他们的第二选项,把选票分别分配给排名靠前的 A、B、C、D 四人。然后,再重新统计他们四人的选票。以此类推,直到其中一位候选人的得票率达到 50% 为止。这种选举制度目前主要在澳大利亚众议院选举中采用。美国政治学者霍洛维茨在研究高度分裂社会的制度设计时认为,这种选举制度有利于塑造跨族群的选举激励。① 因为在偏好性投票制度下,候选人不仅要谋求自己主要选民群体的支持,而且还要努力成为所有选民群体最不讨厌的那位候选人。

第二种是比例代表制(proportional representation)。比例代表制的基本原则是要尽可能让代表的结构更好地反映整个社会选民的结构。比例代表制最流行的投票方法是政党名单比例代表制。比如,某个选区可以产生 10 个议员名额,现在有 A、B、C、D、E 五个政党去竞争这 10 个议员名额。假如每党都提出一个包括 10 个候选人的政党名单,然后,所有选民根据政党名单来投票。比

---

① Donald L. Horowitz, "Democracy in Divided Societies," *Journal of Democracy*, Vol. 4, No. 4 Oct. 1993, pp. 18-38.

如,最后 A 党获得 40% 选票,B 党获得 20% 选票,C 党获得 20% 的选票,D 党获得 10% 的选票,E 党获得 10% 的选票,那么该选区议员席位分配的最终数量为:A 党 4 席,B、C 两党分获 2 席,D、E 两党分获 1 席。在具体操作上,是这四个政党排名最靠前的 4 至 1 位候选人当选。实行政党名单比例代表制的国家较多,以色列、北欧国家及东欧国家在内的多数欧洲国家、拉美国家等都实行这种选举制度。

上文假设每个政党都得到了整数比率的选票,但实际上每个政党得票数量不会是整数。所以,这里还涉及很技术性的问题,即政党名单比例代表制下如何确定从选票到席位的计算规则。目前主要有两种计算规则,即顿特公式与最大余数法,参见表 6.2。计数公式的不同,也会导致选举结果的不同。

表 6.2 政党名单比例代表制:顿特公式与最大余数法

	选票	选票被 1 除		选票被 2 除		选票被 3 除	总席位
蓝党(Blue)	360	360	第一个席位	180	第三个席位	120	2
红党(Red)	310	310	第二个席位	155	第四个席位	103	2
橘党(Orange)	150	150	第五个席位	75			1
绿党(Green)	120	120					0
彩党(Psychedelic)	60	60					0

总有效票数 = 1000
席位数量 = 5

	第一轮选票	黑尔选举限额	席位	第二轮选票余额	席位	总席位
蓝党(Blue)	360	200	1	160	1	2
红党(Red)	310	200	1	110	0	1
橘党(Orange)	150	—	0	150	1	1
绿党(Green)	120	—	0	120	1	1
彩党(Psychedelic)	60	—	0	60	0	0

总有效票数 = 1000
席位总数 = 5
黑尔选举限额 = 200

资料来源:David M. Farrell, *Electoral Systems:A Comparative Introduction*, 2nd edition, New York:Palgrave Macmillan, 2011, pp. 68-70, table 4.1 and table 4.2。

在表 6.2 的两次不同选举中,每个选区均有 5 个议员席位,选民数量均为 1000 人,分别有蓝党(Blue)、红党(Red)、橘党(Orange)、绿党(Green)和彩党(Psychedelic)参加竞选。从选票结果来看,蓝党、红党、橘党、绿党和彩党分别获得 360、310、150、120、60 张选票。尽管这五个政党所获选票相同,但由于选举计数规则的不同,最后五个政党所获席位数存在差异。按照表 6.2 上部所示,顿特公式更强调每个席位对应的平均选票数量。所以,结果是蓝党、红党和橘党分获 2、2 和 1 个席位;而最大余数法强调的是先去除每个席位对应的足额选票数量,称为黑尔选举限额(Hare quota),在该案例中就是每个席位对应的 200 张选票,然后在余数选票中对政党再次进行排序。按照这一计算公式,结果是蓝党、红党、橘党和绿党分获 2、1、1 和 1 个席位。两者相比较,顿特公式更有利于大党,而最大余数法更有利于小党。这个案例也说明选举公式会影响选举结果。

在比例代表制中,选区规模也是一个重要因素。总的来说,选区规模越大,比例性就越高;选区规模越小,比例性就越低。如果一个选区的席位数量由 10 个变为 20 个,更多政党就有机会当选。如果一个选区的席位数量由 10 个变为 5 个,通常只有较大政党才有机会当选,小党当选可能性会降低。那么,如果每个选区的席位数量变为 2 个呢?比如,现在智利的议员选举就采用这种制度,结果是每个选区第三党当选机会大幅减少。这样,就有利于两大主要政党或两大主要政党联盟的形成。这也可以看出选举制度安排的重要性。

第三种是混合型选举制度,也就是把多数决定制与比例代表制结合起来。目前有大量国家采用混合型选举制度,其目标是结合多数决定制与比例代表制的优点。比如,德国国会选举中,一半议席由简单多数决定制产生——全国划为 299 个选区,每个选区只产生一个名额;一半议席由政党名单比例代表制产生,总共也是 299 个议席。此外,政党还有最低当选门槛的要求。目前,日本、泰国等国也采用这种混合型选举制度。当然,从混合型选举制度的具体设计来看,如果多数决定制产生议席的比例较高,整个选举制度则越接近于多数决定制;反之,则越接近于比例代表制。

一种主流的观点认为,选举制度之所以重要,是因为选举制度直接影响政党体制的类型。法国政治学家莫里斯·迪韦尔热在其早期研究中提出了一项选举制度影响政党体制的定律,学界称之为"迪韦尔热定律"(Duverger's Law)。后来,迪韦尔热本人将其表述为:

(1)比例代表制倾向于导致形成多个独立的政党……(2)两轮绝对多数决定制倾向于导致形成多个彼此存在政治联盟关系的政

党;(3)简单多数决定制倾向于导致两个政党的体制。①

迪韦尔热认为,由于简单多数决定制下每个选区只有一个议席,"机械"因素和"心理"因素都使得小党较难当选,选民倾向于把选票投给大党。此外,政治家也倾向于加入大党而非加入小党或组建新的政党。②

从现有研究来看,学术界对"迪韦尔热定律"的认同程度是比较高的:从选举制度到政党体制存在着一种明确的影响机制。不少学者认为,纯粹的比例代表制容易导致极化多党制,从而不利于民主政体的稳定。但是,也有相反的观点。比如,美国政治学者阿伦·利普哈特认为比例代表制要优于多数决定制,并把比例代表制视为协和主义民主或共识民主模式的关键制度。③ 当然,利普哈特这种观点也遭到了激烈的批评。比如,乔尔·赛尔韦和卡里斯·坦普尔曼的研究认为,比例代表制更容易导致族群冲突与政治暴力。④ 霍洛维茨则给族群或宗教高度分裂的社会推荐偏好性投票制,他认为这种制度有利于激励政治家去赢得不同政治集团的支持。而这种投票制被视为多数决定制的一种类型。那么,究竟何种选举制度更有利于塑造稳定而有效的民主政体?现在看来,这个问题还需要更多研究。

6.7 如何理解现代政党?

政党是现代政治中的重要现象。那么,什么是政党呢?学术界一般认为,政党是一个有政治愿景的、以执政为政治目标的政治组织,政党旨在通过选举或其他手段来控制政府的人事与政策。有些小型政党的选票比例和席位比例非常低,这样的政党通常没有机会实现单独执政,无法得到总统或总理这样的政治职位,但它们可以通过参加政党联盟分得一杯羹,比如得到一两个部长的职位。所以,这样的政党在实践中是以参政为具体目标的。但如果从理想角度讲,它的目标也是执政。

自政党政治出现在人类政治舞台上以来,政治界与学术界对政党的看法经

---

① Maurice Duverger, "Duverger's Law: Forty Years Later," in Bernard Grofman and Arend Lijphart, eds., *Electoral Laws and Their Political Consequences*, New York: Agathon Press, 1986, pp.69-84.

② Maurice Duverger, *Political Parties: Their Organization and Activity in the Modern State*, London: Methuen & Co. Ltd., 1978, pp.206-280.

③ 阿伦·利普哈特:《民主的模式:36个国家的政府形式和政府绩效》,陈崎译,北京:北京大学出版社2006年版。

④ Joel Selway and Kharis Templeman, "The Myth of Consociationalism? Conflict Reduction in Divided Societies," *Comparative Political Studies*, Vol.45, No.12, 2012, pp.1542-1571.

历了较大的变化。美国第一任总统华盛顿在其离职演说(1796年)中提到了政党,但并无好感。他这样说:"假如政府软弱得不能抵御宗派的野心,自由……的确不过是一个名字而已。……我以最严肃的态度警告你们警惕政党精神的有害影响。"这意味着华盛顿对政党持负面看法,他在即将卸任之时还告诫美国当时的政治精英们要警惕政党。

华盛顿讲这段话的时候是1796年,几十年以后法国政治思想家托克维尔到美国考察,写出了鸿篇巨制《论美国的民主》。他在书中说:"政党是自由政府生来就有的恶。"这段话包含了两层意思,第一,政党不见得是个好东西。第二,只要是自由政府,必定会出现政党。为什么呢?如果是一个自由政体,只要存在对政治权力的正式竞争与争夺,那么政党迟早都会兴起。理由很简单,在获取政治权力的斗争中,是一个人去竞争有力量,还是组织起一帮人去竞争更有力量?答案当然是后者。所以,结果是单枪匹马的政治竞争者被淘汰了,剩下的人要么选择加入较大的政治集团,要么就远离政治。所以,托克维尔会认为,政党是自由政府的必然产物。

在19世纪中叶托克维尔讨论这一问题之后,随着民主政体的扩散,政党与政党政治越来越成为一个全球性的政治现象。迈克尔·罗斯金所著的流行教科书《政治学与生活》(又译《政治科学》)喜欢引用这样的观点:"政党创造出民主政治,现代民主政体则不容置疑地与政党互栖共生。"①所以,民主政治是离不开政党政治的,民主政治甚至在很大程度上就是由政党政治塑造的。政治参与和政治竞争都离不开政党。政党通过政治动员推动了政治参与,通过竞选公共职位来实现政治竞争。从18世纪到今天,从华盛顿到托克维尔,再到罗斯金,大致代表了人们关于政党和政党政治观点的变迁。

一般认为,政党在现代政治中扮演着特定的角色,履行着特定的功能。首先,政党有代表的功能,即代表了部分选民的意志和利益。通常,左派政党代表的是下层阶级的利益,右派政党代表的是上层阶级的利益,宗教政党代表的是特定宗教群体的利益,族群政党代表的是特定族群的利益,"绿党"代表的则是环境保护主义者的利益诉求,等等。其次,政党还有培养和录用精英的功能。英国前首相撒切尔夫人牛津大学毕业不久,就加入了保守党的地方组织,并成为那里的积极分子。在撒切尔夫人的政治生涯中,保守党给她提供机会,鼓励她参与地方政治活动,把她造就为一个地方性的政治人物,然后又通过保守党

---

① 迈克尔·G.罗斯金等:《政治学与生活(第12版)》,林震等译,北京:中国人民大学出版社2014年版,第194页。

的全国性组织把她造就为一个全国性的政治家。撒切尔夫人本人固然极其出色,但她的政治生涯离不开保守党的政治平台。再次,政党还具有制定政治目标的功能。政党的政治愿景通常会表述为具体的政治目标。国家向何处去?方向在哪里?主要政党经常会提出自己的政治目标,并把这个目标"推销"给选民。此外,政党有利益表达和整合的功能。社会利益非常多元化,当这些利益诉求方向不一、甚至互相冲突时,该怎么办?政党此时可以扮演利益整合者的角色。再者,政党具有政治社会化和政治动员的功能。很多消极选民,正是由于政党的政治动员——包括通过宣传、组织、运动等多种方式——被卷入到政治过程中了。当政党发挥作用时,往往可以提高一个社会政治社会化的程度。最后,政党还具有组建政府的功能。无论是总统制还是议会制,选举之后组建政府通常是以政党为基础的。在总统制下,总统所在的政党往往是新政府的中坚力量;在议会制下,总理和内阁人选本身就是政党磋商与讨价还价的产物。这些都是现代政党的基本功能。①

现代政党通常可以区分为不同的类型。一种分类是把政党划分为干部型政党和群众型政党,美国民主党和共和党都是群众性政党,列宁当年创建的布尔什维克是干部型政党。在现代政治中,群众性政党往往是因为选举才临时组织到一起的,选举一结束就各自走散了。在美国,很多人和很多家庭宣称自己属于民主党或共和党,并不意味着他们跟民主党或共和党党部有着密切的联系,而是说他们在大选中投票支持民主党或共和党。另外,加入群众型政党并不需要什么严格的程序。相比之下,干部型政党有较为严密的组织,有较为严格的纪律,有相对完善的内部管理。从理论上讲,干部型政党应该是一个更有凝聚力的政党,具有更强的组织能力。此外,干部型政党通常有比较严格的入党手续。

另一种分类是把政党划分为宪政型政党和革命型政党。宪政型政党在现有基本政治框架内提出政治主张和诉求,革命型政党旨在颠覆现有的基本政治秩序。以1919—1933年的德国魏玛共和国为例,当年社会民主党、中央党等都属于宪政型政党。他们考虑的是如何在魏玛共和国的政治框架里提出什么样的政治诉求。当时的德国共产党尽管有共产主义纲领,但在实际行为上是一个比较温和的左派政党,而不是极端左派政党,并不以鼓吹暴力革命为主要诉求。但是,当时希特勒领导的纳粹党并非宪政型政党,而是革命型政党。该党的最

---

① 关于政党功能,参见史蒂芬·E.弗兰泽奇:《技术年代的政党》,李秀梅译,北京:商务印书馆2010年版。

终目的是要颠覆魏玛共和国的政治制度。

在现代民主政体下,多数政党的主要意图是赢得更多选票和席位。因此,政党的战略、组织和领导都是重要的问题。在这些方面做得不够成功的政党,将难以在政治市场上赢得成功。比如,假设大家还可以回到第2讲的那个岛屿上,如今全岛的人口或许已发展到数十万了。现在,大家制定了一个新的规则,决定要通过简单多数决定制来选举议员,成立议会制政府。如果你对政治感兴趣,想组建一个政党,并想通过这个政党来赢得选票和席位,甚至想成为议会的主要政党。那么,应该怎么做呢?这里最重要的是三个问题:政党的战略问题、组织问题和领导问题。

战略问题涉及政党的定位。定位是一个流行的市场营销学术语。什么叫政党的定位?就是说在整个选举市场中,政党要给自己找一个有利的位置以便吸引更多选票。一个选举市场中存在着各种各样的位置。如何能找一个合适的位置,以便有机会赢得较多的选票呢?这的确是一个问题。你可以去观察岛上的数十万人,他们的经济状况、教育背景、职业状况和意识形态,等等,在此基础上你大致可以确定一个较明确的政党定位。从策略上说,政党定位主要有两种考虑:一种是基于意识形态立场的定位,另一种是非常务实的定位。前一种做法,你信仰什么,你就成立一个什么样的政党,而不必过分考虑短期的选票得失。后一种做法,你经过考察和评估,认为何种定位更能赢得选票,你就确定此种定位。这两种策略,前一种以实现政治理想为目标,后一种以选票最大化为目标。

明确了政党定位以后,还要考虑如何发展政党组织。比如,采用何种组织类型?如何制定政党纪律?如何获取政党资金?如何进行大众动员?如何建立地方组织与进行层级建设?如何完善政党职能建设?等等。这些都是政党组织建设的关键问题。历史经验揭示,政党的兴衰成败很大程度上维系于其组织。正如亨廷顿1968年的忠告:"谁能组织政治,谁就能掌握未来。"

此外,同样重要的是政党的领导问题。一个有效的政党离不开有效的政治领导力,政党主要的政治家通常扮演着重要的角色。对独立之后的印度来说,以尼赫鲁为首的国大党政治领导阶层就发挥了有效的政治领导力,从而有利于印度民主的稳定。相反,巴基斯坦在其政治领袖真纳去世后,主要政党逐渐失去了政治领导力。很快,该国就蜕变为军人统治。按照美国华人学者邹谠对中国近代政治史的解读,在当时政治冲突激烈的背景下,凡是按照自由主义原则组建、政治领导力与组织力不强的政党后来都衰落了。因此,与政党定位、政党组织相比,政党的领导同样是一个重要问题。

6.8 政党体制的不同类型

政党体制或政党制度是指一个国家中政党的数量及其权力结构。美国政治学者乔万尼·萨托利在1976年政党学名著《政党与政党体制》中区分了两大类型的政党体制：一种是非竞争性政党体制，一种是竞争性政党体制，参见图6.6。

非竞争性政党体制是指政党之间不存在实质性的政治竞争关系，而某一主导政党居于支配性地位。非竞争性政党体制有两种类型：一党制和霸权党制。一党制是该国只有一个基于统治和支配地位的政党，不存在任何其他政党。霸权党制是该国存在多个政党，但有一个主要政党基于统治和支配地位；其他政党并非民主政体意义上的政党，这些政党可能也参与政治竞争，但该霸权政党控制着全部的或绝大部分的政治权力。

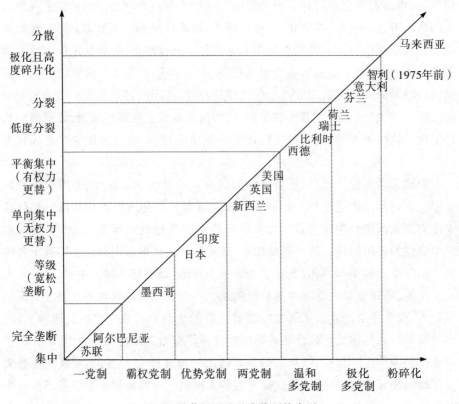

图6.6 萨托利论政党体制的类型

资料来源：G.萨托利：《政党与政党体制》，王明进译，北京：商务印书馆2006年版，第182页，图4。

与非竞争性政党体制相对的是竞争性政党体制,是指不同政党之间存在实质性竞争关系的政党体制类型。萨托利认为,根据竞争性政党数量的多少,竞争性政党体制有几种主要类型。第一种是主导党体制(或竞争性的一党独大制)。一些国家的历史上曾出现过主导党体制,比如日本从1955年到1993年间自民党的主导党体制,其选举是自由而公正的,政党之间是竞争性的,但自民党始终控制议会的多数席位。第二种是两党制。过去的英国和现在的美国都是典型的两党制。两党制不是说只有两个政党,而是说两大主要政党能够赢得绝大多数选票和席位。第三种是温和多党制。温和多党制下,议会通常有三到五个重要政党,现在的法国和德国基本上符合这种类型。第四种是极化多党制。这是指议会中重要政党有六到八个以上。德国魏玛共和国时代的政党制度符合极化多党制的类型。第五种是碎片化政党体制。从名称来看就知道这种政党体制的数量和结构比极化多党制更加碎片化,通常包括了10或20个以上的政党。当然,有人把后面两种政党体制不加区分地称为极化多党制。

在论述诸种竞争性政党体制时,萨托利认为极化多党制不利于民主政体的稳定,原因在于极化多党制具有很多不利于民主有效运转的基本特征:

1. 反体制政党的出现;
2. 双边反对党的存在;
3. 中央存在一个(意大利)或一组(法国、德国魏玛共和国)政党为特征;
4. 政治的极化体制;
5. 离心型驱动力对向心型驱动力可能的超越;
6. 存在固有的意识形态型式(ideological patterning);
7. 不负责任的反对党的出现;
8. 抬价政治(out-bidding)或过度承诺的政治。①

除了政党体制的粗略分类,拉克索(Markku Laakso)与塔格培拉(Rein Taagcpera)提出用"有效政党数目"(effective number of parties)来更精确地衡量民主国家的政党制度。② 他们提出了计算"选举有效政党数目"和"议会有效政党数目"的公式:

---

① G. 萨托利:《政党与政党体制》,王明进译,北京:商务印书馆2006年版,第184—207页。
② Markku Laakso and Rein Taagepera,"'Effective' Number of Parties: A Measure with Application to West Europe," *Comparative Political Studies*, Vol.12, No.1, 1979, pp.3-27.

$$Nv = 1/\sum V_i^2$$
$$Ns = 1/\sum S_i^2$$

其中 Nv 代表选举有效政党数目，Vi 代表每个政党的得票比率；Ns 代表议会有效政党数目，Si 代表议会中每个政党的席位比率。这样把具体的数据输入上述两个公式之后，就能计算出选举有效政党数目和议会有效政党数目。

那么，何种因素决定政党体制或有效政党数目呢？上文已探讨过选举制度对政党体制的影响。"迪韦尔热定律"被视为一种较有说服力的理论。但是，影响政党体制的不只是选举制度，社会分裂也被视为重要影响因素。一般来说，社会分裂维度的数量越多，政党数目有可能越多。在经典的两党制模型下，往往只有"左——右"意识形态这一单一社会分裂维度。如果一个社会存在"左——右"意识形态维度的分裂，同时存在不同族群、宗教、语言文化维度的社会分裂，通常就会呈现多党制的格局。所以，社会分裂维度越多以及由此导致的政治议题维度越多，政党数量可能越多。①

影响政党体制的第三个重要因素是该国的历史情境，政党体制存在着明显的路径依赖问题。比如，拿印度来说，该国尽管社会分裂维度的数量很多，但其建国之初的 20 年左右时间中维系了国大党一党独大的政党体制。原因在于，印度争取独立过程中诸种社会力量集聚到国大党的旗号下，与英国统治者进行了长期的政治斗争。结果是，到印度独立之时，国大党不是被视为印度某一个社会阶级或集团的代表，而是整个印度社会的代表，是整个印度民族的政治领导力量。当然，后来印度政党体制的演变，跟印度复杂的社会结构与社会分裂维度的数目有关。

今天的比较政治学很重视对政党体制的研究，因为政党政治已成为现代民主政治的核心。为什么政党体制很重要？一个主要的原因是政党政治关系到政府的稳定性和民主本身的稳定性。通常，政党不稳定的国家，政府也不会太稳定；或者说，政党数量特别多的国家，政府基本上也是不稳定的。此外，如何塑造强大的主导政党或大型政党，以及如何塑造有效的政党体制，还是民主转型的关键问题。在发展中世界或第三波民主化国家中，民主转型顺利的国家总体上政党比较强大，有一两个或两三个较有实力的主导政党；民主转型不顺利

---

① 这方面著述很多，请参考下面两篇论文及其引述的文献：Octavio Amorim Neto and Gary W. Cox, "Electoral Institutions, Cleavage Structures, and the Number of Parties," *American Journal of Political Science*, Vol. 41, No. 1, Jan. 1997, pp. 149-174; Rein Taagepera, "The Number of Parties as a Function of Heterogeneity and Electoral System," *Comparative Political Studies*, Vol. 32, No. 5, Aug. 1999, pp. 531-548。

的国家通常没有有效的主导政党与有效的政党体制——这些国家的政党经常会不停地组合,走马灯式地更换政党名称,一些政党快速兴起而又快速衰落。从这个视角出发,发展中国家民主转型的关键问题是能否塑造有效的政党体制。对这样的转型国家来说,如果能塑造一党独大型政党体制(竞争性政党体制的一种,而非霸权党制)、两党制或温和多党制,那么该国更有可能维系新兴民主政体;如果是极化多党制,就更难维系民主政体。

在所有政党体制中,一般认为极化多党制会降低政府与民主政体的稳定性。迈克尔·泰勒及其合作者的跨国研究得出了三个相关的结论:(1)议会中政党体制的碎裂(fractionalisation)程度与政府稳定性呈现"显著的"负相关性,即政党体制碎裂程度越高,政府越不稳定;(2)一个主要政党执政的政府比多党联盟政府"极为显著地"更加稳定;(3)多数派政府比少数派政府"显著地"更稳定。① 萨托利与林茨等人都认为,极化多党制显然不利于民主的稳定。反体制政党的存在、离心激励主导、严重的意识形态冲突、不负责任的反对党,以及选举竞争中的过度承诺或抬价政治,使得极化多党制难以形成有效的执政力量,政府能力就会降低,民主稳定性也会下降。②

6.9 央地关系:联邦制与单一制

在政治制度安排中,中央政府与地方政府的关系也是一个重要方面。对大型现代国家而言,央地关系上有两条通行的基本原则。一方面,必须实行某种程度的中央集权,以保证国家统一;另一方面,必须实行某种程度的地方分权,以保证治理的有效性与灵活性。所以,任何一个大型政治体基本上不存在不要集权或不要分权的问题,而一定是集权和分权的某种组合。

正是由于中央集权与地方分权组合模式的不同,世界上多数国家的央地关系可以区分为两种类型:联邦制和单一制。一般来说,联邦制指主权或主要政治权力由联邦政府与州或邦政府共同分享的一种央地关系模式,联邦政府和州或邦政府同时从宪法与人民的授权中获得政治权力。在这种模式下,州或邦政府的政治权力不是来自中央政府的授予,而是独立地来自宪法与人民的授权,邦或州政府不是联邦政府的下级或下属单位。比如,在联邦制国家美国,没有人会认为总统是各州州长的上司。所以,联邦制下的这种制度安排,通常是单

---

① Michael Taylor and V. M. Herman,"Party Systems and Government Stability," *The American Political Science Review*, Vol. 65, No. 1, Mar. 1971, pp. 28-37.
② G. 萨托利:《政党与政党体制》,第 284—397 页。

一制国家很难理解的。单一制指主权或主要政治权力掌握在中央政府手里,州或省政府的政治权力来自中央政府的授予。这种模式下,地方政府实际上相当于中央政府的派出机构,是中央政府的下级或下属单位。在单一制国家法国,各个地方的政治权力主要来自法国中央政府的授予。

需要提醒的是,联邦制和单一制只是央地关系的两种理想类型。在政治实践中,央地关系的实际安排更为复杂。与联邦制或单一制这样的政治符号相比,央地关系的实际政治分权更为重要。比如,美国尽管是典型的联邦制国家,但从建国至今,美国联邦政府的政治权力一直在扩张。联邦政府在履行越来越多的职能,并开始介入传统上被认为是州或地方政府事务的很多领域。在整个20世纪,美国联邦政府在整个政府收支中的比例大幅上升,如今已超过一半。所以,与地方政府相比,美国联邦政府的政治权力在大幅扩张。当然,毫无疑问,美国的基本政治架构还是联邦制模式。

英国尽管是一个单一制国家,统辖着英格兰、苏格兰、威尔士、北爱尔兰等四个主要地区。但最近半个世纪中,英国地方分权的趋势一直在强化。英国地方分权强化的一个证据是 2014 年苏格兰议会对苏格兰独立法案发起了全民公投。

印度宪法第一条就规定,印度是一个联邦制国家。但实际上,印度 1947 年以后的相当长时间内都是一个高度中央集权的准联邦制国家。当时,印度联邦政府的权力极大,印度联邦议会和联邦政府甚至可以决定不同邦的行政区划与领土面积。所以,当时的印度算不上是一个真正的联邦制国家,至多只能被称为准联邦制国家。大概到 20 世纪八九十年代,印度对整个政府指导的管制经济模式进行改革后,邦一级政府的地方分权才得到实质性的加强,这样印度联邦制的色彩越来越浓厚。所以,对印度来说,尽管其宪法条款并未更改,但该国却经历了从高度中央集权化的准联邦制向强化实质性地方分权的过渡。

那么,联邦制与单一制两者孰优孰劣呢?一个可能的回答是:联邦制与单一制各有优劣。联邦制的主要好处包括:适应国家内部的多样化,适应各地方不同的需要,便于地方实验,有利地方自治,等等。联邦制的坏处包括:内部由于存在不同的政治权力中心,难于统一协调。单一制的主要好处包括:便于统一控制与协调,一般决策效率会比较高。当然,有人认为,中央政府行动迅速不见得治理绩效会更高。在此种条件下,固然中央政府制定和执行正确决策的速度比较快,但中央政府犯错的速度也同样很快。单一制的坏处包括:缺少多样性,不利于地方自治,等等。

除了一般意义上的优劣分析,现在联邦制与单一制问题受到重视,主要是因为央地关系还涉及国家建构与领土完整问题。特别是,对于一个高度分裂的社会来说,或者说对于一个族群、宗教、语言结构复杂性很高的社会来说,究竟是实行联邦制还是单一制好呢?对于这类国家,政治制度建设的基本目标是能否推动国家构建和国家认同,缓和不同社会集团的关系,减少政治冲突,等等。

比较政治学对于联邦制与单一制优劣的主流研究分为两大流派:一派强调权力分享(power-sharing)原则,另一派强调政治整合(political integration)原则。强调权力分享的又被称为协和民主理论或共识民主理论,其主要代表人物是阿伦·利普哈特。从原则上讲,权力分享流派主张的是不同族群、宗教群体要和谐相处,尽可能要达成共识,所有重要政策应该尽可能兼顾不同的族群与宗教群体,中央政府的权力要根据族群、宗教群体的比例做相应的安排和分配。在央地关系上,这一流派当然会强调联邦制的重要性,强调少数群体的自治权与否决权。利普哈特等人认为,对于高度分裂的社会来说,联邦制或地方分权的制度安排能够包容族群、宗教与文化的多样性,从而提高政治适应能力。①

政治整合流派以霍洛维茨的理论研究为代表,他认为不同族群、宗教群体的人不可避免地存在冲突,想让他们达成共识几无可能。所以,首要的是如何把一个国家中的不同群体整合到一起,通过制度设计等办法让中央政府形成有效的政治权威与国家能力。这种政治权威与国家能力至少能保证国家统一与基本政治秩序。在此基础上,再来考虑如何善待不同的族群与宗教群体。两者相比较,协和型民主理论希望通过权力分享促成不同群体能最终能达成共识与合作,而政治整合理论认为存在严重亚文化分裂的社会关键是要形成一个有效的国家与中央政府,首先要进行政治整合。这一派认为,在社会分裂程度高的国家实行联邦制,就容易导致国家分裂。霍洛维茨就指出,"联邦主义会强化或激化族群冲突",从而更容易弱化中央政府能力和诱发国家分裂。② 劳伦斯·安德森(Lawrence M. Anderson)也认为,联邦制给予地区政府和其他政治力量以更多机会与资源去支持分离主义运动,从而"激发地区独立的渴望"。③

---

① 阿伦·利普哈特:《民主的模式:36个国家的政府形式和政府绩效》,第135—145页。
② Donald L. Horowitz, *Ethnic Groups in Conflict*, Berkeley: University of California Press, 1985, p. 603.
③ Lawrence M. Anderson, "Exploring the Paradox of Autonomy: Federalism and Secession in North America," *Regional and Federal Studies*, Vol. 14, 2004, pp. 89-112.

6.10 制度设计与宪法工程学

上面关于不同层次的政治制度的讨论,已经涉及国内学界关注较少的一个问题,即民主模式的多样性。国内学界受亚里士多德政体类型学的影响,通常较为重视不同政体的类型。这里的政体类型主要是指传统意义上的君主制、贵族制与民主制,以及现代意义上的民主政体、威权政体与极权政体。然而,很多人对同一政体——特别是民主政体——内部模式的多样性却缺少应有的重视。

而国际学术界有大量研究与民主模式的多样性有关。比如,美国政治学者加布里埃尔·阿尔蒙德早在1956年就区分了民主的三种模式:盎格鲁-撒克逊政治制度、欧洲大陆政治制度以及斯堪的纳维亚政治制度。达尔在《论民主》中提出过一种民主模式多样性的划分标准。他根据选举制度和行政—立法关系的不同区分了四种主要模式:(1)英国模式,即议会制与简单多数决定制的组合;(2)欧陆模式,即议会制与比例代表制的组合;(3)美国模式,即总统制与简单多数决定制的组合;(4)拉美模式,即总统制与比例代表制的组合。此外,他把选用半总统制或混合型选举制度的不同组合统称为(5)混合模式。这样,达尔区分了民主模式的五种类型,呈现了一种简洁而准确的民主模式类型学。①

阿伦·利普哈特则从他自己特定的理论视角来讨论民主模式的两种基本类型:一种是多数民主模式,一种是协和型民主模式,或称共识民主模式。阿伦·利普哈特提出了协和型民主的四个基本特征:(1)大型联合内阁;(2)局部自治;(3)比例代表制;(4)少数群体否决权。从1984年到1999年,利普哈特又把协和型民主理论发展成共识民主理论。他区分了共识民主模式与多数民主模式,并论证了共识民主具有更好的政府绩效。基于这些背景,利普哈特大胆地认为学术界存在一种"共识":即共识民主模式更有利于高度分裂社会民主的稳定性。那么,这种"共识"真的存在吗?实际上,学术界对协和型民主理论的批评就从未平息过,有不少学者质疑这种理论并提出挑战。但无论怎样,利普哈特亦注意到了民主模式的多样性问题。

民主模式的多样性促使大家思考:是否存在最优良的民主制度模式?特别是对于高度分裂的社会来说,何种制度模式有利于民主政体的稳定?正是由于上述问题的推动,加上20世纪80年代新制度主义在政治学研究领域的兴起,

---

① 罗伯特·达尔:《论民主》,李风华译,北京:中国人民大学出版社2012年版,第109—119页。

第6讲 政府结构与政治制度

比较政治学最近兴起一个被称为"宪法工程学"(constitutional engineering)的研究分支。简单地说,宪法工程学是试图通过有意识的宪法与政治制度设计来达到某些预期的政治目标。① 就目前的研究热点来说,高度分裂社会的宪法设计与制度安排是宪法工程学的重点研究领域。宪法工程学预期的政治目标往往是两个:一是实现政体稳定;二是达成治理绩效。目前的宪法工程学研究总体上呈现五个基本特征。②

第一,宪法与政治制度是一个独立的变量并且是可以人为设计的。学术界有人认为,制宪过程反映了一个国家的社会结构与政治力量对比,因此政治制度不过是既有社会结构的反映。但另一种观点认为,宪法与政治制度具有相对的独立性,可以被视为一个独立的变量。一方面,任何的宪法与政治制度都包含了人为设计的成分。比如,同样社会政治条件下,政治精英的不同选择可能导致不同的宪法与政治制度。另一方面,无论宪法制定过程在何种程度上反映了既有利益结构或人为主观设计的成分,宪法和政治制度一旦确立,就完全可能独立地发起作用。詹姆斯·马奇和约翰·奥尔森就认为:"政治制度具有相对的自主性和独立的作用。……我们不认为政治仅仅是社会的反映,或者仅仅是个人行为的加总效应。"③

第二,特定的宪法设计与政治制度会产生特定的政治后果。宪法和政治制度之所以重要,是因为立法—行政关系、中央—地方关系、选举以及政党问题上的不同制度安排,都可能会导致不同的政治后果。宪法与政治制度产生作用的方式是通过"制度—行为—结果"的传导机制,这种传导机制的关键是政治制度界定了政治行为者的激励结构。有学者认为,应该从激励结构角度理解宪法和宪法设计对政治的影响。④

第三,与宪法的文本相比,宪法工程学更重视宪法实际的实施和运转。关于宪法的法学研究通常更关注宪法的文本与条款,以及宪法反映了何种法学价

---

① 参见 Benjamin Reilly, *Democracy and Diversity: Political Engineering in the Asia-Pacific*, Oxford: Oxford University Press, 2007, pp. 21-24. 作者有这样的定义:"政治工程学"就是"对政治制度的有意设计以实现某些特定的具体目标"。
② 包刚升:《民主转型中的宪法工程学》,《开放时代》2014 年第 5 期,第 111—128 页。
③ James G. March and Johan P. Olsen, "The New Institutionalism: Organizational Factors in Political Life," *The American Political Science Review*, Vol. 78, No. 3, Sep. 1984, pp. 734-749.
④ Gary W. Cox, "Centripetal and Centrifugal Incentives in Electoral Systems," *American Journal of Political Science*, Vol. 34, No. 4, Nov. 1990, pp. 903-935; Ernesto Calvo and Timothy Hellwig, "Centripetal and Centrifugal Incentives under Different Electoral Systems," *American Journal of Political Science*, Vol. 55, No. 1, Jan. 2011, pp. 27-41.

值,而相关的政治学研究更关注宪法在政治实践中能否实施和运转起来。如果缺乏足够的政治考虑,一部文本出色的宪法可能在政治实践中是完全无法实施的。所以,宪法工程学认为,一部有效宪法的关键不在于其意图是否足够善良、文本是否足够优美,关键在于能否得以实施和运转起来,并能达成预期的政治目标。按照现有的研究,大部分宪法都是失败的。① 当然,一部宪法能否有效实施和运转,还取决于宪法与其实施的社会情境是否匹配。

第四,宪法工程学非常重视高度分裂社会的宪法设计与政治制度安排问题。高度分裂社会的通病是其民主政体往往难以稳定,社会常常陷于严重的政治冲突之中。所以,如何在高度分裂社会塑造稳定的民主政体是宪法工程学的一大挑战。实际上,最近十多年中,宪法工程学非常关注如何使民主政体在高度分裂的社会成为可能。

第五,宪法工程学的目标是塑造一个稳定而有效的民主政体。民主意味着政治参与和政治竞争,但同时民主必须要具有足够的政府效能。戴蒙德认为,民主政体存在三个悖论:一是冲突与共识的悖论;二是代表性与治国能力的悖论;三是同意与效能的悖论。② 因此,宪法工程学的目标是在确保政治参与和政治竞争的条件下,如何维系民主政体的稳定性与有效性。20 世纪 80 年代的国家理论兴起之后,国家能力(state capacity)成了一个比政府效能或有效政府更为流行的学术概念。③ 从国家理论出发,如何塑造有效的政府效能或国家能力也可以被视为宪法工程学的重要目标。

因此,无论是民主模式的多样性,还是新兴民主政体的宪法设计问题,都体现了政治制度的重要性。实际上,如何通过有效的政治制度的设计来建构合理的政治秩序,过去是、现在仍然是政治学的基本问题。

【推荐阅读书目】

阿伦·利普哈特:《选举制度与政党制度:1945—1990 年 27 个国家的实证研究》,谢岳译,上海:上海人民出版社 2016 年版。

---

① Zachary Elkins, Tom Ginsburg, and James Melton, *The Endurance of National Constitutions*, Cambridge: Cambridge University Press, 2009.

② Larry Diamond, "Three Paradoxes of Democracy," *Journal of Democracy*, Vol. 1, No. 3, 1990, pp. 48-60.

③ 彼得·埃文斯、迪特里希·鲁施迈耶、西达·斯考切波:《找回国家》,方力维等译,北京:生活·读书·新知三联书店 2009 年版。

艾伦·韦尔:《政党与政党制度》,谢峰译,北京:北京大学出版社 2011年版。

Arend Lijphart, ed., *Parlimentary Versus Presidential Government*, Oxford: Oxford University Press, 1992.

David M. Farrell, *Electoral Systems: A Comparative Introduction*, 2nd edition, New York: Palgrave Macmillan, 2011.

第7讲

法治与公民权利

因此,我要说,陛下应当受制于法律;而认可陛下的要求,则是叛国;对于我所说的话,布拉克顿曾经这样说过:国王在万人之上,但却在上帝和法律之下。

——爱德华·柯克

每一个人受到侵害时,都有权要求法律的保护。政府的一个首要责任,就是提供这种保护。合众国政府被宣称为法治的政府,而非人治的政府。如果它的法律对侵犯所赋予的法律权利不能提供救济,它当然就不值得这高尚的称号了。

——约翰·马歇尔

在所有相继的用法中,立宪主义都有一个根本的性质:它是对政府的法律制约……真正的立宪主义的本质中最固定和最持久的东西仍然与其肇始时几乎一模一样,即通过法律限制政府。

——查尔斯·麦克尔文

自由是指能从事一切无害于他人的行为;因此,每一个人行使其自然权利,只以保证社会上其他成员能享有相同的权利为限制。此等限制只能以法律决定之。

——《人权与公民权宣言》

7.1 国王可以强拆吗？

这一讲先从一个不那么确切的故事开始。大家知道,现在拆迁在中国是一个社会热点话题。这个小故事就跟拆迁有关,故事的大意是这样的——

19世纪,普鲁士国王威廉一世曾在波茨坦建立了一座行宫。1866年,有一次他住在行宫里,想要登高远眺波茨坦市的全景,但他的视线却被一座磨坊挡住了。皇帝大为扫兴。这座磨坊"有碍观瞻"。他派人与磨坊主去协商,打算买下这座磨坊,以便拆除。不想,磨坊主坚决不卖,理由很简单:这是我祖上世代传下来的,不能败在我手里,无论多少钱都不卖!皇帝大怒,派出卫队,强行将磨坊拆了。

倔强的磨坊主向法院提起了诉讼。让人惊讶的是,法院不仅受理了这一案件,而且还判皇帝败诉。法院要求皇帝在原地按原貌重建这座磨坊,并赔偿磨坊主的经济损失。皇帝服从法院的判决,重建了这座磨坊。

数十年后,威廉一世与磨坊主都相继去世。磨坊主的儿子因经营不善而濒临破产。他写信给当时的皇帝威廉二世,自愿将磨坊出卖给他。威廉二世接到这封信后,感慨万千。他认为磨坊之事关系到国家的司法独立和审判公正的形象。它是一座丰碑,成为德国司法独立和裁判公正的象征,应当永远保留。所以,威廉二世亲笔回信,劝其保留这座磨坊以传子孙,并赠给了他6000马克,供其偿还所欠债务。小磨坊主收到回信后,十分感动,决定不再出售这座磨坊,以铭记这段往事。

有人曾质疑过这个故事的真实性,也有严肃的法学者对此进行过考证。① 但无论怎样,这个故事的内容大体上与从普鲁士到德意志的法律传统是一致的。这个故事主要想表达的是:即便贵为国王,亦不能随意剥夺别人的财产。此外,这个小故事中还有一个重要信息:法官竟然能够判决国王败诉!法官不仅判决国王败诉,而且要求国王执行法院的判决。这意味着司法权能够制约政

---

① 现在这个故事有不同的版本,著名期刊《读者》曾刊载这个故事。按照获德国法兰克福大学博士学位的法学者袁治杰的考证,这个故事是真实的,参见袁治杰:《磨坊主阿诺德案考论》,《比较法研究》2011年第2期,第128—142页。

治权力或行政权。

但是,如果脱离了欧洲的法律传统,这件事情听上去就有些匪夷所思了。这个案子完全有别的可能性。比如,第一种可能性是法官连这个案子都不敢接。"你想告国王?对不起,我们无法接这个案子——国王是得罪不起的。"第二种可能性是法官根本不敢判决国王败诉。"你起诉的是国王?对不起,我们总不能让国王输了案子。"第三种可能性是法官判决国王败诉,但国王拒不执行。如果出现这种情形,法官能派出法警强制国王执行吗?要知道,警察和军队本身就是听命于国王的。所以,这个故事包含了很多有价值的信息。

很多人见过一张比较有名的网络图片:一个巨大的建筑物凹进去一块,中间有一个小平房。为什么会这样呢?当年建造这个大型建筑物的地产商在开发这片土地时,这个小平房就在那里。地产商跟这个小平房的业主反复协商,讨价还价,但人家就是不卖这块地。理由可能很简单,比如人家从小居住于此,这个房子是他一辈子的记忆。后来,地产商没有办法,就建造了这样一个凹进去一块的大楼。周围的地都是地产商已经买下的,唯独这块地不是地产商的。这张图片反映出什么信息?在这样的法律环境中,房屋与土地的产权得到了有效的保护。

这两个案例会促使我们去思考:法律到底是什么?政府的责任是什么?法律是用来干什么的?这也是政治学应该关心的重要问题。

7.2 政府有权捕杀禽类吗?

再来看一个案例。自2012年开始,中国局部地区出现了H7N9禽流感病毒。大约2012年年底,一些疫情比较严重的省市出现了政府集中捕杀禽类的新闻。那么,在当时的情况下,政府是否有权捕杀禽类呢?就在当时,江苏南京等地还为此闹过纠纷。南京有一个市民在自己小区一楼的私人小花园内养了几只鸡。当地居委会跟城管发现这些鸡之后,想要捕杀掉。但是,这些鸡的主人不同意,由此引发了冲突。那么,你如何看待这个案例?大家对这个问题肯定会有不同的观点。①

> 有人认为,政府无权捕杀禽类。在南京某小区的这一案例中,业主在自己小花园养殖的禽类是他的私有财产。在这些禽类并未与其他禽类接触的条件下,感染H7N9禽流感病毒的概率是微乎其微的。

---

① 这里的不少观点来自学生的课堂讨论。

如果政府随意捕杀,就构成对公民财产权利的侵犯。几只鸡不是关键问题,但政府的这种施政原则推而广之的话,就会产生极大的负面影响。

有人则认为,当时全国大部分地区并没有暴发禽流感,没有必要在全国范围内实施这样的政策——就是政府统一捕杀禽类的做法。然而,如果某个区域禽流感疫情非常严重,地方政府统一捕杀禽类就是一种必要的做法,但政府应该对此进行补偿。这种观点强调的是,禽流感是否已经显著地危害到了公共安全?如果没有危害公共安全,政府采取捕杀禽类的措施是不妥当的;但如果已经危害到公共安全,政府就有权捕杀禽类。

有人则明确主张,政府有权力捕杀禽类。当出现禽流感疫情时,政府需要履行公共管理的基本职能。如果小范围内出现禽流感疫情而政府没有及时捕杀禽类,就有可能导致疫情的快速蔓延。所以,捕杀禽类是政府防患于未然的一项积极措施。这种做法尽管一定程度上侵犯了公民的财产权,但在这种特殊情形下还是具有合理性和正当性的。这里强调的特殊情况,在法律上可以视为紧急状态。当出现某种紧急状态时,政府有权这样做。

有人说,政府权力固然是人民让渡的,而人民让渡权力的首要目的是寻求自我保护。有人强调私有财产权不可侵犯,但是,人民从政府那里寻求的保护还包括安全。实际上,安全是人民寻求的首要保护。上述案例中,政府大规模捕杀禽类,是基于禽流感病毒已开始传播并威胁了公共安全这一事实。在这种情况下,政府处置私人财产是一种不得已的做法。这一观点强调的是,政府作为一个公共管理机构首先要保证共同体的安全。

大家的观点见仁见智。如果接受现在流行的以个人权利为基础的法律体系,就应该承认所有人对禽类的财产权应该受到确定无疑的保护。从原初意义上说,这种权利是绝对的。所以,如果没有特殊情形或紧急状态,政府征用或捕杀禽类是毫无道理的。但是,现在出现了一种特殊情况——在部分禽类中发现了 H7N9 病毒。如果这种病毒广泛传播,就会对公共安全造成巨大的危害。这时,问题出来了:政府在此种情形下是否有权捕杀禽类?这就从一个绝对的财产权利问题变成另外一个问题,即需要在财产权和公共安全之间寻求一种平衡。所以,这里更需要运用比例原则。大家需要评估这种做法对私人财产权的侵害以及 H7N9 禽流感蔓延的潜在风险,然后对两者进行比较,按照两害相权取其轻的原则做出取舍。

这样看来,正反两方的观点都有些道理。反对政府捕杀禽类的观点更强调财产权神圣不可侵犯,应该得到保护;另外,当时还无法证明这种病毒已经蔓延。所以,这种情况下政府对禽类实施大规模的捕杀,不仅意味着对财产权的侵害,而且会导致社会财富的损失。当时某报的说法是,政府捕杀禽类造成的损失已超百亿元。但是,还有可能出现另外一种情形。如果现在有可靠信息显示,若不捕杀禽类,病毒将会出现大范围的快速蔓延,那么,恐怕会有非常多的人支持政府采取此类政策。所以,这个问题的逻辑其实是清晰的。

进一步说,即便现在已出现某种较严重的紧急状态,政府在捕杀禽类之前仍需要回答两个程序性问题。第一,一个社会凭什么来判断现在已经出现了某种紧急状态,谁有权决定和宣布这种紧急状态?比如,拿某市来说,是该市的卫生部门,还是市政府,还是市人大?究竟应该由谁来决定这种紧急状态?这既是一个程序问题,又涉及此种紧急状态的"合法性"问题。这种紧急状态,在美国由谁来决定?在印度由谁来决定?在韩国由谁来决定?那么,在中国呢?这种决定和宣布某种紧急状态的权力及其程序,直接关系到公共治理法治化的程度。

第二,政府捕杀禽类所造成的损失,应该给予合理补偿。当出现紧急状态时,很多人考虑较多的是公共安全,而对政府捕杀禽类导致的某些群体的经济损失考虑较少。比如,华东某市一个以贩卖禽类为生的商贩,他的全部经营性财产是50万元。此时,他正好从山东某大型禽类养殖企业购买了数车活鸡和活鸭。这样,他所有的财产就在这几辆货车上,刚刚运到上海。由于紧急状态的出现,政府下令全部捕杀处理。按照当时该市有关部门的规定,活禽给予50%的经济补偿。在很多其他地区,经济补偿的比例可能还要低一些。这样,对于这个兢兢业业的商贩来说,他的半数财富瞬间就灭失了。这大概是他过去多年的辛苦经营所得。所以,对于此种紧急状态的处置,必须要考虑经济补偿的问题,这是一个基本公共政策问题,也可以反映出一个社会中个人财产受保护的程度。

总之,上述讨论并没有标准答案,但与具体主张相比,弄清楚这个问题背后的法理逻辑更为重要。

7.3 宪政与宪法的基本问题

上面讨论的案例都跟基本公民权利的保护有关,这就涉及宪法、宪政与法治的问题。早在19世纪初,美国联邦大法官约翰·马歇尔就认为,政府的首要职责是为每个人提供法律保护。政府的基本职责与宪法的基本目标都应该是保护公民的自由和权利。因此,一个国家宪法与法治的实施程度是跟该国公民权利和基本自由高度相关的。

宪法是一个国家的基本大法,它规定了国家正式的政治制度结构,明确了个人所享有的权利与自由。宪法的两个主要内容,一是跟国家的正式政治制度结构有关的,二是跟公民自由和基本权利有关的。从类型上讲,宪法可以分为两种:一种是成文宪法,一种是不成文宪法。对于拥有不成文宪法的国家,通常有一些类似于宪法的基础性法案,构成了宪法的实际组成部分。不成文宪法主要出现在英国,而美国是一个最早制定成文宪法的国家。在1787年之前,世界上并没有完整意义上的成文宪法,所以美国1787年《宪法》是人类历史上第一部完整意义上的宪法。德国最早的成文宪法出现在1848年,是1848年欧洲革命过程中颁布的宪法,也算是非常早的成文宪法,但这部宪法并没有施行。后来,很多国家都陆续制定了宪法。到了20世纪,脱离殖民统治的发展中国家实现独立之后,往往都要制定一部宪法。所以,现在基本上所有国家都有成文宪法。

与宪法密切相关的一个概念是宪政,又译立宪主义。宪政是国内法学界和政治学界热烈争论的一个概念。那么,什么是宪政或立宪主义?宪政一般是指基于宪法与法律来实施统治,或者说是国家的强制性权力受到宪法与法律普遍约束的观念和制度。理解宪政,主要可以从三个方面入手:

第一,宪法与法律限制政府活动和政治权力的范围。这与有限政府原则是一致的。换句话说,政府不是什么事情都能做,宪法和法律允许政府做的事情是有限的,政府只能在这一限定范围内活动,而不是想做什么就做什么。西方启蒙运动以来的政治哲学传统把国家视为一种"必要的恶",意思是国家当然是必不可少的,但国家又可能对这个社会带来侵害,因为政治权力可能会肆无忌惮地扩张。所以,国家与政治权力应该受到强有力的约束。按照这一原则,如果政府活动范围是无限的,政治权力没有受到制约,这样的国家就不符合宪政原则。有人说,宪政就是"限政",这个说法不那么完整,但总体上是恰当的——宪政包含着限制政府或限制政治权力的意思。

第二,宪法与法律应明确及保障公民平等的自由和权利。宪政意味着每个公民的自由与权利受到明确的保护。以美国宪法为例,尽管1787年《宪法》没有权利法案的条款,但随后于1791年制定的10个修正案都涉及公民的基本权利与自由,这些修正案被称为美国的《权利法案》。这10个修正案是:

第一条修正案　国会不得制定关于下列事项的法律:确立国教

或禁止宗教活动自由;限制言论自由或出版自由;或剥夺人民和平集会和向政府请愿申冤的权利。

第二条修正案 纪律严明的民兵是保障自由州的安全所必需的,因此人民持有和携带武器的权利不得侵犯。

第三条修正案 在和平时期,未经房主同意,士兵不得在民房驻扎;除依法律规定的方式,战时也不允许如此。

第四条修正案 人民的人身、住宅、文件和财产不受无理搜查和扣押的权利,不得侵犯。除依照合理根据,以宣誓或代誓宣言保证,并具体说明搜查地点和扣押的人或物,不得发出搜查和扣押状。

第五条修正案 无论何人,除非根据大陪审团的报告或起诉,不得受判处死罪或其他不名誉罪行之审判,惟发生在陆、海军中或发生在战时或出现公共危险时服现役的民兵中的案件,不在此限。任何人不得因同一罪行而两次遭受生命或身体的危害;不得在任何刑事案件中被迫自证其罪;不经正当法律程序,不得被剥夺生命、自由或财产。不给予公平赔偿,私有财产不得充作公用。

第六条修正案 在一切刑事诉讼中,被告享有下列权利:由犯罪行为发生地的州和地区的公正陪审团予以迅速而公开的审判,该地区应事先已由法律确定;得知被控告的性质和理由;同原告证人对质;以强制程序取得对其有利的证人;取得律师帮助为其辩护。

第七条修正案 在普通法的诉讼中,其争执价值超过20元,由陪审团审判的权利应受到保护。由陪审团裁决的事实,合众国的任何法院除非按照普通法规则,不得重新审查。

第八条修正案 不得要求过多的保释金,不得处以过重的罚金,不得施加残酷和非常的惩罚。

第九条修正案 本宪法对某些权利的列举,不得被解释为否定或忽视由人民保留的其他权利。

第十条修正案 本宪法未授予合众国、也未禁止各州行使的权力,保留给各州行使,或保留给人民行使之。

第三,宪法与法律创造政府越权时给予救济的手段。如果政府做了违反宪法与法律的事情,又该怎么办?如果个人的自由和权利遭到政府的侵害,又该怎么办?这时,宪法与法律应该要创造一种政府越权时给予救济的手段。举例来说,如果政府通过强制手段把你的房子拆了,有没有一种途径能够纠正这种不当做法呢?如果只有前面两条原则,当政府本身违法或侵权时,这两条原则有可能落空。所以，宪政还意味着当政府越权、公共权力被滥用时，普通公民拥有一些能提供救济的手段。

与宪政密切相关是法律和法治的概念。法律是指一整套运用于政治共同体的公开的、具有强制力的规则，或者说是具有强制约束力的规则。在国内，法治的概念则容易跟法制的概念相混淆。国内学界的一般看法是，法治对应的是"rule of law"，法制对应的是"rule by law"。法治是指法律的统治，而法制则是用法律统治。对于前者，法律具有至高无上的地位；而对于后者，法律不过是一种统治或治理的工具。就后者而言，如果法律只是一种统治或治理的工具，这意味着法律本身并没有超越政治权力。这样，法律只是政治权力用于实现统治与治理目标的手段。

从全球范围来看，英格兰是最早形成法治传统的国家之一。对近代英格兰的法治史来说，大法官爱德华·柯克是一位重要人物。1608 年，英国国王詹姆士一世表示希望亲自对某个重要的案件进行司法审判。国王还威胁法官们，如果不给予他司法审判的权力，他将对法官们控以叛国罪。面对国王的此种要求和威胁，时任大法官的柯克爵士这样应答：

> 确实，上帝赋予了陛下以卓越的技巧和高超的天赋；但陛下对于英格兰国土上的法律并没有研究，而涉及陛下之臣民的生命或遗产、或货物、或财富的案件，不应当由自然的理性，而应当依据技艺性理性和法律的判断来决定，而法律是需要长时间地学习和历练的技艺，只有在此之后，一个人才能对它有所把握；法律就是用于审理臣民的案件的金铸的标杆（量杆）和标准；它保障陛下处于安全与和平之中；正是靠它，国王获得了完美的保护，因此，我要说，陛下应当受制于法律；而认可陛下的要求，则是叛国；对于我所说的话，布拉克顿曾经这样说过：国王在万人之上，但却在上帝和法律之下。①

柯克爵士提到的"国王在万人之上，但却在上帝和法律之下"这句名言早在 13 世纪就出自另一位英格兰大法官亨利·布拉克顿之口。所以，这种传统把法治视为"法律的统治"，而不是说法律是"统治的工具"。从这个意义上说，法治与宪政这两个概念是高度相关的。两者的差异仅在于强调的重点不同：宪政更强调的是用宪法约束政府和政治权力的概念，认为宪法是对政府权力的一种制约和抗衡；法治更强调一般的法律作为社会的基本规则，统治和治理不应

---

① 小詹姆斯·R. 斯托纳：《普通法与自由主义理论：柯克、霍布斯及美国宪政主义之诸源头》，姚中秋译，北京：北京大学出版社 2005 年版，第 48 页。此处对译文略有调整。

该基于人治,而应该基于法律。

除了立宪政治的原则外,宪法之所以重要,还因为宪法在一国政治生活中扮演着重要的具体角色。宪法的第一个功能是确立合法性。自启蒙运动以来,公民们的政治意识开始觉醒。在人类历史上,君主的统治总的来说是一件自然而然的事情。但是,近代启蒙运动以来,统治不再是一件自然而然的事情。这种统治要基于一套说法:为什么有人可以统治,为什么其他人需要服从?总之,如今的统治需要有一套言之成理的说法,而正是宪法提供了这样一套说法,其首要功能是确立政府合法性和赋予政治权力。

宪法的第二个功能是确立基本的政治制度结构。美国宪法是一部三权分立宪法,德国宪法是一部议会制宪法。这两部宪法确定了行政权与立法权之间的不同关系,也确定了司法权在政治生活中的不同位置。此外,宪法还确定了中央政府和地方政府之间的关系。这样,宪法实际上规定了一个国家横向和纵向的分权结构。所以,一部宪法实际上就是关于一个国家政治制度结构的说明书。

宪法的第三个功能是明确公民的自由与权利。绝大多数国家的宪法或宪法性法律文件中都会说明,国家应该保护和尊重公民的生命权、财产权与自由权,还有不少宪法规定了需要保护公民的受教育权、工作权与基本保障权,等等。总之,多数宪法都对公民的诸种自由与权利有详细的规定。

宪法的第四个功能是限制政府活动和政治权力。符合宪政原则的宪法通常还规定,什么事情是政府不能做的。比如,美国宪法的第一条修正案就明确规定:"国会不得制定关于下列事项的法律:确立国教或禁止宗教活动自由;限制言论自由或出版自由;或剥夺人民和平集会和向政府请愿申冤的权利。"这条修正案规定的是国会不能立法禁止什么。实际上,一部宪法还应该有条款规定政府不能做什么。符合宪政原则的宪法,不仅应该规定政府能够做什么,而且应该规定了政府不能做什么。

宪法的第五个功能是提供关键政治争端的解决方法。比如,第6讲曾分析,总统制之下总统与议会可能会产生严重的政治冲突,那该怎么办呢?比如,美国总统提交的要求提高政府债务上限的法案,参议院否决了。只要总统提交,国会就否决,那会出现什么情况?如果这样的冲突不是发生在民主历史悠久、两大主要政党拥有政治默契的美国,而是发生在另外一个新兴民主国家,就有可能导致政治僵局。为了解决这种政治僵局,智利在宪法中就规定了解决这种政治僵局的相应条款。必要时,总统可以通过付诸全民公决的办法来解决行政机构与立法机构的冲突,即总统与国会的冲突。这是宪法试图解决关键政治争端的一个例子。很多发展中民主国家发生军事政变,一个原因就是已有宪法没有提供解决关键政治争端的机制。对一个发展中国家来说,如果政治僵局持续较久,军队就很可能会出场干预政治。所以,宪法解决政治争端的功能也是非常重要的。

各国宪法的文本尽管篇幅不一,但宪法的文本结构往往是相似的。多数成文宪法均由四个部分构成:第一部分是宪法的序言,往往近似一个煽情的宣言,强调这部宪法和现行政府的合法性;第二部分对政治系统和制度安排的规定,设立哪些不同形式的政府机构,确立它们彼此间的政治关系等;第三部分是权利法案,即保护公民个人权利与自由的条款,可能还包括对救济机制的说明;最后一部分会涉及修改宪法的规则与程序等,通常修改宪法要比一般立法更为严格。总之,大多数宪法都包括序言、政治制度和政府结构、公民权利与自由以及修宪程序等四方面内容。

这里以美国宪法和印度宪法为例加以说明。比如,美国1787年《宪法》在序言中说:"我们合众国人民为了建立一个更完善的联邦,树立正义,确保国内安宁,完备共同防御,振兴公共福利,并保证我们子孙后代永享自由的幸福,特制订美利坚合众国宪法。"这一简洁的序言阐明了制定宪法的目的,旨在论证合法性。

第二部分内容是关于美国政府的机构设置。大致上说,宪法规定了立法权赋予国会参议院和众议院,并规定了选举参议员和众议员的办法;行政权赋予总统,明确了总统职权,并规定了选举总统的办法;司法权赋予法院,并对法院以及行政、立法之间的关系做了界定;宪法还明确了联邦与各州之间的政治关系,即中央政府和地方政府之间的关系。这一部分确立了美国政府的政治机构与制度安排。

1787年《宪法》正文没有包含权利法案的内容,但这部宪法颁布以后不久的1791年,美国国会通过的十条修正案实际上构成了美国的权利法案。这十条修正案规定了美国公民享有的诸种公民权利与自由,以及美国政府不得干涉或侵犯这些权利与自由的若干规定。

最后一个方面涉及宪法修订的程序。这有两种途径:要么是国会参众两院三分之二多数提出,要么是应三分之二的州议会提议,国会召集修宪大会提出,但最终都需要得到四分之三州议会或州修宪大会的批准。由此看来,要通过宪法修正案难度是较大的。只有参众两院两大政党均有共识以及极高比例州均有共识的事项,才有可能通过宪法修正案,体现了审慎性原则。

再来看印度宪法。印度于1947年独立,但宪法却在1949年才颁布,从独立到制宪用了两年多时间。印度宪法起草委员会的主任是伦敦政治经济学院毕业的安贝德卡尔博士,这个人深受英国法律和政治传统的熏陶。按照现在的评价,安贝德卡尔对印度宪法和民主的贡献是很大的。印度宪法也包括四个方面的内容。它的序言这样写道:"我们印度人民已庄严决定,将印度建成为主权的社会主义的非宗教性的民主共和国,并确保一切公民:在社会、经济与政治方面享有公正;思想、表达、信念信仰与崇拜的自由;在地位与机会方面的平等;在人民中间提倡友爱以维护个人尊严和国家的统一和领土完整;鉴此,我们制宪会议于1949年11月26日通过,制定了本宪法,并将其公布于众。"序言阐明了印度宪法的基本目的。

第二部分是关于印度政治制度的基本规定。宪法规定了联邦和各邦之间的关系,第一条就规定"印度是一个联邦制国家"。当然,实际上印度建国初期联邦政府的权力是相当大的,这跟印度实行了具有浓厚计划色彩的经济模式有关。一般认为,印度的尼赫鲁时代只能算是一个中央集权程度很高的准联邦制国家。后来,由于计划经济的改革和市场化,地方权力大幅增加以后,印度的联邦制色彩愈发浓厚。关于政府各主要机构的关系,印度宪法的规定是比较微妙的。从宪法文本上看,"联邦行政权属于总统",总统不仅是国家元首还是军队统帅。宪法同时设置了总理和部长会议,而且貌似总理和部长会议是在总统之下行使行政权的。但宪法又有这样的规定:"总统在行使其职权时根据部长会议的建议行事"。这意味着只有在总理及部长会议认可的情况下,总统才能行使职权。这样一来,决定实际上是总理及部长会议做出的。宪法规定,总理及部长会议由人民院选举产生。这意味着印度是一个标准的议会制国家。宪法还规定,印度国会由联邦院和人民院组成,联邦院由各邦代表组成,人民院根据人口比例由全国各选区选举产生。另外,法院系统享有司法权。

第三部分规定了印度公民的自由权、反剥削权及文化教育权。印度宪法是世界上最长的宪法之一,关于这些权利的规定也很细。具体来说,印度宪法规定了所有印度公民"法律上平等"的原则,"禁止宗教、种族、种姓、性别、出生地的歧视"原则,"公职受聘机会相等"原则,"言论和表达自由"原则,结社及迁徙自由原则,个人财产受保护原则,"反剥削权"原则,享受"文化教育权"原则,等等。

第四部分内容则涉及宪法修订的基本规则。相比于美国宪法,印度宪法的修订条款较为宽松。其基本规则是,国会任何一院提出宪法修正案,然后由本院三分之二议员出席,半数通过即可通过宪法修正案。但是,少数涉及联邦与各邦之间关系的宪法条款需要半数邦议会通过方能生效,这是为了防止国会单方面改变印度联邦(中央)与各邦(地方)之间的关系。尽管印度宪法的修订较为容易,但整部宪法从 1949 年制定至今还是非常稳定的。在发展中国家里,印度是为数不多几个独立以后一直沿用一部宪法的国家。

7.4 宪政与司法审查

当然,宪法与宪政是两回事。如果宪法不被执行的话,它只不过是几张纸而已。那么,有没有什么办法能够让宪法真正起作用呢?由于宪法既不能自我制定,又不能自我实施,所以宪法必须依赖于机构和人才能起作用。在一些国家,实践宪政的一个重要方面就是司法审查或违宪审查制度。司法审查一般是指最高法院或宪法法院对行政机构或立法机构的法律与决定进行合宪性审查的机制。换句话说,如果议会通过的立法或政府作出的决定违反宪法的话,最高法院或宪法法院可以判决此类立法或决定违宪,从而宣布取缔这样的法律或决定。

具体来说,司法审查或违宪审查通常涉及三项内容:一是裁决具体的法律或决定是否符合宪法;二是解决国家和公民关于基本自由权的冲突;三是解决不同政府机构或不同层级政府之间的冲突。那么,由何种机构来实施司法审查或违宪审查呢?全球范围内主要是两种制度安排:一种是像美国那样由联邦法院即最高法院来负责实施,一种是像德国那样由专门的宪法法院来负责实施。

法律或决定是否违宪是一个重要问题。实际上,与此相关的判决直接关系到美国司法审查权的起源,相关案件可以追溯到美国 1803 年马伯里诉麦迪逊案。① 美国联邦法院首席大法官约翰·马歇尔对此案的判决,深刻地影响了美国的司法与政治体系。事情大致是这样的:前总统已签署威廉·马伯里的地方治安官任命状,但国务卿由于事务繁忙而没有把该任命状签发出去。结果,总统和国务卿卸任以后,已经签署的、放在抽屉里的任命状被新任总统和新任国务卿截留了。新任国务卿决定不再颁发这一任命状。被任命的马伯里是一个商人,地方治安官实际上是不大的官职,但马伯里对此并没有逆来顺受、忍气吞声,而是将此案诉至最高法院,要求最高法院对政府下达强制令,请时任国务卿的詹姆斯·麦迪逊发出已签署的任命状。首席大法官马歇尔牵头审理此案。

---

① 这一案例参考了如下两种资料:任东来、陈伟、白雪峰等:《美国宪政历程:影响美国的 25 个司法大案》,北京:中国法制出版社 2005 年版,第 22—39 页;迈克尔·C. 道夫主编:《宪法故事》(第二版),李志强、牟效波译,北京:中国人民大学出版社 2012 年版,第 10—23 页。本节的相关引文来自以上两种资料,一些译文根据相关司法资料的原文做了修订。

那么,最高法院如何审理呢?

这个案件涉及两个基本问题:第一,联邦法院对这一案件本身的看法,即新任国务卿是否应该发出任命状?第二,联邦法院代表的司法机构如何处理与总统代表的行政机构之间的关系?联邦法院有权干预总统与国务卿的决定吗?这的确是一个非常棘手的事情。从1783年美国立国、1787年美国制宪到1803年本案,总共不过20年时间,美国作为一个新国家的根基还不稳固。尽管美国已经有了宪法和法律,但美国的很多重要制度安排和惯例都还在形成之中。事后来看,马伯里诉麦迪逊案之所以重要,是因为马歇尔通过对此案的判决塑造了美国新的司法与政治传统。

接手这个案件之后,马歇尔大法官的逻辑非常清楚。他认为主要有三个问题:

1. 申诉人马伯里是否有权利得到其委任状?
2. 若申诉人有这个权利且受到侵犯,政府是否应该为其提供救济?
3. 如果政府提供救济,是否应该由最高法院来下达强制令,要求国务卿颁发委任状?

马歇尔与联邦法院其他法官经过审理后认为,前面两个问题是非常清楚的。既然前任总统与国务卿已经签发马伯里的任命状,该任命状已经生效——无论是否颁发至当事人手中。这样,拒发马伯里的委任状,侵犯了他作为一个公民的法律权利。所以,马伯里有权得到其任命状。

马歇尔对第二个问题的回答也是肯定的,即政府应该为马伯里提供救济。他这样说:

> 每一个人受到侵害时,都有权要求法律的保护。政府的一个首要责任,就是提供这种保护。合众国政府被宣称为法治的政府,而非人治的政府。如果它的法律对侵犯所赋予的法律权利不能提供救济,它当然就不值得这高尚的称号了。

最为棘手的是第三个问题:最高法院是否应该向国务卿下达强制令呢?要知道,从1787年《宪法》算起,美国的国家制度刚刚形成十多年时间。联邦法院应该做什么?联邦法院与总统、与国会是何种关系?所有这些尽管有宪法文本作准则,但彼此的边界都在摸索过程之中。

马歇尔大法官在审理过程中,注意到一个重要的细节,即马伯里直接在联邦法院起诉麦迪逊,援引的是美国国会通过的《1789年司法条例》第13条。这一司法条例的条款规定了类似情形,即马伯里可以将此类案例直接起诉到联邦最高法院,以联邦最高法院作为一审法院。但是,马歇尔发现,美国《宪法》第三条第 2 款规定,涉及大使、公使、领事以及一方以州为当事人的案件,最高法院具有一审管辖权,即这类案件可以直接起诉到最高法院。而马伯里准备接任的地方治安官不在该名单中,即该案件既非涉及公使、大使或领事,又非以一州作为当事人。

根据这种情形,又鉴于美国当时政治上的形势,马歇尔做了一个巧妙的回应,形成两个判决。判决一:由于管辖权问题,马伯里诉麦迪逊案予以驳回。因为按照美国宪法的规定,联邦最高法院不是此类案件的一审法院。判决二:美国国会通过的《1789 年司法条例》第 13 条的规定违宪,联邦最高法院决定撤销这部法律中的第 13 条。也就是说,马歇尔通过判决的方式宣布《1789 年司法条例》第 13 条作废,不再具有法律效力。这意味着联邦法院获得了判定美国国会通过的法律是否违宪的权力。所以,此案成为美国司法审查权的起源。

马歇尔法官在本案判决中充分阐述了宪法与普通法律的关系,他这样说:

> 一部普通的法律和宪法之间只有两种关系:第一种关系是平行关系,即普通法律与宪法的效力是相当的;第二种关系是普通法律在宪法之下,即宪法的效力要高于普通法律。……宪法构成国家的根本法律和最高的法律,违反宪法的法律是无效的。而断定什么法律是违宪,显然是司法部门的职权和责任。

所以,今天美国流传着这样一种说法:美国宪法是什么呢?联邦大法官们说是什么,它就是什么。这句话当然有调侃的成分,但通过这句话大家也可以看出,美国司法部门拥有巨大的权力。自马歇尔大法官判决马伯里诉麦迪逊案开始,违宪审查权或司法审查权就成为美国法治传统的惯例。由此,马歇尔大法官也塑造了联邦法院与总统、国会之间的政治关系。

从这个案例,大家还可以看出,美国今天的政治框架固然是 1787 年《宪法》规定的,但行政权、立法权与司法权的实质性关系也是由不同的政治人物在后来的实践中不断塑造的。对美国政治来说,宪法框架固然重要,但一些重要人物在关键时刻的做法和实践也非常重要。新的政治传统,往往是由那些既有历史担当又有政治智慧的人物们开创的。

司法审查的重要性,还在于它可以解决国家和公民关于基本自由权的冲突。比如,在 20 世纪 60 年代初的美国,一位白人在洛杉矶街头开了一家餐厅。这位餐厅老板对白人与黑人顾客本身没有不同的偏好。他作为一个精明的生意人,主要考虑的是如何挣钱,他只想经营好自己的餐厅。所以,照理说,任何顾客来吃饭他都应该表示欢迎——只要他们愿意掏钱。但是,他发现附近的社区主要是白人,他的主要顾客是白人。这样,按照当时的社会气氛,如果这位餐厅老板允许黑人进入餐厅就餐,白人顾客可能就不会来了。所以,尽管他本身对黑人没有偏见,但出于商业利益的考虑,他贴出了一个非常礼貌的告示,意思是本餐厅只对白人开放。

但问题就来了。他作为一个餐厅老板,有权作出这样的决定吗?这是一个法理问题。真实的情形可能是,这位老板贴出告示后,若干年中没有人提出任何异议。直到有一天,一位类似马丁·路德·金的黑人出现在他的餐厅门口。这个人就是要进来吃饭,他进入餐厅,坐在这里不走,掏出了美金,说要点菜。那么,这位餐厅老板可以拒绝给他提供服务吗?或者有权把他轰走吗?万一这位黑人顾客不离开餐厅,他可以叫警察吗?如果警察来了,他还是不离开餐厅,警察可以强行驱离吗?再比如,如果两个警察强行架起这位黑人顾客,把他扔到大街上,并阻止他再次进入餐厅,这位可能受了点轻伤的黑人可以起诉这家餐厅,甚至可以起诉洛杉矶警察局吗?或者,他可以选择起诉加利福尼亚州政府吗?这位黑人顾客可以把这个官司从普通法院打到上诉法院,甚至一直上诉到联邦法院吗?

如果这个案子最终被诉至联邦法院,联邦大法官们的重要性就凸显出来了。面对这样的案子,联邦最高大法官们会怎么判呢?实际上,他们不只是在决定这个案子本身,而是在决定一个国家的基本自由权利及其具体政策。联邦法院最后的判决是所有餐馆以及所有的私人和公共机构必须无差别地对所有公民开放,无论他的肤色是什么,否则就是违宪。后来,借助立法,这一准则又成为美国基本的法律原则。在这一案例中,大家看到了司法权的强大力量,而且这种司法权的影响甚至超越了民主的多数规则。比如,如果要就这个事情进行全民投票,结果则可能完全不同。如果黑人人口比例只有15%,其他有色人种人口比例只有5%,而白人人口比例占80%的话,全民投票更有可能反对联邦法院的判决,而非支持这一判决。实际上,与上面假想的这一案例相似的事件大致在美国历史上就发生过,当然细节的差异是很大的。

此外,司法审查还可以解决不同政府机构或不同层级政府之间的冲突。比如,18世纪末,美国某个州制定一部法律,由于本州税源不足,要对来往本州的不同州货物征收3%的过境税。那么,州政府有权这样做吗?假使美国联邦政府说,你不能这么干。但州政府说,我现在只能这么干,因为本州财政出现了严重问题。要知道,联邦制下美国联邦政府并非州政府的上级,两者之间没有直接的隶属关系。所以,美国总统不能把州长撤了。那么,这个事情怎么办呢?

难道要靠武力解决吗？似乎并不妥当。政治不成熟的国家，出现关键争端以后通常需要用武力来解决，而政治成熟的国家可以借助政治或法律手段来解决。比如，联邦法院大法官们判决，任何州不得制定任何对过境货物征税的法律，否则就是违宪。这样，该州只好老老实实地把这个法案废了，这个政治争端就解决了。在这一案例中，违宪审查通过司法判决，解决了不同层级政府之间的冲突，从而增进了民主政体的稳定性。

通常，关于宪政的另一个问题是宪法真的能起作用吗？这是一个极重要的政治问题。《控制国家》一书作者斯科特·戈登认为，宪政是国家的强制性权力受到约束的观念。他在书中引用了查尔斯·麦克尔文的观点：

> 在所有相继的用法中，立宪主义都有一个根本的性质：它是对政府的法律制约……真正的立宪主义的本质中最固定和最持久的东西仍然与其肇始时几乎一模一样，即通过法律限制政府。①

由此可见，现代国家的宪政观念是指通过宪法和法律约束政府与政治权力。这样，宪政的一边是宪法和法律，另一边是政府和政治权力。但问题是，在政治实践中，宪法和法律可能是死的，政府和政治权力是活的。如果是这样，宪法和法律如何能限制住政府和政治权力呢？这实在是一个非常困难的事情。另一个悖论是，谁是宪法或法律的捍卫者和执行者呢？一个通常的回答是政府（广义的政府）。那么，问题就来了，一方面政府是法律的执行者，另一方面却又要用法律来约束政府，这又如何可能呢？因此，对很多国家来说，实践宪政并非易事。

戈登认为，宪政在政治实践中表现为政治权力分立与制衡的原则，就像美国那样，实现立法权、行政权和司法权的分立并使之互相制衡。他还认为，宪政原则包含着对抗性的元素，即政治权力内部的对抗性。如果有一个最高权力能统辖其他所有的权力，就不符合宪政原则。按照戈登的观点，权力分立与制衡是宪政的核心。

与之相关的问题是，宪法真的能运转起来吗？从历史经验来看，宪法能否运转起来，依赖于很多因素。首先，政治文化就是一个重要因素。在宪政问题上，最重要的文化是信仰规则。规则一旦制定，就应该遵守规则，这是基本的规则信仰。如果有人觉得规则不合适，又该怎么办？有规则信仰的群体不是去违反规则，而是应该先谋求改变规则，等新规则生效以后再实施新的做法。但是，

---

① 转引自斯科特·戈登：《控制国家——西方宪政的历史》，应奇等译，南京：江苏人民出版社2001年版，第5页。

有些国家的文化缺少这种规则信仰,出现问题首先考虑不是如何调整规则,而是考虑如何破坏规则。

其次,统治者、主要政治集团或主要政治力量是否尊重宪法也是一个重要问题。如果这一点没有保证,宪法就难以运转起来。宪法能够运转起来,要么是居于支配地位的政治集团尊重宪法,信仰宪政,要么是几个不同的政治集团在宪法规则基础上达到了政治均衡——尽管几个政治集团并不信仰宪政,但它们实力相当,最后不得不遵守既有的主要规则。第一种情形当然是比较有利的。当年印度建国之初,国大党作为一个支配性的政治集团是信奉宪政、尊重宪法的,这对印度民主宪政的维系比较有利。第二种情形下也有可能建成宪政,但只是主要政治集团在现有宪法规则基础上实现政治均衡罢了。一个著名例子是1919—1933年的德国魏玛共和国。1918年德意志帝国倒塌、1919年制定魏玛宪法时,不同政党和政治力量互相竞争,只有宪法规则是不同的政治力量都能接受的。但实际上,当时的很多政治家都不是民主与宪政的真诚信仰者,魏玛共和国由此被戏称为"没有民主主义者的民主国,没有共和主义者的共和国"。当然,这种均衡可能是不稳定的。

最后,是宪法本身的挑战,即宪法有没有适应变化的能力。有些宪法由于制度设计的问题,本身存在重大缺陷。这种缺陷主要表现在两个方面:一是宪法条款设计不当,导致政治僵局;二是宪法条款本身弹性较低,不能适应快速变化的政治局势。这种情况下,宪法也难以运转起来。

上述讨论涉及的是宪法的政治实践。与其说宪法或法律独立于政治,毋宁说宪法或法律就是政治的成果。因而,对宪法与宪政进行政治分析就非常必要。通常,法学界比较重视宪法的文本及宪法条款的法学价值,但比较忽视对宪法的政治分析。政治学思考宪法或宪政问题,更重视政治分析。图7.1简要解释了宪政与政治的一般关系。一方面,宪政固然是约束政治的规则。从理想上说,宪政是用来约束和规范政治的,是用来规范政府和主要政治集团行为的。但另一方面,现实的宪政首先是某个政治过程的结果,宪政实现与否是政治过程本身塑造和决定的,宪政可以被视为一种政治均衡状态。所以,如果不进行政治分析,理解宪法和宪政问题上往往会失之偏颇。

图7.1 宪政与政治的关系

7.5 法律体系与司法系统

从欧洲文明的演进历史看,其法治传统的塑造离不开自然法或高级法的学说。① 这一学说认为,自然法或高级法在逻辑上优先于人类制定法,即制定法或实在法。按照这种法律思维,立法必须要考虑自然法或高级法的法律原则。而自然法学说强调的是自然正义原则,重视人的自然权利,认同天赋人权,认为自然权利不证自明并具有普遍性,而成文法应该遵循自然法的基本原则。一句话,法律的目的是保障所有人无差别的自由权利。从经验来看,如果没有对自然法原则的信仰,要想建设法治社会就会有相当的难度。尤其是,如果一个国家的精英阶层不信仰这些理念,就难以建成一个法治国家。

法律制定以后,执行则有赖于法院系统与司法体系。通常,司法体系由不同层级的法院构成,一般包括基层法院、上诉法院和最高法院。由于各国司法体系的不同,不同层次法院之间的关系也不同。就一般法治原则而言,尽管不同的法院与法官有层级差异,但不应该有行政上的命令与等级关系。换言之,上级法院法官并非下级法院法官的行政上司。所以,尽管法官所在法院的层级不同,但每个法官都应该是独立的审判者,他们只根据法律与良心判案。法治原则要求每一位法官不应受任何其他利益与行政命令的左右。

当然,在不同的法律体系下,法官的角色和法院系统的内部治理是不同的。西方世界有两种主要的法律体系:英美法和大陆法,又称普通法与法典法。从起源上说,普通法起源于英格兰,盛行于美国和英联邦国家;而大陆法起源于古罗马,完善于法国,盛行于欧洲大陆以及其他多数国家。从形式上说,普通法是判例法。所谓判例法,就是基于法院的判决而形成的具有法律效力的判定,这种判定对以后的判决具有法律规范效力,能够作为法院判案的法律依据。大陆法是成文法,先要立法,即制定规则,包括主要条款及细则——法律条文应该讲清楚什么可以做和什么不能做。倘若有人违法,对照法律,即可判定是否违法或犯罪,处罚细则亦有相应规定。英美法依赖的是判例,整个法律体系是过去的判例累积构成的。当然,通常情况下,所有判例都基于某些确定的法律原则。所以,大陆法操作起来相对容易,但灵活性比较低;英美法操作起来比较复杂,但灵活性比较高。

---

① 关于法律原理与不同法律体系的更多内容,请参见博登海默:《法理学:法律哲学与法律方法》,邓正来译,北京:中国政法大学出版社 2004 年版;米健:《比较法导论》,北京:商务印书馆 2013 年版,特别是第五、六章。

在两种法律体系下，法官的角色也有很大不同。英美法系中的法官是比较消极的，在法庭上更多地扮演一个召集人的角色。照理说，他既不应该偏向原告，又不应该偏向被告，他应该是一个公允的中间人。至于被告罪名是否成立，主要取决于普通公民代表组成的陪审团的决定，陪审团有权决定有罪还是无罪。比如，美国著名的辛普森案中，他被控谋杀前妻，证据似乎也很多，但最后陪审团判决辛普森无罪，谋杀罪名不成立。此案到今天仍然还有很多不同的说法。但无论怎样，英美法系中法官的角色相对消极，而陪审团发挥很大作用。大陆法系的法官更为积极，除了出庭审判的法官，还包括一些起调查作用的法官。在庭审过程中，法官代表了法律，法官最终决定被告有罪还是无罪。

两种法律体系下被告的法律地位也略有差异。普通法坚持被告无罪推定的原则，即在证明并判决为有罪之前，被告或嫌疑人均被视为无罪。比如，在尚未开庭审判之前，就公开传播关于犯罪嫌疑人如何作案的确切信息，这在普通法系下是极不妥当的。任何人在被证实并判决有罪前，都应当被视为无罪。这是普通法的一条重要原则。大陆法系过去在无罪推定原则上摇摆不定，较早的惯例是要求被告自证清白，当然不同国家的程序是不同的。比如，有人被指控上周五晚上谋杀了本地一位富豪。在普通法系下，被告即便一言不发，也照样无碍。起诉方则需设法证明此事就是他干的。而陪审团的态度通常是，除非控方能够提供足够有力的证据，证明此事确是被告所为，否则就予以驳回。但是，在大陆法系的传统下，被告最好能提供证据，说明自己与多位证人在参加宴会，以证明自己无法同时出现在犯罪现场。当然，到了今天，无罪推定原则已经被视为普遍的法律原则，但两大法律体系在此问题上仍有差异。

两种法律体系下司法与行政的关系也有差异。普通法系的司法更多地独立于行政，大陆法系的司法跟行政有更为密切的关系。所以，完全意义上的司法独立概念更多适用于普通法系，而非大陆法系。当然，在法治完善的国家，即便是大陆法系，司法尽管并非完全独立于行政，但法官和法院的独立判案之权通常不会受到政治或行政的干扰。

最后，两种法律体系的司法审查权或违宪审查权差异也很大。通常，普通法系下的司法审查权会比大陆法系下的司法审查权更大，但不同国家的具体情形又不一样。司法审查权较为突出的典型国家是美国，但同为普通法国家的英国就很难讲有独立的司法审查权，因为英国更强调议会主权的原则。相比而言，大陆法系的司法审查权通常比较有限，但德国的宪法法院却又比较活跃。因此，两种法律体系下的司法审查权总体上很不一样，但就个别国家而论实际情形又较为复杂。

7.6 公民权利与《世界人权宣言》

宪政与法治的主要目的是保护公民的自由与权利,或者说保障基本人权。一般认为,人类历史上第一个跟人权或公民权利有关的法案是英国 1689 年《权利法案》。1787 年美国《宪法》尽管没有公民权利条款,但随后通过的十条修正案构成了美国的权利法案。法国在大革命期间的 1789 年颁布了《人权与公民权宣言》,这个宣言受到了启蒙思想与自然法学说的重大影响。这个宣言包含了如下重要条款:

> 在权利方面,人人与生俱来而且始终自由与平等,非基于公共福祉不得建立社会差异。
>
> 一切政治结合均旨在维护人类自然的和不受时效约束的权利。这些权利是自由、财产、安全与反抗压迫。
>
> 整个主权的本原根本上乃存在于国民。任何团体或任何个人皆不得行使国民所未明白授予的权力。
>
> 自由是指能从事一切无害于他人的行为;因此,每一个人行使其自然权利,只以保证社会上其他成员能享有相同的权利为限制。此等限制只能以法律决定之。
>
> 法律仅有权禁止有害于社会的行为。凡未经法律禁止的行为即不得受到妨碍,而且任何人都不得被强制去从事法律所未要求的行为。

到了 20 世纪——特别是第二次世界大战以后,与公民自由权利或基本人权有关的国际公约开始出现。比如,联合国 1948 年通过的《世界人权宣言》就是一例。① 在此基础上,联合国又于 1966 年通过了《公民权利和政治权利国际公约》,进一步声张和明确了人类的自由权利与基本人权。

本讲此处仅以《世界人权宣言》为例来大致介绍国际上公认的公民权利的基本内容。第一,宣言强调人的生命权与自由权不受侵犯,并且所有人在法律上一律平等。比如,宣言制定了这样的条款:

> 第一条 人人生而自由,在尊严和权利上一律平等。他们赋有

---

① "人的安全网络"组织编写:《人权教育手册》,李保东译,北京:生活·读书·新知三联书店 2005 年版,第 495—500 页。

理性和良心，并应以兄弟关系的精神相对待。

第二条 人人有资格享受本宣言所载的一切权利和自由，不分种族、肤色、性别、语言、宗教、政治或其他见解、国籍或社会出身、财产、出生或其他身份等任何区别。……

第三条 人人有权享有生命、自由和人身安全。

第二，宣言保护人享受不受非法拘禁或逮捕、不遭受酷刑以及在合法判定为有罪之前被视为无罪的权利。比如，宣言包含了如下条款：

第五条 任何人不得加以酷刑，或施以残忍的、不人道的或侮辱性的待遇或刑罚。

……

第九条 任何人不得加以任意逮捕、拘禁或放逐。

……

第十一条 （一）凡受刑事控告者，在未经获得辩护上所需的一切保证的公开审判而依法证实有罪以前，有权被视为无罪。……

第三，宣言认为人的隐私权、迁徙自由、财产权利、言论与思想自由、集会与结社自由都应该受到法律的保护。比如，宣言有这些条款：

第十二条 任何人的私生活、家庭、住宅和通信不得任意干涉，他的荣誉和名誉不得加以攻击。人人有权享受法律保护，以免受这种干涉或攻击。

第十三条 （一）人人在各国境内有权自由迁徙和居住。

……

第十七条 （一）人人得有单独的财产所有权以及同他人合有的所有权。

（二）任何人的财产不得任意剥夺。

第十八条 人人有思想、良心和宗教自由的权利；此项权利包括改变他的宗教或信仰的自由，以及单独或集体、公开或秘密地以教义、实践、礼拜和戒律表示他的宗教或信仰的自由。

第十九条 人人有权享有主张和发表意见的自由；此项权利包括持有主张而不受干涉的自由；和通过任何媒介和不论国界寻求、接受和传递消息和思想的自由。

第二十条 （一）人人有权享有和平集会和结社的自由。

（二）任何人不得迫使隶属于某一团体。

第四，宣言明确指出应该保障公民政治参与的权利，包括选举权和被选举权应该得以保障。比如，宣言制定了与民主权利有关的这一条款：

> 第二十一条 （一）人人有直接或通过自由选择的代表参与治理本国的权利。
>
> （二）人人有平等机会参加本国公务的权利。
>
> （三）人民的意志是政府权力的基础；这一意志应以定期和真正的选举予以表现，而选举应依据普遍和平等的投票权，并以不记名投票或相当的自由投票程序进行。

第五，宣言还规定了人应该享有的社会保障权、工作权、休息权以及受教育权等。比如，宣言包括相应的如下条款：

> 第二十二条 每个人、作为社会的一员，有权享受社会保障，并有权享受他的个人尊严和人格的自由发展所必需的经济、社会和文化方面各种权利的实现，这种实现是通过国家努力和国际合作并依照各国的组织和资源情况。
>
> 第二十三条 （一）人人有权工作、自由选择职业、享受公正和合适的工作条件并享受免于失业的保障。
>
> （二）人人有同工同酬的权利，不受任何歧视。
>
> ……
>
> 第二十四条 人人有享受休息和闲暇的权利，包括工作时间有合理限制和定期给薪休假的权利。
>
> ……
>
> 第二十六条 （一）人人都有受教育的权利，教育应当免费，至少在初级和基本阶段应如此。初级教育应属义务性质。技术和职业教育应普遍设立。高等教育应根据成绩而对一切人平等开放。
>
> （二）教育的目的在于充分发展人的个性并加强对人权和基本自由的尊重。教育应促进各国、各种族或各宗教集团的了解、容忍和友谊，并应促进联合国维护和平的各项活动。……

应该说，《世界人权宣言》的条款反映1948年人类关于公民自由与权利的共识。一方面，宣言包括和强调了像生命权、自由权、财产权和平等权，等等；另一方面，宣言也包括和强调了人的受教育权、保障权、发展权和社会福利权，等等。由此可见，这一宣言体现了不同意识形态的融合，具有很强的包容性。

【推荐阅读书目】

斯科特·戈登:《控制国家:从古代雅典到今天的宪政史》,南京:江苏人民出版社 2005 年版。

任东来、陈伟、白雪峰等:《美国宪政历程:影响美国的 25 个司法大案》,北京:中国法制出版社 2005 年版。

张千帆:《宪法学导论:原理与应用》,北京:法律出版社 2008 年版。

第 8 讲

民主转型的政治逻辑

富裕国家更有可能成为民主国家,不是因为民主的出现是威权统治下经济发展的一个结果,而是因为民主——无论民主是怎样出现的——在一个富有的社会更有可能存活下去。

——亚当·普沃斯基

唯有以中产阶级为基础才能组成最好的政体。中产阶级(小康之家)比任何其他阶级都较为稳定。他们既不像穷人那样希图他人的财物,他们的资产也不像富人那么多得足以引起穷人的觊觎。

——亚里士多德

在近些年被认为是"转型国家"的接近100个国家中,只有相对很少的国家——大概不足20个国家——正在朝着通往成功的、运转良好的民主制度的道路上迈进,或者在民主方面已经取得了某种进步和依然拥有民主化的积极力量。……迄今为止第三波的大多数国家并没有实现运转良好的民主制度,或者不能深化他们已经在民主方面取得的进步。

——托马斯·卡罗瑟斯

民主是成功还是失败,将继续主要取决于政治领导人和领导集团的选择、行为和决策。

——西摩·马丁·李普塞特

8.1 民主转型遭遇僵局？[①]

乌克兰如今深陷政治危机，2014年3月16日克里米亚独立公投的结果更使该国局势雪上加霜。从1991年到2014年，乌克兰的政治转型已历时23年，但仍然没有形成稳定有效的民主政体。联想到其他转型国家，这两年民主的坏消息似乎多过了好消息。从乌克兰到委内瑞拉，从泰国到埃及，民主转型纷纷陷入尴尬境地。按照国际主流评级机构的报告，自2006年以来，全球转型国家的民主就处在轻微衰退之中，由此引发了对第三波民主化回潮的担忧。

乌克兰问题已经牵动整个欧洲的局势，但这场危机的起源乃是乌克兰国内政治的困境。尽管已经历多次大选，但乌克兰的政治转型过程并未完成，其政体类型只能被归入介于民主与威权之间的两不像政体。目前，乌克兰甚至不能排除陷入局部武装冲突的可能。泰国看上去一直在转型，却总是无法拿到转型学校的毕业证书。选举、示威与政变是泰国政治的三个关键词。在泰国，无论谁当选，声势浩大的反对派就会涌上曼谷街头，持续抗争，甚至直至政治系统瘫痪。如果说民主政体得以维系的前提是"败选者的同意"（losers' consent），那么泰国恰恰有一大批"永不服输的败选者"。2014年5月，泰国军方再次宣布军事政变。埃及的政治困境至少同样严重。民选总统、穆斯林兄弟会领导人穆罕默德·穆尔西并没有办法应付埃及社会面临的重大问题，他无力解决穆斯林兄弟会与其他派别的冲突，无力控制强大的军方，亦无力领导国家实现政治和解与走上经济繁荣之路。在不到一年的时间里，先是兴起了大规模的民众抗争，而后是军事政变罢黜了总统。如今，埃及的军政大权又落入了塞西将军的手中。在这位军事领袖的干预下，埃及法院在2014年年底判处500多位穆斯林兄弟会成员死刑。所以，美国学者内森·布朗甚至悲观地断言："埃及转型已经失败。"

上述几国的转型故事跌宕起伏，情节各异，但逻辑却是相似的。它们都陷入了不同形式的"民主转型僵局"。这一转型僵局由循环往复的三个阶段构成：一是威权体制的瓦解和启动转型；二是民主运转的困难及其引发的各种难题；三是威权方式作为解决问题方案的登场和威权政体的回归。这些国家摆脱威权政体之后，就启动了民主转型。但是，新兴民主政体的运转可能会遇到很大的困难。威权政体的终结，使得各种政治力量都得到了释放，普遍的政治参

[①] 这部分内容曾以《民主转型僵局》为题刊载于《南风窗》2014年第7期，内容有修订。

与和政治竞争成为常态。然而,由于种种原因,很多国家政治参与和政治竞争的结果,并不是稳定有效的政府和良好的公共治理,而是政治冲突的激化,政治家与党派竞争的不择手段,甚至可能是政治秩序的失控。对这些国家,民主带来的不是秩序与繁荣,而是混乱与停滞。一旦走到这一步,民主游戏就很难玩下去了。这样,手握实权的民选领袖或军人通过威权方式解决问题的诱惑一直在增加。最终,他们采取了行动,于是该国政体又退回到了某种威权体制或准威权体制。

第三波民主化国家的经验揭示,转型可能会出现三种不同的结局:最好的结局是完成民主转型并实现民主巩固;最坏的结局是转型失败并重新回到威权政体,在此过程中可能还伴随着秩序失控、暴力事件和流血冲突,甚至是国家分裂的危机;中间状态的结局则是新政体兼具民主因素与威权色彩,反复摇摆于民主和威权之间,但已丧失继续转型的政治动力。后面两种情况都意味着该国陷入了转型僵局。

"好事不出门,坏事传千里。"这句谚语说明坏消息比好消息更容易传播。一个转型国家的军事政变或严重暴力事件容易占据世界大报的头版,但另一个转型国家一场如期而至、波澜不惊的大选却常常无人问津。这种政治传播的模式,客观上使人们更容易看到民主的问题而非机会。放眼全球,民主既有好学生,又有坏学生。那些陷入转型僵局而无力自拔的国家都算不上民主的好学生。但这些国家时常爆出政治危机的重磅新闻。由于这个原因,人们容易忽略了民主的好学生。后面一类国家启动转型之后,由于政治比较平稳,选举有序进行,所以不会引起国际社会的过分关注。然而,这类国家通常以日拱一卒的精神进行着稳健的民主建设。比如,韩国启动转型至今不到30年时间,已成功选举6位总统,实现多次政党轮替。如今,韩国被视为全球自由民主程度最高的国家之一。从治理绩效上看,韩国人均GDP已接近24 000美元,经济、科技与文化影响力日益增加,属于新兴工业民主国家的典范。但谁能想到,这个国家此前半个世纪的历史中充斥着强人独裁、军事政变、政治暗杀和武力镇压反对派的现象。难以置信的是,韩国如今却已以优等生的成绩从转型学校毕业了。

同样容易被人遗忘的是,在东欧,波兰、捷克等国启动转型的时间比乌克兰早不了几年,但如今都是稳定的自由民主国家。在拉美,智利、巴西、阿根廷等国在20世纪80年代后期再次启动转型,它们尽管在经济和治理方面跟韩国尚有差距,但今天已被普遍视为民主巩固的国家。实际上,这个名单可以列得很长。

即便是最近两年,民主在一些国家止步不前的同时,却在另外一些国家迈出了新的步伐。比如,东南亚的新加坡、马来西亚、缅甸等国显露出新的民主迹象,非洲的肯尼亚和马里等国举行了基本符合透明、公正、非暴力原则的新大选,等等。可以预见,一些转型仍会遭遇挫折,但另一些转型将会获得成功。所以,尽管民主转型充满不确定性,却没有理由过分悲观。按照某机构 2013 年的评估,过去 40 年中全球自由民主国家的数量已经从 44 个跃升至 90 个,国家比例则从 29% 增长至 46%。若以长时段来考察转型问题,好消息要远远多过坏消息。总之,民主的确面临着很多问题,但也面临着至少同样多的机会。

8.2 如何理解民主转型?

要理解民主转型,最好先了解相关概念。关于什么是民主,本书第 5 讲已有详细介绍,这里重点介绍与民主转型有关的概念。民主转型(democratic transition)现在跟民主化一般是混用的,尽管两者的侧重点不同。民主转型是指从非民主政体转变为民主政体的过程。一些早期的民主转型研究者倾向于认为,威权政体的崩溃就意味向民主的转型。但实际上,政治转型过程是高度不确定的,时间也往往很漫长。如果以短期来考察,只有少部分转型国家能够建立起巩固的民主政体,而更多的国家要么只能建立一个准民主政体,要么又回到了威权政体。

正因为如此,民主巩固(democratic consolidation)后来成为民主转型研究中的一个重要议题。简单地说,民主巩固是指一国的民主政体不断被强化的过程——通过这一过程,民主能够继续生存并能防止可能的逆转。实际上,要准确定义民主巩固是困难的。尽管很多学者给出了民主巩固的定义,但大部分定义要么标准过低要么没有标准,难以衡量。林茨和斯泰潘则给出了一个更为具体的定义,他们认为民主巩固可以从三个维度加以衡量,一是行为层面,主要的政治力量不再考虑推翻民主政体;二是态度层面,压倒性多数的公众接受民主为唯一的游戏规则;三是宪法层面,所有政治行动者都在宪法框架内解决政治冲突。"巩固的民主是一种政治情境,在这种情境中,简而言之,民主已经成为'最佳的政体选择'(the only game in town)。"①在这种情境中,应该有越来越多人确信,除了民主不能接受别的政治规则,而且没有任何有实力的政治组织或力量试图推翻民主政体。这才意味着民主的巩固。

---

① 胡安·J. 林茨、阿尔弗莱德·斯泰潘:《走向巩固的民主制》,载猪口孝、爱德华·纽曼、约翰·基恩编:《变动中的民主》,林猛等译,长春:吉林人民出版社 1999 年版,第 56—81 页。

第三个概念是民主崩溃(democratic breakdown)。民主崩溃是指从民主政体蜕变为非民主政体的过程。在中国大陆,笔者是首次在学术论文标题中使用民主崩溃概念的学者,也贡献了目前惟一一部系统研究民主崩溃的中文专著——《民主崩溃的政治学》。这部著作认为,高度的选民政治分裂与离心型政体的结合倾向于导致民主政体的崩溃。①

关于民主转型,大家首先要避免的是一种过分简单化的思考。过去的民主转型公式被称为三部曲:威权政体的崩溃是第一阶段,启动民主转型是第二阶段,建立和巩固新政体是第三阶段。但实际上,这一公式过分简化了民主转型的实际过程。正如笔者业已指出的,民主转型往往是一个充满不确定性、时间漫长的过程。

8.3 民主史:从雅典、英国到现代

讨论这些概念之后,需要回顾一下民主作为一种政治实践的历程。这里主要探讨两方面的内容:现代民主的起源——英国的实践,与19世纪到21世纪初的三波民主化浪潮。

一般认为人类最早的民主实践起源于古希腊的城邦国家,雅典城邦则是其典型代表。本书第1讲与第2讲对此已有介绍,不再赘述。由于古希腊人在世界政治史上的首创性贡献,不少人容易误认为古希腊的民主实践是近现代民主的源头。但实际上,这两者之间既没有历史上的前后传承,又没有思想上的重要关联。在古希腊,同时代的杰出思想家中几乎没有人认为雅典城邦民主制是一种理想的政体形式。在柏拉图和亚里士多德看来,民主就是平民政体或穷人政体,容易导致暴民统治。以老寡头名义发表的作品更是对民主大加鞭挞:民主"讨好了暴民,而不是那些值得尊敬的人";民主"允许最差劲的一群人开口发言,藉此谋求自己最大的利益";"有些时候,就是等上一整年,500人会议或公民大会也不能解决问题"。②

公元前4世纪晚期,古希腊城邦相继为马其顿王国和罗马所征服。公元476年西罗马帝国覆灭以后,西欧迎来了漫长的中世纪。在中世纪,古希腊的政治实践和重要思想并没有发挥多少影响。即使在14—16世纪的文艺复兴时期,复兴的也主要是古罗马的拉丁文明。布克哈特在《意大利文艺复兴时期的

---

① 包刚升:《民主转型的周期性:从启动、崩溃到巩固》,《二十一世纪》2012年4月号,第17—27页;包刚升:《民主崩溃的政治学》,北京:商务印书馆2014年版。
② 约翰·索利:《雅典的民主》,王琼淑译,上海:上海译文出版社2001年版,第88—92页。

文化》一书中认为,文艺复兴时期,"希腊学术主要限于佛罗伦萨……它始终也没有像拉丁学术那样普遍"。

所以,古希腊的古典民主制度并非英国宪政与民主的直接源头。英国的宪政和民主,是在西欧国家间竞争体系下本国封建体制演进的一种政治结果。自美国独立革命、法国大革命以来的自由民主浪潮,其最初的影响大体都可以追溯到英国。今天已建成巩固民主制度的国家中,包括美国、加拿大、澳大利亚、印度、南非在内,大约有 30 多个国家的民主政体直接脱胎于英国的殖民统治。因此,英国无疑是现代民主的源头。

尽管如此,就英国近代政治史而言,民主基本上不是其主流价值。英国人更看重的是自由、宪政、协商政治和权力制衡,而不是普选权与人民民主。历史地看,英国民主的形成最初并不是源自政治力量对民主本身的追求,而是立宪政体和贵族政治自然演进的产物。英国人首先拥有的是宪政体制、协商政治、权力制衡和受保护的公民自由权,而民主不过是这些制度安排下自然演进的结果。按照达尔的说法,英国的政治道路是"先实现竞争性政治而后扩大参与"。

简要地说,英国宪政和民主的演进大约经历了四个重要的阶段。第一阶段是规定国王不能做什么,标志性事件是 1215 年 6 月 15 日英格兰贵族武力胁迫国王签订的《大宪章》。这份法律文件的开创性在于,它在人类历史上第一次以契约文本方式规定了"国王不能干什么"。《大宪章》共 63 条。第 1 条就规定了"永远保障英格兰教会的自由,使她享受充分的权利与自由"。影响最为深远的第 39 条规定,"除非经过由普通法官进行的法律审判",否则任何人都"不应被拘留或囚禁、被夺去财产、被放逐、被杀害"。这就构成了对国王权力的严格限制,并成为人身保护令的起源。第 61 条还规定,由 25 个大贵族监督《大宪章》的实施,如国王有所违反,这一贵族团体可以采用包括武力在内的各种手段迫使他改过自新。这一阶段的政治贡献是塑造了英格兰立宪政治的雏形,而 1688 年光荣革命建立的君主立宪政体是这个传统的延续。第二阶段是设立一个专门机构来监督国王的行为和贯彻《大宪章》。这一设想最终导致了 13 世纪英格兰议会的产生,首先是大贵族、高级教士组成的会议,后来是骑士和平民代表也有资格参加的会议,这些都是英国成为"议会之母"的关键步骤。议会的产生有力地推动贵族政治力量相对于国王权力的上升、协商政治和权力制衡的发展,以及地方代表选举制度的尝试。这一阶段的主要贡献是议会的产生。第三阶段是责任内阁制的出现和发展。从最初的"王在议会"到后来的政治权力从国王向议会的转移,在 18 世纪内阁制逐步形成。英格兰内阁的起源可以追溯到中世纪的"小会议"和后来的枢密院,而 1742 年首席财政大臣罗伯特·沃波尔因得不到议会多数支持而辞职,标志着责任内阁制的形成,这是这一阶段的主要贡献。第四阶段是议会改革、选举资格限制的放开和普选权的落实。尽管中间也经历了19世纪30—40年代宪章运动的重大冲击,但英国普选权的落实总体上是和平的、渐进的议会改革和选举改革的结果。早在13世纪中叶,英格兰议会中就有地方和自治市选派的平民代表。19世纪之后,英国先后经历了1832年、1867年、1884年、1918年和1928年五次重大选举改革,逐步放开了对选民财产资格的限制和对妇女的性别歧视,最终在1928年让包括妇女在内的所有成年公民获得了普选权。

上面的讨论主要着眼于宪政和民主的演进,英国政治发展的其他重要方面并未考虑在内,包括民族国家的兴起、现代官僚制的发展和文官制度的建设等等。从英国宪政与民主的演进脉络来看,英国之所以能够建立稳定、有效的民主制度,大体上有两个重要经验:一是长期存在势均力敌的政治力量——主要是贵族和国王,像1215年《大宪章》签订以后,贵族们是靠着武力的均衡才能迫使新的国王们不断地确认《大宪章》,政治势力的均衡是英国立宪政治和贵族政治兴起的关键;二是立宪政治和公民权利的发展优先于民主的发展,权力制衡和政治竞争的发展优先于政治参与的发展,这一政治发展的次序首先保证对政府权力实施限制,然后通过权力制衡和竞争发展出了一整套有利于现代民主制运作和实现精英控制的制度安排,包括议会、责任内阁和政党等,最后才落实普选权以保证大众的政治平等和参与。

尽管英国在立宪政治和权力制衡方面走在其他国家的前面,但它并不是世界上第一个落实普选权的国家。如果以某种程度的普选权为标准,塞缪尔·亨廷顿认为1828年的美国是世界上第一个民主国家。在此之后,他认为"近代世界史中出现了三波民主化"。亨廷顿把一波民主化定义为"一组国家由非民主向民主政权的过渡,这种转型通常发生在一段特定的时期内,而且在同一时期内,朝民主化转型的国家在数量上超过向相反方向回归的国家"。他把1828年美国总统选举中有选举资格的男性超过白人男性的50%视为第一波民主化的开始。亨廷顿认为,第一次民主化长波是1828—1926年,第一次回潮是1922—1942年;第二次民主化短波是1943—1962年,第二次回潮是1958—1975年;第三次民主化始于1974年,而到他1991年出版《第三波》时世界还正在经历第三波民主化浪潮。①

---

① 塞缪尔·亨廷顿:《第三波——20世纪后期民主化浪潮》,刘军宁译,上海:上海三联书店1998年版,第11—26页。

尽管第三波民主化浪潮波涛汹涌,但其中也存在很大的困难,主要问题是不少转型国家的民主制度并不都是运转良好和稳定有效的。拉里·戴蒙德认为,拉丁美洲国家的民主在制度上是"根基浅薄和脆弱的","大多数拉美民主国家都达不到自由主义民主的要求。相反,它们是选举民主国家。"①还有学者认为:"在很多拉丁美洲国家,民主的质量很糟糕,公民权利保护不足,政府的责任机制也很脆弱。"②在谈到非洲的第三波民主化时,理查德·约瑟夫说,1989年以后撒哈拉以南非洲的47个国家中超过半数经历了政治改革,但是,"大多数非洲国家看起来处于'某种中间状态'。少数国家将会继续自由化和民主化;一些国家将会回到压制性的独裁统治。然而,在大多数国家,自由主义民主作为虚拟民主(virtual democracy)这一悖论将反映政治生活的状况。"③在评论原苏联和东欧地区的转型时,迈克尔·麦克福尔在2002年认为,在原苏联和东欧地区的28个转型国家中,仅有捷克、波兰等8个国家进入了自由主义民主国家的行列,其余的国家或者为独裁统治的阴影所笼罩,或者是某种不稳固的转型体制。④

卡内基国际和平基金会副总裁托马斯·卡罗瑟斯悲观地认为,第三波民主化浪潮中的大多数国家并没有实现成功的民主转型和巩固。

> 在近些年被认为是"转型国家"的接近100个国家中,只有相对很少的国家——大概不足20个国家——正在朝着通往成功的、运转良好的民主制度的道路上迈进,或者在民主方面已经取得了某种进步和依然拥有民主化的积极力量。……迄今为止第三波的大多数国家并没有实现运转良好的民主制度,或者不能深化他们已经在民主方面取得的进步。⑤

民主并没有在大部分第三波国家得到充分的巩固,甚至在一些国家出现了逆转。最近有不少学者都认为,一些第三波国家的民主制度已经崩溃,而且还

---

① Larry Diamond, "Consolidating Democracy in the Americas," *Annals of the American Academy of Political and Social Science*, Vol. 550, NAFTA Revisited: Expectations and Realities, Mar. 1997, pp. 12-41.

② Scott Mainwaring and Timothy R. Scully, "Latin America: Eight Lessons for Governance," *Journal of Democracy*, Vol. 19, No. 3, Jul. 2008, pp. 113-127.

③ Richard Joseph, "Democratization in Africa after 1989: Comparative and Theoretical Perspectives," *Comparative Politics*, Vol. 29, No. 3, Apr. 1997, pp. 363-382.

④ Michael McFaul, "The Fourth Wave of Democracy and Dictatorship: Noncooperative Transitions in the Postcommunist World," *World Politics*, Vol. 54, No. 2, Jan. 2002, pp. 212-244.

⑤ Thomas Carothers, "The End of the Transition Paradigm," *Journal of Democracy*, Vol. 13, No. 3, 2002, pp. 5-21.

有相当数量的国家民主政体极其脆弱,时刻都面临崩溃的危险。拉里·戴蒙德的统计表明,1974—2006 年间第三波民主化国家总共发生 20 次民主政体的崩溃,占到所有第三波民主政体数量的 14.2%。①

因此,在福山宣告历史的终结之时,民主还没有赢得最后的胜利。对第三波国家来说,民主化不仅意味着民主转型,还意味着民主巩固。只有建立巩固的民主制度,才是实现了成功的民主转型。

8.4 现代化导致民主化?

社会科学研究需要回答为什么的问题,解释民主转型也不例外。目前的民主转型研究主要关注两个问题:一是为什么有些国家启动了民主转型而另外一些国家没有?二是启动转型的国家为什么有的实现了民主巩固而另外一些没有?当然,有人还关心第三个问题:为什么有些民主国家出现了民主政体的崩溃而另外一些国家没有?这类问题是过去几十年政治发展和比较政治研究的核心议题之一,形成了一个庞大的智力产业。

在总结以往研究的基础上,亨廷顿认为大约有 27 个变量可以解释民主转型。在具体分析第三波民主化时,他认为主要有 5 个原因:(1)威权政体合法性的削弱;(2)长期经济增长以及对生活质量的影响,教育水平和中产阶级成长的推动;(3)天主教政治立场的转变;(4)美国、苏联外部政策的变化;以及(5)滚雪球或示范效应。② 但是,他也承认"民主化的原因因地因时而迥异"。尽管如此,很多学者还是试图提出明确的因果理论来解释民主转型。下面将依次介绍几种主要的理论。

第一种理论关注的是一个国家的经济发展水平和富裕程度。简单地观察这个世界,会得到一个令人深刻的印象:绝大多数富裕国家都是民主国家,而绝大多数威权国家都是贫穷国家。如果把主要包含人均国民收入、预期寿命和知识水平三个要素的人类发展指数(Human Development Index, HDI)作为衡量经济发展水平的标准,那么可以看到:

> 在 25 个具有最高人类发展指数的独立国家中,仅有新加坡是非民主国家。在 40 个最发达的国家中,除了新加坡,仅有三个小型石

---

① Larry Diamond, *The Spirit of Democracy: The Struggle to Build Free Societies throughout the World*, New York: Times Books, 2008, pp.56-87.
② 塞缪尔·亨廷顿:《第三波——20 世纪后期民主化浪潮》,第 54 页。

油国家——科威特、巴林和文莱——是非民主国家。除此之外,在50个最发达国家中,还有卡塔尔和阿拉伯联合酋长国是非民主国家,但它们都是盛产石油的小国。①

美国政治学者亚当·普沃斯基也指出,经济发展与民主政体出现的可能性之间存在强烈而稳定的关系。他对1950—1990年间每一年一国人均收入的高低和民主政体出现的可能性之间进行数量分析,发现人均收入能够有效预测一国是否是民主政体,其效度达到77.5%。②

关于经济发展与民主关系的理论研究,最早始于美国政治学者西蒙·马丁·李普塞特1959年的论文《民主的一些社会条件:经济发展与政治合法性》。他认为,民主需要一定的社会经济条件,民主与经济发展水平有关。他的观点可以简单总结为:"一个国家越富有,它越有可能维持民主制度。"③这一观点被认为是现代化理论的核心。此后,又有很多学者从逻辑或经验的角度验证了这一理论。美国哈佛大学教授罗伯特·巴罗在1999年的一项研究中认为:"如果其他国家变得跟经济发达国家一样富裕,它们就很有可能会成为政治上民主的国家。"④

尽管如此,经济发展导致民主的理论还是遇到了重大挑战。亨廷顿在1968年的著作《变化社会中的政治秩序》中认为,在很多发展中国家,经济发展不仅不能导致政治民主,反而会导致政治不稳定。该书的发表在一定程度上颠覆了关于政治发展的现代化理论。政治学者吉列尔莫·奥唐奈在1973年的著作《现代化与官僚威权主义:南美政治研究》中认为,向官僚威权主义(bureau-cratic-authoritarianism)转型的国家往往不是经济发展程度低的国家,而是经济发展程度高的国家。

普沃斯基及其合作者在《民主与发展:1950—1990年全球的政治制度与福

---

① Larry Diamond, *The Spirit of Democracy: The Struggle to Build Free Societies throughout the World*, p.96. 详细数据请参阅联合国开发署发布的各国人类发展指标等。戴蒙德在此参考的是2006年的数据,他排除了古巴。

② Adam Przeworski, Michael E. Alvarez, Jose Antonio Cheibub and Fernando Limongi, *Democracy and Development: Political Institutions and Well-Being in the World, 1950-1990*, Cambridge: Cambridge University Press, 2000, pp.79-80.

③ Seymour Martin Lipset, "Some Social Requisites of Democracy: Economic Development and Political Legitimacy," *American Political Science Review*, Vol.53, No.1, Mar.1959, pp.69-105.

④ Robert J. Barro, "Determinants of Democracy," *The Journal of Political Economy*, Vol.107, No.6, 1999, pp.158-183.

利》一书中进一步检讨了现代化理论。他们通过模型和数量研究得出结论：

> 富裕国家更有可能成为民主国家，不是因为民主的出现是威权统治下经济发展的一个结果，而是因为民主——无论民主是怎样出现的——在一个富有的社会更有可能存活下去。①

这就是说，经济发展本身并不会导致民主。绝大多数富裕国家是民主国家，仅仅是因为民主在富裕国家更容易存活。这一理论既很好地解释了现实，又对民主的现代化理论构成了挑战。

林茨、奥唐奈和施密特等人则从其他的理论视角提出了对现代化理论的质疑。在他们看来，对于民主前提条件的研究是误导性的，因为一国的条件只是设定了政体转型的情境，而政治民主能否出现或存活下去更多地取决于政治精英的战略互动和行为选择。这一观点是对丹克沃特·拉斯托1970年研究的延续，下文还会有详细讨论。

从经验证据上看，民主的现代化理论无法解释很多特例：世界上既存在长期贫穷却维持了较为稳定民主制度的国家——印度，又存在很富裕的威权国家——新加坡。在1950年到1990年这一时期，普沃斯基等人在《民主与发展》一书中列举了25个人均国民收入超过4000美元的威权政体，但按照现代化理论，这些国家和地区更有可能是民主政体。这就难以以特殊案例作为借口。戴蒙德观察到，1990年以后，贫穷国家当中民主政体的比例有了显著的增长。尽管多数落后国家的民主政体是脆弱的和不稳固的，但数量和比例本身也能说明问题。②

这些理论和事实上的挑战促使很多学者开始反思经济发展与民主的因果关系。达尔在1971年的《多头政体》中认为，经济发展与民主可能是一种非线性的关系。他认为，存在一个有利于民主转型的经济发展水平的理想区间。③亨廷顿也持有类似的观点：

> 在穷国，民主化是不可能；在富国，民主化已经发生过了。在两者之间有一个政治过渡带；那些处于特定经济发展水平的国家，最可

---

① Adam Przeworski, Michael E. Alvarez, Jose Antonio Cheibub and Fernando Limongi, *Democracy and Development: Political Institutions and Well-Being in the World, 1950-1990*, Cambridge: Cambridge University Press, 2000, pp.137.

② Larry Diamond, *The Spirit of Democracy: The Struggle to Build Free Societies Throughout the World*, New York: Times Books, 2008, p.27.

③ 罗伯特·达尔：《多头政体：参与和反对》，谭君久、刘惠荣译，北京：商务印书馆2003年版，第79页。

能向民主过渡,而且多数向民主过渡的国家也将在这一经济发展水平上。①

不同学者对现代化理论的挑战,使得李普塞特本人也开始从原有的学术立场上退却了。他后来承认,对于民主转型来说,社会经济条件以外的其他变量,包括政治文化、宗教传统、制度设计、公民社会、法治、政治精英的行为等,也具有同样重要的作用。②

8.5 驱动民主转型的阶级力量

第二种理论主要关注的是一个国家的阶级与社会结构。关于阶级和民主的关系,亚里士多德是最早的观察者,他发现"平民群众与财富阶级之间时时发生党争"。可见在古希腊,富人和穷人的斗争已经是最基本的政治冲突之一。英国政治发展的历史也表明,英国宪政与民主制度的起源,得益于长期存在一个与国王在政治上势均力敌的贵族阶级——贵族就是占有土地的封建领主。

用阶级结构和阶级斗争的视角来分析政治,一般被认为是马克思主义的方法。马克思根据所有权关系和在生产方式中所处位置的不同而把人划分为不同的阶级,并认为"人类的历史就是阶级斗争的历史"。吉登斯则认为:"在马克思的观念里……阶级关系是政治权力分配的轴心,是政治组织所依赖的枢纽。"

在研究现代民主起源时,美国政治学者巴林顿·摩尔用阶级分析方法进行比较历史研究。他在 1966 年的名著《专制与民主的社会起源》中认为,土地贵族、农民和资产阶级在政治舞台上扮演的不同角色和力量,决定了政治发展的不同道路。在由传统社会通往现代社会的三条道路中,只有资产阶级强大的国家才有可能建成民主国家。按照摩尔的看法,民主的发展需要五个条件:一是"建立某种均势,避免王权或土地贵族畸轻畸重的局面出现";二是"向形式适宜的农业商品经济过渡";三是"削弱土地贵族";四是"防止建立针对工农的地主资产阶级联盟";五是"以革命手段粉碎过去"。③

---

① 塞缪尔·亨廷顿:《第三波——20 世纪后期民主化浪潮》,第 70—74 页。
② Seymour Martin Lipset, "The Social Requisites of Democracy Revisited: 1993 Presidential Address," *American Sociological Review*, Vol. 59, No. 1, Feb. 1994, pp. 1-24.
③ 巴林顿·摩尔:《民主与专制的社会起源》,拓夫等译,北京:华夏出版社 1987 年版,第 334—350 页。

三百多年以来的人类政治革命也在某种程度上印证了摩尔的基本观点。这场政治革命的启动以 17 世纪的英国革命为标志,经由 18 世纪美国革命和法国革命的推动,在 19 世纪影响到整个欧洲,到 20 世纪则波及了整个世界。这场革命结束了人类天然地被分为统治者和被统治者的观念,把关于自由、宪政和民主的观念带入了政治生活。历史地看,这一政治革命与资本主义的兴起和工业革命的发展同步,因此这一政治革命又被称为"资产阶级民主革命"。所以,摩尔这一历史宏观理论引起了巨大的反响,甚至被称为"一部伟大的书"。

但与此同时,摩尔的研究也遭到很多学者的质疑。很多学者从方法论、核心论点以及国别案例三个方面对摩尔的研究提出挑战。其中一种典型批评认为,摩尔过于夸大资产阶级对民主的正面作用。艾芙琳·胡贝尔和约翰·斯蒂芬斯认为,尽管资本主义发展与民主发展存在密切的关系,但在研究了西欧、拉丁美洲和加勒比海地区的政治变迁以后,他们认为:"资产阶级不是像传统上认为的那样是完全的、正宗的民主制度的推进者。当它的利益受到来自工人阶级和其他群众运动需要的有力挑战时,它会选择威权主义的方式。"①

过去有一个观点认为资产阶级民主一定是虚伪的。理由在于,如果资产阶级民主是真实的,没有财产的大部分人会团结起来,通过政治手段剥夺有产者的财产。这就是说,当人数更多的无产阶级控制国家力量以后,会动用国家机器的力量把资产阶级的财产剥夺了。如果这种财产剥夺没有发生,那么资产阶级民主就一定是虚伪的。这个论证逻辑当然存有重大瑕疵,但多少有些道理。按照这一逻辑,资产阶级最偏好的是宪政和有限政府,以及宪政和有限政府治理下的自由市场经济,但资产阶级本身对民主并没有特别的偏好。从阶级属性来说,资产阶级拥有那么多财产,有理由恐惧普通人获得普选权后可能会剥夺有产者的财产。当然,到了后来,直接剥夺财产的事情发生得越来越少,但向富人征收高额的所得税、财产税和遗产税成为一种替代方式。所以,从资产阶级的本意出发,如果有宪政,有有限政府,有自由市场,他们或许宁可不要大众主导的民主政治。其中的微妙,大家应该能够理解。

但是,这里还有另外一个逻辑。非民主国家实际上很少会恪守宪政、有限政府和自由市场的治理原则;相反,它们经常破坏上述原则。所以,资产阶级尽管未必赞同大众民主,但他们支持威权政体的风险也相当大。这样,资产阶级其实存在两种相互矛盾的恐惧:一方面恐惧威权统治者的胡作非为,另一方面

---

① Evelyne Huber and John D. Stephens, "The Bourgeoisie and Democracy: Historical and Contemporary Perspectives," *Social Research*, Vol. 66, No. 3, Fall 1999, pp. 759-788.

恐惧民主政治下工人阶层的再分配政策。按照这一逻辑,资产阶级究竟倾向于支持还是反对民主,取决于他们对这两种恐惧的判断与权衡。

还有学者认为,工人阶级或有组织的工人才是民主转型过程的关键因素。约翰·斯蒂芬斯认为,摩尔的研究"大大低估了民主转型过程中有组织的工人阶级的作用"。① 有学者认为:"在完全的民主政体获得发展的任何地方,有组织的工人阶级都扮演着关键角色。"他们甚至断言,如果不是有组织的工人阶级在争取普选权和其他公民权利过程中的积极作用,"实际上资本主义国家几乎必然是威权主义的"。② 鲁思·贝琳斯·科利尔则干脆认为,工人阶级是民主和民主化过程中的核心力量。③

在早期欧美资本主义国家建立之初,没有哪个国家的公民是拥有普选权的。当时国家的主要特征是自由主义、立宪主义和公民受限制的选举权。这样的国家显然还不是充分的民主国家。而在早期争取普选权的过程中,欧洲的工人阶级和劳工运动发挥了核心作用。发生在19世纪中叶的英国宪章运动恰好证明了工人阶级对民主的推动。1836年6月,"伦敦工人协会"成立,宗旨就是"以各种合法手段使社会上一切阶层获得平等的政治权利和社会权利"。1838年5月,在伦敦工人协会支持下,12人委员会提出一份名为《人民宪章》的政治文件。其核心内容包括六项要求:年满21岁的男子享有普选权,秘密投票,废除议员财产资格限制,议员支薪,选区平均分配和议会每年改选。宪章运动的核心是工人阶级,形式包括集体请愿、集体签名、大型集会、暴力抵抗等。尽管宪章运动遭到镇压并最后归于失败,但随后英国政治的发展——特别是1867年的选举改革、1884—1885年的选举改革以及1911年实施的议员薪酬制度,逐步实现了宪章运动提出的大部分政治要求。"宪章运动表明工人阶级已成为英国民主的动力。"

在第三波民主化中,工人阶级和劳工运动在不同地区的作用差别较大。总的来说,在南欧和拉美,劳工运动是重要的支持民主的组织化力量。在20世纪60—70年代的西班牙,工人阶级是佛朗哥独裁统治的最重要的反对派。在智利,铜业工人联合会是皮诺切特政体最早的大众反对力量。在20世纪70年代晚期和80年代早期的阿根廷,强有力的全国劳工联盟,与人权组织和其他社会集团一起,推动了威权政体的崩溃。这些国家的例子都说明工人阶级对第三波

---

① John D. Stephens, "Democratic Transitions and Breakdown in Western Europe, 1870-1939: A Test of the Moore Thesis," *The American Journal of Sociology*, Vol. 94, No. 5, Mar. 1989, pp. 1019-1077.

② Jean Grugel, *Democratization: A Critical Introduction*, Basingstoke: Palgrave, 2002, p. 54.

③ Ruth Berins Collier, *Paths towards Democracy*, Cambridge: Cambridge University Press, 1999.

民主化的积极作用。

除了重视资产阶级或工人阶级的作用之外,还有一个既古老又时髦的观点,即重视中产阶级的力量。在亚里士多德看来,中产阶级势力足够强大的地方才能"建立一个持久的共和政体"。亚里士多德认为:

> 在一切城邦中,所有公民可以分为三个部分(阶级)——极富、极贫和两者之间的中产阶级。……惟有以中产阶级为基础才能组成最好的政体。中产阶级(小康之家)比任何其他阶级都较为稳定。他们既不像穷人那样希图他人的财物,他们的资产也不像富人那么多得足以引起穷人的觊觎。①

在亨廷顿看来,中产阶级是由"商人、专业人士、店主、教师、公务员、经理、技术人员、文秘人员和售货员"组成的。他认为,除了个别国家,"第三波民主化运动不是由地主、农民或产业工人来领导的。几乎每一个国家民主化最积极的支持者是来自城市中产阶级。"在20世纪70年代中期的巴西,有"一部分人在要求回归民主统治上喊得最响:他们就是大而发达城市中的居民和中产阶级"。在20世纪80年代的韩国,一个庞大的城市中产阶级加入学生的抗争队伍之后,威权政体才真正受到了威胁。"动员首尔的管理阶层和职业阶层也许是1987年向民主过渡的最重要的因素。"亨廷顿还断言,"在城市中产阶级规模相对较小或相对薄弱的地方……要么民主化不成功,要么民主政治不稳定。"②

8.6 政治文化重要吗?

第三种理论主要关注一个国家的政治文化和宗教因素。这方面的基本问题包括:是否某种特定的文化或宗教更有利于民主和民主转型?如果是,那么文化或宗教是通过何种机制影响民主转型的?如果不是,那么又如何解释世界范围内政体与不同类型的文化或宗教之间的相关性?尽管对这些问题的看法存在分歧,但有很多学者认为,政治文化或宗教是解释民主转型和巩固的一个有力因素。

较早论述政治文化影响民主政体的重要政治思想家是托克维尔。在《论美国的民主》中,他认为:"美国之能维护民主制度,应归功于地理环境、法制和

---

① 亚里士多德:《政治学》,吴寿彭译,北京:商务印书馆2007年版,第207—215页。
② 塞缪尔·亨廷顿:《第三波——20世纪后期民主化浪潮》,第76—78页。

民情。"他把地理环境、法制与民情认定为美国能实现民主巩固的三大因素,但他又认为:"自然环境不如法制,而法制又不如民情。""我确信,最佳的地理位置和最好的法制,没有民情的支持也不能维护一个政体;但民情却能减缓最不利的地理环境和最坏的法制的影响。"托克维尔所说的民情,是指"一个民族的整个道德和精神面貌",非常接近政治文化的概念。在谈到美国地方自治时,他还特别强调:"在美国,乡镇不仅有自己的制度,而且有支持和鼓励这种制度的乡镇精神。"乡镇精神可以被理解为19世纪美国新英格兰地区民众关心公共事务的政治文化,而这种政治文化对民主起了重要的支撑作用。①

到了20世纪60年代,首先对政治文化进行大型实证研究的阿尔蒙德及其合作者认为,政治文化与民主政治、民主稳定有着密切的关系。阿尔蒙德认为:

> 一个稳定的和有效率的民主政府,不光是依靠政府结构和政治结构;它依靠人民所具有的对政治过程的取向——即政治文化。除非政治文化能够支持民主系统,否则,这种系统获得成功的机会将是渺茫的。②

那么,哪种政治文化有利于民主呢?答案是公民文化——所谓"公民文化"是一种参与者取向、臣民取向和村民取向混合的文化。他们在1963年发表的这项研究认为,美国和英国是典型的公民文化,有利于民主政治和政体稳定,而意大利、墨西哥和联邦德国都不是典型的公民文化,这种政治文化对维持稳定的民主政体会产生压力。

其他很多重要的政治学者也认同政治文化与民主的关系。达尔认为,"信念指导行动","在一个特定的国家里,对多头政治体制合法性的信念越强,则实行多头政体的可能性越大"。在20世纪60—80年代理性选择范式大行其道时,罗纳德·英格尔哈特挺身而出对理性选择范式提出尖锐批评,重申政治文化的重要价值。他在《政治文化的复兴》一文中用四个指标衡量"公民文化"——个人生活满意度、政治满意度、人际信任和对现存社会秩序的支持度,并对数十个国家进行了比较研究后得出结论:经济因素固然在政治上是重要的,但不同的政治文化也有着重要的政治后果,特别是与民主制度生存的可能

---

① 托克维尔:《论美国的民主》,董果良译,北京:商务印书馆2008年版,第354—358、74页。
② 加布里埃尔·阿尔蒙德、西德尼·维巴:《公民文化——五个国家的政治态度和民主制》,徐湘林等译,北京:东方出版社2008年版,第443页。

性密切相关,而且这种影响更为持久。①

20世纪90年代以来,政治文化研究中最热门的概念恐怕是"社会资本"。罗伯特·帕特南在研究20世纪70年代至90年代初意大利地方政府的民主试验时发现,不同的地方政府绩效差别很大。"为什么有些民主政府获得了成功而有些失败了呢?"他认为,原因主要不在于经济现代性的差异,而是因为意大利的北部比南部具有更好的公民共同体的传统。他把这种公民传统视为社会资本——"这里所说的社会资本是指社会组织的特征,诸如信任、规范以及网络,它们能够通过促进合作行为来提高社会的效率。"②

民主转型能否成功以及民主政体能否巩固,取决于政治参与者的政治行为,而政治行为的背后则是政治文化。按照海伍德的说法,"政治多发生于我们的头脑之中。"一个社会的政治精英和普通公众对权力、政府、民主、政党、政治参与、合法性、政治竞争和暴力等重要问题的观念,很大程度上决定了一个国家拥有什么样的政治。戴蒙德、林茨和李普塞特认为,对于一个稳定而有效的民主政体来说,有些特定的价值观和信念是特别重要的——

> 对民主合法性的信仰;对对立党派、对立信仰和对立立场的宽容;跟政治对手妥协的意愿,以及妥协意愿背后的实用主义和灵活性;对政治环境的信任,以及互相合作,尤其是在政治竞争者之间的合作;政治立场和党派立场的温和倾向;政治沟通的礼节;基于政治平等的政治效能和政治参与,而这种政治平等又混合了臣民和村民的角色。③

他们认为上述政治文化与民主稳定的关系十分密切。印度战后民主的稳定与其政治领导人——特别是甘地——对自由、宽容、非暴力、政治吸纳和包容价值观的倡导是有密切关系的。而20世纪中叶之后土耳其、尼日利亚等国民主政体的不稳定是与这些国家国内两种政治文化的冲突有很大关系——一种是新引入的自由民主的政治文化,一种是传统的强调威权和服从的政治文化。

尽管政治文化和社会资本研究现在是一个热门学术产业,但还是有人给这

---

① Ronald Inglehart, "The Renaissance of Political Culture," *American Political Science Review*, Vol. 82, No. 4, Dec. 1988, pp. 1203-1230.

② 罗伯特·D. 帕特南:《使民主运转起来:现代意大利的公民传统》,王列、赖海榕译,南昌:江西人民出版社2001年版,第1、195页。

③ Larry Diamond, Juan Linz and Seymour Martin Lipset, "Introduction: What Makes for Democracy?" in Larry Diamond, Juan Linz and Seymour Martin Lipset, eds., *Politics in Developing Countries: Comparing Experiences with Democracy*, Boulder: Lynne Rienner Publishers, 1995, p.19.

种热情泼冷水。第一种疑问是政治文化与政治制度何为因何为果？比如，爱德华·穆勒和米切尔·塞列格逊在 1994 年的跨国研究中指出，大多数公民文化态度不会对民主产生任何重要的影响，而人际信任——即公民文化中的一项态度，很明显是民主的结果而非原因。① 此前，有人注意到民主国家人们之间的信任程度更高。有人说，信任导致民主。但是，有人反过来说，当一个国家长期实行民主制度后，人与人的信任程度就提高了。那么，何为因何为果呢？这的确是一个问题。

第二个疑问是政治文化是否真的有很强的政治效应？两位政治学者杰克曼和米勒从 1996 年开始连续发表论文对政治文化的基本命题进行攻击。他们在《政治文化的复兴？》一文中对罗纳德·英格尔哈特和罗伯特·帕特南的研究提出了质疑，认为前者只考察了工业化国家，而后者在分析手段上存在偏差。首先，文化是什么往往难以界定；其次，政治文化研究常常是事后解释；最后，政治文化研究常常借助少数案例得出普适性的理论。他们的结论正好相反："几乎没有证据能揭示在政治文化和政治经济绩效之间存在系统性的关系。"②

第三个疑问是政治文化是否是一成不变的？尽管几乎没有政治文化学者主张政治文化是一成不变的，但他们一般倾向于认为，与经济社会指标、与政治制度相比，政治文化是更稳定、更不易改变和更难以克服的。而以第三波民主化国家经验来看，拉丁美洲就克服了早先被认为支持威权主义的文化传统，其政治精英和普通大众在过去几十年中的政治心理和价值倾向也已经发生了重大的变化。

政治文化的另一个重要方面是宗教。在有些学者的眼中，宗教可能是最重要的政治文化。实际上，汤因比和亨廷顿在划分不同的文明时，宗教是一个最重要的标准。韦伯认为欧美资本主义的兴起有赖于新教伦理的观点更是广为人知。

亨廷顿也认为宗教传统对民主化的成功具有重要的影响。他说：

> 在西方的基督教与民主之间存在着高度的关联。近代民主首先且主要出现在基督教国家。到 1988 年，在基督教或新教是主要宗教的 46 个国家中有 39 个是民主国家。③

---

① Edward N. Muller and Mitchell A. Seligson, "Civic Culture and Democracy: the Question of Causal Relationships," *American Political Science Review*, Vol. 88, No. 3, Sep. 1994, pp. 635-652.

② Robert W. Jackman and Ross A. Miller, "A Renaissance of Political Culture?" *American Journal of Political Science*, Vol. 40, No. 3, Aug. 1996, pp. 632-659.

③ 塞缪尔·亨廷顿：《第三波——20 世纪后期民主化浪潮》，第 83 页。

他非常认同肯尼思·博伦1979年对99个国家的一项研究:"新教徒的人口比例越大,民主的程度也就越高。"通常认为,基督教或新教强调个人尊严和宗教与国家的分离,都有利于民主的兴起。

包括李普塞特在内的不少学者认为,天主教是一种容易"阻碍"民主化的宗教。但是,20世纪60年代以后天主教的活动和信条发生了惊人的变化,从保守的力量变为变革的力量,从支持威权的力量变为支持民主的力量。所以,亨廷顿认为,天主教教廷的这种变化实际上使它自身成为第三波民主化浪潮的重要推动因素。"从总体上看,在1974年到1989年间过渡到民主的国家中大约有四分之三是天主教国家。"

亨廷顿认为,其他宗教基本上都是民主转型的障碍因素。他笃定认为,流行于中国、日本、韩国和新加坡等东亚国家的儒教"要么不民主,要么反民主",因为儒教"强调团体、团队胜于强调个人,强调权威胜于强调自由,强调责任胜于强调权利","儒教社会缺少抗衡国家之权利的传统"。① 但福山不同意这一观点,他认为很多人高估了儒教对民主制度的不利影响。尽管缺少个人主义的传统,但儒教具有平等主义精神,特别是很早就用考试制度录用人才;儒教重视教育,通常人口中具有较高的识字率;儒教非常宽容,这一点远胜于基督教和伊斯兰教。与其说儒教是主张国家优先的,还不如说是主张家庭优先的。因此,福山认为,儒教并不构成对民主的障碍。相反,他主张现代化理论长期中是成立的,即经济发展最终会推动政治民主。② 包括日本、韩国在内的东亚地区的成功民主转型案例,似乎也批驳了所谓"儒教不利于民主"的命题。

亨廷顿认为,尽管"伊斯兰的教规含有既有利于又不利于民主的成分",但"实际上,除了一个例外(土耳其),没有一个伊斯兰国家长期维持过充分的民主政治体制"。他不太看好民主政治在伊斯兰国家的前景。20世纪70年代以后,相当比例的伊斯兰国家和以美国为首的西方世界之间的隔阂似乎又加深了。而"9·11"事件更是强化了这种对抗。按照戴蒙德等人在2003年的计算,在穆斯林人口占主要比例的43个国家,仅有7个国家是民主国家,但这7个国家没有一个符合自由主义民主的标准。在伊斯兰教具有最强影响力的16个阿拉伯国家中,没有一个是民主国家。③

---

① 塞缪尔·亨廷顿:《第三波——20世纪后期民主化浪潮》,第364—371页。
② Francis Fukuyama, "Confucianism and Democracy," in Larry Diamond, Marc F. Plattner and Philip J. Costopoulos, *World Religions and Democracy*, Baltimore: The Johns Hopkins University Press, 2005, pp.42-55.
③ Larry Diamond, "Universal Democracy?" *Policy Review*, Vol. 119, Jun./Jul. 2003, ABI/INFORM Global, pp.3-25.

尽管如此,仍然有学者持有不同的看法。弗瑞德·哈利代同意民主在伊斯兰国家阻力重重,但他认为这些国家的民主障碍与他们社会中其他的政治与社会特征有关,而不是来自伊斯兰教本身。因此,并不能得出伊斯兰教不利于民主的结论。阿卜杜·菲拉利－安萨里则认为,伊斯兰社会对西方现代世俗文明、西方式民主的某种敌意,不是来自伊斯兰教的教义本身,而是来自19世纪伊斯兰世界与西方现代世界的碰撞和冲突。19世纪后半叶伊斯兰世界的精神领袖阿富汗尼(Jamal-Eddin Al-Afghani)的思想正好是这种碰撞和冲突的反应。阿富汗尼认为,欧洲人的信仰体系和社会秩序与伊斯兰世界的信仰体系和社会秩序是对立的,因此世俗化意味着放弃伊斯兰教,向欧洲人的价值和信仰屈服。而民主作为一种社会制度,已经被贴上了"西方世界"的标签。① 这一观点强调的不是伊斯兰教教义本身,而是国际体系对伊斯兰世界国内政治的塑造。

总体上说,现在重视宗教因素对民主转型影响的观点并不是主流。胡安·林茨和阿尔弗莱德·斯泰潘在分析东欧国家的转型经验时认为,即使不考虑宗教因素,民主转型照样会发生。他们认为,宗教以外的其他因素就足以解释该地区的民主化。

8.7 影响转型的国际因素

第四种理论主要关注的是一国民主转型的国际环境或国际因素。从长时段来看,国际因素可能是推动世界上多数国家向民主转型的最重要因素。今日的国际经济体系、世界政治格局和全球意识形态,是以英国为首的西欧文明在过去500年的崛起和扩张所塑造的。从这个意义上讲,世界性的民主革命不过是全球化和全球秩序重建的一部分。在过去,新航路和美洲的发现、工业革命和技术的扩展、跨国贸易和商业活动的兴起、殖民主义和反殖民化、西方世界与其他国家的战争以及两次世界大战,都以不同方式塑造着国际体系,并对大多数国家的国内政治产生巨大的冲击。二战以后全球化加速,几乎所有国家都被深刻地卷入一定的国际政治、经济、军事体系之中,国际因素的影响有增无减。

劳伦斯·怀特海德认为,国际因素对民主和民主转型具有巨大影响,他用简要的计算说明了这种影响:

---

① Abdou Filali-Ansary, "Muslims and Democracy," in Larry Diamond, Marc F. Plattner and Philip J. Costopoulos, *World Religions and Democracy*, Baltimore: The Johns Hopkins University Press, 2005, pp. 153-167.

在1990年被某机构评级为"自由"的61个独立国家中,30个国家——以美国为首——的民主制度可以追溯到摆脱大英帝国殖民统治的过程,另外12个国家现今的民主制度起源于二战中盟军方面的胜利,还有13个国家从保守威权主义向民主的转型发生在1973年之后(这些国家都是美国的军事同盟国,而美国过去以冷战为理由使它们的非民主统治具有合法性)。这样,在61个国家中只剩下6个国家的民主制度既不是起源于反殖民化,也不是起源于二战,也不是起源于近期冷战的消退。……到1995年1月,又增加了15个国家,总数达76个。而这15个中有9个位于中东欧地区。这一组国家反映的是苏联的解体。①

其实早在1971年,达尔就注意到了国际因素的重要影响,他说:"一个国家的命运永远不会完全掌握在它自己的人民手里。……每个国家都是在与他国共处的环境中生存的。"亨廷顿则认为:"外国政府或机构的行动也许会影响、甚至是决定性地影响到一个国家的民主化。"对于第三波民主化国家来说,其作用机制主要是两种。第一种是重要国家和国际组织对外政策的影响,特别是梵蒂冈、欧洲共同体(欧盟)、美国和苏联的做法。另一种是邻近国家民主转型的示范效应或"滚雪球效应"。"一个国家成功地实现民主化,这会鼓励其他国家的民主化"。②

戴蒙德、林茨和李普塞特认为:"国家政治体制和政体变迁受到一系列国际因素的影响,包括殖民统治、外国干预、文化扩散和国外的示范效应。"③巴巴拉·魏奈特则对影响民主的国内发展因素和国际扩散因素做了系统的、跨越两个世纪的比较研究。她认为:"当单独评估时,(国内的)发展指标对于民主来说是强有力的预测指标。但是,当(国际的)扩散变量考虑进来以后,发展指标的预测效力就大大下降了。"这项研究意味着国际扩散因素是民主更有效的预测指标。④

那么,国际因素是通过何种机制起作用的呢?怀特海德归纳总结出三种机

---

① Laurence Whitehead,"Three International Dimensions of Democratization," in Laurence Whitehead, ed., *The International Dimensions of Democratization*, Oxford: Oxford University Press, 2001, pp. 3-4.

② 塞缪尔·亨廷顿:《第三波——20世纪后期民主化浪潮》,第98、113页。

③ Larry Diamond, Juan Linz and Seymour Martin Lipset, "Introduction: What Makes for Democracy?" in Larry Diamond, Juan Linz and Seymour Martin Lipset, eds., *Politics in Developing Countries: Comparing Experiences with Democracy*, p. 48.

④ Barbara Wejnert, "Diffusion, Development, and Democracy, 1800-1999," *American Sociological Review*, Vol. 70, No. 1, Feb. 2005, pp. 53-81.

制,它们分别是:(1)传染(contagion),即民主经验不借助强制力的扩散;(2)控制(control),即一国借助强制力或约束力对另一国民主的推动;(3)同意(consent),这是国际力量通过与国内集团的一系列复杂互动产生影响的一个过程。① 施密特在此研究的基础上,认为还有第四种机制:(4)制约(conditionality),即国家或国际组织通过审慎地使用强制力和讨价还价推动一国的民主。施密特把以上的四种机制做了类型区分,请参阅表8.1。②

表 8.1 国际因素的影响机制

		行动的基础	
		强制:以国家力量做后盾	自愿:由私人行动者参与
行动者数量	单边	控制(control)	传染(contagion)
	多边	制约(conditionality)	同意(consent)

20世纪90年代以前,民主转型被认为是国内因素驱动的,而国际因素受到的重视程度不够。但如今,几乎所有政治学者都认为,国际因素对于民主转型和巩固有着重要影响。尽管如此,戴蒙德认为:

> 除了那些因为外国军事干预缔造民主的国家以外——比如1983年的格林纳达和1989年的巴拿马,外部因素不是决定性的。即使在那些国际武力干预的国家,如果没有对民主的国内支持,民主也无法长期存活。以1994年的海地为例,迫在眉睫的武装干预帮助摧垮了海地的军人政权,但该国随后又回到了威权主义统治。③

由此看来,国际因素的影响也是相当不确定的。卡琳·冯·希佩尔研究了冷战以后美国对巴拿马、索马里、海地和波斯尼亚等国的军事干预后认为,想通过军事干预方式建立民主制度和新的国家的理念是一种"危险的傲慢"。希佩尔还引用美国前国家安全事务高级官员安东尼·莱克的话说,美国并不能靠美国人的力量重建另外的一个国家,美国能做的最多是帮助一个国家靠他们本身

---

① Laurence Whitehead, "Three International Dimensions of Democratization," in Laurence Whitehead, ed., *The International Dimensions of Democratization*, Oxford: Oxford University Press, 2001, pp. 5-16.

② Philippe C. Schmitter, "The International Context, Political Conditionality, and the Consolidation of Neo-Democracies, " in Laurence Whitehead, ed., *The International Dimensions of Democratization*, Oxford: Oxford University Press, 2001, pp. 28-31.

③ Larry Diamond, *The Spirit of Democracy: The Struggle to Build Free Societies Throughout the World*, p. 106.

的力量重建自己的国家。①

强调国际因素的另一个挑战是,国际因素比较接近的同一地区国家的民主转型和民主绩效的差别非常之大。拿南美洲和东欧来说,主要大国、重要国际组织对这两个地区不同国家的政策是比较接近的,民主化扩散效应的影响也比较接近,但是这两个地区的国家在民主转型和民主绩效上的差别非常大。由此看来,这些国家的国内因素才是民主转型成功与否的关键。

8.8 转型政治中的精英行为

第五种理论关注的是民主转型过程中政治行动者的行为。上述的四种理论重视的是国内外的结构性因素。也就是说,民主转型和巩固需要以一定的经济、社会、文化和国际条件作为前提,而一个国家能否成功地实现民主转型和巩固关键取决于这些"结构性因素"。这里的第五种理论强调的是民主转型和巩固的"过程性因素"。或者说,一个国家能否实现民主转型和巩固取决于该国政治转型的过程,特别是民主转型过程中政治精英的政治行为、战略选择和政治互动。这一理论视角现在也被称为"转型研究"或"转型学"(transitology)。

如果说前四种理论是结构主义的,那么这里要介绍的是民主转型的能动理论。两者的主要分歧在于对民主转型过程中结构性因素和能动性因素看法的差异。后者认为,结构主义的理论范式有几个明显的弱点。一是带有决定论的色彩,认为经济、社会、文化、历史和国际因素能够决定政治结果,而忽视政治行为者的作用。普沃斯基批评道:"在这种论证中,结果是由条件单方面决定的,人们什么也不做,历史还是会这样发展。"二是结构主义关注长期的历史变迁,无法很好地解释民主转型或政治变革发生的时机。三是结构主义范式更多是功能性的,而不是发生学的。正是这些不足为转型范式的兴起提供了条件。

转型研究起源于丹尼沃克·拉斯托 1970 年的一篇论文《向民主转型:一个动态模型》。② 作为现代化理论、政治文化理论和社会政治结构理论的批评者,他认为关键不在于解释民主制度如何能得以维持,而在于解释民主是如何产生的,因而发生学的研究更重要。他认为社会经济条件并不能单方面决定政治,政治冲突或结盟的模式是任何政治制度的中心特征,而政治选择是政治过程的

---

① Karin von Hippel, *Democracy by Force: US Military Intervention in the Post-Cold War World*, Cambridge: Cambridge University Press, 2004, p.1.

② Dankwart A. Rustow, "Transitions to Democracy: Towards a Dynamic Model," *Comparative Politics*, Vol.2, No.3, Apr. 1970, pp.337-363.

中心问题。他认为,民主的产生有一个背景条件和三个阶段,分别是:

(1) 背景条件:民族统一(national unity),即国家本身是一个没有争议的政治共同体。而这是民主能产生的唯一前提条件,没有别的任何前提条件。

(2) 准备阶段:这一阶段存在长期的和难以解决的政治斗争,民主常常不是事先的设计,而是作为一种解决政治冲突的程序和制度而兴起的。

(3) 决策阶段:这一阶段一系列政治力量进行互动,作出政治选择和达成妥协。政治家、军人和社会精英往往在这一过程中发挥主要作用。

(4) 适应阶段:这一阶段政治家和全体选民要习惯和适应民主的政治规则,不仅把民主作为一种竞争公职的制度,也作为解决冲突的制度。

拉斯托认为,民主的产生是一个动态政治过程的结果。在此之后,比较民主化的两项大型研究使转型范式日益流行。林茨和斯泰潘在1978年主持的研究《民主政体的崩溃》中认为,结构性环境条件越是不利,民主的生存就越需要高超的、创造性的、富有勇气的和忠于民主的政治领导力。即使障碍是巨大的,民主的崩溃也不是不可避免的。但如果领导无力、决策频频出错,民主崩溃就会加速。① 奥唐奈和施密特1986年主持的研究《从威权统治转型》也有力地推动了这一方面的研究。他们把政治行为者分为四类:执政集团的保守派和改革派,反对阵营的温和派和激进派。他们通过"考察威权政体领导人和民主反对派之间的互动、协定和交易来关注民主化过程本身"。他们强调,"成功的转型取决于政治精英之间的协议",因此,"高超的领导力"是成功民主转型的关键。② 转型研究的很多学者还关注第三波民主化国家的转型模式。他们一般倾向于从政治精英与大众的关系、政治精英内部当权派和反对派的关系以及转型过程的激进程度等来区分不同的转型模式。

亨廷顿更重视政治精英的力量,他把政治精英区分为当权派和反对派,他最关心以下三项关键的政治互动:"政府与反对派之间的互动,执政联盟中改革派与保守派之间的互动以及反对派阵营中的温和派和极端主义者之间的互

---

① Juan J. Linz and Alfred Stepan, eds., *The Breakdown of Democratic Regimes*, Baltimore: The Johns Hopkins University Press, 1978.

② Guillermo O'Donnell and Philippe Schmitter, eds., *Transitions from Authoritarian Rule: Tenative Conclustion about Uncertain Democrcies*, Baltimore: The Johns Hopkins University Press, 1986.

动。"他根据这三种互动关系的不同,区分出三种不同的转型模式:①

(1) 改革(transformation):执政联盟中的改革派主导的政治转型;

(2) 置换(replacement):威权政体垮台后反对派主导的政治转型;

(3) 移转(transplacement):执政联盟被迫与反对派谈判启动的政治转型。

在前人研究的基础上,杰拉尔多·芒克和卡罗尔·莱夫在研究南美和东欧国家的转型后认为,政治转型存在路径依赖,正是转型过程决定了民主转型和民主巩固的前景。他们根据"在位精英—反对派精英"的主导权,以及两者之间"对抗—吸纳"关系,区分了几种不同的转型模式,请参见图8.1。②

图 8.1 转型模式:南美和东欧国家的案例

---

① Samuel P. Huntington, "How Countries Democratize," *Political Science Quarterly*, Vol. 106, No. 4, Winter 1991-1992, pp. 579-616.

② Gerardo L. Munck and Carol Skalnik Leff, "Modes of Transition and Democratization: South America and Eastern Europe in Comparative Perspective," *Comparative Politics*, Vol. 29, No. 3, 1997, pp. 343-362.

实际上,从20世纪90年代到现在,转型研究是民主化研究领域的主流范式。甚至连李普塞特都认为:"民主是成功还是失败,将继续主要取决于政治领导人和领导集团的选择、行为和决策。"

尽管如此,这种理论的缺陷是明显的。有学者批评这种理论过于精英主义、过于经验主义、唯意志论和短期化倾向。过于精英主义,往往会忽视大众的政治力量和政治行为;过于经验主义,容易把主要由南美和东欧转型过程研究的结论普遍化;唯意志论往往会过分强调政治精英的主动选择而忽视转型国家客观的经济社会条件;短期化倾向往往过分重视短期政治变迁而忽视一个国家的长期因素。

托马斯·卡洛瑟斯则更是认为,转型研究范式的若干核心假定是错误的,包括把转型理解为一定是向民主转型,民主转型有一系列确定的阶段和次序,民主政体主要就是选举,转型国家的经济水平、政治史、制度遗产、族群构成、社会文化传统和其他结构性特征并不重要,转型国家不需要面对国家建设(state building)的问题,等等。因此,他认为民主转型范式已经终结。①

【推荐阅读书目】

塞缪尔·亨廷顿:《第三波——20世纪后期民主化浪潮》,刘军宁译,上海:上海三联书店1998年版,或塞缪尔·亨廷顿:《第三波——20世纪后期的民主化浪潮》,欧阳景根译,北京:中国人民大学出版社2013年版。

胡安·J.林茨、阿尔弗莱德·斯泰潘:《民主转型与巩固的问题:南欧、南美和后共产主义欧洲》,孙龙等译,杭州:浙江人民出版社2008年版。

拉里·戴蒙德:《民主的精神》,张大军译,北京:群言出版社2013年版。

包刚升:《民主崩溃的政治学》,北京:商务印书馆2014年版。

---

① Thomas Carothers,"The End of the Transition Paradigm," *Journal of Democracy*, Vol. 13, No. 1, 2002, pp. 5-21.

第 9 讲

如何参与？为何抗争？

在1960年，有62.8%达到投票年龄的美国人去投票站投票，在肯尼迪与尼克松之间做出选择。在经历数十年的下滑后，1996年仅有48.9%的美国人在比尔·克林顿、鲍伯·多尔和罗斯·佩罗之间做出选择，这几乎接近20世纪最低的投票率。总统竞选的参与程度在过去36年间下降了近1/4。

——罗伯特·帕特南

受压迫的人民对待他们所受的压迫，有三种办法可行。其一便是默许：被压迫者顺从于自己的命运。……有时受压迫的人还有第二种方式对待压迫，便是诉诸身体的暴力和腐蚀人心的仇恨。……受压迫的人民在追求自由当中还有第三条道路可走，那便是非暴力抵抗的道路。

——马丁·路德·金

他们只有激起较根深蒂固的团结一致感和身份认同，才能创造一场社会运动。因此，我们几乎可以肯定，作为运动组织的基础，民族主义和种族或宗教总是比社会阶级的绝对律令更可靠，原因就在于它们能促进团结一致和集体认同。

——西德尼·塔罗

在今天，民主要想繁荣，就必须被重新看作一个双重的现象：一方面，它牵涉到国家权力的改造；另一方面，它牵涉到市民社会的重新建构。只有认识到一个双重民主化过程的必然性，自治原则才能得以确定：所谓双重民主化即是国家与市民社会互相依赖着进行的转型。

——戴维·赫尔德

9.1 什么是政治参与?

政治参与通常是指公民通过正式途径影响统治者或公共决策的行动与过程。当然,有人认为,非正式途径的参与——甚至是突破现有法律框架的参与——也是政治参与的重要内容。按照后一种观点,政治参与可以被视为公民通过一定途径去影响统治者或公共决策的行动与过程。

政治参与的例子有很多。比如,你居住在北京市昌平区的一个镇上,镇上的道路不是太好,然后你去跟当地人大代表投诉道路状况。人大代表回复说,他会建议政府重新修筑道路。这就是一种政治参与活动。第5讲曾提到一个例子,某地的中学校长并不令人满意,当地的家长和中学的教师们意见非常大。你作为一位学生家长,找到当地主管教育的官员,反映某某中学的校长很不称职,你认为应该任命一位新校长。这也是一种政治参与。

又比如,美国公民参加民主党或共和党大会,也是一种政治参与活动。在选举日去投票站投票,则是民主国家公民——无论是积极公民还是消极公民——最基本的政治参与活动,特别是参加总统或国会议员的选举投票。当然,即使是在民主国家,有的公民也可能从未参加任何选举活动,这是有可能的,但这样的人通常是少数。

再比如,几年前曾在法国巴黎和英国伦敦发生过的街头骚乱事件,也是政治参与的一种形式。在巴黎或伦敦街头,有民众——特别是年轻人——抗议政府的某些政策,一开始是示威游行,然后演变为焚烧汽车和商店。示威游行是合法的,但焚烧汽车和商店是非法的。他们这样做的主要意图是要影响公共政策,然而这却是一种非法的政治参与形式。

有学者把一种较为极端的情形——密谋暴动——也称为政治参与的一种形式。在中国近现代史上,1911年秋天,武昌的少部分新军士兵与下级军官密谋暴动并获得了成功,史称武昌起义。这是政治参与的一种特殊形式。

图 9.1 不同类型的政治参与者

当然,不同公民的政治参与形式和程度是不同的。借助正态分布曲线,可以把所有的政治参与者分为三类:第一类是政治积极分子,第二类是普通政治参与者,第三类是政治冷漠者,参见图 9.1。德国著名社会学家马克斯·韦伯有一篇题为《以政治为业》的著名演讲。那么,韦伯是哪一种政治参与者呢?他显然属于政治积极分子。在美国,民主党和共和党都有一大批主要的组织者,比如各州党部的活动家,他们也属于政治积极分子。那些在美国《纽约时报》或英国《金融时报》发表鲜明政见的评论家通常也是积极的政治参与者,他们试图通过言论影响本国或全球公共政策。至于那些在华盛顿、在伦敦担任重要职位的政治家,理所当然属于政治积极分子。

除此以外,每个社会中的大量公民都属于普通的政治参与者。在发达国家,其实普通人关心政治的程度并不高,他们平常谈论的事情大体上很少涉及政治。这些普通的政治参与者,既不算积极,又不算冷漠,而是处于某种中间状态。此外,每个社会都存在一定的政治冷漠群体。与普通公民不同,他们不仅不是政治积极分子,而且还刻意回避或逃避政治。比如,他们甚至很少或从不参加重要的选举投票活动。

通常,政治参与可以分为不同的类型。比如,政治参与是正式的还是非正式的?选民投票是正式的政治参与行为。如果你对本地道路质量不满,去找议员或人大代表个别沟通,就是非正式的政治参与。在美国或英国的国会,都有大量的所谓"走廊议员"——这些人并不是议员,但他们经常在国会走廊工作,目的是游说议员就某某法案投支持票或反对票。这也是非正式的政治参与。

比如,政治参与是个体的还是群体的?你一个人去说服本地议员或人大代表,要求他提出一项重新修筑本地公路的议案,这种参与是个体行为。然而,倘若你曾多次沟通,但没有任何效果。这时候,你决定采取进一步的行动,你找到附近几个大型社区的业主委员会,然后每个社区都派出一些人跟你一起去找这位议员或人大代表提出诉求。这样,这种政治参与就从个体行为变为了群体行为。

比如,政治参与是温和的还是激进的?一个社会中有大量的政治诉求是比较温和的,对应的政治参与形式通常也比较温和。刚才提到的会见本地议员或人大代表要求政府修筑公路的情形,通常是一种温和的政治参与。但是,因为对大型造纸企业的排污项目不满,很多市民冲进当地市政府,把市政府暂时占领了,甚至把市长的衣服扒下来,这是比较激进的政治参与。这种事件 2012 年 7 月就在华东某市发生过。

又比如,政治参与是合法的还是非法的?泰国这几年的政治并不平静,大规模的街头政治运动在泰国是家常便饭。该国有著名的红衫军和黄衫军,前者支持他信与英拉,后者反对他信与英拉。红衫军和黄衫军组织过很多合法的政治参与活动,比如和平的示威游行。但实际上,过去经常发生的是,整个示威游行队伍可能会失控,很多人甚至试图占领机场或者是占领政府机构。后者无疑是非法的,有可能会导致社会秩序的瘫痪。

再比如,政治参与是非暴力的还是暴力的?很多政治参与都表现为和平的方式,从投票、参加政党大会到游说议员、和平示威等都是和平的政治参与。但是,政治参与也可能表现暴力的方式。比方说,泰国的红衫军占领机场,或多或少会借助暴力手段。如果不借助暴力或以暴力相威胁,红衫军如何可能占领机场呢?只是这种暴力威胁没有发展为真正的流血事件。但有些国家出现过从普通政治参与演变为严重暴力冲突的事件,甚至演变为局部武装冲突——这就是政治参与的暴力化。特别是,在一些族群分裂程度很高的社会,当威权政治倒塌、转型为民主政体时,族群的政治诉求就会上升,演化为很多极端的政治参与形式,甚至最后酿成了武装冲突和族群屠杀。所以,政治参与也可能会演变为暴力和血腥的形式。

9.2 政体类型与政治参与

那么,政体类型与政治参与是什么关系呢?一个简单的事实是:不同政体类型下的政治参与差异很大。民主政体、威权政体和极权政体之下政治参与的不同特征,请见表9.1。

通常,民主政体下政治参与的数量和程度是适中的。并不是所有人都关心政治,实际上有大量的人不太关心政治,可能多数公民只是参与几年一度的重要投票。比如,他可能主要参加的是总统或国会议员选举的投票,州长或州议员选举的投票,以及跟自己更相关的本地市镇长或学区委员的投票。其余的政治活动,他通常都是不参加的。他每天过着普通的、世俗的、与政治保持一定距离的一种生活,这是一种正常状态。在民主政体下,政治参与是公民个人的自由选择。换句话说,如果他想积极参与的话,政治制度给他提供了空间和可能;但如果他不想积极参与的话,他完全可以做一个政治消极公民。这是他的个人选择。

表9.1 不同政体类型下的政治参与

政治参与	民主政体	威权政体	极权政体
数量与程度	中等	低	高
特征	自愿的	被操纵的	组织化的
目标	影响决策者和公共政策	维护统治者的权力 制造民主的表象	理论上:为了改造社会 实践上:展示统治者的权力

资料来源:罗德·黑格、马丁·哈罗普:《比较政府与政治导论》,张小劲等译,北京:中国人民大学出版社2007年版,第177页。

所以，民主政体下的政治参与者是自愿的，没有人可以强迫他。当然，个别国家有强制投票的规定，法律规定这是公民的法定义务，但这也仅限于选举投票。大部分国家都没有这样的强制性要求。这意味着一个人可能从来都不参与政治，他照样可以在这个社会上生活得很好。在这种政体之下，政治参与的主要目标是为了对决策者与公共政策施加影响。从一些国家的政治实践看，比如左右两派斗争非常激烈时，通常会有更多的选民去投票，因为这些选民希望自己的选票能够发挥一些影响。总之，在民主政体下，公民的政治参与更多是一种影响公共决策的方式。

威权政体下的政治参与程度要比民主政体低很多，大量民众没有卷入政治参与活动。即便有政治参与，通常情况下这种政治参与有可能是被操纵的。按照黑格等人的看法，威权政体下的政治参与，主要目标是为了维护统治者的权力，是为了制造民主的假象。二战以后，民主政体在全球范围内获得了前所未有的合法性，所以所有政府、政党与政治领导人都倾向于把自己标榜为"民主"的。比如，即便是伊拉克前政治领导人萨达姆·侯赛因也要搞出一个投票选举的形式，而他在"总统选举"中能够获得超过99%的选票。这一高支持率，是任何民主政体下的政治领导人望尘莫及的。所以，威权政体的特征是政治参与程度比较低，很多政治参与是受操纵的。

与威权政体不同，极权政体是一种高度动员的政体类型，所以该政体下政治参与程度是很高的。但这未必就是好事。比如，在希特勒的纳粹德国，政治参与程度就非常高。今天留下的历史档案和影像资料显示，希特勒可以在一个10万人的政治集会上做演讲，下面的听众表现极其亢奋，很多人的表现是发自内心的。这种政治参与的特点是高度的组织化。希特勒和纳粹党通过政党与政治团体的方式把大量普通民众组织起来，使其卷入高度参与的政治过程。极权政体下的政治参与，往往与改造社会有关。比如，希特勒一直主张雅利安人的种族优势，犹太人应该被消灭掉，让德国成为一个更纯粹的国家——诸如此类的种族主义理论。然而，极权政体下的高度政治动员和高度政治参与的做法，实际上不过是为了展示统治者的权力而已。极权政体的特点是存在着受到政府或政党严格控制的高度的政治参与。

9.3 投票与选举权的普及

公民政治参与的基本形式就是选举投票。民主政体下的公民通过投票来选择反映自己政治偏好的政治家，投票是公民控制政府和落实问责制的基本形式。在选举中,一边是候选人或政治家,另一边是选民。理论上讲,政治家的政策应该反映选民的政治偏好。换言之,政治家通过给选民提供符合其政治偏好的政策,来换取选民的投票支持。上文已提及,《民主的经济理论》作者安东尼·唐斯把政治家视为厂商,把选民视为消费者,政治家在政治市场上通过提供适宜的政策来获得选民的选票。

在经济市场上,消费者通常用脚投票来改变厂商。比如,有人长期使用某品牌的牙膏,后来他发现这个品牌的牙膏不够好,或者他发现了更好用的牙膏品牌,就开始换用另一品牌的牙膏。这就是消费者的一种选择。正是通过这样一种过程,消费者给厂商制造了压力:如果你的产品质量不够好或性价比不高的话,我随时会用脚投票。其实,政治的机制也一样。如果选民发现当选政治家的政策没有反映自己的政治偏好,选民在下一次投票中就有可能抛弃这位政治家。大家应该很清楚,政治上的问责制如果不采用这种投票形式的话,是很难操作的。有些政治家自称衷心服务于公众利益。但问题是,谁来评判他是否服务于公众利益呢?如果多数人不满意,可以把他选下去吗?只有通过这样一种选择机制,问责制才能得以落实。因此,没有选择权的问责制不大可能是一种名副其实的问责制。

讲到政治参与中的投票行为和普选权,还要对此做一个简要的历史考察。人类近代民主的雏形,对普通人来说是一种有财产资格或教育资格限制的选举权。换句话说,近代早期的民主是有钱人的民主或受教育者的民主。"议会之母"英国最早就走过这样的道路,很多其他国家也走过这样的道路。比如,你的财产要达到多少标准,或你的纳税要达到多少标准,你才能享有这种投票权。当然,一些国家还有教育资格或识字资格的限制。那么,其中的逻辑是什么呢?最早的逻辑并非财产歧视,而是在于一种理论主张——只有有财产的人才会对这个社会承担起责任。如果财产跟社会直接挂钩的一个形式是纳税的话,那么只有一个纳税的人才会对社会负担起实际的责任。所以,只有这样的人,社会才应该赋予他们投票的权利。

很多人一听这个主张,马上就会质疑。因为这个主张跟现代民主理念——一人一票准则——是有冲突的。但是,大家应该了解这个主张背后的逻辑。从19世纪到20世纪的不少保守主义者或保守的自由派们担心,如果没有收入者也能获得投票权,这意味着可能赋予了他们通过政治手段对有产者进行剥夺的权利。比如,哈耶克在《自由秩序原理》一书中就把通过多数投票方式制定的累进所得税政策视为"不负责任"的"温和的抢劫"。①

至于教育资格的限制,过去也有一些国家是这样做的,比如20世纪早期的智利。这种限制的主要考虑是一个人参与政治活动的能力或技艺。这一主张的逻辑可以在柏拉图那里找到最早的论述。柏拉图曾说:"统治是一项专门的技艺。"所以,并不是所有人都适合参与政治,参与政治的人应该有起码的知识与技能,否则可能会造成很多问题。当然,这个说法一定会引起争议,但大家最好了解这种主张背后的逻辑。

从真实的历史过程看,最早关于投票权的观念就是这样。后来,西方社会经历一些重要的政治经济变化,投票权的财产资格和教育资格限制逐步降低,直到最后完全取消。但是,即便如此,一开始普选权仅限于成年男性公民。后来,欧洲国家又经历了主张女性普选权的男女平权运动。在英国,这个运动发生在第一次世界大战的前后。特别是一战以后,英国妇女协会等组织开始努力争取妇女的投票权。从20世纪10年代到20年代,英国成年女性陆续获得了跟男性公民一样的投票权。此外,一些国家的某些历史阶段上,选举资格还有族群或种族身份的限制。比如,在美国和南非,黑人或有色人种的投票权最初是受到限制的,后来这些限制条件也取消了。因此,总的来说,普选权从19世纪到20世纪是一个逐步完善的过程,一开始是财产较多或受教育程度较高的成年男性公民拥有投票权,后来经历了财产与教育资格逐步取消,随后普选权又扩展至成年女性公民及少数族群公民。这样,到了20世纪晚期,民主国家的基本投票权安排就是以成年公民为唯一条件的一人一票制度。

需要提醒的是,选举权的普及并不是通过一个和谐而顺畅的过程来实现的。相反,这一过程中包括了大量的政治冲突、社会运动和暴力现象。一个经典案例就是英国的宪章运动。② 大概在19世纪早期,英国已经率先成为一个符合宪政与法治标准、少数公民拥有投票权的国家。后来,随着工业革命的推进和民众政治意识的觉醒,宪章运动开始兴起。宪章运动是一场普通劳动阶层要求政治改革的社会运动,起源于1838年5月8日公布的《人民宪章》,一直持续到1848年的欧洲革命,历时十年之久。作为宪章运动的政治纲领,《人民宪章》由六个政治主张构成:

---

① 弗里德利希·冯·哈耶克:《自由秩序原理》下册,邓正来译,北京:生活·读书·新知三联书店1997年版,第71—94页。
② R.G.甘米奇:《宪章运动史》,苏公隽译,北京:商务印书馆2013年版。

1. 21 岁以上男子享有普选权；
2. 选区大小人数平等；
3. 选举由秘密投票决定；
4. 取消参选财产限制；
5. 给予议员年俸；
6. 进行每年一度选举。

从直接政治后果来看，英国宪章运动并没有成功。但倘若进行更长时段的历史考察，就会发现，从19世纪下半叶到20世纪上半叶，《人民宪章》上述6条要求中的5条在主要发达国家均已实现，而惟有第6条"进行每年一度选举"未被采纳。当然，由于技术性问题，第2条"选区大小人数平等"难以完全实现。

在关于法国普选史的研究中，皮埃尔·罗桑瓦龙认为，法国从1789年大革命到19世纪晚期、再到20世纪上半叶的政治变迁中，其投票权经历了"有产公民模式"到成年男子普选权，再到包括妇女在内的成年公民"一人一票"的演进。罗桑瓦龙说，在这个过程中——

> 三种历史交织在一起。首先是法律和制度史，其次是认识论的历史，而第三则是文化史。……历史的这一部分并非一种平铺直叙的征服史。实际上在其起点上，也就是说法国大革命期间普遍选举即已在原则上得到认可，但随即遭到严厉的质疑。这一历史伴随着重新怀疑与大倒退的终结而止住了脚步。人们在这方面应当记住以下年代或日期：首先是1848年，正是在这一年里，纳税选举时期宣告终止，普遍性原则在去除了大革命时期的模棱两可后得到重新表达；其次是1851年12月2日，正是在这一天，1850年5月31日所颁布的邪恶的法律被以某种方式废除；最后是1875年11月30日，众议院议员选举法在这一天的通过最终巩固了这些成果，并由此标志着对普遍选举的一种庄重的确认。但是，选举的法律史也被纳入一种人类学的视野，即一种个人社会实现的视野之中。它发端于团体不再被作为政治代表的基础的18世纪，并因1944年法国妇女投票的通过得以延长。①

这一段看似轻描淡写的文字实际上掩饰不住法国人为争取普选权所经历

---

① 皮埃尔·罗桑瓦龙：《公民的加冕礼：法国普选史》，吕一民译，上海：上海人民出版社2005年版，第365页。

的长期、复杂的政治斗争过程。当然,这一政治过程的背景是从18到20世纪欧洲经济社会条件和人们精神世界的重大变迁。

9.4 独自打保龄？

另一个有趣的问题是政治冷漠。政治冷漠泛指公民的"政治不参与",表现为公民对政治不感兴趣,不愿意花时间和精力去参与各种形式的政治活动。应该说,每一个社会都存在为数不少的政治冷漠者群体,这是正常现象。然而,令人担心的是很多成熟民主国家在20世纪60年代以后出现了投票率持续下降的情形。从最近几年国会议员选举的投票率来看,美国大概只有54%,印度是58%,日本是71%,英国是76%,法国是76%,芬兰是78%。这意味着美国大约有四成五的选民是不参加国会议员选举投票的,日本、英国和法国也有二成多的选民不参加国会议员选举。由此看来,在成熟民主国家,部分选民的政治冷漠是普遍现象。

那么,为什么成熟民主国家的投票率那么低呢？造成政治冷漠现象的原因是什么呢？关于这一问题,存在很多不同的理论解释。比如,理性选择理论强调,不少比例的选民不参加投票是其理性决策的结果。选民参加投票通常需要支付成本——比如参加投票的时间和交通费用等,但一张选票通常并不会改变选举结果,其边际影响微乎其微。所以,经过理性考虑,选民决定不参加投票。

关于政治冷漠的政治文化理论则强调民主精神与公民文化的衰退。也就是说,人们从价值观和信念上更少关心公共事务了。这也是很多社会较为普遍的现象。关于政治冷漠与参与弱化的政治文化研究,首推著名政治学家罗伯特·帕特南2000年出版的热门作品《独自打保龄》,该书的主题是美国社会资本的衰落——另一种说法是美国社会公民政治的衰退。帕特南在这本著作中这样描述美国社会发生的现象:

> 在1960年,有62.8%达到投票年龄的美国人去投票站投票,在肯尼迪与尼克松之间做出选择。在经历数十年的下滑后,1996年仅有48.9%的美国人在比尔·克林顿、鲍伯·多尔和罗斯·佩罗之间做出选择,这几乎接近20世纪最低的投票率。总统竞选的参与程度在过去36年间下降了近1/4。
>
> ……公众对时事的兴趣趋向在过去二十五年间逐渐衰退了大约20%。同样的,另一项长期的年度调查表明:从1975年到1999年,公民对政治的兴趣稳步下滑了五分之一。

……在过去二十年中,每年竞聘美国各类政治职务——从学校董事会到镇议会——的人数缩减了约15%。这种下滑导致美国每年从这些人里损失25万名候选人。①

这些信息对帕特南来说,都意味着美国的政治参与和公民联系性的减少,更多人开始选择"独自打保龄"。这也佐证了美国社会资本的降低。在该书中,帕特南总结出几个主要的影响因素,包括"时间和财富压力","市郊化、上下班和城市扩张","电子娱乐——主要是电视"及"代际更替"等等。帕特南的这部著作出版以后,引起了广泛关注,并继《使民主运转起来》以后再次引起美国及国际学术界对社会资本研究的重视。

尽管帕特南的作品已经成为新的社会科学名著,但这部著作并非一边倒地广受赞誉,很多人并不赞同帕特南的主要观点。一方面,帕特南较重视那些会员数量下降、活跃度降低的社团组织,但没有重视那些会员数量上升、活跃度提高的社团组织。比如,从1963年到1993年,美国退休人员联合会的会员从40万剧增至3000万。另一方面,媒介与交流形式的改变——特别是电视和网络的兴起,美国人改变了政治参与和公民参与的方式。换句话说,美国的社会资本并未降低,只是转换了形式。当然,一部优秀著作在引起关注的同时受到质疑,已成为学术界的常态。

9.5 社会运动与非暴力抗争

社会运动是政治参与的一种重要形式。除了选举投票,社会运动是很多普通公民卷入过的最重要的政治活动。社会运动一般是指一种特定形式的集体行动或集体行为,其动机主要来源于成员的态度和期望,通常有松散的组织框架,具有明确的诉求。社会运动一般被视为社会抗争的一种表现形式。

18世纪以后,社会运动才开始在人类历史舞台上兴起,它与工业化和城市化对人类生活与组织方式的改变有关。在诸种社会运动中,劳工运动或工人运动是较早的大规模社会运动形式。此后,主要的社会运动还包括民族主义运动、少数族群或种族权利运动、妇女权利运动、环保运动等等。

20世纪兴起的一种非常独特的社会运动是非暴力不合作运动。非暴力不合作运动的思想可以追溯至美国哲学家亨利·大卫·梭罗,他在早期的哲思作

---

① 罗伯特·帕特南:《独自打保龄:美国社区的衰落与复兴》,刘波等译,北京:北京大学出版社2011年版,第21—34页。

品中阐述了"公民不服从"（civil disobedience）思想。① 按照梭罗的见解，一个人的行事准则不在于服从政府或者法律，而在于服从自己的良心。他说："我有权承担的唯一义务，乃是不论何时，都做我认为正当的事情。"由此，梭罗认为，当一个人认为政府不义时，便拥有反对的权利。"每个人都承认革命的权利；这便是说，当政府沦于暴政，或它效力极低、无法忍受，就有权拒绝向其效忠，且有权对其反抗。"沿着这样的逻辑，梭罗接着问："不公正的法律依然存在：我们是甘心服从这法律，还是致力于修正之，在达到目的之后才来服从，甚或立即破坏了它？"他在很大程度上倾向于最后一种立场，即每个人都有权破坏他良心上认为不公正的法律。

梭罗所主张的乃是一种公民不服从的精神。不仅如此，他强调每个公民应该身体力行这种精神。惟其如此，这种公民不服从思想才能产生实质性的力量。当他评价废奴运动时，他有这种的主张：

> 我非常清楚，若是在马萨诸塞州里，只有一千个人，若是只有一百个人，甚或我说若是只有十个人——若是只有十个正直的人——不，若是只有一个正直的人，能停止蓄奴，真正脱离奴隶主同伙，并因之被关入县立监狱，这便能在美国废除奴隶制度。因开始时微乎其微并不打紧，只要一次做得到，便总会有人做下去。可我们倒宁愿夸夸其谈：谈论它成了我们的使命。

对于这种公民不服从可能的力量，梭罗深具信心。他继续论述道：

> 若少数服从了多数，它便失去了力量；它甚至连少数也算不上；而若它倾力来对抗，它便不可战胜。若州政府要在将所有正义之士关进监狱、与放弃战争和奴隶制之间做内战，它的选择简直就绝不会犹豫。若是有一千个人今年不纳税，这方法既非暴力，也不会流血……事实上，这便是和平革命的意义所在——如果说这种革命能够出现的话。

梭罗在此已经阐发了一种公民非暴力不服从的政治主张。不仅如此，他本身也是这种主张的践行者。他坚持六年没有交纳人头税，因此被逮捕入狱，但他对此坦然承受。因此，梭罗也是公民不服从思想的实践者。

当然，非暴力不合作运动的最伟大实践者是印度政治家甘地。甘地从南非

---

① 本节多处引用梭罗的文字，参见亨利·大卫·梭罗：《公民不服从》，载何怀宏编：《西方公民不服从的传统》，长春：吉林人民出版社2001年版，第16—38页。

回到印度时,印度的民族独立运动在很大程度上已陷入困境。直接的原因是印度的精英阶层和大众阶层各自认同并采取不同的反抗方式,但这些方式看来并不能奏效。印度的精英阶层倾向于选择与英国统治者进行政治谈判,但结果是,英国政府尽管做了很多让步,但他们并不认可印度的自治权。印度的底层民众倾向于暴力反抗,其中代表性的就是1857—1859年的印度民族大起义,但这种直接的暴力反抗会遭到英国政府的武力镇压。此外,印度精英阶层并不十分赞同对英国统治者进行剧烈的暴力反抗。

正是在这样的背景下,甘地开创性地提出了非暴力不合作运动的主张。"非暴力不合作"这个词组本身已经昭示了甘地的核心观点。在甘地看来,对英国统治者,印度作为一个民族的唯一正确做法是两者的结合:一是彻底的不合作,二是彻底的非暴力。从具体政策来说,甘地呼吁以非暴力的不合作手段来抵制英国殖民者的统治。他呼吁印度人不纳税、不入公立学校、不到法庭、不承担公职以及不购买英货,等等。

甘地在他的作品中阐述了彻底的、毅然决然的非暴力精神。下面两句话反映了甘地的基本立场:"勇敢在于赴死,而不在于杀戮";"人类只能通过非暴力来摆脱暴力,通过爱来克服恨"。他这样认为:

> 非暴力反抗成功的必要条件是:1.非暴力反抗者不应当在心里憎恨其对手;2.问题必须是真实和实质性的;3.非暴力反抗者必须准备受苦到底。

正是因为非暴力反抗,甘地认为印度已经开创了新的历史:

> 我们采用的手段不是暴力,不必流血,也无需采取时下人们所理解的那种外交手段,我们运用的是纯粹的真理和非暴力。我们企图成功地进行不流血革命,无怪乎全世界的注意力都转向我们,迄今为止,所有国家的斗争方式都是野蛮的。他们向自己心中的敌人报复。①

甘地实践非暴力不合作思想的一个典型例子是"食盐进军"。1930年年初,英国政府在印度颁布了《食盐专营法》,规定食盐专营,结果是食盐价格和相应税收的提高。3月12日,甘地带领他的78名学员从萨巴尔马蒂的真理修道院出发,徒步390公里,开赴印度海滨小镇、食盐产地丹地,自行熬制与获取

---

① 莫罕达斯·甘地:《论非暴力》,载何怀宏编:《西方公民不服从的传统》,长春:吉林人民出版社2001年版,第39—60页。

食盐。随后,数百万人响应甘地的号召,公开反对《食盐专营法》,自行熬制与获取食盐。在此过程中,多数群众恪守甘地所倡导的非暴力原则。英国政府起初并未重视,后来面对规模越来越大的"食盐进军"运动,决定予以坚决镇压,导致数万人被逮捕,包括甘地本人。尽管如此,"食盐进军"总体上仍然坚持非暴力原则。最后,英国政府迫于压力,不得不取消《食盐专营法》,并释放甘地等政治领导人。正是在甘地的领导下,非暴力不合作运动最终使印度摆脱了英国的殖民统治,走向了民族独立。当然,也有人认为非暴力不合作运动之所以能够奏效,乃是因为英国政府尽管是外来的却是较为文明的统治者。

20世纪下半叶,非暴力不合作运动的伟大实践者是美国黑人民权运动领袖马丁·路德·金。美国的黑人民权运动又被称为非洲裔美国人民权运动,兴起于20世纪50年代中期,发展延续至60年代末。起初,黑人反对的是美国学校、公共交通、商业场所的种族隔离措施,后来演变为一场争取全面的黑人平等公民权的运动。在此过程中,马丁·路德·金作为一名黑人牧师,逐渐成长为该运动的主要领袖。1963年8月28日,在美国首都华盛顿,25万包括白人在内的美国公民举行了声势浩大的公共集会,以反对美国种族隔离制度。在这次大会上,马丁·路德·金发表了著名演讲《我有一个梦想》。1968年,马丁·路德·金遇刺。但整个运动最终促使美国南部废除了种族隔离,并使美国黑人公民获得了同等的政治社会权利。总的来说,美国黑人民权运动也是试图经由非暴力的抗议活动来达成他们的政治目标,这也是马丁·路德·金的政治主张。

他认为:"任何非暴力运动,都要包括四个阶段:收集事实,以判定不公正是否存在;谈判;自我净化;以及直接行动。"他还以伯明翰社区为例,说明了非暴力运动的四个阶段。首先是,通过显而易见的事实判断该社区存在显著的种族不公正。随后,他们努力与本社区的头面人物们展开谈判,但收效甚微。他们在自己的希望遭到沉重打击、决定采取直接行动之前,还要先进行一个自我净化的过程。他们不断自问:"我是否能挨打而不还手?""我能否忍受监狱的考验?"在这一切准备就绪后,他们开始采取直接行动,而直接行动的目标是"制造一种充满危机的局面,以期不可避免地开启谈判之门"。当然,目的就是要消除美国的种族隔离制度,最终并使黑人获得同等的公民权利。

马丁·路德·金非常清晰地阐明了面对压迫时可能的不同选择:

> 受压迫的人民对待他们所受的压迫,有三种办法可行。其一便是默许:被压迫者顺从于自己的命运。他们默然适应所遭受的压迫,因之变得顺应于这样的压迫。……有时受压迫的人还有第二种方式对待压迫,便是诉诸身体的暴力和腐蚀人心的仇恨。暴力往往能带

来一时的结果。……暴力却绝不能带来长久的和平。……受压迫的人民在追求自由当中还有第三条道路可走,那便是非暴力抵抗的道路。

他主张的当然是非暴力抵抗的道路。马丁·路德·金还认为非暴力抵抗有若干基本特征:

> 其一,要强调的是非暴力抵抗并非给怯懦者使用的策略,它实在是一种反抗。……第二个基本事实,是它并不企图打败或羞辱对手,而是要赢得他的友谊和理解。……第三个特征,是其进攻直接针对罪恶势力,而非行使这罪恶的人。……第四点特征,是甘心受苦而不求报复,甘心挨打而不求还击。……第五方面,是它要避免的不仅是肉体的外在暴力,还包括精神的内在暴力。……第六个基本事实,是它基于这种的确信,即宇宙乃处于正义一方。①

9.6 如何理解社会运动?

当然,社会运动不只是非暴力不合作运动。那么,如何理解不同形式的社会运动呢?按照美国康奈尔大学政治学教授西德尼·塔罗的看法,社会运动是"以潜在社会网络和使人产生共鸣的集体行动框架为基础,能发展出对强大对手保持持续挑战力的斗争(抗争)政治事件"。塔罗认为,社会运动的基本特征包括:

> 集体挑战。……运动一般通过直接破坏活动,对抗社会精英、当局和其他集团或文化规范,有代表性地发起斗争(抗争)挑战。……集体挑战常常以打断、阻碍他人的活动或导致他人的活动不确定性为标志。

> 共同目标。……人们在运动结为一体的较根本较平常的原因,还是为了提出他们共同的主张,反对对手、当局和社会精英。

> 团结和集体认同。……他们只有激起较根深蒂固的团结一致感和身份认同,才能创造一场社会运动。因此,我们几乎可以肯定,作

---

① 以上两段引文参见小马丁·路德·金:《〈寄自伯明翰监狱的信〉及其它》,载何怀宏编:《西方公民不服从的传统》,第61—115页。

为运动组织的基础,民族主义和种族或宗教总是比社会阶级的绝对律令更可靠,原因就在于它们能促进团结一致和集体认同。

持续的斗争(抗争)政治。……只有通过持续集体行动来反抗对手,斗争事件才演变为社会运动。……持续地开展集体行动以与强大的对手互相作用,这是社会运动与早期的斗争形势不同的标志。……①

查尔斯·蒂利在《社会运动,1768—2004》中则这样定义社会运动:

本书将社会运动视为斗争(抗争)政治的特殊形式;称之为"斗争",是指社会运动的群体诉求一旦实现,就有可能与他人的利益发生冲突;称之为"政治",是指无论何种类型的政府都会被诉求伸张所牵连——或是作为诉求者,或是作为诉求对象,或是作为诉求目标的同盟,或是作为斗争的监控者。②

查尔斯·蒂利认为,社会运动有三个主要的特征。第一个特征是,它是一种不间断和有组织地向目标当局公开提出群体性的诉求声张,表现为运动的形式。这里目标当局很多时候是指政府或政府机构,但有时也可以是指一些大型工商业机构。比如,20世纪50、60年代的美国黑人民权运动,主要是向美国政府当局提出诉求;但如今很多动物保护协会则是针对全球各大皮草公司提出诉求,要求他们不要捕杀动物以获取皮毛;很多反全球化的社会运动则指向沃尔玛、麦当劳这样的跨国公司。

第二个特征是,它有一系列的常备剧目,包括为特定目标组成的专门协会和联盟(包括绿色和平协会、动物爱好者协会、同性权利协会等),经常举行的公开会议,依法示威游行,大型集会,请愿活动,各种各样的声明,用于专题宣传的小册子,等等。当然,很多社会运动是上述多种常备剧目的组合运动。

第三个特征是,社会运动中的参与者协同一致地表现出特定的价值(Worthiness)、统一(Unity)、规模(Numbers),以及参与者和支持者所作的奉献(Commitment),蒂利称之为 WUNC 展示。蒂利认为这里有四个要素,首先是一种特定的价值,代表了一种价值取向,表现出某种特定的认同;其次是具有一定的统一性,比如社会运动中的统一着装就具有强烈的符号意义;再次是需要有一定的规模,几个人、几十个人通常难以成为一场社会运动,通常需要数千乃至数万

---

① 西德尼·塔罗:《运动中的力量:社会运动与斗争政治》,吴庆宏译,南京:译林出版社2005年版,第5—9页。
② 查尔斯·蒂利:《社会运动,1768—2004》,胡位钧译,上海:上海人民出版社2009年版,第4页。

以上的人群的持续参与;最后是要求参与者和支持者做出奉献或付出,这样一种参与者的主动奉献部分地能够克服集体行动中的搭便车问题。①

既然社会运动是一种重要的政治社会现象,那么如何解释社会运动呢？这里介绍几种主要的社会运动理论。有人根据马克思对阶级社会中严重的阶级分裂与对抗的观察,发展出了一种怨愤理论,或者叫相对剥夺感理论。就是说,社会运动之所以发生,是社会上有一部分人口受到了严重的不公待遇或剥削。一个社会中有人占有很多,有人占有很少,后者会产生强烈的相对剥夺感。比如,过去几年美国发生的"占领华尔街"运动,是因为普通民众成为金融危机的更大受害者。当金融危机到来时,他们的就业机会首先遭到威胁,家庭财富大幅缩水。这一事件的大背景还可以追溯到美国最近30年在融入全球经济过程中内部贫富差距的加大。所以,严重的社会不公与怨愤心理可能成为社会运动兴起的重要原因。

上述理论当然是有道理的,但该理论没很好解释一个问题,即社会运动的领导和组织问题。相对剥夺感固然为社会运动准备了社会条件,但按照曼瑟·奥尔森的说法,这里仍然无法解决搭便车的问题。列宁在他的革命学说中分析了无产阶级革命中的组织问题,他认为为了解决无产阶级革命的领导和组织问题,必须要有无产阶级政党,也就是无产阶级革命的先锋队组织。后来,列宁的这种理论被发展为社会运动的资源动员理论。换句话说,社会上是否有人不满并不重要,重要的是能不能把不满的人群动员和组织起来。所以,这一观点认为,能否解决资源动员和资源组织问题是理解社会运动的关键。

西方新马克思主义的代表人物安东尼奥·葛兰西认为社会运动的核心问题是构造集体认同。后来,这一观点被发展为一种集体认同的理论。比如,在英国苏格兰地区的独立运动中,关键就是苏格兰人集体认同的构造。有人通过各种媒体或口耳相传的方式告诉苏格兰人,作为英国这个少数族群一员必须去争取自己的权利,否则苏格兰这个族群在整个英国社会中就会被压制。这样,如果有人形成了这种苏格兰人的群体认同,他就更有可能积极投入到社会运动中。所以,这里更强调的是心理机制。这是一种重要的视角,研究民族主义的学者安德森把民族视为一个"想象的共同体"。基于安德森的观点,与民族主义有关的政治是通过"想象"来构建的。

最后一种重要理论是基于新古典经济学的集体行动理论。曼瑟·奥尔森在其引用率极高的著作《集体行动的逻辑》中认为,集体行动始终存在一个搭

---

① 查尔斯·蒂利:《社会运动,1768—2004》,第4—5页。

便车的问题。比如,某地的环境污染很严重,有人想发起一个环保主题的社会运动,希望借此改善当地的环境状况。一个重要的逻辑问题是:如果环境真的改善了,这种收益对所有共同体成员来说是利益均沾的。任何人作为共同体的一个成员,总能获得总人口 N 分之一的收益。但是,这个争取环境改善的成本不是由所有人共同分摊的。在这种情况下,普通公民的理性选择是什么呢?——"我为什么要管这个事情呢?"所以,这里就有一个搭便车的问题。奥尔森认为,在集体行动中搭便车是常见现象,克服搭便车问题的关键是能不能提供选择性激励,而一般的社会运动通常难以有效提供选择性激励。所以,后来又有人沿着奥尔森的理论路径,走到了列宁的道路上去,即通过鼓动一小部分积极分子,把他们有效组织起来,就有可能解决搭便车的问题。当然,在新古典经济学的视角看来,这并不能完全解决集体行动的问题。[1]

9.7 市民社会理论

与政治参与和社会运动密切相关的是一个社会本身的特质,所以这里还要介绍目前流行的市民社会或公民社会概念。"市民社会"的英文是"civil society"。"社会"(society)这个词在英文里有两个含义,它既可以指作为整体的一个社会共同体,比如中国社会或美国社会;又可以指一个社会共同体之下的某个社团,比如很多大学社团和很多专业协会。当我们说公民社会时,首先要注意"社会"的这两层含义。

哈耶克在《致命的自负》中专门辨析,如何理解"社会"这一概念直接影响到人们的政治思考。其中的一个困难在于,不同语言对"社会"的理解存在着较大的差异,而且有的语言定义社会时本身就含有明确的政治意涵。哈耶克认为,"社会"一词本身让人误以为所有人"存在着对共同目标的一致追求",但实际上——

> 如我们所知,人类合作超越个人知识界限的必要条件之一,就是这种追求的范围越来越不受共同目标的支配,而是受着抽象行为规则的支配;遵守这些规则,使我们越来越服务于我们素不相识的人的需求,并发现与我们素不相识的人同样也满足着我们的需求。人类合作范围延伸得越广,这种合作的动机与人们心中关于一个"社

---

[1] 关于社会运动的相关理论,参见西德尼·塔罗:《运动中的力量:社会运动与斗争政治》,第 13—35 页。

会"中会发生什么的设想就越不一致。

在这种混乱认识中被忽视的关键差别是,小群体的行为可以受一致同意的目标或其成员意志的引导,而同样作为一个"社会"的扩展秩序,它形成了一种协调的结构,却是因为其成员在追求不同的个人目标时,遵守着相同的行为规则。①

所以,当我们说"社会"时,更多的是指一个人类共同体的整体概念还是一个社团的概念,或者说是指一个具有一致目标的群体概念还是一种具有不同目标的人群进行自愿合作的秩序概念,就代表了很大的观念分野。这种关键概念上的语义差异,会导致政治思维方式的很大不同。

既然社会的概念都充满争议,市民社会或公民社会就更是一个充满争议的概念。公民社会大体上说有两个含义:第一个含义是指私人领域,这里既可以指不包括家庭的私人领域,也可以指包括家庭的私人领域。这里的私人领域是与政治社会相对的。所以,这个含义上的公民社会,几乎等同于整个的私人领域。第二个含义是指第三部门,一般是指非营利组织和非政府组织所处的领域,也就是既非市场部门又非政府部门的一个领域。这种含义上的公民社会所具有的特征是,它既不受国家权力的控制,又不受商业利益的支配。上述两种解读,是比较典型的对公民社会的理解。所以,凡是属于国家控制或企业控制的社会组织,不应当被纳入公民社会的范围。

爱德华·希尔斯这样定义市民社会的概念及其主要特征:

> 市民社会指的是社会中的一个部分,这部分社会具有自身的生命,与国家有明显区别,且大都具有相对于国家的自主性。市民社会存在于家庭、家族与地域的界域之外,但并未达致国家。
>
> 市民社会的观念有三个主要要素。其一是由一套经济的、宗教的、知识的、社会的自主性机构组成的,有别于家庭、家族、地域或国家的一部分社会。其二,这一部分社会在它自身与国家之间存在一系列特定关系以及一套独特的机构或制度,得以保障国家与市民社会的分离并维持二者之间的有效联系。其三是一整套广泛传播的文明的抑或市民的风范。②

---

① F. A. 哈耶克:《致命的自负》,冯克利、胡晋华等译,北京:中国社会科学出版社 2000 年版,第 129—130 页。
② 爱德华·希尔斯:《市民社会的美德》,李强译,载邓正来、J. C. 亚历山大编:《国家与市民社会:一种社会理论的研究路径》,北京:中央编译出版社 2005 年版,第 33 页。

尽管学界对公民社会的精确定义存在争议,但很多人认同公民社会存在着若干主要特征,包括:

第一个特征是公民社会具有明显的自主性。公民社会跟私人领域有关,独立于国家权力和国家控制,因而具有充分的自主性。这也意味着,如果大量社会团体是被国家权力控制的,那就不是真正意义上的公民社会。

第二个特征是公民社会具有比较强的组织性。公民社会的一个显著特征是它以各种社会团体的形式呈现出来,特别是经常提及的非营利组织和非政府组织。这些组织既不从属于政府部门,又不从属于企业机构。足球协会、慈善救助会、女童子军、少数族裔文化促进会、动物保护协会等等,就是典型的公民社会组织。

第三个特征是公民社会看上去属于私人领域,但它又有一定的公共性。公民社会的很多社团都会积极介入到公共领域中,它们试图影响政治社会。比如,很多 NGO 或 NPO 的存在,就是要影响政治社会。环保组织很大一部分是为了推动政府立法和政策的改变,它并非纯粹地停留在私人领域。

第四个特征是公民社会中存在着大量的集体行动,而社会运动是集体行动的一种方式。公民社会,其实是社会运动存在的一种有利空间。公民社会则借助集体行动或社会运动更有效地影响到政治社会和公共政策。由于其较高的组织化程度,公民社会往往比个人更能影响政治社会与公共政策。

公民社会之所以重要,是因为很多人关注公民社会与民主或公共治理之间的关系。很明显,公民社会的发达有利于公民自治能力的发展。这意味着公民获得了独立于国家或政府的组织化的参与方式,因而有利于塑造民主政治的社会条件;反之,则不利于塑造民主政治的社会条件。这就是通常所说的,公民社会越发达,就越有利于民主政治;公民社会越不发达,就越不利于民主政治。

按照戴维·赫尔德的观点,能否重新构建有效的市民社会,是民主政治得以有效运转的关键。在《民主的模式》一书中,赫尔德认为:

> 在今天,民主要想繁荣,就必须被重新看作一个双重的现象:一方面,它牵涉到国家权力的改造;另一方面,它牵涉到市民社会的重新建构。只有认识到一个双重民主化过程的必然性,自治原则才能得以确定:所谓双重民主化即是国家与市民社会互相依赖着进行的转型。①

---

① 戴维·赫尔德:《民主的模式》,燕继荣等译,北京:中央编译出版社 2004 年版,第 396 页。

第9讲 如何参与？为何抗争？

亨廷顿在《第三波》中也认为，公民社会的发展，也就是社会的多元化和强大的中介团体的兴起，是很多国家民主化重要而有利的因素。在评价儒教是民主转型的阻碍因素时，他这样说："儒家社会缺乏反对国家的权利传统。……最为重要的是，儒教把社会和国家合二为一，而且并不认可自治性的社会机构在全国层次上抗衡国家的合法性。"①实际上，自治性的社会结构是市民社会的主要特征。

拉里·戴蒙德在评述第三波民主化发展的著作《民主的精神》中，高度评价了公民社会对民主转型与巩固的积极作用。他这样说：

> 由于公民社会之正式和非正式组织的成长，以及它们的能力、资源、自主性和主动性的增强——所有这些能够极大地改变权力的平衡……曾经轻松地处于主导和控制地位的威权政府被迫处于防守地位。……在世界的很多地方，上述独立组织的能力和数量的提升才是民主真正的本土根源。②

市民社会固然会影响政体运转与转型，而另一面是政体类型亦会影响市民社会的培育和发展。总的来说，在民主政体下可能更有可能发展出一种自主的市民社会。在威权政体下，市民社会即便存在，其主要影响应该被控制在非政治领域；如果市民社会——特别是强大的公民社团组织——想要介入政治领域的话，通常会受到压制。否则，公民社会的兴盛就可能会对威权统治的合法性构成挑战。对于极权和后极权社会来说，它们更容易采用的方式是，通过政府、政党或协会等手段来控制原本属于市民社会的组织。这样，在这类社会中，好像存在为数众多的非营利组织和非政府组织，但实际上这些组织在很大程度上都是由政治权力所支配的。

如果说发育健全的市民社会有利于民主的运转和巩固，但非民主政体又往往不利于健全的市民社会的成长，这就使得两者的关系陷入了某种困境。鸡生蛋，还是蛋生鸡？如何打破既有的政治循环？这是一个严肃的问题。

【推荐阅读书目】

皮埃尔·罗桑瓦龙：《公民的加冕礼：法国普选史》，吕一民译，上海：上

---

① 塞缪尔·亨廷顿：《第三波——20世纪后期的民主化浪潮》，欧阳景根译，北京：中国人民大学出版社2012年版，第285页。
② 拉里·戴蒙德：《民主的精神》，张大军译，上海：群言出版社2013年版，第115—116页。

海人民出版社 2005 年版。

查尔斯·蒂利:《社会运动,1768—2004》,胡位钧译,上海:上海人民出版社 2009 年版。

赵鼎新:《社会与政治运动讲义》,北京:社会科学文献出版社 2006 年版。

于建嵘:《抗争性政治:中国政治社会学基本问题》,北京:人民出版社 2010 年版。

邓正来、J.C.亚历山大编:《国家与市民社会:一种社会理论的研究路径》,北京:中央编译出版社 2005 年版。

第 10 讲 政治文化真的起作用吗?

新英格兰的居民依恋他们的乡镇,因为乡镇是强大的和独立的;他们关心自己的乡镇,因为他们参加乡镇的管理;他们热爱自己的乡镇,因为他们不能不珍惜自己的命运。

——托克维尔

一个稳定的和有效率的民主政府,不光是依靠政府结构和政治结构:它依靠人民所具有的对政治过程的取向——即政治文化。除非政治文化能够支持民主系统,否则,这种系统获得成功的机会将是渺茫的。

——加布里埃尔·A.阿尔蒙德、西德尼·维巴

在发达工业国家里,主流发展方向是从现代化转变到后现代化。这条新的轨迹使得对作为工业国家标志的功能理性的强调出现衰退,而对自我表现和生活质量的强调在增加。……随着后现代化进程的推进,一种新的世界观正在逐步替代工业革命以来一直支配工业化国家的信仰框架。它反映了某个问题上的态度转变,即人们到底渴望从生活中得到什么这一问题。

——罗纳德·英格尔哈特

在经济领域,社会资本能够降低交易成本;在政治领域,社会资本能够有助于有限政府和现代民主制的成功。

——弗朗西斯·福山

10.1 政治文化与政治社会化

什么是政治文化?白鲁恂(又译鲁恂·派伊)认为:

> 政治文化是一组态度、信仰和情感,它赋予政治过程以秩序和含义,并提供一种基本的假设和规则用以规范政治体系中的行为。它包裹着政治观念和政制运行的规则。因此,政治文化是对政治中心理和主观层面的一种集合形式和表述。……简而言之,政治文化之于政治体系犹如文化之于社会。①

安德鲁·海伍德在《政治学》教科书中这样定义"政治文化":

> 政治学家在更为狭隘的意义上用该词来指人们的心理倾向,政治文化就是针对政党、政府和宪法等政治客体的倾向模式(pattern of orientations),并表现为信仰、符号和价值。政治文化不同于公共舆论,它由长期的价值而非对具体政策、问题或人物的反应塑造而成。②

这样的定义听上去比较抽象,但实际上,政治文化涉及的是人们对重要政治议题的态度和倾向。第3讲曾提及政治意识形态争论中的若干重要议题,这些议题也与政治文化有关。比如,大家如何看待自由与权威的关系?中国人与欧洲人的态度和倾向是否相似?一般认为,西欧人通常更重视自由或权利,而中国人更重视权威或权力。

比如,如何看待国家?英国的洛克和德国的黑格尔对国家的看法完全不同。洛克把国家视为一种"必要的恶",这是一种自由主义观点。黑格尔则把国家视为一种神圣事物,甚至说国家是"神在地上行走"。对普通人而言,当说到国家时,不同社会的人们——从政治精英到普通民众——脑海里浮现的景象是完全不同的。

又比如,如何看待民主政体与威权政体的关系?如果我们做一个"威权—民主"的谱系出来,分别标上从1到10的刻度,1代表最支持威权主义,10代表最支持民主。然后,做公民抽样调查,看看每个人都处在从1到10的哪个位置

---

① 鲁恂·W.派伊:《政治发展面面观》,任晓、王元译,天津:天津人民出版社2009年版,第124页。
② 安德鲁·海伍德:《政治学(第二版)》,张立鹏译,北京:中国人民大学出版社2006年版,第242页。

上。如果做一个上万人或数万人的抽样调查,其结果就有较大的意义。这些人的看法,至少部分地代表了这个国家的民众对于民主与威权的看法。每个人是怎么想的,很大程度上决定着这个国家的政治是怎样的。现有研究揭示,不同国家的民众在这一问题上的基本政治态度和倾向的差异很大。

再进一步说,人们对很多基本政治概念都有着完全不同的理解。比如,中国人听到"国家"或"政府"这个词,跟英国人听到"state"或"government"这个词,脑海中的景象是相似的吗?实际上,两国民众对国家和政府这类基本概念的理解是有差异的。

再比如,政党是最重要的政治概念之一。有的国家天然地把党视为一个领导机构,但有的国家更可能把政党视为一个"争权夺利"的组织。政党的英文是 political party,party 就其词源来看本身就包含了部分(part)的含义,而不是全体或整体。所以,英美国家的民众不认为政党能代表全体。这个例子也说明了人们基本政治观念的差异。

讨论政治文化,还需要理解政治社会化问题,这是指对政治文化习得的过程,包括政治认知、态度、价值观与行为的习得。一般认为,12—30 岁是政治社会化的关键时期。对任何一个公民的政治观念养成来说,其从小到大的成长环境非常重要。家庭、学校、教堂、工作场所、社交网络、新闻媒体与互联网以及政府等等都会对塑造他的政治观念产生影响。

家庭是很重要的政治社会化的场所,绝大多数人从小都会在父母那里学到很多东西。比如,父母在餐桌上关于政府或政党的不经意的谈话,会给孩子打下最早的政治烙印。美国的选举调查表明,一个选民投票支持共和党还是民主党很大程度上受其家庭政党支持传统的影响。如果他父亲支持共和党,他很有可能也会支持共和党。学校也是重要的政治社会化场所。如果一个国家的教育系统推行浓厚的意识形态教育,那么学校对国民政治文化的影响会更大。在具有宗教传统的国家,教堂通常也是重要的政治社会化机构。当然,20 世纪以来,欧美社会中教堂和教会的政治影响力总体上在衰落。但是,选举调查显示,那些经常去教堂的选民更有可能投票支持右翼政党,这说明教会会影响一个人的政治观念。

工作场所也会影响人的政治立场与观点。以中国目前的境况为例,民营企业和跨国公司希望政府放松管制,很多国有企业可能希望维持既有的市场管制。当然,这只是一个方面。所以,进入不同的工作场所会影响一个人的政治倾向。同样重要的是,一个成年人在工作场所待的时间通常都比较长,与同事之间往往会形成密切的人际关系。这种频繁的人际互动肯定会影响一个人的政治倾向,这就与社交网络有关。当然,人的社交网络不全是在工作场所建立的,儿时的伙伴、学校的同学与老师、成年以后的其他朋友圈,都可能影响一个人的政治态度。

当然,媒体的影响也很重要,包括传统新闻媒体与网络媒体。很多人每天都要通过报纸、电视或互联网获取信息。无论他以何种方式获得何种信息,都会对其政治观点产生影响。相对来说,如果新闻媒体与互联网受到控制,就更容易选择性地传播信息。这样的结果是,普通公民的政治文化有可能会被有意地塑造。当然,这种意图并不总是能够奏效。此外,并非所有媒体的信息传播特性与方式都是一样的。与传统新闻媒体相比,互联网是一种更加自由开放、解构权威、强化互动的新型信息媒介。互联网的最新趋势则是互动社交媒体的兴起。当一个人身处这种社交媒体网络中时,他的政治观念就会受到影响。

最后,政府也是非常重要的政治社会化机构。比如,政府领导人的讲话、总统的国情咨文及首相的大学演讲等等,都是政府影响其国民政治态度的重要方式。美国前总统克林顿在其自传中提到,他青少年时有机会作为美国童子军的代表受到肯尼迪总统的接见。这对当时的克林顿来说,是一种重要的荣誉。他当时就产生一种强烈的渴望,希望自己有朝一日能够成为美国总统。这一事例也能说明政府在政治社会化过程中的作用。此外,政府还在很大程度上控制着公立教育系统,这也是政府影响政治观念的主要途径。

10.2 托克维尔论政治文化

关于政治文化,法国思想家托克维尔并非最早的研究者。但托克维尔在《论美国的民主》中阐述了大量与政治文化有关的内容,他甚至把政治文化视为美国民主政体得以稳固的基本原因。在他的论述中,民情是一个重要概念。与"民情"对应的现代政治学术语无疑应该是"政治文化"。"它(民情)不仅指通常所说的心理习惯方面的东西,而且包括人们拥有的各种见解和社会上流行的不同观点,以及人们的生活习惯所遵循的全部思想。"①他还认为,美国新英格兰地区特有的政治文化是"乡镇精神"。

1831年,法国人托克维尔踏上了美利坚这块与众不同的土地。托克维尔此行名义上是要考察美国的监狱制度,但他实际上是要考察和研究美国的民主制度。托克维尔并不认为从希腊罗马的哲学中能够发展出最好的民主理论,他

---

① 托克维尔:《论美国的民主》上卷,董国良译,北京:商务印书馆1989年版,第354—362页。

认为最好的民主理论在于对真正的民主社会的系统考察,而他到美国就是为了完成这一使命。他一方面是要发展自己的民主理论,另一方面是为法国找到可资借鉴的经验。回国后,托克维尔于 1835 年出版了他的不朽名著《论美国的民主》。

托克维尔的美国之行是他生命中的奇遇记,美国有利的地形、身份的平等、美国的联邦宪法与强大的司法权都给他留下了难以磨灭的印象。正是对美国政治制度的考察,使托克维尔确立了对民主的无限信心,他后来在书中写道:"身份平等的逐渐发展,是事所必至,天意使然。这种发展具有的主要特征是:它是普遍的和持久的,它每时每刻都能摆脱人力的阻挠,所有的事和所有的人都在帮助它前进。"

实际上,托克维尔在书中发出了民主进步的宣言。尽管上述内容占了《论美国的民主》的很大篇幅,但托克维尔对美国民主考察的起点却是美国的乡镇组织,对乡镇的考察是他美国之行的第一站。托克维尔之所以首先考察美国的乡镇,一方面是由于乡镇是一种最自然的人类组织状态,只要有人群的地方就有乡镇,而且乡镇的组织构成了一个国家的制度状况的基础;另一方面,按照托克维尔自己的看法,乡镇自由是"在各种自由中最难实现的",因为它"最容易受到国家政权的侵犯",乡镇组织"绝对斗不过庞大的中央政府"。所以,由乡镇组织的状况可以想见国家制度的状况,由乡镇人民的自由程度可以想见一国人民的自由程度。

正是这个问题上,托克维尔发现了与他的祖国完全不同的情况,因为他在美国找到了乡镇自由。相比之下,"在欧洲大陆的所有国家中,可以说知道乡镇自由的国家连一个都没有"。但是,在美国——

> 乡镇却是自由人民的力量所在。……乡镇组织将自由带给人民,教导人民安享自由和学会让自由为他们服务。在没有乡镇组织的条件下,一个国家虽然可以建立一个自由的政府,但它没有自由的精神。片刻的激情、暂时的利益或偶然的机会可以创造出独立的外表,但潜伏于社会机体内部的专制迟早会重新冒出表面。

在当时的美国,乡镇的人口规模大约在两三千人,相当于现今中国一个村的规模。立法与行政工作几乎完全是在被统治者面前完成的,托克维尔时代的美国乡镇实行的是直接民主,没有乡镇议会。在任命行政官员后,由选举团对他们进行全面的领导,工作程序非常简便。而乡镇的行政官员都要按照本镇居民事先通过的规则办事。但是,他们若想对既定的事项作出更改,或希望拟办一项新的事业,那么这些官员就要请示他们权力的授予者。比如,他们打算创办一所新的学校。出现这种情况,几位行政委员就要找一个日子,在事先确定的地方召集全体选民大会。在大会上,由行政委员提出具体的事项,然后由大会对所有问题进行讨论和表决,确定办事规则、地点及经费的筹集等等,然后交由行政委员去执行。因此,托克维尔在美国时,他看到乡镇自治的美妙图景,这使他感到耳目一新。

美国人信奉这样的观念:个人是本身利益的最好的和唯一的裁判者。这一观念不仅对美国人的日常生活有很大的影响,它还直接作用于美国的乡镇制度和其他政治制度。在托克维尔看来,"从对中央政府的关系来说,整个乡镇亦如其他行政区一样,也像是一个个人来行使自己的权利。""乡镇在只与其本身有关的一切事物上仍然是独立的。"托克维尔认为,独立、自治与有权是美国乡镇组织的一般状况,乡镇是自由的,从而乡镇的人民能享有自由。

那么为什么美国人能够安享乡镇自由呢?这与美国的法律和政治制度有很大的关系,但这更离不开美国的民情。用托克维尔的话来说,"在美国,乡镇不仅有自己的制度,而且有支持和鼓励这种制度的乡镇精神。"所谓乡镇精神,大体是说乡镇居民对本地公共事务的参与、决定以及对乡镇的依恋、热爱。托克维尔说:

> 新英格兰的居民依恋他们的乡镇,因为乡镇是强大的和独立的;他们关心自己的乡镇,因为他们参加乡镇的管理;他们热爱自己的乡镇,因为他们不能不珍惜自己的命运。

这样,乡镇生活可以说每时每刻都与自己休戚相关,每天每日都在通过履行一项义务或行使一项权利而实现。"这样的乡镇生活,使社会产生了一种勇往直前而又不致打乱社会秩序的稳步运动。"正是美国居民对乡镇事务的参与和热爱,造就了新英格兰幸福甜美的乡镇生活。正是乡镇精神成了美国民主的灵魂。①

讲到政治,很多国家的民众首先想到的是权力,美国人首先想到的是权利;讲到政府,很多国家的民众首先想到的是政府应该做好事,美国人首先想到的是政府可能做坏事。对于权利与服从的关系,托克维尔认为美国人的政治观念也是独特的——

> 使人们能够确定什么是跋扈和暴政,正是权利观念。权利观念

---

① 托克维尔:《论美国的民主》上卷,第66—75页。

明确的人,可以独立地表现出自己的意志而不傲慢,正直地表示服从而不奴颜婢膝。①

托克维尔在书中总结道,对于维护美国的民主政体,"自然环境不如法制,而法制又不如民情"。这里的民情,当然是指政治文化。因此,如果不是乡镇精神,即便有联邦宪法与三权分立,美国人也恐难享有真正的自由。

10.3 阿尔蒙德与公民文化

托克维尔作为一位19世纪的政治思想家,他研究美国政治文化是基于经验观察。美国学者加布里埃尔·阿尔蒙德和西德尼·维巴的重要贡献则是在政治文化研究中引入了问卷调查和定量分析的方法。阿尔蒙德和维巴从1957年到1962年对美国、英国、联邦德国、意大利和墨西哥五个国家的公民政治态度进行了问卷调查,共完成约5000份问卷,平均每个国家约1000份。他们的基本方法是调查问卷和面谈,然后对调查数据做简单的量化分析,进行跨国比较。熟悉20世纪中叶政治学趋势的读者会知道,这项研究受到了行为主义革命的影响,当时的美国政治学者在选举和投票研究中开始使用问卷调查和定量分析方法。在此基础上,他们的研究成果《公民文化》于1963年出版,很快获得声誉并成为学术名著。

政治文化之所以重要,在阿尔蒙德和维巴看来,政治文化是微观的政治和宏观的政治之间的连接纽带。通过研究政治文化,特别是从微观层次上观察公民个体的政治行为、信念与倾向,可以发掘出一个国家民主或不民主这一宏观政治现象的成因。他们认为,可以用政治文化来解释从微观的个体行为到宏观的政治现象之间的机制。换句话说,这些个体拥有什么样的政治文化,会影响到民主政体能否维系或实现稳定。

他们首先区分出了政治文化的三种不同类型。第一种是村民文化(parochial culture)。这里的村民概念,强调的是他们的活动范围和视野都局限在一个非常小的范围之内。他们从小生活在自己的家乡,也只关心极小范围内的一些事情。通常来说,这是一种比较原始落后的生活状态所塑造的政治文化。第二种是臣民文化(subject culture)。这种文化的直接表现是政治上比较消极,这些人认为普通民众是无力影响政治的,他们具有更好的服从权威的意识。第三种是参与者文化(participant culture)。这种文化强调公民意识,这些人关心政

---

① 托克维尔:《论美国的民主》上卷,第272页。

治,正如美国新英格兰的乡镇居民一般。他们通常是政治积极分子,希望参与政治,希望通过政治参与来改善公共治理。

那么,什么样的政治文化有利于民主政体的稳定呢？他们认为是公民文化。公民文化是参与者文化、臣民文化和村民文化三者的混合。阿尔蒙德认为,公民文化有时明显地包含着互相矛盾的诸种政治态度,但这似乎特别适合于民主政治系统,原因在于民主政治系统也是一种矛盾的混合体。简单地说,身为民主政体下的公民,理想状态应该是:该参与的时候就要参与,该服从的时候就要服从;该积极的时候就要积极,该消极的时候就要消极。当公民文化把这三种东西结合起来时,最有利于民主政体的维系和稳定。阿尔蒙德这样论述具有混合特质的公民文化:

> 当这些被保留的较传统的态度和参与者取向相融合的时候,便导致了一种平衡的政治文化,在这种文化中,既存在着政治的积极性、政治卷入和理性,但又为消极性、传统性和对村民价值的责任心所平衡。①

这意味着民主政体下的公民需要平衡好积极与消极、卷入政治又不高度卷入政治、追求政治影响又懂得服从权威之间的关系。有些民主国家在特定事件中,会出现大量公民热衷政治参与,政治动员程度极高,甚至多数公民在政治上异常亢奋的状态。但这种状态对民主政体的稳定很难说是有利的。

这里有两个相反的例子。在 2000 年美国总统选举中,共和党候选人小布什跟民主党候选人戈尔在佛罗里达州的选票非常接近,有人试图重新清点选票,但最后由法院判决小布什胜出,从而使其赢得总统大选。戈尔本人和民主党选民都深感遗憾,但他们都能平静地接受这一司法判决和选举结果。假如这一政治事件发生在泰国,将会发生什么呢？一种可能的情形是,反对派的政治力量会不断地游行示威,抗议选举结果,要求当选执政党或总理下台,甚至会发展到占领街道、交通枢纽乃至政府机构。过去十年中,这种政治秀在泰国已上演多次,直至最后发生军事政变。所以,阿尔蒙德这样说:"民主政治中的公民要求寻求相对立的矛盾的目标:他必须是积极的,也是消极的;卷入的,也是不太卷入的;有影响力的,也是服从的。"阿尔蒙德等人的结论是:

> 一个稳定的和有效率的民主政府,不光是依靠政府结构和政治

---

① 加布里埃尔·A.阿尔蒙德、西德尼·维巴:《公民文化——五个国家的政治态度和民主制》,徐湘林等译,北京:东方出版社 2008 年版,第 29 页。

结构:它依靠人民所具有的对政治过程的取向——即政治文化。除非政治文化能够支持民主系统,否则,这种系统获得成功的机会将是渺茫的。①

对很多国家来说,这种结论略显悲观。这意味着,除非政治文化倾向于支持民主政体,否则民主获得成功的机会很小。当然,这种观点也充满争议。

在阿尔蒙德与维巴出版《公民文化》之后,罗伯特·达尔在其名著《多头政体》中用一章来专门讨论:多头政体能否维系很大程度上取决于政治积极分子的信念。按照他的逻辑,政治信念会影响行动,政治行动会影响到政体维系的机会。换句话说,一个国家政治精英们的政治信念和价值观会影响该国政体的稳定性。②

美国的建国历程可以说明政治精英信念对构建和维系民主政体的重要性。独立战争后期,华盛顿领导的大陆军与英国作战正酣。有一位名叫尼古拉斯的军官给华盛顿写信。信的大意是说:共和政体对战事多有不利,您既然已经领导大陆军,不如做我们的国王。尼古拉斯建议实行君主制,并宣称效忠于华盛顿。华盛顿写了一封回信给尼古拉斯,大意是说:对尼古拉斯上校的这封信表示"深恶痛绝,斥之为大逆不道",并把实行帝制视为"对国家祸害最烈之事";若"以国家为念",就应该"务请排除这一类谬念,勿再任其流传"。

在这样一个重要的政治关头,华盛顿领导了一场为期数年的独立战争,他领导着军队,并在整个北美殖民地拥有崇高的威望。他会利用这些有利条件控制军队、控制政治并进而控制整个国家吗?他会利用这些有利条件自立为王并成为独裁者吗?从全球经验来看,这种可能性不能排除。比如,拉丁美洲就不乏这样的案例,拉美独立运动中的很多英雄或领袖人物最后都成了独裁者。但是,华盛顿的回信说明,他是一个君主政体的坚定反对者。所以,特别是在政治转型的关头,一些重要政治领袖或政治精英的价值观,很大程度上左右着一个国家的命运。

10.4 英格尔哈特:政治文化的集大成者

最近二三十年中,最有影响的政治文化学者要数美国密歇根大学的罗纳

---

① 加布里埃尔·A.阿尔蒙德、西德尼·维巴:《公民文化——五个国家的政治态度和民主制》,第421—449页。
② 罗伯特·达尔:《多头政体:参与和反对》,谭君久、刘惠荣译,北京:商务印书馆2003年版。

德·英格尔哈特教授,他发表了一系列有影响的论文与著作,被视为当代政治文化研究的集大成者。英格尔哈特政治文化研究的涉及面很宽,但他研究的核心问题是:在工业化国家,经济社会变迁和现代化会对政治文化产生何种影响?他研究中所涉及的现代化与后现代化问题、性别平等问题、宗教与世俗问题等等,都受到这一经济社会变迁进程的影响。

他 1988 年的论文《政治文化的复兴》是一项定量研究,在研究方法上对阿尔蒙德等人又有所发展。① 阿尔蒙德和维巴的定量研究主要是描述性的,英格尔哈特的则是推断性的。他后来还是"世界价值观调查"机构的主要参与者及主任。目前,世界价值观调查是政治文化领域全球最重要的数据库。

《政治文化的复兴》一文研究了公民的诸种态度及政治倾向与民主稳定性之间的关系。其中,第一项内容涉及生活满意度和民主稳定性之间的关系。他对很多欧洲发达国家做了长期跟踪,从 20 世纪 70 年代跟踪到 80 年代,然后观察这些国家人们生活满意度的差异和变化。他注意到,人均 GNP 和生活满意度之间的相关性比较高。总体上,人均 GNP 越高,生活满意度越高。由此看来,经济发展水平是关键变量。当然,亦有例外。在英格尔哈特这项研究中,日本是属于人均 GNP 高但生活满意度低的国家,而爱尔兰是属于人均 GNP 低但生活满意度高的国家。所以,人均 GNP 水平只是一个重要的影响因子,但不是决定性的。在此基础上,他进行了生活满意度和民主稳定性的相关性研究。

第二项内容涉及人际信任和民主稳定性之间的关系。他调查的主要问题是:你相信别人吗?被调查者只能在是与否之间做选择。从他的调查结果来看,有些国家非常高,90% 以上的人认为别人都是值得信任的;有些国家非常低,比如意大利——特别是意大利南部——就显著低于其他发达国家。很多游历过欧洲的人都有感受。比如,英国的小镇与意大利的小镇就有区别。在英国的小镇上,每家每户门前的栅栏或篱笆通常都比较低,不少只有一米来高,一个成年人可以轻易翻越。低矮的栅栏说明英国人对邻居和外人的防备心理比较低,人与人的信任度比较高。但意大利的小镇就是另外一个样子。比如,罗马附近的一些小镇上,很多独栋住房都有着非常高大的围墙,有厚实的大铁门,围墙上部加有尖锐的防护装置,不少家庭还有护院的大型犬类。这给人的直观印象是他们的人际信任程度要比英国为低。实际上,关于民众价值观的调查统计数据也支持这一结论。

---

① Ronald Inglehart, "The Renaissance of Political Culture," *American Political Science Review*, Vol. 82, No. 4, Dec. 1988, pp. 1203-1230.

那么，人际信任对政治有无影响呢？按照托克维尔对美国乡镇治理的观察，人际信任会影响一个国家公民的自治能力。越是人际信任度高的国家，越有可能发展出自治的治理方式；越是人际信任度低的国家，越有可能产生威权领导人和政治压制的统治方式。按照英格尔哈特的研究，人际信任程度跟人均GNP也有相关性，但这种关系并不那么确定。总的来说，人均GNP高的国家，人际信任度也较高。但同时人均GNP并不能决定人际信任度，比如美国人均GNP高于北欧诸国，但北欧的人际信任度高于美国，法国位于人均GNP最高系列的国家但其人际信任度却是较低的，参见图10.1。

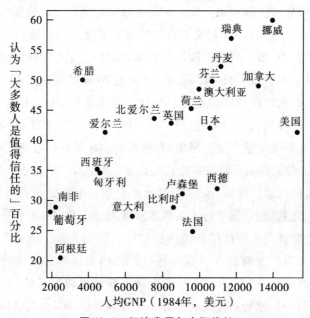

图 10.1 经济发展与人际信任

资料来源：Ronald Inglehart, "The Renaissance of Political Culture," *American Political Science Review*, Vol. 82, No. 4, Dec. 1988, pp. 1203-1230, figure 4。

第三项内容涉及对变革的态度：是支持激进变革，还是支持渐进变革，或是支持维持现状？这一问题考察的是被调查者对目前社会秩序的认可程度。支持激进变革，意味着被调查者对现有社会秩序是不认可的；支持维持现状，则是认可现有社会秩序；支持渐进变革，则是处于中间状态。一国人口在上述三种态度上的不同分布比例，是关乎政治文化的重要信息。

英格尔哈特的这项研究认为，一个国家的公民文化跟三个因素呈现显著的相关性：生活满意度、人际信任度和支持激进变革的程度，相关度分别高达0.79、0.81和0.60，见图10.2。这种相关度从统计学上讲是非常高的。数据显示,公民文化与民主政体的维系也存在较高的相关性,相关度达 0.74。所以,他的研究展示了不同的政治文化有着重要的政治后果,特别与民主政体的维系密切相关。当然,这项研究同时发现,经济因素对政治是非常重要的,人均 GNP 与公民文化之间的相关度也达到了 0.62。

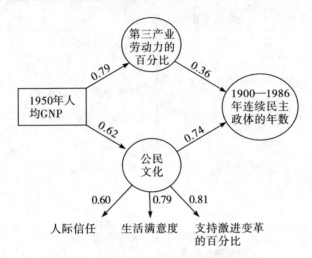

图 10.2　稳定民主政体的经济与文化条件

资料来源:Ronald Inglehart,"The Renaissance of Political Culture,"*American Political Science Review*, Vol.82, No.4, Dec.1988, pp.1203-1230, figure 6。

上述研究仅是英格尔哈特早期的一篇代表性论文。此后,他又发表了大量跟政治文化有关的论文与著作。比如,在 1990 年出版的《发达工业社会的文化转型》一书中,英格尔哈特以西方 20 多个发达国家的价值观调查为基础,探讨了经济社会变迁如何影响文化转型,以及文化转型又带来了怎样的政治与社会影响。他的核心观点是,随着西方发达工业国家 1973—1988 年间(更早可以追溯至 20 世纪 50 年代)的经济社会发展,大众的价值观念发生了重大的变化,开始从"物质主义"价值观转向"后物质主义"价值观。英格尔哈特的研究团队用 12 项价值观问题来进行社会调查,并以此来衡量受访者的价值观取向。这 12 个维度分别是:代表物质主义的 6 个维度——抵制物价上涨、经济增长、稳态经济(前面三者代表经济安全),以及维持秩序、打击犯罪、强大的国防力量(前面三者代表人身安全);代表后物质主义的 6 个维度——在政府中有更多话语权、在工作和社区中有更多话语权、人性化社会(前面三者代表归属与自尊),以及自由言论、想法更重要、美丽城市/自然(前面三者代表审美与知识),参见图 10.3。为什么会发生这种从物质主义价值观向后物质主义价值观的巨大变迁？英格尔哈特认为，这是由于二战之后西方发达国家获得了相对持久的和平和前所未有的经济繁荣，这样大众不再把已经实现的经济安全作为首要选项，而开始转向后物质主义的需要和诉求。①

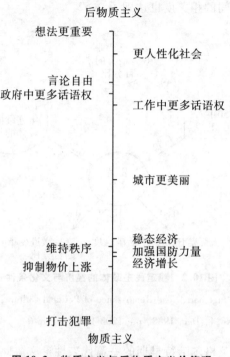

图10.3　物质主义与后物质主义价值观

资料来源：罗纳德·英格尔哈特：《发达工业社会的文化转型》，张秀琴译，北京：社会科学文献出版社2013年版，第149页，图4-3。

英格尔哈特1997年出版的《现代化与后现代化：43个国家的文化、经济与政治变迁》一书，是对《发达工业社会的文化转型》这一研究的延续。他把研究范围扩大至43个国家样本。他明确认为，物质主义价值观是把经济和物质安全放在第一位，而后物质主义价值观是将自我表现和生活质量作为优先目标。两者的分野很大程度上与大众对安全的感知有关，一个普遍感知不安全的社会和一个普遍感知安全的社会，会呈现巨大的差异。这种感知的差异也会产生显著的政治、经济与社会后果，参见表10.1。

---

① 罗纳德·英格尔哈特：《发达工业社会的文化转型》，张秀琴译，北京：社会科学文献出版社2013年版。

表 10.1 安全与不安全:两种相对的价值体系

不安全	安全
1. 政治 　需要强势领导人 　秩序 　排外心理/原教旨主义	淡化对政治权威的强调 自我表现、政治参与 奇异的/新鲜事物令人兴奋
2. 经济 　经济增长为优先目标 　成就动机 　个人所有权 vs. 国家所有权	生活质量是首要目标 主观幸福感 私人和国家所有权的权威都在衰落
3. 性/家庭规范 　多生育——但必须在两性双亲家庭中	个人的性满足 个人自我表现
4. 宗教 　强调超凡力量 　绝对的规则 　强调可预测	宗教权威削弱 弹性规则,情境化伦理 强调生活意义和目的

资料来源:罗纳德·英格尔哈特:《现代化与后现代化》,严挺译,北京:社会科学文献出版社 2013 年版,第 43 页,表 1-1。

在此基础上,基于世界价值观调查数据,英格尔哈特确定两个维度来衡量世界各国的文化差异。一个维度是传统权威(traditional authority)对世俗—理性权威(secular-rational authority)的维度;另一个维度是生存价值观(survival values)对幸福价值观(well-being values)的维度。然后,他进一步绘制了基于这两个维度的价值观结构图,参见图 10.4。按照 1990—1993 年世界价值观调查的数据,他绘制了 43 个主要国家在上述图形中的分布谱系。从这些国家的分布来看,属于不同宗教传统的国家似乎具有某种集群的特征,这证明了宗教作为社会传统的重要性。

总的来说,英格尔哈特这样表述他在《现代化与后现代化》这项研究中的发现:

> 经济发展、文化转型和政治转型以一种有着内在联系的、大体可预测的模式共同出现,社会经济转变的某些轨迹远远比其他轨迹更明显。

但是转变是非线性的。在发达工业国家里,主流发展方向是从

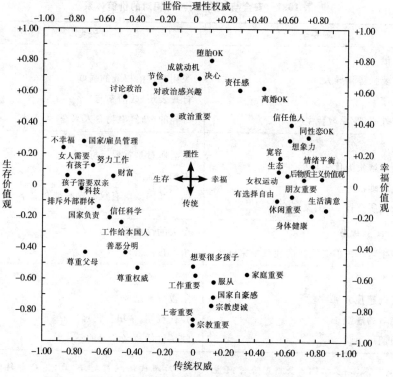

图 10.4 不同类型国家所强调的不同价值观

资料来源:罗纳德·英格尔哈特:《发达工业社会的文化转型》,张秀琴译,北京:社会科学文献出版社 2013 年版,第 90 页,图 3-2。

现代化转变到后现代化。这条新的轨迹使得对作为工业国家标志的功能理性的强调出现衰退,而对自我表现和生活质量的强调在增加。随着后现代主义价值观日渐扩散化,从妇女权利平等到民主政治制度的各种社会转变,以及国家社会主义政权的衰落,都变得日益可能。随着后现代化进程的推进,一种新的世界观正在逐步替代工业革命以来一直支配工业化国家的信仰框架。它反映了某个问题上的态度转变,即人们到底渴望从生活中得到什么这一问题。它正在转变那些支配政治、工作、宗教、家庭和性行为的基本规范。①

在与克里斯蒂娜·维尔泽合著的《现代化、文化变迁与民主:人类发展时序》(*Modernization, Cultural Change and Democracy: The Human Development*

---

① 罗纳德·英格尔哈特:《现代化与后现代化》,严挺译,北京:社会科学文献出版社 2013 年版,第 372 页。

Sequence)一书中,英格尔哈特认为,关于现代化理论中经济发展导致政治民主的单一线性假说是有问题的,但是长期当中,经济发展驱动了文化转型,而后者使得个人自主、性别平等和民主政治更加成为可能。他们认为,现代化过程中的价值观念变迁可以分为两个阶段:一是从传统权威向世俗—理性权威的转变,二是从生存价值观向自我表现价值观的转变。他们这项研究采用的数据是覆盖80个国家、全球85%人口的四次世界价值观调查,并借助多元回归模型进行了量化分析,论证了上述结论。①

上面已经提到,英格尔哈特的一项重要工作是参与了"世界价值观调查"。在世界价值观调查机构的网站,可以下载每一个调查年份的调查问卷。② 最近的2010—2012年度调查问卷由200多个问题组成,除了少数问题涉及个人背景信息外,多数调查都是关于一个人的价值观和态度,下面试举几例来简要说明。在调查问卷中,第4—9个问题问的是被调查者对于诸种重要价值的排序,第10—11个问题问的是被调查者生活快乐程度与健康感知程度,第12—22个问题问的是被调查者认为培养孩子哪些品质最为重要,参见表10.2。

表10.2 世界价值观调查问卷示例(2010—2012)

请指出下面每一项在你生活中有多重要。你大概想说它是(在每一项上标出你的回答):

	非常重要	较重要	不太重要	根本不重要
V4. 家庭	1	2	3	4
V5. 朋友	1	2	3	4
V6. 闲暇时间	1	2	3	4
V7. 政治	1	2	3	4
V8. 工作	1	2	3	4
V9. 宗教	1	2	3	4

V10. 综合考虑,你认为你自己是(标出你的回答):

1. 非常快乐
2. 较快乐
3. 不是很快乐
4. 根本不快乐

---

① Ronald Inglehart and Christian Welzel, *Modernization, Cultural Change, and Democracy: The Human Development Sequence*, Cambridge: Cambridge University Press, 2004.

② 世界价值观调查网站:http://www.worldvaluessurvey.org。

续表

V11. 总的来说,你怎样描述你这些天的健康状况?你大概想说你自己(标出你的回答):
1. 非常好
2. 良好
3. 一般
4. 较差

这里有一个品质列表,是孩子在家庭中被鼓励学习的。你认为哪一项是非常重要的?请选择五项(标出你的回答):

	提到	没有提到
V12. 独立性	1	2
V13. 努力工作	1	2
V14. 责任感	1	2
V15. 想象力	1	2
V16. 宽容和尊重他人	1	2
V17. 节俭与省钱	1	2
V18. 决心和毅力	1	2
V19. 宗教信仰	1	2
V20. 无私	1	2
V21. 服从	1	2
V22. 自我表达与表现	1	2

比如,第 4—9 个问题问的是:下面每一个选项在你生活中有多重要?这六个选项分别是家庭、朋友、闲暇时间、政治、工作和宗教,可供选择的答案有:非常重要、较重要、不太重要或根本不重要。如果认为所有六项都非常重要,当然也可以,但那样填写问卷意义就不是太大。一般人回答这些问题时,应该对重要性有所区分,大致能够区分哪些非常重要或较重要,哪些不太重要或根本不重要。当样本数量足够大时,被调查者对上述诸种价值的排序就具有了意义。这些排序的不同,往往展示了不同的政治文化特质。

第 12—22 个问题问的是:对培养小孩来说,哪些品质尤为重要?问题说明是在总共 11 个选项中最多可以选 5 项。这 11 项分别是:独立性、努力工作、责任感、想象力、宽容和尊重他人、节俭与省钱、决心和毅力、宗教信仰、无私、服从、自我表达与表现。在中国、美国、俄罗斯、南非或者印度做调查,最后得到的结果会有很大的差异。这种价值观差异的背后就是政治文化的差异。

当然,政治文化的研究也遭到很多学者的质疑。本书第 8 讲曾介绍过对政治文化研究的挑战,此处不再赘述。总体上,这些挑战都非常严厉。因此,政治文化领域需要更好的研究范式和研究成果。

10.5 社会资本理论的兴起

社会资本理论有时被视为政治文化研究的一部分。过去 20 年中,"社会资本"成了社会科学领域的一个热门词汇。人们通常把社会资本理论与一部重要著作联系在一起,即罗伯特·帕特南 1993 年出版的《使民主运转起来》。提到社会资本时,帕特南这样说:

> 社会资本指的是普通公民的民间参与网络,以及体现在这种约定中的互惠和信任的规范。
>
> 社会资本是指社会组织的特征,诸如信任、规范以及网络,它们通过促进合作行为来提高社会的效率。①

较早讨论社会资本概念的学者应该是科尔曼,他总体上算是一个社会学家,但他有着良好的经济学背景,所以更容易想到"资本"这个词。在他看来,社会资本是一种责任与期望、信息渠道以及一套规范与有效的约束,它们能限制或者鼓励某些行为。经合组织(OECD)在其研究报告中把社会资本定义为:"社会资本是一种网络以及共享的规范、价值观念和理解,它们有助于促进群体内部或群体之间的合作。"福山也被视为研究社会资本的重要学者,他认为社会资本是——

> 群体成员之间共享的非正式的价值观念、规范,能够促进他们之间的相互合作。如果全体的成员与其他人将会采取可靠和诚实的行动,那么他们就会逐渐相互信任。信任就像是润滑剂,可以使人和群体或组织更高效地运作。②

按照上述诸种定义,社会资本大概有几个主要特征:第一,它不是正式的制度安排;第二,它存在于人与人之间、群体与群体之间的网络之中;第三,它总体

---

① 罗伯特·D. 帕特南:《使民主运转起来:现代意大利的公民传统》,王列、赖海榕译,南昌:江西人民出版社 2001 年版,中译本序第 1 页、正文第 195 页。

② Francis Fukuyama, "Social capital, Civil Society and Development," *Third World Quarterly*, Vol. 22, No. 1, Feb. 2001, pp. 7-20.

上跟人际互动、互惠机制、合作互助、信任关系这些东西有关。帕特南认为："在现代的复杂社会里,社会信任能够从这样两个互相联系的方面产生:互惠规范和公民参与网络。"

那么,社会资本为什么重要?有学者用闯不闯红灯为例来解释。到了十字路口,如果每个人都不闯红灯,对大家都有利;如果都闯红灯,对大家都不利。那么,为什么有的社会众人会闯红灯,而有的社会众人不闯红灯呢?当然,制度规制与惩罚是重要的。但除此之外,社会资本高的社会更能促成众人在红灯问题的合作。詹姆斯·科尔曼在他的著作中有一种更为严谨的学理阐述:

> 像其他形式的资本一样,社会资本也是生产性的,它使得某些目标的实现成为可能,而在缺乏这些社会资本的情况下,上述目标就无法实现……例如,一个团体,如果其成员是可以信赖的,并且成员之间存在着广泛的互信,那么它将能够比缺乏这些资本的相应团体取得更大的成就……在一个农业共同体中……那里的农民互相帮助捆干草,互相大量出借或借用农具,这样,社会资本就使得每一个农民用更少的物质资本(如农具和设备)干完了自己的农活。①

那么,社会资本具有何种政治效应呢?这就需要提到让社会资本概念走俏的学术名著《让民主运转起来》。帕特南在书中研究的是20世纪70到90年代意大利的地方分权改革。从意大利15个地区政府分权改革的绩效来看,北部明显好于南部。帕特南提出的问题是:同样是地方分权改革,为什么有些地区成功而有些地区不成功呢?可能的解释包括制度设计理论、社会经济条件理论以及社会文化因素理论,等等。帕特南把因变量设定在政策的制定、颁布和实施三个方面,包括12项指标。他的研究结论是:经济发展程度与民主改革绩效的相关度是0.77——这已经很高了;但公民共同体传统与民主改革绩效的相关度高达0.92,后者的显著性远远超过前者。他认为,在一个具有良好公民共同体传统的社会,自愿合作更容易出现,互相信任更有可能,互惠网络更容易形成——而这些方面意大利北部做得比南部更好。

帕特南的这项研究出版之后,引起了很大的轰动。后来,又有大量学者跟进社会资本的研究。正如上文的科尔曼那样,不少学者都认为社会资本使得某些目标的实现成为可能,而在缺乏这些社会资本的条件下,这些目标则难以实现。比如,如果人际信任度很高,交易成本就会比较低;如果彼此不太信任,整

---

① 参见詹姆斯·S.科尔曼:《社会理论的基础》,邓方译,北京:社会科学文献出版社1999年版,第351—376页。

个交易过程需要反复考核对方,那么交易费用就会非常高。实际上,很多发展中国家有大量资源耗费在交易成本上,其生产效率和经济绩效就会受到影响。福山认为:"在经济领域,社会资本能够降低交易成本;在政治领域,社会资本能够有助于有限政府和现代民主制的成功。"

自从帕特南的专著出版以来,国际学术界已经出版了大量与社会资本有关的专著和论文。按照全球最大网络书店亚马逊网站的数据,全网站的书名、章节名及内容简介中出现"社会资本"字样的高达1万条次以上。这说明,社会资本已经成为一个热门领域。

尽管如此,社会资本理论也遭到很多批评。其中两个主要的批评是:第一,如何衡量社会资本?这是社会资本研究需要回应的挑战,尽管有人做了很多努力来衡量社会资本,但衡量和测定社会资本的挑战仍然是很大的。第二,社会资本这个概念由于缺少明确所指,容易被拿来作为一个可以蒙混过关的解释变量。究竟什么是社会资本?有学者认为,从帕特南到科尔曼都没有说得很清楚。这样,社会资本这一概念容易成为一个包罗万象的框。这是社会资本理论需要正视的挑战。

【推荐阅读书目】

加布里埃尔·A.阿尔蒙德、西德尼·维巴:《公民文化——五个国家的政治态度与民主制》,徐湘林等译,北京:东方出版社2008年版。

罗纳德·英格尔哈特:《现代化与后现代化》,严挺译,北京:社会科学文献出版社2013年版。

罗伯特·D.帕特南:《使民主运转起来:现代意大利的公民传统》,王列、赖海榕译,南昌:江西人民出版社2001年版。

塞缪尔·亨廷顿、劳伦斯·哈里森主编:《文化的重要作用:价值观如何影响人类进步》,程克雄译,新华出版社2010年版。

第 11 讲 民族主义与族群政治

如果要用一个对句来概括我们的民族原则,我们可以说:如果民族原则是用来把散居的群体结合成一个民族,那么它就是合法的;但若是用来分裂既存的国家,就会被视为非法。

——莫里斯·布洛克

它(民族)是一种想象的政治共同体——并且,它是被想象为本质上是有限的,同时也享有主权的共同体。

——本尼迪克特·安德森

族群冲突是一个世界性的现象。

——唐纳德·霍洛维茨

现在几乎三分之二的武装冲突都包含了族群因素。……族群冲突是武装冲突的最主要形式,在较短时期内、甚至较长时期内大概都不会缓和。……仅在二战之后,就有数百万人因为身为特定族群的一员而丧命。

——莫妮卡·托夫特

11.1 什么是民族主义?

在世界范围内,民族主义依然扮演着重要的政治角色。比如,以东北亚的朝鲜和韩国为例,大家会发现两国的共同点并不多。从政治体制、经济发展、生活方式等维度来看,两国差异都是极大的——一个是最落后的发展中国家,一个是经济发达的新兴工业化国家。尽管如此,两国有一个重要的共同点:都是朝鲜族。朝鲜和韩国在历史上属于一个国家,他们彼此认为两国都属于一个更高的共同体的一部分。这个共同体就是统一的朝鲜民族。从这个案例看,民族有时甚至可以超越国家。尽管两国已分裂六十多年,而且互相承认对方为独立国家,但两国的政治家仍然宣称实现朝鲜半岛的统一是其政治目标。

又比如,捷克斯洛伐克曾经是一个欧洲国家,但今天已和平分裂为两个国家:捷克和斯洛伐克。该国分裂的主要原因也是民族问题,过去捷克斯洛伐克版图的西侧主要是捷克族的聚居区,东侧主要是斯洛伐克族的聚居区,两族人口占东区和西区人口的比例都超过80%。鉴于这种地理与人口结构,两个民族认为他们没有必要成为一个国家,可以和平分手。1993年1月1日,捷克斯洛伐克正式和平分裂,史称"天鹅绒分离"。

前南斯拉夫则是一个较为悲惨的案例。前南斯拉夫今天已分裂为七个国家,其分裂跟该国历史上各个族群的仇怨有关。客观地说,历史关系复杂的多族群国家,如果启动民主转型,国家分裂是一种可能的风险。启动民主转型之后——特别是族群人口聚居的结构下,不同族群的选民都会投自己族群候选人的票,组建本族群的政党。有人甚至会提出来,既然我们这块地方绝大多数都是斯洛文尼亚人,可不可以独立呢?当马其顿、克罗地亚、斯洛文尼亚、塞尔维亚、黑山等族群都这样想的时候,南斯拉夫最后就分裂了。

从韩国与朝鲜,到捷克和斯洛伐克,再到南斯拉夫,大家会发现,上述政治现象都跟民族主义与族群政治有关。

什么叫民族主义?伦敦政治经济学院安东尼·史密斯教授在《民族主义:理论、意识形态、历史》中认为民族主义是——

> 一种为某个群体争取和维护自治、统一和认同的一种意识形态运动。该群体的部分成员认为有必要组成一个事实上的或潜在的一

种"民族"。①

按照他的观点,"民族主义的基本目标有三个:民族自治、民族统一和民族认同"。民族自治是指每个民族在政治上应该是自治和自决的,能够决定自己的命运。这样的民族不需要依赖于别的民族,也不允许别的民族来左右自己的命运。民族统一是指同一个民族应该成为一个统一的政治共同体。在现代世界,统一的政治共同体通常是一个国家。民族认同是指属于同一民族的成员能够发展出一种强烈的成员意识,以及归属于同一民族的团体感和自豪感。所以,"民族主义是将民族作为关注的焦点,并力求促进民族利益的一种意识形态",旨在推动民族自治、民族统一和民族认同。

那么,到底什么是民族?理解民族有两种主要路径:客观路径与主观路径。过去苏联教科书中对民族的定义是客观路径,这一观点认为:民族是人们在历史上形成的一个有共同语言、共同地域、共同经济生活以及表现于共同文化上的共同心理素质的稳定的共同体。而主观路径是把民族视为一个"想象的共同体",这是本尼迪克特·安德森的著名观点。安德森认为,民族"是一种想象的政治共同体——并且,它是被想象为本质上是有限的(limited),同时也享有主权的共同体"。在他看来,这些"想象的共同体"的缘起主要取决于宗教信仰的领土化、古典王朝家族的衰微、时间观念的改变以及资本主义与印刷术之间的交互作用等。特别是,他提到——

> 也许没有什么东西比印刷资本主义更能加快这个追寻的脚步,并且使之获得更丰硕的成果了,因为,印刷资本主义使得迅速增加的越来越多的人得以用深刻的新方式对他们自身进行思考,并将他们自身与他人关联起来。②

而安东尼·史密斯试图融合民族的客观定义与主观定义,他把民族定义为:"具有名称在感知到的故土上居住,拥有共同的神话、共享的历史和与众不同的共同文化,所有成员拥有共同的法律与习惯的人类共同体。"③

在政治思潮的演进中,民族主义如今已经成为一种重要的意识形态。那么,民族主义有哪些基本主张呢?安东尼·史密斯认为,民族主义有六个基

---

① 安东尼·史密斯:《民族主义:理论、意识形态、历史(第二版)》,叶江译,上海:上海人民出版社2011年版,第9页。

② 本尼迪克特·安德森:《想象的共同体:民族主义的起源与分布》,吴叡人译,上海:上海人民出版社2008年版,第33页。

③ 安东尼·史密斯:《民族主义:理论、意识形态、历史(第二版)》,第13页。

本主张：①

  第一，世界由不同的民族所组成，每个民族都有自己的特征、历史和认同；

  第二，民族是政治权力的唯一源泉；

  第三，还有对于民族的忠诚超出对其他所有的忠诚；

  第四，为了赢得自由，每个个人必须从属于某个民族；

  第五，每个民族都需要完全的自决与自治；

  第六，全世界的和平和正义需要一个各民族自治的世界。

  在民族主义意识形态的范围中，上述六个主张都是基本常识。但是，其他意识形态可能有着完全不同的观点。比如，自由主义者会认为，世界主要是由不同的个人组成的，民族未必有那么重要。举例来说，一个人20岁以前生活在中国，20岁以后去了英国读书，在英国读了6年书又工作了10年，后来他又移民并加入了加拿大籍。那么，该如何界定这个人的民族身份呢？美国已经出过不止一位华裔政府部长，其中一位叫赵小兰。有一次，赵小兰到中国访问，有位记者前去采访，其中一个提问大致是：身为中国人，您对某事有何看法？结果，赵小兰首先声明的是："对不起，我是美国人。"当然，这位记者的真实意思应该是赵小兰作为华人——记者在此混淆了族裔身份与国籍——是如何看待某个问题的。但无论如何，这一案例都显示，换一种视角，大家对世界、国家、民族与个人关系见解会非常不同。

  民族主义认为，民族是政治权力的来源。但有人认为，"人权是高于主权"的。比如，捷克前总统哈维尔就认为，如果在一个民族政治共同体中发生了大规模的践踏人权事件，国际社会是有权而且应该干预的。这种干预的合法性就在于"人权高于主权"的主张。比如，在德意志第三帝国时期，希特勒大规模地屠杀德国的犹太人。假如希特勒没有把他的战车驶出德国边界，他只是在德国境内进行族群屠杀，国际组织有权进行政治或军事干预吗？当然，这是一种较为严酷的情形。不同的意识形态对此会有不同的看法。

  尽管民族主义具有诸多的共有特征，但在其内部，不同类型的民族主义差异很大。历史地看，存在过几种不同类型的民族主义，比如自由主义的民族主义——寻求民族自决的美国独立战争呈现的是这样一种特征；保守主义的民族主义——欧盟内部的反移民运动同时兼具保守主义和民族主义两种特质；扩张

---

① 安东尼·史密斯：《民族主义：理论、意识形态、历史（第二版）》，第25页。

主义的民族主义——纳粹德国当年追求扩张与侵略的做法即是一例;反殖民主义的民族主义——印度谋求国家独立的民族主义运动展现的基本诉求就是反对殖民主义。这些都是民族主义意识形态内部的不同类型。①

需要注意的是,正如安东尼·史密斯所指出的,"民族不是国家也不是族群"。举例来说,苏联和南斯拉夫都是一个国家,但其国民并不是一个民族。这两个国家内部,都有大量的不同民族。又比如,英国是一个国家,但英国包括了英格兰、苏格兰、威尔士和北爱尔兰等四个主要地区,这些地区生活着不同的民族。苏格兰人与英格兰人生活在不同的地方,他们说不同的语言,具有不同的历史文化传统。当我们说英国人的时候,是指国家意义上的。而当我们说日耳曼人、塞尔维亚人、苏格兰人时,是指某个特定的民族。所以,民族不同于国家。

那么,民族与族群区别何在呢? 安东尼·史密斯认为:

> 民族不是族群,因为尽管两者有某种重合并都属于同一类现象(拥有集体文化认同)。但是族群通常没有政治目标,并且在很多情况下没有公共文化;且由于族群并不一定要有形地拥有其历史疆域,因此它甚至没有疆域空间。而民族至少要在相当的一个时期必须在其自己所谓的祖国中定居,以将自己构建成民族;而且为了立志成为民族并被承认,它需要发展某种公共文化,以及追求相当程度的自决。另一方面,就如我们所见到的,民族并不一定要拥有一个自己的主权国家,但需要在对自己故乡有形地占有的同时,立志争取自治。②

尽管如此,但民族与族群很多时候还是难以区分。史密斯将政治目标、公共文化、疆域空间以及是否寻求自决作为区分两者的主要标准。但这种区分可能仍然是语焉不详的。笔者的基本判断是,如果一个族群或族群内部的多数人口发展出一种普遍的政治诉求——本族群应该成为一个相对自治、甚至独立的政治共同体——时,这个族群基本上已上升为一个民族。当然,如果由于某些原因,这种政治诉求不能兑现,长期处于被压制状态,甚至慢慢地被压服了,直至不再提出要求自治或独立的主张了,这个群体可能又演变为一个族群,成为一个民族共同体的一部分。关于族群政治,后面还会详细介绍。

---

① 相关内容,参考安德鲁·海伍德:《政治学(第二版)》,张立鹏译,北京:中国人民大学出版社2006年版,第138—149页。

② 安东尼·史密斯:《民族主义:理论、意识形态、历史(第二版)》,第12页。

11.2 民族主义的起源与理论

前面简要介绍了民族主义的概念与特征,政治学者们更关心作为一种意识形态的民族主义为什么会兴起? 如何从理论上解释民族主义? 多数学者把民族主义视为一种现代现象,因而民族主义的兴起是与人类向现代社会的转型有关的。循着这一视角,安东尼·史密斯总结了解释民族主义的几种主要理论:①

一是社会经济的解释。"在这一视角中,各种民族主义和民族源自新型的经济社会因素,如工业资本主义、区域不平等和阶级冲突。"史密斯较为重视现代化过程中地区不平等在民族情感激发和民族理想塑造所具有的作用。还有一种角度来自法国社会学家涂尔干的启发,他认为社会团结有两种不同形式:一种是机械团结,一种是有机团结。机械团结,如同马克思在论述亚细亚生产方式时讲的"一袋马铃薯"一般;而有机团结指社会中不同的人扮演不同的角色,然后彼此融合交织在一起,形成互赖的社会组织方式。总的来说,随着经济社会的现代化,一个社会中人与人的交易频率大大提高,彼此融合与结合程度大大提高,整个社会的互赖程度也大大提高了。这就促成了共同体意识的成长,在此过程中民族主义逐渐形成。

二是社会文化的解释。"根据欧内斯特·盖尔纳的观点,各种民族主义和民族都是在'现代化'转型过程中产生的,是现代的、工业化时代的必然社会现象。"这里强调的是,民族和民族主义是一种高级文化现象,而正是现代化实现对社会文化的改造,作为现代现象的知识增长和教育普及是其基础。另一种角度则强调地理上的接近和经济上的相似会催生出相似的文化,然后形成共同的传统。在现代化过程中,这种文化上的相似性会逐渐上升到民族主义。

三是政治的解释。"在这里,民族和民族主义是由现代专业化国家,或直接地,或在对抗特定的(帝国的/殖民的)国家中所造就的。"换句话说,民族和民族主义是现代国家兴起的伴随物。一个例子是国际竞争与群体生存需要促成民族主义的兴起。比如,德国民族主义的兴起是拿破仑战争刺激的产物。拿破仑战争使得德意志这块土地上的人们产生了强烈的焦虑感。从地缘政治格局来说,德意志东有俄罗斯,西有法兰西。德意志——特别是普鲁士——的精

---

① 关于民族主义的几种主要理论,参见安东尼·史密斯:《民族主义:理论、意识形态、历史(第二版)》,第52—53页。

英阶层认为,他们要是不以某种方式联合起来,形成一个强大的民族和国家,德意志的生存都会成问题。马克斯·韦伯在《民族国家与经济政策》的演讲中也表达了这样的焦虑感。所以,对当时的德意志来说,可以理解为民族主义是由国际政治竞争和地缘政治局势引发的。

四是意识形态的解释。"这种视角强调民族主义意识形态的欧洲本源及其现代性;强调民族主义类似宗教的力量,以及它在分裂帝国和在没有出现民族的地方创立民族所起的作用。"这种视角认为启蒙运动在动员民族主义方面发挥了重要作用,所以民族主义本身是现代意识形态兴起的产物。

五是建构主义的解释。"这种视角与其他的现代主义形式有相当的不同,尽管它也采纳民族和民族主义是完全现代的观点,但是却强调它们的社会建构特征。"本尼迪克特·安德森所谓的民族是"想象的共同体",就是建构主义的路径。这种观点把民族主义的出现跟工业资本主义引发的印刷品和阅读的普及关联起来。总的来说,民族是通过想象来构建的。所以,在民族主义兴起过程中,印刷品和媒体扮演着重要角色。当一个国家的精英阶层和普通大众都开始阅读类似的报纸与杂志时,共同体意识就开始被构建起来了。

总之,民族主义作为一种重要的意识形态和政治现象,可以从不同的理论视角来解读。

11.3 民族国家与族群政治

跟民族有关的一个重要概念是民族国家(nation-state 或 nation state)。民族国家被视为一种政治组织形式和政治理想,是指民族和国家的重叠状态。所以,严格意义上的民族国家是指,一个国家就是一个民族,一个民族成为一个国家,亦即意大利政治家马志尼所言的"一国一族,一族一国"。但是,如今人们所习惯使用的民族国家通常很少是由一个民族构成的。今天看来,一般意义上的国家——只要内部没有太明显的民族或族群裂痕的话——通常都被视为民族国家。所以,民族国家这个概念现在有了很多约定俗成的用法,而未必是在其最初的严格定义上使用的。

如今一个显著的世界性现象是,大量国家都是多族群国家。既然那么多国家都是多族群社会,族群政治就是值得关注的一个现象。特别是在非洲、南亚与东南亚、东欧等地区,族群政治都是重要的政治问题。比如,像尼日利亚和印度这样的国家,族群政治甚至是最重要的政治议题。然而,国内过去对族群政治的研究和介绍比较少。随着中国边疆省区暴力恐怖事件的抬头,这一问题正在引起国内学界的重视。

前面已经对族群的概念做过简略讨论,但实际上要想精确定义族群非常困难。现有的主流研究认为,族群被视为基于血缘或世系而互相认同的一个群体,这个群体拥有共同的语言文化、宗教习俗及身体特征。马丁·麦格认为,族群具有如下主要特征:

> 独特的文化特征　基本上,族群是指在一个较大的社会里有一套自己独特的文化特质的群体。……族群是亚文化群体,它们保持的特定的行为特征,在某种程度上使它们区别于社会主流文化或典型文化。
>
> 社群意识　除了一套共同的文化特性,族群成员之间展现出一种社群意识,也就是一种亲切的感觉或紧密联系的意识;更简洁地说,就是在族群成员之间存在着一个"我们"。
>
> 族群中心主义/优越感　族群成员的"我们"意识通常都会自然而然地导致族群中心主义(ethnocentrism),即倾向于用某个族群的标准和价值评价其他的群体。这将必然导致该族群认为自己优越于其他族群。
>
> 与生俱来的成员资格　族群的成员资格通常是出生时获得的。也就是说,一个人的族群性是出生时获得的一种特征,并且不容易发生根本性变化。
>
> 领地　族群常常在一个较大的社会中占据一个独立的区域。①

既然多数国家都是多族群国家,族群间的政治关系就非常重要。多族群国家的国内族群关系主要有两种类型:一种是以竞争与冲突为主,一类是以合作与融合为主。当然,有些国家族群之间的关系是既冲突又融合的中间模式。无疑,对一个国家来说,合作与融合为主的族群关系是较为理想的类型。然而,目前仍然有大量国家的族群关系以竞争与冲突为主。所以,作为政治问题的族群冲突及其后果是目前国际学界的热门议题。

今天,欧洲国家的族群问题总体比较缓和,但欧洲历史上也出现过比较严重的族群政治问题。米歇尔·韦耶维欧卡认为,对二战以前的多数西欧国家来说,族群和族群政治仍然是一个非常重要的政治问题,但后来族群问题慢慢趋于缓和。这位学者指出,西欧国家主要通过三个途径来实现了民族整合和

---

① 马丁·N.麦格:《族群社会学》,祖力亚提·司马义译,北京:华夏出版社2007年版,第9—13页。

族群融合:①

第一个途径是现代化,即充分发展工业化和工业社会。总的来说,现代化程度越高,原先基于原始身份的认同就会降低。经济因素对族群身份认同改变的影响非常大。比如,中国某省区发生的涉及族群问题的暴力恐怖事件。如果只提一条政策建议的话,笔者认为,那就是要尽快地让该区的所有人口——特别是少数族群人口——融入全国性的生产、分工与交易系统,融入全国性的市场网络与经济系统。这种融入的速度越快,越有利于族群关系的稳定。如果少数族群每天都要生产和交易,他们一方面要把本地的牧业产品、资源产品及特色产品销售给内地的企业和消费者,另一方面要不断地购买和消费内地生产的工业产品。这样,双方就产生了市场层面的互赖,由此不同族群之间的融合速度就会加快。所以,现代化、工业化和统一的市场网络非常重要,现代化长期当中会促进族群融合。

第二个路径是建立一个平等主义的国家。什么样的国家最容易导致内部的族群冲突呢?查尔斯·蒂利称之为"种类不平等",在族群问题上即不同族群之间的政治与经济不平等。很多国家可能事实上都会存在种类不平等的问题,但有的国家在立国原则上崇尚平等主义。比如,在美国,白人群体的平均收入比黑人高,这是一种事实上的种类不平等。但是,在法律原则和基本政策方面,黑人已在政治、经济及社会权利上获得了跟白人同等的地位。所以,美国奉行的就是平等主义原则。如今,美国黑人族裔都能当选总统。但是,在很多别的国家,不同族群之间的情况可能大不一样。按照欧洲的经验,建立一个平等主义的国家是非常重要的做法。这里的平等主义主要是指形式的平等和资格的平等,即所有人都有同等的政治、经济与社会资格。由于公民法律身份的平等,公民的族群身份和族群认同就大大淡化了。当然,一个社会若能在法律平等的基础上,推进不同族群之间的实质性平等,将更有利于缓和族群关系。相反,一个国家如果使公民因户籍、城乡、体制内外等因素发生严重的隔离,必然不利于塑造平等主义的国家,也不利于强化族群融合。

第三个路径是塑造民族认同。这里民族认同是超越族群认同之上的、基于民族国家身份的认同感。对一个苏格兰人来说,他首先认为自己是英国人还是苏格兰人,这是一个重要问题,关系到这个公民的民族认同。拿法国来说,考虑到移民问题可能会弱化法国公民的民族认同,法国专门设立了移民部负责归化

---

① Michel Wieviorka, "Racism in Europe: Unity and Diversity," in Montserrat Guibernau and John Rex, eds., *The Ethnicity Reader*, Cambridge: Polity, pp. 291-302.

事务,其目的都是为了加强法国国内的族群融合和民族认同。但是,有些国家在身份制度上强调公民的族群身份,这种做法与塑造民族认同、强化族群融合的原则背道而驰。诸如此类的政策问题,都需要系统的检讨与反思。

二战前的多数欧洲国家,族群问题是一个远比今天普遍的现象。此后,这些国家借助上述三个途径进行了成功的民族整合。这些政策弱化了公民的族群身份,强化了公民身份。这样,欧洲国家的族群政治问题就趋于缓和了。总之,欧洲国家应对族群问题的这种政治经验是值得其他国家借鉴的。当然,今天欧洲的少数地方仍存在族群政治问题,比如西班牙的巴斯克地区和英国的苏格兰地区。

11.4 族群政治与政治发展

对今天的世界来说,族群政治与族群冲突是一个重要问题。美国族群政治学者唐纳德·霍洛维茨认为:"族群冲突是一个世界性的现象。"① 莫妮卡·托夫特则认为:

> 现在几乎三分之二的武装冲突都包含了族群因素。……族群冲突是武装冲突的最主要形式,在较短时期内、甚至较长时期内大概都不会缓和。……仅在二战之后,就有数百万人因为身为特定族群的一员而丧命。②

在历史上,印度尼西亚这样的东南亚国家、印度这样的南亚国家、尼日利亚这样的非洲国家、前南斯拉夫这样的欧洲国家,出现过与族群政治有关的大量的暴力事件。族群冲突还是20世纪中叶之后全球范围内国内武装冲突和内战的最主要诱因。现有研究认为,二战以后50%—70%的国内武装冲突与内战都跟族群问题有关。从现有的趋势看,族群冲突在相当长时间内仍然是很多发展中国家国内政治的主要挑战。

国内学界过去关于族群政治与族群冲突的研究比较少,但国际新闻中族群暴力报道的增加及国内陆续出现与少数族群有关的暴力恐怖事件,使得国内学界开始重视这一领域的研究。从国际学界来看,族群政治是最近一二十年最受

---

① 关于族群冲突,参见这部高质量的族群政治名著:Donald L. Horowitz, *Ethnic Groups in Conflict*, Berkeley: University of California Press, 1985。

② Monica D. Toft, *The Geography of Ethnic Violence: Identity, Interests, and the Indivisibility of Territory*, Princeton: Princeton University Press, 2003, p.3.

关注的比较政治研究领域之一。

国际上有研究关注一个国家的族群结构跟该国族群冲突之间的关系。图11.1用描述性定量统计分析了族群分化程度（纵轴）与族群极化程度（横轴）之间的关系。这里的族群分化程度衡量的是一个国家内部的族群结构，族群极化程度衡量的是一个国家内部的族群冲突程度。图11.1揭示的相关性是：在族群分化程度较低的阶段，随着族群分化程度的提高，族群冲突的程度会增加；但族群分化高到一定程度之后，随着族群分化程度的继续提高，族群冲突反而会趋于缓和。

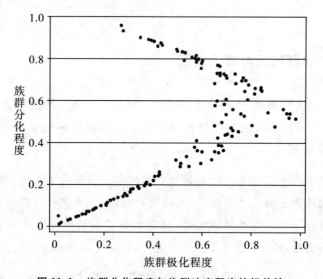

图 11.1　族群分化程度与族群冲突程度的相关性

资料来源：José G. Montalvo and Marta Reynal-Querol, "Ethnic Polarization, Potential Conflict, and Civil Wars," *The American Economic Review*, Vol. 95, No. 3, Jun. 2005, pp. 796-816, figure 1。

举例来说，第一种情况是某国90%人口属于一个族群，即该国族群分化程度很低。这种情况下，发生族群冲突的可能性较低。第二种情况是该国30%人口属于A族群，25%人口属于B族群，20%人口属于C族群，剩下25%人口属于其他多个族群。与上一种情况比较，该国的族群分化程度大大提高了，相应地该国族群冲突程度也大幅提高。从已有经验来看，如果一个国家存在两个或几个主要族群，它们彼此竞争又势均力敌，族群冲突可能会非常严重。第三种情况是该国最大单个族群所占人口的比例不过10%，后面几个较大族群人口比例依次仅为8%、6%、5%和4%，其余人口属于规模更小但数量众多的不同族群。与第二种情况相比，这个国家的族群分化程度更高，但族群冲突程度反而会降低。理由在于,由于整个国家的人口像一个族群万花筒,不同族群之间反而不易形成对抗关系,族群冲突因此趋于缓和。当然,上述相关性是基于跨国的大样本数据得出的,具体到每一个国家,族群政治的实际情形往往千差万别。

族群政治通常还跟发展中国家的政治发展和民主转型有关。在发展中世界,很多国家的族群冲突正在成为威胁新兴民主政体稳定的主要问题。从已有研究来看,族群冲突与民主冲突是互相影响的。一方面,民主转型有可能影响一国族群冲突的程度;另一方面,族群冲突会影响、甚至决定一国民主转型的成败。有学者研究发现,对多族群国家来说,民主转型前期有可能加剧族群冲突;随着民主政体维系时间的延长,族群冲突会趋于缓和。① 在图 11.2 中,纵轴是族群冲突的程度,横轴是民主政体的维系时间。该图显示,对于一个族群多样化程度很高的威权国家来说,随着民主转型的启动,该国的族群冲突水平可能出现先上升后下降的过程。换句话说,在一个多族群国家,初始的民主政体往往比此前的威权政体具有更高的族群冲突水平;而巩固的民主政体往往比此前的威权政体具有更低的族群冲突水平。

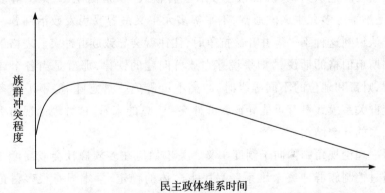

图 11.2　民主政体维系时间与族群冲突程度

那么,如何解释民主转型与族群冲突之间前高后低的现象呢? 在威权政体之下,尽管国内存在不同族群并且这些族群有着历史上的恩怨关系,但由于缺少充分的政治参与,不同族群集团的政治诉求被压制了,这样就表现为直接的族群冲突程度较低。但是,随着民主转型的启动,所有族群集团都拥有政治参与和政治竞争的权利,都可以通过公开方式表达政治诉求,甚至都组建政党参

---

① 比如,下面这项研究认为,民主化与族群冲突两者之间是一条"倒 U 曲线"的关系:Demet Yalcin Mousseau, "Democratizing with Ethnic Divisions: A Source of Conflict?" *Journal of Peace Research*, Vol. 38, No. 5, 2001, pp. 547-567。

与政治竞争。这样,特别是对落后国家来说,基于原始身份认同的族群诉求会快速上升。在这样的国家,族群身份会成为主要的政治动员手段。所有这些,都可能会推动族群冲突的快速上升。而当民主转型时间较长、民主政体趋于巩固时,不同族群集团开始学会用和平而非暴力、制度化而非冲突方式来表达政治诉求和处理族群关系,这样族群冲突程度会逐步降低。因此,长期当中,民主政体维系时间越长,族群冲突水平就会越低。

上述分析意味着,当多族群国家启动民主转型时面临着一个严峻的挑战——该国民主政体能否在急剧上升的族群冲突中生存下来?如果一个国家族群冲突严重,能否完成民主转型就成了一个问题。对一个多族群的大国来说,即便只有一小块地方因为严重的族群冲突而不得不采用武力解决的话,对整个新兴民主政体都会构成一种实质性的威胁。国际学术界的共识是,族群冲突通常不利于民主转型与巩固。

所以,对发展中世界的多族群国家来说,如何有效地控制族群冲突就是一个重大议题,也是实现民主转型和巩固的关键。马丁·麦格较为重视一国国内的族群结构。他认为,族群关系主要有三种模式:一是同化,二是平等多元主义,三是不平等多元主义。通常,不平等多元主义最容易引发政治问题。当弱势族群认识到这种不平等并开始抗争时,往往就会导致族群冲突。麦格借用斯蒂芬·斯坦伯格的话说:"如果说存在族群问题的铁律,那就是当各个族群处在权力、财富和地位的不同等级时,冲突不可避免。"这意味着,不平等多元主义的族群关系模式最有可能导致族群冲突。① 总的来看,这种理论视角更注重族群关系的社会结构。

另一理论视角则偏向于制度主义。关于如何在多族群社会或高度分裂的社会通过控制族群冲突来维系新兴民主政体的稳定,学术界有很多讨论。目前,国际学术界基于制度主义形成了两种主要的理论主张,本书第6讲对此已有介绍。一种主张被归入权力分享学派,以阿伦·利普哈特为主要代表。他们认为,应该通过比例代表制、联邦制、赋予少数族群充分自治权等制度安排来促成不同族群之间的权力分享,从而弥合族群分裂,实现民主政体的稳定。利普哈特的观点又被称为协和主义民主理论或共识民主理论。② 另一种主张被归入政治整合学派,以罗纳德·霍洛维茨为主要代表。他认为,利普哈特的共识民主方案不仅不能弥合族群分裂,反而可能激化族群冲突。他倡导采用偏好性

---

① 马丁·N.麦格:《族群社会学》,第 91—119、501—524 页。
② 阿伦·利普哈特:《民主的模式》,陈崎译,北京:北京大学出版社 2006 年版。

投票制度来弱化族群冲突。他认为,对于高度分裂的社会来说,首先要解决有效政治整合的问题。① 笔者认为,对于呈现高度族群分裂的社会来说,离心型制度安排很容易导致民主政体的不稳定。特别是,中央与地方高度分权的地区主义安排——可以被视为一种高度分权的联邦制——容易引发族群冲突和民主崩溃。要想在高度分裂的社会实现民主政体稳定,关键是要通过有效的宪法设计和制度安排为政治精英提供跨族群的政治激励。②

【推荐阅读书目】

安东尼·史密斯:《民族主义:理论、意识形态、历史(第二版)》,叶江译,上海:上海人民出版社 2011 年版。

本尼迪克特·安德森:《想象的共同体:民族主义的起源与散布》,吴叡人译,上海:上海人民出版社 2005 年版。

埃里克·霍布斯鲍姆:《民族与民族主义》,李金梅译,上海:上海人民出版社 2000 年版。

马丁·N. 麦格:《族群社会学》,祖力亚提·司马义译,北京:华夏出版社 2007 年版。

---

① Donald L. Horowitz, "Constitutional Design: Proposals versus Processes," in Andrew Reynolds, ed., *The Architecture of Democracy: Constitutional Design, Conflict Management, and Democracy*, Oxford: Oxford University Press, 2002, pp.19-25.

② 参见包刚升:《民主崩溃的政治学》,北京:商务印书馆 2014 年版;包刚升:《民主转型中的宪法工程学:一个理论框架》,《开放时代》2014 年第 5 期,第 111—128 页。

第 12 讲

暴力、革命与内战

首要的问题不是自由,而是建立一个合法的公共秩序。人当然可以有秩序而无自由,但不能有自由而无秩序。必须先存在权威,而后才谈得上限制权威。

——塞缪尔·亨廷顿

在国内阶级结构和国际紧急事件的交叉压力之下,专制者及其中央集权的行政机构和军队走向了分崩离析,从而为以下层反叛为先锋的社会革命转型开辟了道路。

——西达·斯考切波

但是,迄今为止,各民族的编年史中还没有过这样的先例:在牵涉到牺牲切身利益时还能保持明智的态度。应当做出牺牲的人总是不肯牺牲,要别人做出牺牲的总要强迫人家做出牺牲。好事和坏事一样,也是要通过篡夺的方法和暴力才能完成。除去暴力之外,还未曾有过其他有效的手段。

——米涅

即使是最强者,也决不会强大到主人永远做主人,除非他把自己的强力转化为权利,把服从转化为责任。

——卢梭

12.1 政治的两幅图像

政治有时呈现出一幅和平的图像,有时呈现出一幅暴力的图像。和平的政治通常是,即使存在政治分歧,也可以通过自由讨论与互相妥协的方式来解决。比如,美国在 2000 年总统大选时面临了一场政治危机。美国民主党总统候选人、副总统阿尔·戈尔和共和党总统候选人乔治·W.布什在选票上非常接近。到最后关头,除了佛罗里达州以外,其他所有州的选票已清点结束。由于两人的选票非常接近,所以佛罗里达州的总统选举人票投给谁,谁就能当选下一任总统。① 佛罗里达州的选票统计结果将决定谁将成为美国新一任总统。当时的情况是,他们在佛罗里达州的选票也非常接近,小布什在首次选票统计中领先总共 2000 票左右。在这种情况下,美国民主党人认为选票统计存在瑕疵,要求佛罗里达州重新统计选票。中间经历了州务卿拒绝重新清点选票,而州法院同意在部分郡重新用人工办法清点选票。最后,小布什将此案诉讼至美国最高法院,最高法院以 5 票对 4 票的微弱优势通过禁止佛罗里达州重新在部分郡人工清点选票的司法决定。这样,在最高法院的司法干预下,小布什最终顺利当选美国总统。②

大家不要小看这个政治事件。如果这一事件发生在一个新兴民主国家,最后很可能酿成大规模的政治骚乱,甚至会导致局部武装冲突。当时小布什的兄弟杰布·布什恰好是佛罗里达州的州长。如果换了一个国家,很多人马上会联想到暗箱操作。但是,在 2000 年的美国,无论是候选人还是选民,最终都尊重美国最高法院作出的司法判决。戈尔在败选演说中说,他对以这样一种方式落选感到非常遗憾,但他尊重游戏规则,尊重美国的传统,尊重法院的决定。

从 2000 年美国总统选举可以看出,美国对最高政治权力的争夺早已远离了暴力。不管是胜利者还是落选者,大家都在以和平方式从事政治活动。选民们和平地进行政治参与,政治家们和平地从事政治竞争,最后以和平方式解决政治争端。从这个意义上说,美国 2000 年总统大选也再次证明了:现代政治文明的主要特征之一就是对政治权力的争夺已实现去暴力化。

此外,美国总统候选人通过电视辩论方式争取选民的支持,英国国会议员

---

① 按照美国的总统选举制度,每个州根据人口规模获得若干张选举人票,无论谁在该州选举中胜出,该州的所有选举人票将全部投给该候选人。

② 关于本案的法律细节,参见王希:《2000 年美国总统大选述评》,《美国研究》2001 年第 1 期,第 7—39 页。

通过讨论和投票来做出重要的政治决定,日本选民四年一次投票选举国会议员,这都是以和平方式参与政治活动的情形。在上述这些国家,政治生活中也难免出现政治冲突,但多数情况下都能以和平方式加以解决。

但是,这种和平的政治图景并不总是存在,政治还有另一幅可能的图景。比如,即便在政治文明程度很高的英国,政治也并非总是以和平方式呈现出来。2011年8月6日至10日,英国伦敦就发生了小规模的骚乱,伦敦城北部一些街道和商店遭到示威人群的焚烧,后来骚乱还扩散到其他城市。这意味着英国这样的国家都没有完全杜绝政治暴力。2001年发生在美国的"9·11"事件,更是一次大规模政治暴力的展示。基地组织劫持和控制的数架飞机直接撞击美国纽约世贸中心双子座大楼,最后把整个大楼摧毁。当然,这一政治事件并非只是美国国内的政治暴力,其源头是活跃于其他国家的一个恐怖主义组织——基地组织。但无论怎样,这一与国际政治有关的政治暴力事件,是人类政治暴力的一部分。

至于发达国家之外的政治暴力现象,那就更为普遍了。比如,2010年3月上旬,非洲人口最多的国家尼日利亚发生教派屠杀事件。据英国BBC新闻网的报道,大约有不少于500人死于教派屠杀。在该国,有人信仰基督教,有人信仰伊斯兰教。这些不同的宗教团体经常因为某个事件发生冲突。在2010年底开始启动的中东北非国家政治转型中,政治暴力事件更是层出不穷。比如,利比亚就经历了内战,叙利亚出现了严重的暴力冲突,两国至今仍不平静。自美国军队从伊拉克撤走之后,该国并没有从武装冲突的威胁中走出来。总之,从世界范围来看,政治既可能是和平的,又可能是暴力的。

12.2 政治暴力与常见的暴力现象

按照第4讲的定义,国家是一个合法垄断暴力的机构,这是国家的本质属性。从这一定义出发,站在国家角度看,垄断暴力是政治的基本问题。如果一个社会充斥着暴力,那意味着国家不能有效地垄断暴力。当国家不能有效垄断暴力时,一个社会的政治秩序就失去了控制。比如,2011年利比亚爆发内战,就是一种政治秩序失去有效控制的情形。2013年5月15日,尼日利亚总统宣布在北部三个州实行紧急状态,这意味着这些州面临着秩序崩溃的可能。上述政治现象都跟政治暴力或政治秩序失控有关。

塞缪尔·亨廷顿早年在其名著《变化社会中的政治秩序》中探讨的,就是发展中国家的政治秩序问题。为什么政治秩序会失去控制?什么情况下政治

秩序会彻底崩溃?如何实现政治秩序的稳定?这些都是非常重要的问题。亨廷顿在该书中有一个著名论断:

> 首要的问题不是自由,而是建立一个合法的公共秩序。人当然可以有秩序而无自由,但不能有自由而无秩序。必须先存在权威,而后才谈得上限制权威。①

通常,政治秩序的混乱都跟暴力的失控与泛滥有关。什么是暴力呢?简单地说,暴力是针对个人或群体的一种武力攻击现象。普通的暴力行为,可能是单个人对单个人的,但这种暴力的规模通常不是很大。与这种一对一的、个别的暴力行为相比,政治学者们更感兴趣的是集体暴力(collective violence)。美国学者查尔斯·蒂利认为,集体暴力具有三个特点:"对个人立即造成肉体上的伤害;至少有两个作恶者;集体暴力至少是部分地来源于施暴者的相互协作。"②按照蒂利的定义,符合这三个条件的可以称为集体暴力。比如,在某地乡村,因为水资源问题,水源上下游的张姓村庄和李姓村庄发生集体斗殴,最后甚至还导致数十人伤亡,这样的事件就是一种典型的集体暴力事件。

那么,什么是政治暴力呢?政治暴力是跟政治有关的集体暴力,是由政治动机引发的、包含明确政治目标或意图的集体暴力。两个村庄如果为了水资源,发生集体斗殴,最后导致数十人伤亡,这个事件一般不称为政治暴力事件。因为总体上,这一事件没有实质的政治动机,也没有明确的政治意图——当然,客观上可能会产生一些政治后果。所以,这种类型的暴力就算不上政治暴力,而是一种普通的集体暴力事件。

在今天的民主国家,一种非常常见的政治暴力是街头骚乱。英国、法国、印度等国都出现过规模不等的街头骚乱。有人认为,街头是一个非常重要的政治场域,街头政治是一种重要的政治类型。在 20 世纪 30 年代初的魏玛共和国,希特勒的纳粹党和党卫军在政治斗争中采取的一个重要手段就是占领街头。纳粹党的一种政治斗争哲学就是:谁能占领街道,谁就能控制政治权力。街头政治固然很多时候表现为和平方式,但有时也表现为暴力或骚乱的方式。除了军队,其他政治力量通常就难以应付这种暴力化、组织化的街头政治。比如,20世纪 20 年代初,墨索里尼在意大利就是这么搞的。除了墨索里尼领导的法西

---

① 塞缪尔·亨廷顿:《变化社会中的政治秩序》,王冠华、刘为译,上海:上海人民出版社 2008 年版,第 6 页。当然,从另一种视角看,自由和秩序不是冲突的,反而是互补的。塞缪尔·亨廷顿在其后续作品《第三波——20 世纪后期的民主化浪潮》一书中也对自己过于偏爱政治稳定和政治秩序的观点做了修正。

② 查尔斯·蒂利:《集体暴力的政治》,谢岳译,上海:上海人民出版社 2006 年版,第 4 页。

斯主义政党以外,其他党派都是较为松散的政治组织。墨索里尼建立了组织化程度非常高的法西斯组织,甚至还拥有自己的民兵等准军事组织。借助这种政治组织,通过占领街头,包括在街头政治中展示潜在的暴力,墨索里尼获得了巨大的政治影响力,直至最后成为意大利的总理。

很长时间以来,泰国的街头政治都非常活跃。泰国政治的一大顽症是街头骚乱频发。该国两派政治力量——红衫军和黄衫军——都曾经占领过街道和政府机构。这种做法肯定包含了暴力成分——当然,泰国街头政治的好处是游行示威队伍直接进行人体攻击的案例比较少见。然而,他们占领街道、政府机构甚至是机场,或多或少要使用暴力相威胁。比如,完全不以暴力相威胁,示威队伍是无法占领机场的。当然,实际上机场方面一般不会与示威者直接对抗。这样,实际的暴力现象就不会那么严重。

有人把政治大罢工也视为准政治暴力行为。比如,一个经典案例出现在1970—1973年的智利。阿连德当选总统后,开始推行"社会主义革命",当时征收了很多私人产业,对银行和矿产实施国有化。后来,智利的一个重要产业——卡车运输业的业主们担心阿连德政府要对卡车运输业实施国有化。所以,他们决定发起一场全国大罢工来抵制这种可能性。当时,智利全国大约有6万个卡车运输协会的业主参加了大罢工。他们不仅罢运,而且还把卡车停在了主要道路上。当时,进出智利首都圣地亚哥的主要道路上就停满了罢运的卡车。这种政治大罢工尽管没有直接进行人体攻击,但其后果是非常严重的。大城市的生活用品和垃圾难以运入或运出。结果,圣地亚哥很快就出现了食品和生活品的紧缺。阿连德政府试图调动军队来解决这个问题,但难度很大,因为主要道路上停满了罢运的卡车。因此,某些政治大罢工在效果上跟政治暴力是非常相似的,甚至比小规模的政治暴力事件更令人恐慌。

还有一种典型的政治暴力现象是政治暗杀。中国近现代历史上就有过一次非常著名的政治暗杀。民国初年,著名政党运动领袖宋教仁1913年3月20日在上海火车站遭人枪击,不治身亡。根据当时的调查,宋教仁案刺客的幕后主使与袁世凯任命的国务总理赵秉钧有关,但真相究竟如何,不得而知。印度独立至今,有数位主要领导人死于政治暗杀。圣雄甘地就死于政治暗杀,而后尼赫鲁的女儿、印度国大党的政治领导人英迪拉·甘地死于政治暗杀,英迪拉·甘地的儿子、印度国大党的政治领导人拉吉夫·甘地也死于政治暗杀。德国魏玛共和国期间也曾发生过多起重要政治家被暗杀的事件,智利1970—1973年政治混乱时期甚至出现过军方重要将领死于暗杀的政治事件。

政治暗杀针对的一般不是普通人,而是比较有影响力的政治家与政治活动家。上文提到的英迪拉·甘地是被自己手下信奉锡克教的卫兵打死的。在当时的印度，锡克教与印度教的教派冲突比较厉害。英迪拉·甘地身边就有幕僚和安全人员提醒她，要求她把身边锡克教卫兵全部撤换，以免发生意外。但是，英迪拉·甘地并不听这种劝阻，她认为印度是一个世俗的多宗教国家，如果把身边信仰其他宗教的卫兵撤换，这会传递出一个怎样的政治信号呢？这至少意味着她作为政治领袖对锡克教卫兵和该宗教信仰的人群是不信任的。但是，意外还是发生了。即便这样，英迪拉·甘地的政治遗言强调不要过分追究此事。她临死前非常担心自己的遇刺事件最后会演变为一场全国性的针对锡克教的大规模暴力运动。所以，政治暗杀事件的后续影响往往是极其严重的。

有些国家还发生过这样的现象：A 派政治领导人被 B 派暗杀了，然后 A 派再去暗杀 B 派的政治领导人。如果是这样，政治竞争就脱离了和平的轨道。所以，政治暗杀通常传递的是非常糟糕的政治信号。德国魏玛共和国晚期政治暗杀的频发，也是促成希特勒上台的一个因素。在一些国家，政治暗杀的频发既是政治秩序失控的结果，又会成为政治混乱加剧的原因。

最近二三十年，引人注目、罪大恶极的政治暴力现象是恐怖主义袭击，2001 年美国的"9·11"事件是恐怖主义袭击的标志性事件。这几年一个比较著名的美剧是《反恐 24 小时》，这个片子的主题与反恐有关。在剧情设计中，有恐怖主义组织试图在美国大型商场里投放化学毒气，或者把核武器偷运至美国并试图在中心城区引爆，等等。这些故事当然是虚构的，但类似的恐怖袭击并非没有可能发生。最近几年，中国边疆省份也开始出现暴力恐怖主义袭击事件，若处置不当不排除会出现上升的势头。

当然，典型的政治暴力现象还有军事政变。中国历史上有大量的军事政变，比如著名的玄武门之变。20 世纪的非洲和拉丁美洲出现过大量的军事政变。军事政变是一种以暴力手段取得政权的常见现象。一想到军事政变，很多人脑海里会浮现出大规模的军队调动和武装冲突的场景。但有些国家的军事政变规模较小，伤亡人数也较低。

20 世纪以来另一个严重的政治暴力现象是族群屠杀或种族屠杀，甚至包括族群清洗或种族清洗。20 世纪三四十年代，希特勒就发动了针对德国和欧洲犹太人的族群大清洗。著名电影《辛德勒名单》就是以这一事件为历史背景的。20 世纪 90 年代初，非洲国家卢旺达也曾发生过大规模的族群屠杀。在胡图族和图西族的族群冲突中，胡图族把图西族的多数人口都屠杀殆尽，图西族被清洗的人口总量高达数十万。著名影片《卢旺达饭店》则以电影方式呈现了当时令人震惊的族群清洗事件。与族群屠杀或种族屠杀相类似的，还有不同宗教之间的教派屠杀。这大概也是人类政治暴力中最残忍的一种类型。

除此之外,今天在拉美、非洲和东南亚一些国家,还存在与政府军进行武装斗争的游击队。这种武装组织拥有数百、数千乃至上万规模的士兵。他们集聚在一小块地方,跟政府军打游击战,而中央政府通常又无力彻底清剿。无疑,游击战或局部武装冲突也是一种政治暴力现象。当然,与之相比,更为严重的政治暴力现象是大规模的内战,本讲后面还会专门讨论。

12.3 政治暴力的类型与逻辑

上文已经介绍了常见的政治暴力现象。那么,如何从学理上对政治暴力进行类型划分呢?迈克尔·罗斯金在其流行的《政治科学》教科书中借鉴弗莱德·梅登的研究,把政治暴力分为五种基本类型:

原生型的(primordial)　原生型暴力产生于基本的社会群体冲突——种族的、民族的或宗教的——这些都是人们与生俱来的。

分裂型(separatist)　分裂型暴力——有时是原生型暴力冲突的产物——目标是要实现相关群体的独立。

革命型(revolutionary)　革命型暴力旨在推翻或取代现政权,例如伊斯兰教主义者想要接管伊斯兰国家并把他们变成信奉正统派的人。

政变型(coups)　政变通常是为了反对革命、腐败和混乱。一般来说,政变几乎总是军事性的,尽管军队通常与关键的文官集团有联系并从他们那里获得支持,就像1964年巴西的政变那样。

问题型(issues)　一些暴力不适合这些类型中的任何一种。由某一特定问题所引发的暴力是一种兼容的类型,并且常常不像其他类型的暴力那样具有致命性。[1]

查尔斯·蒂利则用两个维度对人际暴力类型进行了区分:一是暴力伤害的严重程度,二是暴力行为者之间的协同程度,参见图12.1。从类型学的角度说,类型划分最好符合不重复、不遗漏原则。蒂利的这一分类框架尽管不符合该原则,但这一分类把各种集体暴力纳入了一个粗略的框架。[2]

---

[1] 迈克尔·罗斯金:《政治科学(第九版)》,林震等译,北京:中国人民大学出版社2009年版,第403—408页。

[2] 查尔斯·蒂利:《集体暴力的政治》,第12—19页。

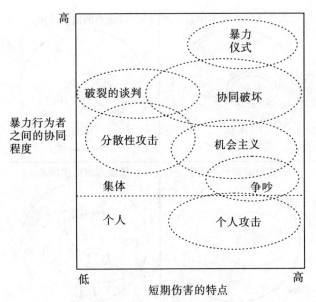

图 12.1　蒂利：人际暴力的类型

蒂利还认为,不同政体类型与国家类型也与政治暴力的严重程度有关,参见图12.2。① 蒂利在过去的研究中,曾根据政体类型的维度(即民主国家还是威权国家)和国家能力的维度(即国家能力高还是国家能力低)区分过四类国家:高能力的民主国家、低能力的民主国家、高能力的非民主国家和低能力的非民主国家。在他看来,政治暴力的严重程度直接受到国家政体类型的影响。在图12.2中,蒂利认为,高能力的民主政体对应的是低强度的政治暴力,低能力的非民主政体对应的是高强度的政治暴力,高能力的非民主政体和低能力的民主政体对应的则是中等强度的政治暴力。

那么,导致这些差异的原因是什么呢?对政治暴力来说,政体这个维度代表的是有多少政治诉求能够在现有体制框架中得到表达和满足。一般而言,在民主政体下,政治诉求更容易通过现有体制框架得以满足。在威权体制下,政治诉求更不容易通过现有体制框架得以满足。如果政治诉求能够通过现有体制得以满足,当事人通常没有动力从事或参与政治暴力活动;反之,就存在从事政治暴力行为的动机。国家能力这个维度代表的是国家或政府有效控制政治暴力的能力。国家能力强,对政治暴力的控制就比较有效;国家能力弱,对政治暴力的控制就不那么有效。也就是说,从这个维度上看,国家能力越强,就越能控制政治暴力。

---

① 查尔斯·蒂利:《集体暴力的政治》,第42—49页。

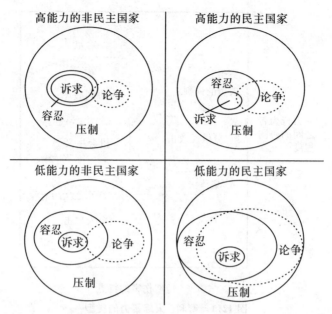

图 12.2　国家类型与政治暴力

资料来源：查尔斯·蒂利：《集体暴力的政治》，谢岳译，上海：上海人民出版社 2006 年版，第 45 页。

对高能力的民主国家来说，从政治诉求上讲，只有较低比例的人愿意或需要用政治暴力来表达政治诉求，大量的政治诉求都能在现有民主体制框架内表达；从国家能力上讲，有效的国家能力使得政治暴力不容易发生和蔓延。所以，两者的结合导致的是低强度的政治暴力。一种相反的糟糕情形是：如果是威权政体，就意味着有大量的政治诉求没有办法通过现有体制进行表达，这使得不少人有从事政治暴力行为的动机；但同时由于国家能力比较低，国家对这种可能出现的政治暴力的控制能力比较弱。所以，两者的结合导致的是高强度的政治暴力。其他两种国家类型属于中间状态，其政治逻辑也是相似的，不再赘述。

基于这种逻辑，可以预见，一个国家的政体和国家能力产生变化后，该国的政治暴力程度亦可能发生变化。比如，一个高能力威权国家在政体维度上变得更民主时，政治暴力通常会降低。比如，一个高能力威权国家的国家能力下降时，政治暴力可能会倍增。一种更复杂的情形是，如果一个国家转型之前是高能力威权国家，但在转型过程中，一方面固然是从威权政体过渡到民主政体，另一方面却由于政治冲突、制度垮塌及政治领导人等原因，国家能力大大下降了——这种情况下，该国政治暴力会发生何种变化呢？这就难以判断。从威权到民主，政治诉求获得新的释放通道；但国家能力下降则意味着国家控制政治暴力能力的减弱,这意味着政治暴力的变化趋势是不确定的。

当然,还有学者从另一个角度来探讨政体与政治暴力之间的关系,即政治竞争本身会导致更多的政治暴力。一种观点认为,一个国家的民主转型前期不排除政治暴力上升的可能。有学者在研究非洲国家民主转型后发现,从启动民主转型到完成民主转型,政治暴力会经历先稳步上升、后逐渐下降的过程。①如果民主转型不逆转的话,随着民主政体维系时间的增加,政治暴力会逐渐地降低。但令人忧虑的是,如果转型初期的政治暴力过于剧烈,民主政体最后有可能被搞垮,重新蜕变为威权政体。所以,民主转型对控制一个国家的政治暴力未必有着立竿见影的效果。相反,其中可能还蕴藏着较大的政治风险。如何避免民主转型过程中政治暴力的加剧,这看来是一个重要的学术与实践问题。

12.4 国家与社会革命

什么是革命?革命通常是指一种快速剧烈的系统性变革。《易经》中有"汤武革命,顺乎天而应乎人"的说法。在政治上,革命是对旧体制或旧制度的一种颠覆。所以,政治革命主要是指对旧政体和旧政权的革命。与政治革命相比,社会革命的含义有所不同。按照哈佛大学教授西达·斯考切波的观点——

> 社会革命是一个社会的国家政权与阶级结构都发生快速而根本转变的过程;与革命相伴随,并部分地实施革命的是自下而上的阶级反抗。社会革命之所以不同于其他类型的冲突和转型过程,首先在于它是两个同时的组合:社会结构变迁与阶级突变同时进行;政治转型与社会转型同时展开。……政治革命所改造的是政权结构而非社会结构,而且并不必然要经由阶级冲突来实现。②

斯考切波提到的三场典型的社会革命是 1789 年的法国大革命、1917 年的俄国革命以及 1921—1949 年的中国革命。这三场革命不是一般意义上的政治革命,同时也是社会革命——它们不仅是对旧政权或旧政体的颠覆,而且还伴随着大规模的社会动员与底层反抗。跟上层集团的宫廷斗争或军事政变不同,这三个国家都发生了大规模的政治动员与底层反抗,几乎整个社会都被动员和

---

① 比如,其中的一项研究是:Jacqueline M. Klopp and Elke Zuern, "The Politics of Violence in Democratization: Lessons from Kenya and South Africa," *Comparative Politics*, Vol. 39, No. 2, Jan. 2007, pp. 127-146。

② 西达·斯考切波:《国家与社会革命——对法国、俄国和中国的比较分析》,何俊志、王学东译,上海:上海人民出版社 2007 年版,第 4—5 页。

参与进来了。

　　社会革命通常可以分为几个阶段。第一个阶段是旧制度的衰朽。社会革命首先不是由于革命者或革命力量的推动，而是由于旧制度本身的衰朽。第二个阶段是能量的集聚和革命的发动，这是社会革命的启动阶段。旧制度衰朽以后，社会需要一个能量集聚的过程，直至革命成为可能与现实。第三个阶段是旧制度的垮台，然后整个政治和社会发生急剧变革，中间还伴随着大规模的社会动员与底层反抗。第四个阶段是经过急剧的变动，出现了政治力量的重组和新制度的诞生，最终达到一种新的政治均衡。这是从破坏到重建的关键阶段，新制度诞生后还需要一个适应的阶段。

　　与历史学家擅长还原社会革命的过程和细节相比，政治学家们更关注这样的理论问题：社会革命为何发生？斯考切波认为，在她的《国家与社会革命》出版之前，解释社会革命有几个主要的理论流派。

　　首先是马克思主义的解释。社会革命可以归结为生产关系与生产力的冲突与断裂，直接表现为剧烈的阶级斗争和阶级冲突，下层阶级的反抗直接导致了社会革命的发生，最后表现为一个阶级用暴力方式推翻另外一个阶级。这一理论路径采用的是阶级分析方法。

　　其次是革命的群体心理理论。这种心理学理论更关心作为参与群体行动的个人何时会卷入政治暴力、何种条件下会卷入大规模的政治冲突。古斯塔夫·勒庞认为，群众性的集体情感曲线在政治运动过程中，经常会经历一个先是缓慢上升，而后是急速攀升，接下来是直线下降的过程。革命，就是这种群众性集体情感急速攀升过程中爆发的。

　　再次是系统/共识价值理论，这种理论强调的是整个社会体系和系统中的严重失衡。这种理论借鉴了系统论的方法，这与20世纪70年代流行的戴维·伊斯顿倡导政治系统理论有关，它强调的是对政治过程中输入因素与输出因素的分析，从政治系统的角度来理解革命何以发生。

　　最后是政治冲突理论，这种理论认为社会革命是源自不同社会集团对政治权力的争夺，这种对政治权力的争夺会导致剧烈的政治冲突。当这种政治冲突使得某一集团开始借助底层动员方式进行政治斗争时，就容易引发社会革命。[1]

　　在上述革命理论之后，到了20世纪70年代末，该领域产生了一部重要著作——西达·斯考切波所著的《国家与社会革命》。在这部备受关注的学术作品中，斯考切波提出了新的解释社会革命的理论。总体上说，她考察了两个变

---

[1]　西达·斯考切波：《国家与社会革命——对法国、俄国和中国的比较分析》，第5—15页。

量对于社会革命的影响,一个变量是整体性的危机和旧制度的崩溃,另一个变量是下层阶级的反抗所引发的政治冲突,两者的结合导致社会革命的发生。这一理论的逻辑结构,参见图12.3。她这样说:

> 在国内阶级结构和国际紧急事件的交叉压力之下,专制者及其中央集权的行政机构和军队走向了分崩离析,从而为以下层反叛为先锋的社会革命转型开辟了道路。①

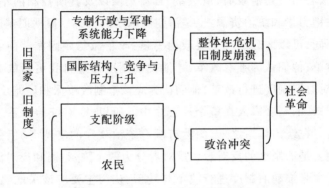

图12.3　斯考切波:社会革命的解释框架

在斯考切波的分析框架中,对第一个变量的考察落实在两个因素上:一是原有专制体系中行政和军事系统的能力下降,二是国际结构中政治压力和国家间竞争因素的上升。她认为,无论是法国大革命、俄国革命还是中国的共产主义革命,都有着这样的背景条件。革命什么时候会发生?正如列宁指出的,当统治阶级自己都没有办法再统治下去的时候,革命就会发生。这样,专制体系能力的下降和国际竞争压力的上升,最终导致了整体性的危机和旧制度的崩溃。但是,斯考切波认为,这一条件本身并不足以引发社会革命。社会革命还需要第二个条件,即大规模的底层反抗。这就要求原有传统社会中支配阶级和下层阶级的冲突比较激烈,最后引发严重的政治对抗。这样,一方面旧制度随时面临垮塌的可能,另一方面是下层阶级会形成大规模的政治反抗,两者的结合就导致了社会革命。

这本书在1979年出版后,迅速引起轰动,赢得了很多学术荣誉。这本著作的主要贡献体现在两个方面:一是提出并论证一种关于社会革命的新理论,成为革命研究领域的一部重要著作;二是作者展示了比较历史分析作为一种重要研究方法的学术魅力,该书已经成为比较历史分析经典。当然,《国家与社会

---

① 西达·斯考切波:《国家与社会革命——对法国、俄国和中国的比较分析》,第59页。

革命》并非一部完美的著作。相反,该书出版后一直遭到学术界的批评。比如,一种典型的批评意见认为该书在研究方法上存在瑕疵,一个缺陷是斯考切波没有选用相反的案例。

跟革命有关的一个热门话题是:为什么那么多旧制度都不能通过改革获得新生,最后竟为革命所覆灭?这里试图用图12.4的简要逻辑来阐述改革与革命的关系,并以中国的1840年到1912年的历史作为例证。对清王朝这一旧制度来说,其核心力量是清政府、清皇室、官僚集团以及其所控制的军队,这些是清王朝的关键力量和统治资源,也是清朝旧制度的核心。根据旧制度内部对改革态度的不同,可以区分两种主要政治力量:改革派与顽固派。前者主张对旧制度进行改革,他们认为唯有改革,才能使旧制度通过自我更新的方式存续下去;后者反对对旧制度进行改革,他们认为应该抵制改革派和压制反对力量。

众所周知,旧制度嵌入在整个社会之中。所以,既有统治体系之外的是整个国内社会。在统治体系之外,固然有既有统治秩序的支持者,但引发旧制度变迁的却主要是旧制度的反对者。反对者分为两个阵营:温和反对派和激进反对派。前者主张推动旧制度进行改革与转型,认为主要应该采取温和手段,他们还试图与旧制度的改革派合作;后者主张颠覆旧制度,认为只有采取激进手段才能达成最终目标。换言之,温和反对派主张的是改革,激进反对派主张的是革命。

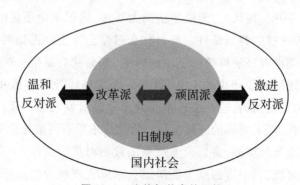

图12.4 改革与革命的逻辑

在旧制度晚期,体制内的改革派和顽固派通常会互相竞争。顽固派的主张是守旧,他们的首选项是不变,若迫不得已一定要改革,就装模作样开始改革,但他们实质上是反对改革的。在历史的重大关头,这些顽固派为了自己的生存,可能也会向社会发出改革的号召,比如试行立宪等,但他们并不是真的想要改革。体制内的改革派则真心想要一场重大的变革,他们认为旧制度存在问题,并更愿意接纳新事物。从晚清历史来看,从早期的洋务派到后来的立宪派——以开明官僚集团为核心——基本上都持这种主张。从19世纪晚期到1911年,在晚清朝廷内部,顽固派与改革派一直在进行政治竞争,他们的政治力量此消彼长。通常的规律是,清王朝危机深重的时候,改革派就比较强一点;然而,一旦迫在眉睫的危机解除,顽固派的力量往往就会反弹。

正是这种背景下,从1898年到1911年,晚清王朝进行了一场虚情假意的改革。晚清朝廷做了很多事情,包括派大臣出洋考察、预备立宪、建立各省咨议局等等,尽管确有局部的实质性推进,但同时不断地传出与立宪改革相悖的信号。比如,佐证晚清王朝改革态度的一个重要事实是最高层职位中满汉官员的比例。在晚清最后一次重要改革中,顽固派实际上借改革的名义在最高层把汉族大臣都清除出去了。所以,晚清的改革实际上是无法真正推进的。中国有俗语说"不见棺材不落泪""不到黄河心不死"。当整个局势这样发展时,改革实际上已经沦为一个口号式的标签,而非真正的政治态度与主张。所以,最终清王朝的各种危机叠加,演变为一个整体的旧制度危机。另一方面,由于体制内的政治力量无力推行真正的改革,体制外的温和反对派不断地失去市场,激进反对派逐步崛起并成为主要政治力量。1911年10月10日,武昌起义爆发,清王朝只用了几个月的时间就彻底垮台了。

实际上,托克维尔在《旧制度与大革命》中的观点与米涅在《法国革命史》中陈述的思想非常相似,即依附于旧制度的既得利益集团通常都不会放弃自己的既得利益,所以要发动一场成功的改革相当困难。米涅这样说:

> 假如人们能互相谅解,假如一些人肯于把过多的东西让给别人,另一些人则虽然匮乏而能知足,那么人们就会是非常幸福的。……但是,迄今为止,各民族的编年史中还没有过这样的先例:在牵涉到牺牲切身利益时还能保持明智的态度。应当做出牺牲的人总是不肯牺牲,要别人做出牺牲的总要强迫人家做出牺牲。好事和坏事一样,也是要通过篡夺的方法和暴力才能完成。除去暴力之外,还未曾有过其他有效的手段。①

12.5 内战的理论解释

内战是大规模政治暴力的主要形式之一。国内关于内战的社会科学理论研究非常少,有的主要是关于美国内战、英国内战、国共内战等历史著述。但内战其实是一个重要的政治学理论问题。内战通常是指一个国家或社会内部爆

---

① 米涅:《法国革命史》,北京编译社译,北京:商务印书馆1997年版,第4页。

发的战争,或者更严格地说,内战是在一个国家内部不同的组织化武力集团为控制或推翻政权而引发的持续暴力冲突。斯坦福大学教授詹姆斯·费隆把内战定义为——"一个国家内部发生的组织化的集团之间的暴力冲突,这些集团都旨在控制中央或地区的政治权力或改变政府政策。"①

按照学术界的一般看法,暴力冲突能被称为内战,而不是局部武装冲突,需要符合几个基本条件:

第一,内战发生在一个国家或社会的内部,而非国家与国家之间;

第二,通常存在不同的——两个或两个以上的组织化武力集团,内战双方或几方均需一定的实力,占据一定的地理空间,甚至占据国土面积的相当比例,反抗人数需超过该国人口的一定比例,反抗的军队有属于自己的作战标识和特定的政治口号,甚至会成立自己的政府;

第三,内战通常以控制或推翻国内政权为基本目标,有的内战以局部领土的分裂为主要目标,有的内战目标则是要求政府改变某种基本政策;

第四,内战是一种持续的暴力冲突,通常要持续较长的时间;

第五,内战通常是当前的合法政府依赖国家正规军队与反抗的军队进行作战的过程;

第六,内战中造成的伤亡要达到一定规模,现在国际上的常用标准是至少造成 1000 人死亡(死亡人数低于 1000 人一般被视为局部武装冲突)。②

众所周知,人类近现代史上有过很多著名的内战。比如,1641—1645 年英国内战、1861—1865 年美国内战、1936—1939 年西班牙内战、1946—1949 年中国内战等。20 世纪 80 年代以来,较著名的内战包括 80 年代爆发的第二次苏丹内战——该国如今已分裂为苏丹和南苏丹,1991 年持续至 2000 年的南斯拉夫内战——该国目前已分裂为 7 个政治体,2011 到 2012 年的利比亚内战,等等。

世界银行 2001 年关于内战的研究项目统计了 1960—1999 年全球内战的

---

① James D. Fearon and David D. Laitin, "Ethnicity, Insurgency, and Civil Wars," *The American Political Science Review*, Vol. 97, No. 1, Feb. 2003, pp. 75-90.

② 关于内战的标准,参见 James D. Fearon and David D. Laitin, "Ethnicity, Insurgency, and Civil Wars," *The American Political Science Review*, Vol. 97, No. 1, Feb. 2003, pp. 75-90。奥斯陆和平研究所(Peace Research Institute Oslo)有大量关于冲突与内战的研究资源,参见网站:http://www.prio.org/。

次数与频率,制成了一个全球各国内战频率的趋势图,参见图 12.5。横轴表示年份,纵轴表示全球该年发生内战的次数。从 20 世纪 60 年代到 90 年代,全球国家经历了一个内战数量持续攀升的过程。80 年代中期到 90 年代中期,全球每年陷入内战的国家超过 20 个——当然,其中一些内战持续了较长时间。如果按国家总数来计算,陷入内战国家的比例并不低。20 世纪 90 年代初,该数字突破了 25 个,说明内战数量的急剧上升。好在 20 世纪 90 年代中期以后,全球内战数量经历了一个快速下降的过程。

政治学家们关心的一个理论问题是:内战为什么发生?目前,对内战的理论解释有几种不同的路径。第一种理论主张,内战主要起源于身份认同的危机。身份认同跟人的归属感有关,这涉及"我是谁""你是谁"的问题。你是谁?你是苏丹人,还是南苏丹人?你自己认为是南苏丹人,但有人认为你是苏丹人,身份认同就会出现问题。如果双方由此引发冲突,最后可能演变为内战。再比如,有人信仰基督教,有人信仰伊斯兰教,还有人信仰印度教或佛教。如果一个国家伊斯兰教人口较多,有政治家或宗教领袖说,应该把整个国家建成伊斯兰教国家,以《古兰经》作为主要立法准则。如果是这样,该国 15% 的基督徒很可能会抗争,这就可能引发严重的暴力冲突,甚至最后不得不通过内战来解决分歧。所以,这种因为身份认同引发的内战是一种典型情形。

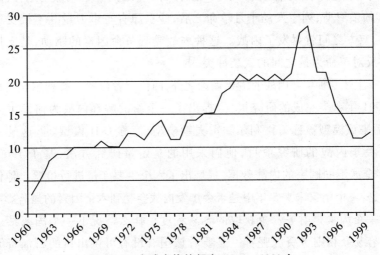

图 12.5 全球内战的频率:1960—1999 年

资料来源:Paul Collier, Anke Hoeffler and Nicholas Sambanis, "The Collier-Hoeffler Model of Civil War Onset and the Case Study Project Research Design," in Paul Collier and Nicholas Sambanis, eds., *Understanding Civil War: Evidence and Analysis*, New York: World Bank, 2005, Vol. 1, pp. 1-34.

第二种理论强调的是对资源的争夺。一国内部不同群体的实际境遇可能差异很大。境遇更差的群体往往心存不满,甚至会产生强烈的怨恨心理,当他们条件具备时就倾向于反抗。比如,突然在少数族群占据的东部地区发现了大量的石油资源,中央政府又希望直接控制这一石油资源,东部的少数族群就可能跟主导的多数族群发生冲突,一种可能的结果就是内战,因为双方都希望占有这一重要的经济资源。在这种情况下,对资源的争夺构成内战的直接原因。

第三种解释主要着眼于政治权力。这种理论认为,政治就是一个争夺政治权力的过程。不同的人和集团都想控制一个国家的最高政治权力。在此过程中,不同的集团为了获取中央政府的政治权力,彼此之间就有可能发生内战。中国历史上有大量的内战与此有关。比如,古代中国每个王朝末年都会发生大规模内战,因为各个军事政治集团都想获得最高政治权力。再比如,近代中国1916年到1928年的军阀割据时期,不同军阀之间本身并没有多少仇恨,但是大军阀们都想控制中央政府,统一中国;小军阀们则想控制自己的地盘,割据一方,结果是彼此之间的军事冲突。所以,争夺政治权力也被视为内战的重要驱动力量。

第四种解释来自革命理论。简单地说,一个国家内部,有的社会集团或政治力量要推翻现有政治秩序,要发动政治革命或社会革命。在此过程中,有人反对革命,希望维持现有政治秩序。这样,两者之间就有可能发生内战。在1917年的俄罗斯,列宁发动十月革命之后,沙皇原有军事力量并不接受这种政治结果,双方之间就爆发了内战。这种内战受到革命因素的驱动,是支持革命力量与反对革命力量之间的武装冲突。①

除了上述几种解释内战的主要理论之外,两位学者保罗·科利尔和安科·霍夫勒2001年牵头完成的研究报告,提出了一个新的解释内战为何发生的理论模型,后来该模型被称为科利尔-霍夫勒模型,简称C-H模型。② 这是一个世界银行关于内战的研究项目,他们采用的是定量研究方法,基于1960年到1999年全球不同国家的内战数据,提炼出了六个主要变量进行检验。他们的研究结论是:一个国家未来5年中是否会爆发内战会受到六个因素的显著影响。

第一个因素是财务资源获取的容易程度。什么情况下一个国家某一政治集团更容易获得财务资源呢?一是要看该国有没有可供出口的石油资源。这

---

① 关于内战的理论解释与实证研究的扼要介绍,参见查尔斯·H.安德顿、约翰·R.卡特:《冲突经济学原理》,郝朝艳、陈波主译,北京:经济科学出版社,第97—117页。

② Paul Collier, Anke Hoeffler and Nicholas Sambanis, "The Collier-Hoeffler Model of Civil War Onset and the Case Study Project Research Design", in Paul Collier and Nicholas Sambanis, eds., *Understanding Civil War: Evidence and Analysis*, New York: World Bank, 2005, Vol.1, pp.1-34.

意味着,如果一个国家在某个地区有大规模石油资源的话,就更容易爆发内战。为什么呢?一方面控制石油资源,就能获得购买军火、组建军队所需的资源;另一方面石油资源本身是一种值得争夺的巨大利益,石油的发现意味着"赌注"加大了。所以,这更容易导致内战的爆发。当然,有些矿产资源跟石油的效应很相似,比如钻石或金矿。非洲国家塞拉利昂拥有巨大的钻石储量,一小兜钻石就能换回一卡车的 AK-47 冲锋枪。这种国家更有可能发生内战。著名电影《血钻》就是以塞拉利昂的钻石交易与武装冲突为背景的。

二是该国某些政治集团是否能获取国外侨民的财务援助。比如,在撒哈拉以南非洲地区,某族群人口分布在彼此相邻的两国。该族群在 A 国是主导族群,控制大量政治经济资源,在 B 国却是少数族群。当该族群感觉在 B 国受到歧视和不公时,他们就有可能从 A 国同一族群人口中获取经济和军事资源,然后发动一场谋求分裂或独立的内战。所以,在这种情况下,拥有足够财务资源的国外侨民可能成为引发内战的催化条件。无论是石油还是外部援助——财务资源获取的容易程度,是判断内战是否可能爆发的一个重要指标。

第二个因素是反叛机会成本的高低。在一个富裕国家,反叛的机会成本通常比较高,内战发生以后原有的稳定生活就打乱了,金融市场和工商业会大幅萎缩。但是,在一个贫穷社会——特别是拥有大量低于绝对贫困线人口的国家,反抗的机会成本是很低的。有海外学者研究中国 20 世纪早期的军阀混战的原因,其中一个解释就是:当时中国过于贫穷,很多人吃不上饭,当兵算是一个很好的出路,所以军阀的兵源得到源源不断的供给。这是一个有趣的视角。世界银行的研究团队用入学率、人均收入与经济增长这几个指标来衡量机会成本。入学率越低,人均收入越低,经济增长率越低,则机会成本越低——这种条件更容易爆发内战;反之,就不容易爆发内战。

除了上述两大因素,还有若干影响内战爆发的可能因素。第三个因素是基于人口和地理因素的军事优势。如果一个国家的人口很分散,地理和地形比较复杂,就为内战爆发创造了有利的地理条件;如果一个国家的人口很集中,地理和地形非常简单,内战就不太容易会发生。第四个因素是怨恨。一个国家内部部分人口的怨恨主要来自经济不平等、政治权利受压制以及一般意义上的族群和宗教分裂因素。这些因素都可以通过统计方法来衡量和评估。第五个因素是人口规模。总的来说,人口规模愈大,愈有可能发生内战。这一因素可能跟上面讨论的地理面积等有关。第六个因素是时间。研究发现,距上次内战的时间越短,越有可能发生内战。换句话说,如果一个国家 200 年没有发生过内战,接下来再发生内战的可能性很小;但如果一个国家刚刚结束内战不到 10 年,那么下一次内战也很容易发生。总之,世界银行关于内战的这项研究值得借鉴。

内战通常都会导致非常严重的政治后果。内战意味着打破了国家对暴力的垄断。当国家不再能垄断暴力时,国家就容易趋于解体。所以,内战不仅意味着大规模的军事冲突和大量的人员死伤,而且还意味着政治秩序的混乱和局部的无政府状态。这种状态下,可预期的秩序、稳定的生活和经济的繁荣都不太可能。

内战的重要性还在于其解决方式会对此后的政治均衡产生重要影响。大致来说,世界上很多国家现有的政体的起源都与内战有关。英国今天的政体起源贵族与国王之间的战争,美国政体的维系与南北战争有关,中国目前的政体起源于国共内战。大家会发现,大量的政体都有其内战起源。如何应付内战,往往影响甚至决定了一个国家政治变迁的路径。或者说,内战的解决方式有可能决定着下一个政治均衡点。

最后,这一讲需要提醒的是,从政治暗杀到恐怖主义袭击,从社会革命到内战,展示的都是赤裸裸的暴力。众所周知,政治离不开暴力。诚如韦伯所言,国家是合法垄断暴力的机构。但是,区分政治文明程度的一个重要标准就是该国日常政治的暴力使用程度。很多国家到目前为止还没有很好地解决暴力问题,一方面政府在统治过程中频繁地借助暴力或以暴力相威胁,另一方面该国随时都有可能爆发暴力事件、恐怖袭击、局部冲突,甚至是内战。如何从暴力的政治走向非暴力的政治?如何实现日常政治的去暴力化?这都是塑造现代政治文明的关键。卢梭曾经这样说:"即使是最强者,也决不会强大到主人永远做主人,除非他把自己的强力转化为权利,把服从转化为责任。"实际上,现代政治文明的一个主要特征是把暴力的政治转变为非暴力的政治。这在很大程度上关系到一个国家未来的政治命运。

【推荐阅读书目】

米涅:《法国革命史》,北京编译社译,北京:商务印书馆1997年版。

西达·斯考切波:《国家与社会革命——对法国、俄国和中国的比较分析》,何俊志、王学东译,上海:上海人民出版社2007年版。

托克维尔:《旧制度与大革命》,冯棠译,北京:商务印书馆2012年版。

米格代尔:《农民、政治与革命:第三世界政治与社会变革的压力》,李玉琪、袁宁译,北京:中央编译出版社1996年版。

第13讲 经济增长与国家治理的政治学

在自由主义的基本原则中没有什么东西能使它成为一个静止的教条,也不存在一成不变的一劳永逸的原则。在安排我们的事务时,应该尽可能多地运用自发的社会力量,而尽可能少地借助于强制,这个基本原则能够做千变万化的应用。

——弗里德里希·奥古斯特·冯·哈耶克

我们如何能防止我们建立的政府成为一个无法控制的怪物——它会破坏自由而我们建立政府的本来目的是保护自由?……为了保护我们的自由,政府是必要的,通过政府这一工具我们可以践行自由;然而,由于权力集中在当权者手中,它也是自由的威胁。

——米尔顿·弗里德曼

当存在激励因素促使人们去攫取而不是创造,也就是从掠夺中而不是从生产或者互为有利的行为中获得更多收益的时候,那么社会就会陷入低谷。

——曼瑟·奥尔森

既然政治和政治过程最终是在交易范式中加以构造,那么简单的和直接的观察就可以使人们联想到,政治家和官僚是内在组成部分。这些人的行为同经济学家研究的其他人的行为(意指经济人的行为)没有任何不同。

——詹姆斯·布坎南

13.1 蛋糕政治定律[①]

大家经常用"做蛋糕"和"切蛋糕"来比喻一国经济活动中的生产和分配。"做大蛋糕"意味着经济增长和总量扩张,"切好蛋糕"意味着合理分配和规则公平。基于对人性的认知,经济学家普遍认为,只有切好蛋糕才能做大蛋糕。切好蛋糕是塑造正确的激励结构,鼓励那些扩大生产、改进效率和推动创新的经济行为,奖励那些对经济增长做出贡献的个人与组织。这样,人们才有动力去做大蛋糕,并使整个社会受益。所以,做大蛋糕很大程度上是切好蛋糕的经济结果。上面这段话,可以被理解为最简明的"蛋糕经济定律"。

然而,"蛋糕经济定律"所忽略的是政治在"做蛋糕"和"切蛋糕"过程中扮演何种角色?实际上,比经济规则更强硬的是政治规则,经济领域的规则最终可能是政治领域的规则决定的。国家作为一种垄断强制力的机构,完全可能与市场一起——甚至取代市场——成为资源配置的主要机制。所以,恰当地理解国家与"蛋糕"的关系,是打开经济增长黑箱的另一把钥匙。

那么,国家与"蛋糕"是什么关系?回顾人类的政治经济史,可以总结出三条简单的法则:第一,没有国家时的主要规则是抢蛋糕;第二,绝对主义国家的主要规则是分蛋糕;第三,立宪主义国家的主要规则是做蛋糕。本书称之为"蛋糕政治定律"。

第一,没有国家时的主要规则是抢蛋糕。如果没有国家,财产就得不到保护。自己做了蛋糕,但未必能吃到蛋糕。这种情况下,比较"聪明"的人会发现,要想吃到蛋糕,最重要的不是做蛋糕的能力,而是抢蛋糕的能力。所以,获取暴力手段成为生存的关键。这样,训练体能,提高作战技艺,改进武器装备,甚至是建立控制暴力的组织,成为一个人的核心能力。凭借这些,有人可以抢到更多蛋糕。因此,如果没有国家,抢蛋糕是常态,是社会的主要游戏规则。而所谓有能有为,是指一个人拥有抢蛋糕的高超技艺。

从理性角度看,这样的社会没有人会去选择搞生产。当然,实际上会有人搞生产。否则,所有人都活不下去,或者只能依赖于采集食物、捕鱼和狩猎。但是,至少相对比较"强"的人不会选择做蛋糕,他们的主要工作更可能是抢蛋糕。这是一种理性选择。别的人辛辛苦苦做蛋糕,但如果他有一支 AK–47 冲

[①] 本节主要内容曾以《蛋糕政治定律》为题刊载于《东方早报·上海经济评论》2014 年 1 月 21 日。

锋枪,蛋糕就是他的了。这里描述的状态就是英国哲学家霍布斯所说的自然状态,或者说是"人与人的战争状态"。没有国家,人类的生活可能就是如此。这也接近于美国经济学家奥尔森所说的"流寇统治"——"流寇统治"之下,经济增长绝无可能,贫穷、饥饿和随时会到来的死亡成为常态。

第二,绝对主义国家的主要规则是分蛋糕。在这样的国家,分蛋糕的规则很随意,掌握分蛋糕权力的人基本上想怎么分就怎么分。比如,司马迁《史记》中记载的一个事例是,秦始皇公元前221年统一中国后,"徙天下豪富于咸阳十二万户",就是命令全国各地的十二万户贵族和富户举家搬迁到咸阳。如果这段史料是可信的,那么这正好为那句话做了注脚——"普天之下,莫非王土;率土之滨,莫非王臣。"另一个事例是,公元前119年,汉武帝由于征伐匈奴、国库空虚,决定向全国商人和富户征收额外的财产与收入税,史称"算缗"。这实际上接近于政府单方面的财产征收。汉武帝说,我要打匈奴但没有钱怎么办,收点新税吧?我说一个数字或比例,符合条件的就照此上缴。大家知道,这里并没有什么规则可言,国家说怎样就是怎样。后来,为了有效征收算缗,汉武帝还鼓励国民互相揭发,不按规则做的商人或富户就有坐牢甚至灭门的危险。当然,此类事件并非古代中国所独有。诺贝尔经济学奖得主诺思在其著作中提到,欧洲近代绝对主义国家兴起之时,法国亦曾有过类似事例。

在这样的国家,社会精英的理性选择不会是进入做蛋糕的部门,而是进入分蛋糕的部门。只有进入分蛋糕部门的人,才可能真正拥有和控制财富,才可能拥有一些安全感。否则,拥有再多财产,随时都可能处于"人为刀俎,我为鱼肉"的境地。所以,这类国家的一个重要特征是,社会精英和上层社会家庭的子女竞相谋求进入分蛋糕部门。政治权力部门职位一旦出现空缺,就有无数人即使挤破头也要去考试或竞争。与做蛋糕的部门相比,分蛋糕的部门拥有控制利益分配和资源配置的更大权力。分蛋糕的手会随时伸向做蛋糕的部门,这是绝对主义国家的现象。

第三,立宪主义国家的主要规则是做蛋糕。为什么主要规则是做蛋糕呢?因为分蛋糕的规则是由做蛋糕的人一起制定的。在上面讨论的绝对主义国家,分蛋糕的规则是分蛋糕的人自己制定。如果同一批人既决定分蛋糕的规则,又实际负责操刀分蛋糕,结果就乱套了。财产的重新分配和税率的随意更改就会成为常态。但是,在立宪主义国家,财产受到确定无疑的保护,税率的更改需要互相协商和经过复杂的程序。实际上,做蛋糕的人通过一整套复杂的制度和程序控制了分蛋糕的部门,使得后者的权力被限定在有限范围之内,而不能随意裁量和恣意妄为。

在这样的国家,社会精英更愿意进入做蛋糕的部门,而不是分蛋糕的部门。由于分蛋糕部门的权力受到了有效制约,政治权力不再是致富的捷径。相反,进入做蛋糕部门成为渴望致富、雄心勃勃的年轻人的不二法门。这样,大量社会精英选择进入做蛋糕的部门,并受到做大蛋糕的有效激励。立宪主义国家的蛋糕就更容易做大,持久的增长、创新与繁荣成为可能。这里的逻辑也符合诺思的经验研究结论:从13世纪到17世纪英国政治体系的变革和立宪政体的确立,塑造了当时世界上最有效率的产权制度,从而成就了后来的工业革命。

所以,"蛋糕政治定律"可以简明地表述为:"没有国家时的主要规则是抢蛋糕;绝对主义国家的主要规则是分蛋糕;立宪主义国家的主要规则是做蛋糕。"比较三种国家状态,就会发现,没有国家时经济增长几无可能,人类只能在谋求生存和自我防卫的低水平上徘徊。与绝对主义国家相比,立宪主义国家的长期经济前景无疑会更好,因为多数社会精英都选择去努力做蛋糕,成为财富的创造者。相反,绝对主义国家的社会精英们最感兴趣的是如何分蛋糕,成为财富的分配者——甚至是财富的掠夺者。两种类型国家的高下一目了然。奥尔森曾经这样说:"当存在激励因素促使人们去攫取而不是创造,也就是从掠夺中而不是从生产或者互为有利的行为中获得更多收益的时候,那么社会就会陷入低谷。"这是一位经济学家对不同类型国家长期经济绩效的判断。所以,国家与"蛋糕"其实是一个严肃的政治议题。

13.2 作为微观基础的经济人假设

众所周知,经济增长并不只是一个经济学问题,也是一个政治学问题。这一讲的主题是经济增长的政治学,关注的是政治经济学领域。① 政治经济学需要借鉴经济学的分析范式,而经济学通常以人性的基本假设作为分析起点。历史上,关于性本善还是性本恶的争论由来已久,更多人倾向于认为人性是复杂的。但是,如果人性是复杂的,那么如何确定人类行为的分析起点呢?这就会变得很棘手。

经济学的重大贡献在于它提出了人性的基本假设,即经济人假设,并以此作为分析人类行为的起点。很多经济学家认同人性是复杂的,但为了分析方便,先可以假定人是经济人。在主流经济学框架中,经济人假设构成了分析的

---

① 关于政治经济学的概念辨析及研究领域,参见朱天飚:《比较政治经济学》,北京:北京大学出版社2006年版。

微观基础。

那么,什么是经济人假设呢?经济人假设主要包含三层意思。首先,人是自利的(self-interested)。"self-interested"的本义是对自我感兴趣,这是一个中性词,现在通译为"自利的"。这里的"自利"不应该被理解为自私或损人利己。人对自我感兴趣,到底是什么意思呢?比如,午餐时间一到,我首先会感觉自己肚子饿了,不会感觉到上课的同学们肚子饿了。这是一种很天然的感觉,也是一种生物本能——任何人首先都会对自己感兴趣。

其次,人是理性的(rational)。古典经济学倾向于假设人是完全理性的,人做决策时知道所有的相关信息,然后他会据此作出最优选择。但是,完全信息假设后来经常遭到质疑。比如,很多大学生毕业前面临几种不同的选择:去企业工作,去政府部门工作,国内读研,海外读研,可能还有创业。那么,哪种选择最优呢?实际上,没有人拥有完全的信息。后来,美国管理学家赫伯特·西蒙提出人其实是在"有界理性"条件下做决策的。这一观点得到了普遍认可,所以,人的理性更多是指有界理性。

再次,人追求效用最大化(utility maximizing)。既然人是自利的和理性计算的,那么他希望实现何种均衡呢?答案是效用最大化,效用最大化在经济分析中经常被简化为财富最大化或收益最大化。但实际上,经济学定义的效用是主观的。比如,政治家可能追求政治权力最大化,或追求名垂青史;学者可能追求学术贡献最好化,或影响力最大化;而企业家追求的可能是财富最大化。这是他们对效用的不同定义。由于个人偏好不同,不同的人对效用的定义是不一样的。

上面讨论了经济人假设的三层含义,那么经济人假设是否被普遍接受呢?实际上,自经济人假设提出以来,就不断地遭到质疑和挑战。比如,有人提出来社会人、道德人、政治人或宗教人等人性假设。经济学家当然了解这些质疑和挑战,但他们经常这样问:如果不接受经济人假设,还有更好的替代性假设吗?经济人假设尽管并不完美,却是一个较为恰当的分析起点。

13.3 私人部门治理

如果暂且接受经济人假设,那么私人部门治理应该基于何种规则呢?首先,既然人是自利的、理性计算的和追求效用最大的,所以先要明确一条基本规则:每个人的财产都应该得到保护。由人的自利性可以推导出:财产权利构成了人类社会的基本激励结构。如果财产不受保护,这种激励结构就会遭到破坏,社会的基本规则就会乱套。因此,私人部门治理的第一个条件是界定和保护财产权利。如果没有明确的产权规则,就会导致非常严重的社会后果。

其次,由人是理性的可以推导出人应该是自我利益的最好判断者,所以经济自由就非常重要。经济自由至少有两个好处:第一,市场主体可以自主选择,他可以决定做什么和不做什么;第二,不同市场主体之间可以自由竞争,而竞争是效率改善和创新的主要动力。放眼全球,所有发达国家的私人部门都符合这两个条件——即市场主体的自由选择和自由竞争。一个经济体的效率提高、创新出现及财富增长都跟这两个条件有关。

再次,私人部门治理除了需要保护产权和经济自由,还需要什么条件呢?比如,甲和乙签订了一份大额采购合同,甲向乙支付了不菲的定金后,乙说由于原材料涨价不打算给甲供货了,但也不准备退还定金。那么,甲应该怎么办呢?所以,私人部门治理要想有效还需要第三个条件,即契约的强制执行。如果没有一个机构来强制执行契约,市场机制可能会垮掉。此外,有人不想生产和交易,而是想通过欺诈、偷盗乃至抢劫获取财富,这样做可以吗?当然不可以。由此可见,好的市场经济必须是法治经济。如果没有法治,交易环节的造假欺诈、食品药品的安全问题,以及其他经济犯罪活动等就会层出不穷。对私人部门来说,国家的强制力是必需的,法治是市场经济的必要条件。

由此可见,实现私人部门有效治理需要三个基本条件:一是产权的界定和保护,二是交易与经济自由,三是契约的强制执行与法治。没有这些条件,私人部门就难以实现有效治理,也就难以实现持久的经济繁荣。

相反,如果产权得不到有效保护,多数人就会失去工作的动力与激励。曼瑟·奥尔森在《独裁、民主与发展》一文中业已阐明,流寇统治的最大问题是破坏产权制度。一旦破坏了产权制度,也就破坏了整个社会的激励结构。所以,当产权得不到有效保护时,人们的经济行为就发生了变化,整个社会的激励结构就会被破坏掉。

如果没有经济自由,资源就很难实现有效配置。大家每天早餐吃什么?午餐吃什么?晚餐吃什么?大家希望自己选择,还是由某个机构决定每个人每顿吃什么,然后分配给大家?有人说免费分配当然好,但实际上没有什么东西是免费的。某个机构分配食物,不过是改变了资源配置和成本分摊方式。与自己选择吃什么相比,只能吃某个机构分配的食物,显然满意程度会低很多。没有经济自由,资源配置的效率就会很低,人的很多需要通常也无法满足。

问题的另一面是:没有经济自由,就没有市场竞争。人们今天享受的一切美好物质成果,几乎可以说都是竞争的结果。19世纪末,马车本来是优质的交通工具。为什么后来马车消失了？因为有人发明了汽车。汽车刚发明时，其生产方式是定制的，一辆一辆地分别生产，价格也很贵，性能稳定性也比较低。后来，亨利·福特引入了大规模生产流水线，生产效率提高了数十倍。这样，汽车就逐渐成了马车的完美替代物。20世纪10、20年代，福特的T型车已经够好了，既性能稳定，又价格实惠。但是，阿尔弗雷德·斯隆认为还可以生产更好的汽车，他领导通用汽车开发设计出外形更美观、性能更优良的汽车，结果又超越了福特公司。这种市场竞争的结果是，消费者能以更低的价格买到更好的汽车。此外，由于这种竞争，汽车技术也在不断进步。所以，市场竞争的意义是重大的。很多人的生活经验是：凡是满意度比较高的地方，基本上都有比较充分的竞争；凡是满意度低的地方，基本上都是竞争缺乏和管制过度。

假定在一个保护产权和自由竞争的环境里，有人想致富，他应该做什么呢？20世纪80年代初，有一个叫斯蒂文·乔布斯的年轻人想挣钱，他和他的合伙人开发出了世界上第一台个人电脑。这是非常了不起的事情。当他们能以合理的价格为市场提供性能优越的创新产品时，就有了挣大钱的机会。但后来，苹果公司有段时间经营不善，乔布斯甚至被迫离开了苹果公司。随后，他在别的商业项目上再次获得成功后，又设法回到苹果公司。在他回归苹果之后，iPod、iPhone和iPad这一个个神奇的创新产品就在他的手上诞生。乔布斯因癌症离世时，苹果公司已成为世界上最成功的公司，乔布斯也成了21世纪初美国最富有和最伟大的企业家之一。实际上，乔布斯和苹果公司的成就基于他们能比竞争对手提供更好的产品。这一过程也是他们推动产品创新与技术进步的过程。

当然，市场并非总是如此美妙。实际上，市场也有可能带来很糟糕的东西。比如，有人会销售假货，有人会恶意欺诈，有人会破坏环境，有人甚至想巧取豪夺。这些都会带来很严重的问题。所以，如果只有市场而没有政府，市场将失去保存其自身的手段，甚至整个社会都会陷入霍布斯所说的"人与人的战争状态"。因此，国家和政府是必需的，公共部门是必需的，法律和法治是必需的。没有国家与政府，规则良好的市场将不复存在。

基于新古典政治经济学的视角来理解私人部门和市场，20世纪后半叶已经出现很多有趣的著作。比如，哈耶克在《个人主义与经济秩序》和《通往奴役之路》等著作中批评了计划经济模式，认为只有自由市场经济才能既带来效率又带来自由；曼瑟·奥尔森则在《权力与繁荣》中强调了正确的激励结构的重要性，特别是要防止权力蜕化为掠夺之手；道格拉斯·诺思在《经济史上的结构与变革》中认为，宪政规则与产权保护是经济繁荣的前提条件，而只有有效的产权制度安排和市场制度才能带来更好的经济绩效;米尔顿·弗里德曼则在《资本主义与自由》一书中认为,经济自由是政治自由的前提,经济自由也是经济繁荣的前提,限制政府权力是经济自由的基础条件。① 这些杰出的经济学家与政治经济学家以不同方式论证了私人部门或市场部门的有效治理需要遵循何种原则。

13.4 公共部门治理

与私人部门相比,公共部门治理至少同等重要。如果暂且接受经济人假设,那么公共部门的治理应该基于何种规则呢?在现代政治中,公共部门存在着三种主要角色:政治家、官员和选民。政治家和官员被视为公共服务的供应者,而选民被视为公共服务的需求者。按照经济人假设,从政治家、官员(两者可以统称为官员)到选民都被视为经济人,都是自利的、理性计算的和追求效用最大化的。这里隐含的一个假设是:一个人不会因为成为政治家或公务员就变得高尚起来,而过去国内一般认为政治家或公务员更高尚一些,至少经济学家们会认为这是一种错觉。

基于这种微观基础,公共部门治理的基本规则应该是什么呢?很多人都听说过"公地悲剧"。经济学家们假设,只要存在公地,就容易出现公地的悲剧。比如,在一个草原上,如果每个牧场都是私人所有,每个牧场主大概都会考虑:自己牧场的规模有多大,长草量如何,适合饲养多少头牲畜。如果养得过少,牧场就没有充分利用;如果养得过多,牧场就会因为过度放牧而出现退化。所以,这一决策是他经过理性计算做出的。但是,如果众多私人牧场中间还有一大片公共牧场,情况就不是这样了。公共牧场意味着任何私人牧场主都可以在上面自由放牧。这样,每个私人牧场主都会优先在公共牧场放牧,结果是公共牧场的草很快就被吃得干干净净。由于过度放牧,公共牧场很快就会发生退化,第二年的牧草量可能也会减少。这就是"公地悲剧"的一例。再比如,现在太平洋的大型鱼类被捕捞过度了。为什么会这样?人类目前只有国别政府,没有全球政府,而太平洋大部分都是公海。这又是"公地悲剧"的一例。尽管现在有

---

① 相关研究,参见 F.A.冯·哈耶克:《个人主义与经济秩序》,邓正来译,北京:读书·生活·新知三联书店 2003 年版;弗里德里希·奥古斯特·冯·哈耶克:《通往奴役之路(修订版)》,王明毅、冯兴元等译,北京:中国社会科学出版社 2013 年版;曼瑟·奥尔森:《权力与繁荣》,苏长和、嵇飞译,上海:上海人民出版社 2005 年版;道格拉斯·诺思:《经济史上的结构与变革》,厉以平译,北京:商务印书馆 2013 年版;米尔顿·弗里德曼:《资本主义与自由》,张瑞玉译,北京:商务印书馆 2004 年版。

一些国际性的海洋组织和渔业组织在居间协调,但成效并不显著。

那么,如何让公共部门治理更为有效呢?首先,如果政治家和官员都是经济人,公共部门的资源和权力就不应该由少数人控制,而应该由多数人控制。倘若少数人可以决定公共部门的资源和权力,考虑到他们都是经济人,在没有明确规则的约束下,他们都倾向于追求自身利益的最大化,可能置整个政治共同体利益于不顾。要知道,政治家和官员不会天然地服务于公众的利益。一个政治家是否服务于政治共同体的利益,取决于能否设计出一整套官员与公民之间"激励相容"(incentive compability)的制度安排。从人类已有的经验来看,选举就是这样一种制度安排。当多数人掌握选票并能决定少数处于公共政治职位上的人去留时,政治家就不得不考虑多数人的政治偏好与利益诉求。在这种制度安排下,政治家只有为公众服务、追求政治共同体利益的最大化、迎合多数选民的政治偏好,他才有机会赢得选票和职位。如果没有选举制度和投票机制,少数人控制公共部门资源和权力之后,几乎注定不会考虑多数人的利益。所以,公共部门的资源和权力应该控制在多数人手中,基本制度安排应该是让多数人通过政治参与、以投票方式来决定应该由哪些人来掌管公共部门。

其次,如果政治家和官员都是经济人,公共部门的职位是否要有竞争呢?如果说市场竞争对改善经济绩效是有利的,那么政治竞争的好处也是显而易见的。倘若没有政治竞争,某些特定的少数人就会一直执掌政治权力与控制公共资源,他们可能根本不会顾及多数人的利益和诉求。凡是缺乏政治竞争的地方,某些特定的少数人组成的权力集团就会控制政治权力和公共资源,多数人的政治偏好可能会被搁置。在不少国家,至今仍然能看到这种情形。政治竞争还关系到公共政策优化。不同的政治家可以提供不同的、互相竞争的政策方案。多数人可以基于理性判断这些方案的优劣,这样就更有机会得到一个较好的政策方案。当然,政治竞争离不开自由表达与信息传播。所以,言论自由和媒体自由也是公共部门治理有效性的重要方面。

除了上述两条规则,公共部门的有效治理还需要何种条件呢?众所周知,任何社会都存在贫富分化,所有社会都是富人相对较少而穷人相对较多。这样,如果有选举竞争,不排除有人会提出重新分配财产的政治纲领。比如,有候选人提出这样的政策主张:对最富有的10%的人征收高额财产税和所得税,然后把这部分收入用于补贴较贫穷的70%选民。由于这位候选人的施政纲领迎合了多数普通选民的利益诉求,他当选的机会还比较大。但是,如果他当选后真的要这样干的话,可能会激起最富有的10%选民的剧烈反抗。这部分人通常是一个社会的精英阶层,他们通常不会认同这一政策方案。他们甚至不惜与同情工商阶层的军人联手,颠覆了这个对他们意味着重大财产风险的民选政体。实际上,这是很多发展中国家历史上曾经发生过的事情。当穷人要求重新分配财产时,富人不惜以发动军事政变来应对。

上面的问题就涉及民主决策的范围和边界。现代政治的一项常识是:即便是民主决策,亦须限定其范围和边界。换句话说,不管你拥有多少比例的选民支持,有些事情是民主决策所不能做的,这样才能保证公共部门治理的有效性。实际上,这就涉及立宪政治或宪政原则。在这个问题上,宪政原则意味着,民主决策的范围和边界不能无限扩展,有些基本规则是民主决策亦不能逾越的。在现代民主政体下,宪政有两个重要功能:一方面,宪政是对政治权力和政府的一种约束;另一方面,宪政是对民主本身的一种约束。所以,立宪主义或宪政原则也是公共部门实现有效治理的必要条件。

总之,公共部门治理的有效性取决于三条基本规则:一是多数人通过政治参与和投票控制公共部门的权力和资源;二是建立政治竞争的规则和机制;三是要确立政治权力与民主决策的范围与边界,亦即实施宪政原则。凡是公共治理有效的国家,几乎都践行着上述三条基本规则。

从政治经济学视角理解公共部门治理,20 世纪后半叶以来产生了不少经典的文献。前面已经提到,安东尼·唐斯是这一领域的开创者之一,他在《民主的经济理论》中把所有政治参与者都视为经济人,把政治视为一个交易过程。在政治市场上,政治家和政党通过提供不同的公共政策来竞争选民的选票,而选民通过投出选票来决定购买什么样的公共政策,由此形成一种政治市场的均衡。① 詹姆斯·布坎南亦借鉴这种理论视角,系统地发展了在政治学研究中产生重大影响的公共选择理论,并因此而获得诺贝尔经济学奖。② 总之,政治经济学为理解公共部门治理和政府行为提供了新的理论视角。

13.5 激励结构与经济增长

从蛋糕政治定律到私人与公共部门治理,都跟经济增长的政治条件有关。在美国经济学家、诺贝尔经济学奖得主罗伯特·卢卡斯看来,经济学最重要的问题就是"为什么有的国家富而有的国家穷"?这个问题试图探究的是经济增长的一般原因。

---

① 安东尼·唐斯:《民主的经济理论》,姚洋等译,上海:上海人民出版社 2005 年版。
② 关于公共选择理论,参见丹尼斯·C. 勒纳:《公共选择理论(第三版)》,韩旭、杨春学等译,北京:中国社会科学出版社 2010 年版。

农业社会的一项重要见解是："土地是财富之父,劳动是财富之母。"这一古老的经济增长理论认为,决定增长的主要是两个变量:土地和劳动。后来,随着工商业的兴起,资本的因素变得越来越重要。资本积累和储蓄被视为经济增长的主要源头。著名的哈罗德－多玛模型主张的就是这种理论:经济增长率取决于资本积累率。罗斯托也认为,经济起飞需要以一定的资本积累为前提。工业革命之后,土地不再被视为唯一重要的资源,煤矿、油田和金属矿产资源的重要性日益提高。这样,资源也被视为经济增长的重要原因。当然,相反的理论也存在,著名的资源诅咒(resource curse)理论即主张丰富的资源储量长期当中反而不利于经济增长。到了20世纪70年代,西奥多·W.舒尔茨在研究农业经济时发现,在资本投入不增加的情况下,农业生产率得到了有效的提高,于是他提出了一个新概念:人力资本,并把人力资本增加视为解释经济增长的主要变量。后来,以罗伯特·索洛为代表的学者通过对美国战后经济增长研究发现,技术和技术进步才是经济增长的源泉。由此,技术创新经济学成为解释经济增长一个重要流派。此外,很多人还听过一个著名观点,即强调文化因素对经济增长的重要性。马克斯·韦伯认为,对西欧和北美来说,新教伦理成为推动这些地区的经济增长和资本主义兴起的重要因素。强调文化因素的流派中后来又加入了社会资本的理论。从詹姆斯 S.科尔曼到弗朗西斯·福山,无不强调社会资本对经济领域的生产性作用。新制度主义经济学则更重视制度在经济增长扮演的角色。道格拉斯·诺思把英国宪政革命视为工业革命的前提,因为宪政革命确立了稳定的产权规则。这一流派一般认为,有效的制度可以降低交易成本,从而有利于经济增长。循着新制度主义经济学的基本思路,北京大学傅军教授提出了解释经济增长的 BMW 模型,即财富(Wealth)增长取决于市场制度(Market)与官僚制度(Bureaucracy)。①

那么,如何从政治经济学的视角去理解经济增长呢?这里可以再提供一个新的视角。一个国家的经济总量等于该国的人均产出与人口的乘积。在人口既定的条件下,一个国家的经济增长取决于每个人人均产出的增长。实际上,人均产出是真正衡量经济发展水平的标准。从政治经济学视角来看,每个人都身处一定的激励结构之中。正是激励结构决定了一个人行为的激励与约束机制。如果激励结构鼓励一个人提高产出,他大概倾向于提高产出;如果激励结构不鼓励提高产出,他大概不会去努力提高产出。

---

① 关于经济增长理论的一般介绍,参见菲利普·阿英格、彼得·豪伊特:《增长经济学》,杨斌译,北京:中国人民大学出版社2011年版。关于傅军教授的研究,参见傅军:《国富之道》,北京:北京大学出版社2014年版。

比如，有两位智力、素质和能力相当的同学大学毕业后进入两家机构工作，甲同学进入 A 机构工作，乙同学进入 B 机构工作。甲同学待了三个月后发现，在该机构，所有重要事情都是机构一把手说了算，他每个季度都会调整管理层与员工的职位及薪水。甲同学的进一步观察发现，这位机构老大主要根据自己的主观印象和个人喜好来调整管理层与员工的职位及薪水。换句话说，只要他对谁印象好，谁就会在这个机构里得到更多的机会和资源。这样，如果甲同学足够"理性"，他会怎么做？他会把主要精力用于讨好这位老大。对甲同学来说，只要他不辞职，A 机构的这种正式制度和非正式制度就构成了他的激励结构。相反，乙同学到 B 机构工作三个月后发现，这个机构的一把手尽管脾气不算很好，但是这位老大有一个明确的规则：只要谁的销量大，谁的职位及薪水就会往上走。如果你销售业绩表现突出，他就会不断地提拔你和给你加薪。至于其他方面的表现，则在其次。这样，如果乙同学足够"聪明"，他会怎么做？他会拼命去做销售，拿最好的销售业绩出来。

不同的激励结构一旦确立以后，久而久之还会塑造整个机构的文化。上面的 A 机构会形成何种文化呢？大家都努力讨好上头的人，上下级慢慢也会变成这样一种关系。B 机构会形成什么文化呢？很清楚，应该是一种讲求绩效的文化，大家都努力工作和拿业绩说话。有人认为组织文化很重要，但这个案例说明组织文化很有可能由激励结构塑造的。如果碰巧这两个公司从事的是相同行业，有一天两家公司开始竞争，估计谁更有可能胜出呢？显然，A 公司是无法与 B 公司竞争的，因为 A 公司的激励结构就决定它不是一家有竞争力的公司。两者比较，也可以看出激励结构对一个组织兴衰的重要性。

还可以继续问：如果一个组织要追求更好的绩效，应该给组织成员设定何种激励结构呢？不难发现，一种有效激励结构的关键特征是：当组织成员为组织创造更高绩效时，该成员本身也可以从这种高绩效行为中获得应有的回报。用效用函数来表示：

$$Ui = F(Pi)$$

其中 U 是效用（utility），P 是绩效（performance），Ui 是员工 i 的效用函数，Pi 是员工 i 为组织创造的绩效，两者应该是正相关关系。既然员工是经济人，当他为组织创造更多绩效时，他自己的效用也会增加，这样的激励结构就是有效的。所以，这应该是一种激励相容的结构，即员工效用函数与组织绩效函数正相关。对整个社会来说，各个企业、政府机构和其他组织中能否建立起一套有效的激励结构，直接决定了这个社会是否会有较高的绩效。基于这个视角，一个国家经济增长的关键在于能否普遍建立起有效的激励结构。这种激励结构的核心是个人与组织之间的激励相容。

这里以企业家、医生和政府官员三种职业为例,进一步说明激励结构的重要性。① 首先来看企业家。有的经济学家把企业家视为一种高级的经济动物,比如法国经济学家萨伊和美国经济学家熊彼特都认为,企业家能够发掘市场机会,通过创新来推动经济增长。萨伊认为,企业家能够把资源从产出低的地方转移到产出高的地方。熊彼特认为,经济发展的关键在于创新,创新的关键在于企业家和企业家精神。但是,美国经济学家卡尔·刘易斯认为,企业家并非天生就是创新的推动者,而且创新本身的风险就很大。企业家的主要动力在于牟利,当创新能够牟利时他就努力创新;当不创新也能牟利时,他就会通过很多与创新无关的方法来牟利。如果不借助创新就能牟利的机会很多,企业家就不会成为创新的推动者。②

如果是一个政府干预很少的市场中,市场本身就处在不断寻找均衡的过程中,这样的话,企业家不创新就很难牟利。比如,以手机市场为例,在苹果公司进入手机市场之前,诺基亚、摩托罗拉和三星三家公司生产的手机是很受欢迎的,消费者总体的满意度也比较高。这种条件下,苹果公司如何能赢得消费者呢?答案只有一个:创新,就是要生产顾客价值更高的手机。苹果公司发明新一代智能手机 iPhone 以后,他们才在手机市场获得巨大的成功。同时,消费者的满意度提高了,手机技术进步了,新的 GDP 被创造出来了,政府税收也增加了。总之,在市场化程度很高的经济体系中,一个企业家要想获得成功,他必须要为社会提供更好的产品或服务。如果只有通过创新才能牟利,企业家就不得不去创新。这种制度条件才使得企业家成了一种具有创新精神的经济动物。

但是,企业家的基本激励并非创新本身,而是牟利。某些条件下,不创新也能成功地牟利。比如,通过占有资源、获得牌照、与政府合作等等——一句话,企业家通过与政治权力的结合或参与寻租活动——就能获取丰厚利润时,他们根本没有动力去从事创新。判断一个国家的企业家是如何致富的,最简单的办法是观察该国的富豪排行榜。对一个经济真正繁荣的国家来说,哪里会产生更多富豪呢?往往是创新部门。对一个经济结构扭曲的国家,哪里会产生更多富豪呢?往往是垄断部门、资源部门和寻租部门。对后者来说,社会中被视为最有经济天赋和创造力的那部分人从事的往往是跟创新关系不大的活动,这样的

---

① 这里的部分文字参见包刚升:《激励结构与国家治理》,《东方早报·上海经济评论》2013 年 1 月 8 日。

② 阿瑟·刘易斯:《经济增长理论》,周师铭等译,北京:商务印书馆 2005 年版,第 20—62 页。

国家要产生高质量的经济增长和实质性的技术进步就非常难。

对企业家而言,好的激励结构应该是:如果他想成为成功的企业家,他必须为消费者提供更好的产品或服务。在这个过程中,他给社会的直接贡献是创造了更高的顾客价值和满意度,社会拥有了性能更优、成本更低和价值更高的产品或服务;间接贡献是他同时在不断地发展新技术和提升管理,推动一个国家的技术进步、效率提升和管理优化。但是,如果一个企业家不需要通过提供更好的产品或服务、不需要通过技术创新和改进管理、不需要通过提高顾客价值和满意度,就能获得财务上的巨大收益和事业上的"成功",那么这就是一种坏的激励结构。在这种激励结构下,一个国家也会形成一个富人阶层,但这样的社会无法实现真正的繁荣。富人阶层不仅更难获得其他阶层心悦诚服的尊重,而且往往为其他人树立了"坏榜样"。总之,企业家的激励结构决定了他们的所作所为,而这种所作所为会影响乃至决定整个国家的经济绩效。

再来看医生。医生,大概是目前中国非常敏感的一个职业。这些年关于医生、医院和医患关系的新闻也非常多。一些医生感觉目前的处境比较尴尬,而社会也给医生两方面的不同评价。一方面,很多人认为医生普遍接受过良好教育,从事医治病患、救死扶伤的工作,是一份体面的工作;另一方面,不少人认为一些医生没有尽到自己的责任,收受红包回扣,做了很多不应做的事情。如果我们看到一个医生的行为出现问题,可以说是个别医生的问题,但如果整个社会中从事同一种职业的人有一定比例出现问题,这就意味着整个行业的激励结构出了问题。

那么,如果我们从头给医生设计一种激励结构,应该设计一种什么样的激励结构呢?对医生来说,一个好的激励结构应该是:如果他想获取自己的回报,成为一个成功而富有的医生,那么他应当成功地治疗或治愈更多的患者。在这个过程中,他给社会的直接益处是提供了有效的医疗服务——使更多患者受益,帮助他们改善健康和延长生命;间接益处是他发展和提高了医疗技术,并塑造了职业医生的形象和正直医生的人格。但是,倘若一个医生这样做并不能获得合理的回报,而一个并不诚实的医生却获得了更多回报——比如,通过选用更劣质或更昂贵的药物、增加不必要的检查和治疗、甚至人为延长治疗周期和次数,等等,那么这样的激励结构就有问题。如果医生的收益和这些关系不大,主要取决于他卖出了多少药品,那你会发现整个激励机制就扭曲了。在这种激励结构下,会有更多的医生违背作为一个医生本来应该服务的目的。这样,患者有时就无法得到有效医治,药物和医疗技术也难以有效进步,医生作为一种职业也无法赢得患者与社会的真正尊敬。

医生作为经济人,社会应该给他们塑造一种有效的激励结构:只要他努力去做一个优秀的医生,去救死扶伤和精研医术,他就能获得良好的回报。如果医疗或医患关系出现了较大问题,首先需要检讨的是医生和医院背后的整个激励结构。现在的激励结构,不仅对医生是不利的,而且对患者变成了一件风险巨大的事情。总之,整个社会都没有好处,每个人都处在这样的风险里面。

最后再来看政治家与政府官员。对政治家或者官员而言,给他们建立一种什么样的激励结构才会对整个社会有利呢?最近看到一个新闻,美国总统奥巴马到美国某个州"视察",但是该州州长并没有时间陪同奥巴马。为什么州长可以不陪同总统?道理很简单,美国的州长能不能做州长,不取决于总统满意不满意,取决于本州的选民满意不满意。所以,一个珍惜时间的州长首先会把时间花在他认为能够更好地履行州长职责、能够让本州选民更满意的事务上。如果换一种制度,比如由总统来任命州长,那估计州长会鞍前马后地全程陪同到访本州的总统先生。由此可见,激励结构不同,州长的政治行为就会不同。

对政治家或政府官员而言,一个有效的激励结构应该是:如果他想赢得更高的职位、更大的政治权力和傲人的职业成就,他必须真正服务于公众利益,为社会提供更好的公共服务。比如,衡量食品药品监管部门官员的标准应该是,该国公民是否享受到更有效的药品和更安全的食品?衡量教育部门官员的标准应该是,该国的教育质量是否得到不断提升及是否培养出越来越多的杰出人才?衡量工商管理部门官员的标准应该是,该国公民创办经营企业是否更便捷、市场交易规则是否得到尊重?衡量整个政府官员的标准应该是,该国公民是否以较低的成本享受到了高质量的公共产品与服务?当这些绩效成为相应官员的激励标准,能够决定他们的去留和升降,这才是一个有效的官员激励结构。

但是,如果一个政府官员无须为社会公共服务贡献真正的价值,他就能获得可观的回报——比如,他只要通过搞好跟上级的关系以及做好一些表面文章,就能获得晋升,或者他只要通过与工商业主的共谋与交易,就能获得巨额的财务收益且风险较低——那么这就是一种坏的激励结构。如果这种激励结构成为普遍的游戏规则,政治与行政的公共性就会沦为一个冠冕堂皇的口号。

当然,不只是医生、企业家和政府官员身处于特定的激励结构之中,职业经理、工程师、科学家、学者、中小学教师、建筑工人、清洁工等各行各业的从业者莫不如此。如果总体上说人是理性的话,那么正是他所面对的激励结构塑造着他的行为——好的激励结构塑造好的行为,坏的激励结构塑造坏的行为。这种各行各业从业者的行为加总,就是我们所看到的整个社会的生态。当盼望一个更好的社会时,我们盼望的其实是更好的官员、更好的企业家、更好的医生、更好的教师和更好的清洁工,而他们都是更好的激励结构的产物。

如果要从激励结构角度回答如何实现一个国家有效治理的问题,其实现有的经济学和政治学理论已经揭示了一条最简单的规则:一个国家要实现有效治理和经济增长,就需要在两个领域——私人部门和公共部门——塑造好的激励结构。私人部门的激励规则应该是:只有那些为他们的顾客、用户、委托人或社会创造真正价值的人,才能获得自身的回报与成功。而公共部门需要类似的激励规则:只有那些为大众与社会提供有效公共产品和服务的人,才能获得自身的回报与成功。从制度技术的层面说,有效治理国家不过是要把这个简单规则在法律、制度和程序上落到实处。如何让一个医生成为更好的医生?如何让一个企业家成为更好的企业家?如何让一个官员成为更好的官员?最直接的做法是改变他们面对的激励结构,这样才能实现有效治理和持久繁荣。

以人类现有的知识来说,善治与繁荣并无多少秘密可言。只需观察这个社会中的多数人是否处在正确的激励结构当中。一个简单标准是,各行各业的人们是否处在这样的激励结构中——他们在寻求自我利益的过程中,是否必须在很大程度上促进他人的利益以及整个社会的利益?如果符合这一标准,就是一个好的激励结构;不符合这一标准,就是一个坏的激励结构。

实际上,曼瑟·奥尔森和德隆·阿西莫格鲁等人已在他们的著作中阐明了激励结构的重要性。比如,曼瑟·奥尔森认为,当一个国家的激励结构出现问题时,其长期经济绩效就不会太好。他说:

> ……当存在清晰的激励生产的措施时,通过专业化和贸易的社会合作,社会更有可能获得繁荣的增长。如果一个社会要获得可能的更高的收入,那么激励措施必须是清晰的、明确的,同时还必须促使经济生活中的个人和公司在一种社会最有效的途径中互动。
>
> ……当存在激励因素促使人们去攫取而不是创造,也就是从掠夺中而不是从生产或者互为有利的行为中获得更多收益的时候,那么社会就会陷入低谷。①

德隆·阿西莫格鲁及其合作者在《国家为什么会失败》中也论证了激励结构对于一国经济增长的重要性。他们认为,正是一个国家的政治制度和经济制度决定了这个国家的经济绩效。他们把不同类型的政治经济模式分为两种:一

---

① 曼瑟·奥尔森:《权力与繁荣》,第1页。

种是攫取性的(extractive),一种是包容性的(inclusive)。在攫取性政治经济制度下,一部分人扮演着掠夺者的角色,从而破坏了一个社会较为合理的激励结构,长期当中就无法实现经济增长和繁荣。①

13.6 腐败的政治经济学

腐败是很多国家的政治问题,分析腐败问题也可以借鉴政治经济学的视角。大家经常在媒体上见识各种各样的腐败案件,中国最近两年落马的省部级以上官员之多,确属罕见,这在很大程度上反映出最高层的反腐力度在增加。这里的问题是:在纷繁复杂的腐败现象背后,有一个一致的逻辑吗?腐败的案例不胜枚举,理解腐败的关键是要理解腐败的基本逻辑。②

如何定义腐败?腐败的最简单定义是钱权交易。更一般地说,腐败是一种用公共权力谋取私人利益的行为。腐败最常见的当然是权钱交易,但从已经披露的案件来看,权色交易也很常见。腐败可能还包括形形色色的与公共权力有关的交易活动。

由于政府官员也是经济人,他随时都存在谋取合法的或非法的私人利益的冲动。尽管如此,腐败的出现仍然需要特定的条件。第一,政治权力应该包含了大量的资源。只有当政治权力掌握相当资源时,权力才有可能被拿来做交易。比如,有的官员职位也很高,但这个职位并没有掌握什么重要资源,这种权力就很难拿去做权钱交易。但如果某个职位的政治权力中包含了大量资源——即便其职位不是很高——它就有可能被拿去做交易。这还可以推导出,政治权力包含的资源越多,腐败的可能性越大,腐败规模可能越大。第二,即便政治权力包含着很多资源,但如果行使政治权力的过程时时有人监督,权力行使过程是完全透明的,这个职位上的人还敢或还能腐败吗?腐败的可能性就小了很多。所以,权力制衡机制也同样重要。

基于上述简要分析,这里提出一种关于腐败的简单理论,用如下公式来表示:③

$$C = F(Pr, C\&B)$$

---

① Daron Acemoglu and James A. Robinson, *Why Nations Fail: The Origins of Power, Prosperity, and Poverty*, London: Profile Books, 2012.

② 关于腐败研究,参见苏珊·罗斯·艾克曼:《腐败与政府》,王江、程文浩译,北京:新华出版社2000年版。

③ 这里关于腐败的理论思考,得益于与北京大学傅军教授讨论的启发。

C 表示腐败 corruption，Pr 表示权力控制的资源（power-resource），C&B 表示分权制衡（checks and balances），F 表示函数关系。上述函数代表的理论假说是：腐败程度取决于权力控制的资源多少和分权制衡程度。更具体地说，权力控制的资源越多，分权制衡程度越低，则越腐败；权力控制的资源越少，分权制衡程度越高，则越不腐败。根据上述理论，可以总结出一个关于腐败的四象限表格，如表 13.1。

表 13.1　权力资源、分权制衡与腐败

		权力控制的资源	
		多	少
分权制衡	低	高度腐败	中度腐败
	高	中度腐败	低度腐败

在表 13.1 中，如果政治权力控制资源很多，分权制衡机制很低，就会导致最严重的腐败；如果政治权力控制资源很少，分权制衡机制很高，腐败将会减少到最低程度；此外，政治权力控制资源多但分权制衡机制很高，或政治权力控制资源很少但分权制衡机制很低的两种类型，腐败程度处于中间状态。当然，这里仅限于逻辑分析，还没有到经验世界中去检验。最后一讲会涉及如何检验这一理论假说。

如果上述理论假说得以证实，应该如何反腐败呢？理论一旦有了，政策就是一个自然的结果。从腐败函数公式来看，反腐败主要有两种策略：第一，要降低政治权力控制的资源数量；第二，要强化政治权力的分权制衡机制。这才是反腐败的有效方式。

当然，具体政策和措施可以有很多。比如，从政治权力控制资源数量的角度来说，国有企业比例越高，行政审批越多，市场管制越多，政府控制土地、矿产与能源资源越多，甚至政府控制教育指标和户口指标越多，总体上该国就会越腐败。如果要真正反腐败，就需要在这些方面降低政治权力控制资源的数量和比例。

反腐败的另一个维度是分权制衡。那么，这是否意味着越民主，腐败程度就越低呢？应该说，分权制衡并不必然意味着民主政体。但是，在现代世界，民主政体与分权制衡的制度安排是密切相关的。所以，这里的分权制衡，第一层含义可以理解为通过民主方法让选民监督政治权力和政府官员。这是一个最根本的办法。除了民主方法，分权制衡的第二个主要机制是政府内部不同权力之间的分立与制衡。无论是两权、三权还是五权，政府体系内部需要权力制衡的机制。此外,分权制衡还可以借助新闻媒体和公众舆论等途径。如果一个地方的媒体自由度很高,公民言论自由度很大,政府官员就越不可能腐败。借助这一理论框架,反腐败的政策建议是一目了然的。

有人说,如果不这样做,能否有效反腐败呢?短期中当然是有可能的,比如揪出几个贪腐高官,会起到一定的震慑作用。但长期中,只有降低政治权力控制的资源和强化分权制衡机制两种办法,其他的反腐败措施很可能是治标不治本。

【推荐阅读书目】

曼瑟·奥尔森:《权力与繁荣》,苏长和、嵇飞译,上海:上海人民出版社2005年版。

丹尼尔·耶金、约瑟夫·斯坦尼斯罗:《制高点:重建现代世界的政府与市场之争》,段宏等译,北京:外文出版社2000年版。

丹尼斯·C. 勒纳:《公共选择理论(第三版)》,韩旭、杨春学等译,北京:中国社会科学出版社2010年版。

朱天飚:《比较政治经济学》,北京:北京大学出版社2006年版。

第 14 讲 如何做政治科学研究？

我建议应当把理论系统的可反驳性或可证伪性作为分界标准。按照我仍然坚持的这个观点，一个系统只有作出可能与观察相冲突的论断，才可以看作是科学的；实际上通过设法造成这样的冲突，也即通过设法驳倒它，一个系统才受到检验。

——卡尔·波普尔

范式是一个成熟的科学共同体在某段时间内所接纳的研究方法、问题领域和解题标准的源头活水。因此，接受新范式，常常需要重新定义相应的科学。……以前不存在的或认为无足轻重的问题，随着新范式的出现，可能会成为能导致重大科学成就的基本问题。当问题改变后，分辨科学答案、形而上学臆测、文字游戏或数字游戏的标准经常也会改变。

——托马斯·库恩

大体而言，一个论点必须有逻辑和实证两方面的支持：必须言之成理，必须符合人们对世界的观察。

——艾尔·巴比

我们要警惕那些以一副真正的自然或社会科学面目出现的伪科学。公众始终受着通过电视、杂志、电影、报纸、专门研讨班或工作单位以及类似方式传播的种种伪科学的蒙蔽。

——劳伦斯·纽曼

第 14 讲 如何做政治科学研究？

14.1 你凭什么相信？

前面每一讲都跟政治学领域的某种专门知识有关。这一讲要介绍的是"如何获取知识的知识"，即政治学的研究方法问题。我们先从一个问题切入：你凭什么相信？大家每天听到看到各种不同的观点。比如，在课堂上听到很多老师的不同观点，在媒体上知道很多知识分子与公众人物的不同观点，在很多专著上了解思想家与学者的不同观点。然而，其中很多观点是互相冲突的。那么，你更相信哪些观点？你又凭什么相信？

这个问题涉及社会科学方法，这也是本讲的主题。这里有另一个小岛的故事。①

在18、19世纪，有一个离大陆数百公里的小岛上经常发生疫情。这个岛上居住着一个土著部落，每到冬天时，很多人就会生病，少数人病情严重、甚至会病死。到了春天，这种疫情又会慢慢消失。这样，疫情每年终而复始，岛民们百思不得其解：为什么岛上每年都在特定时候出现疫情呢？后来，有人发现，每当冬季到来的时候，经常有一些来自大陆的在海上迷路的船只在他们的码头停留——可以想象，当年的导航系统和动力系统都不像今天这样好。这些迷路的船只通常还会上岛交换一些生活和航海必需品，比如淡水、食物和燃料等等。后来，就有人猜测，是不是大陆船员通过这种方式把疾病传给他们，从而导致了岛上的疫情？当时，医学不如现在发达，岛上居民还不知道细菌或病毒这些概念，他们只是猜测大陆船员身上可能有某种不洁净的东西，正是船员们引起了岛上的疫情。这种说法流传开以后，小岛的居民们开始对那些迷失航向的船只感到恐惧，开始排斥来自大陆的船员。这也造成了小岛居民与大陆船员之间的紧张关系。尽管如此，疫情到了每年冬天还是照样爆发。

后来，到了20世纪有生物学家去研究：为什么这个岛上到了每年特定时间就会出现疫情？经过系统的调查研究后，他们发现，每当冬季到来，岛上的风向就变了。其他季节，小岛上的风是从更远的大洋深处刮来的；而到了冬季，风是从临近的大陆刮来的，风力还比较大。从大陆方向刮来的大风导致了两个结果：一是大陆上的空气携

---

① 这是作者过去读到过的一则案例，但写作过程中已无法找到原始出处，作者凭记忆做了改编。

带的病菌随风到了小岛上,加上小岛土著居民缺乏对大陆病菌的抵抗力——正如贾雷德·戴蒙德在《钢铁、病菌与枪炮》中所讨论的,从而引发了小岛疫情;二是风向的改变使得那些在海上迷失航向的船只更有可能顺风漂流到小岛上。20世纪生物学家们的研究表明,并不是大陆船员把病菌带到了岛上,而是大风把大陆病菌带到了岛上。

这尽管是一个医学和疾病研究的案例,但完全可以用社会科学语言来分析。这个案例涉及三个变量关系:一是小岛的疫情(epidemic,简称 E),二是迷失航向后在小岛停留的大陆船只(boats,简称 B),三是季节变化导致的风向改变(wind,简称 W)。最初岛上居民认为,停留在小岛的大陆船只(B)以及船员身上携带的病菌导致了小岛的疫情(E),B 是因,E 是果。而 20 世纪的研究表明,E 和 B 的出现,有一个共同的原因——风向改变 W。风向改变(W)同时导致两个结果:一方面风把大陆细菌携带到了岛上;另一方面是迷失航向的船只更容易漂流到这个小岛上。

过去,小岛居民发现了疫情(E)和大陆船只(B)之间的相关性,这种相关性被误以为是因果关系。但实际上,相关性并不等于因果关系。后来的研究证明,这两个因素只是恰好同时出现而已,它们背后有一个共同的原因,就是风向改变。这样,这项研究才找到了真正的因果关系,参见图 14.1。从这个案例看出,在科学研究中,相关性与因果关系不是一回事。

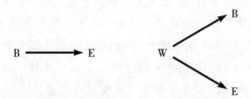

图 14.1 小岛疫情的相关性与因果关系

14.2 新闻报道中的事实与观点

很多人每天都要看新闻节目。新闻报道通常由两部分构成:一是事实,二是观点。新闻报道通常以事实为主,但记者或主持人最后往往还会陈述自己的观点。既然新闻需要报道事实,那么到底什么是事实呢?在每天的生活中,你观察到事实了吗?你到底是在观察事实,还是在想象事实?比如,如果给人装上鹰的眼睛与视觉系统,让人站在摩天大楼的楼顶,若天气和空气质量尚好,一个人应该能看清几公里以外的东西,而且整个世界的颜色不再是人平时看到的样子。这个小例子告诉我们:到底什么是事实,其实不那么容易回答。很多时候我们感知的并非事实本身,而是我们对事实的想象。

对于一篇新闻报道来说,存在两个"事实":一个是事实本身,另一个可以称之为陈述的事实。普通读者读到的新闻报道不过是记者陈述的事实。比如,某重大突发事件之后,相关机构召开新闻发布会,各路新闻记者到达现场。新闻发布会结束后,不同的记者发回去的新闻报道差异很大,不仅各人报道的重点不一致,而且一些重要信息上甚至存在互相矛盾之处。所以,很多时候,新闻报道的内容并不是那么可靠。如果新闻报道尚且如此,社会科学学者做研究时真的能基于事实吗?如同新闻报道一样,这个世界上被陈述出来的事实,往往并非事实本身,而是陈述者对于事实的想象。事实应该是唯一的,但对事实的陈述却是五花八门。这对从事经验研究的学者无疑是一个巨大的挑战。

很多新闻报道还会同时配发评论。新闻报道的常见模式是:一个重大新闻事件讲完后,各种各样的问题都冒出来了,很多记者或主持人在评论部分经常会说:"希望有关部门出来管一管。"比如,某地出现了一起食品安全事故,记者深入现场采访,写了一篇两千字的报道,最后两三百字往往是事件的评论。评论说,目前食品安全形势非常严峻,有关部门工作没有到位,应该加强食品安全立法与监管,严格食品企业的准入门槛,强化食品安全生产许可证的颁发流程,等等。总之,食品安全有问题,"希望有关部门出来管一管"。

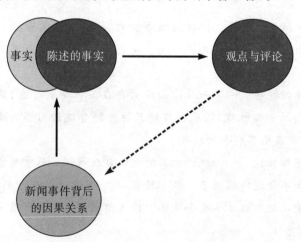

图 14.2 新闻报道中的事实与观点

但是,比较较真的人看完新闻报道后开始提问:"你提出的思路与政策建议真的能奏效吗?"甚至有人提出相反的观点:目前食品安全问题严重,恰恰是食品行业管制过度与市场自由度不足导致的。政府只要做少量必要的监管并严格执行已有法律,放松食品行业的管制并鼓励食品企业自由竞争,食品安全问题就能得到改善。这里,大家听到了两种不同的观点。

面对同样的新闻,假如有人表述了相反的观点。那么,一名记者会有信心说自己的观点更合理吗?实际上,当记者报道一个新闻并陈述一个观点时,背后还有一个东西他没有明确地说出来。那就是导致问题的原因是什么?这个重大新闻事件背后的因果关系是什么?上述事例中,要问为什么食品安全问题如此严重?这一问题背后的因果关系是什么?只有基于对新闻背后因果关系的分析,新闻评论中的观点才会更有说服力,参见图14.2。而这又跟社会科学方法论有关。

14.3 社会科学研究的常见谬误

美国社会学家艾尔·巴比在《社会研究方法》中认为,社会科学研究会产生几种常见的谬误,特别是:

> 不确切的观察。……譬如,你们第一次见到方法论老师时,他穿的鞋是什么颜色?如果你们靠猜测,就表示我们的日常观察都很随意而且漫不经心。这就是为什么大多数的日常观察不同于实际情形的原因。
>
> 过度概化。当我们探讨周围事物的模式时,通常会把一些类似的事件当做某种普遍模式的证据。也就是说,我们在有限观察的基础上,作了过度的概括。
>
> 选择性观察。……一旦你们认为存在某种特别形态,且获得了对该形态的一般性理解,就很可能只注意符合这种形态的事物或现象,而忽视其他不符合的状况。
>
> 非逻辑推理。……统计学家所说的赌徒谬误是日常生活中常见的又一个不合逻辑的例子。风水轮流转,一晚上手气不好的赌徒,总认为再过几把之后幸运就会降临。很多赌徒舍不得离开赌桌的原因就在于此。①

在上述谬误类型中,选择性观察或选择性偏差是一个最为常见的现象。这

---

① 艾尔·巴比:《社会研究方法(第十一版)》,邱泽奇译,北京:华夏出版社2009年版,第8—9页。

里再试举两例。一个例子是,一些国外学者首次访问中国前后,对中国的印象往往截然不同。比如,位于上海的某著名大学要召开一次高端国际学术研讨会,会场安排在学校旁边的某国际连锁五星级酒店。其中一位参会者是美国某大学的著名学者。会务组安排他乘坐从美国飞往上海浦东国际机场的航班——由于这位教授是国际顶级学者加上年岁已高,会务组就负担了他头等舱的机票(通常高校不能负担这个费用,大概要基金会赞助的会议才可以)。这位大牌教授坐头等舱坐到浦东机场以后,会务组派一辆中高级商务车去机场接他,安排他入住五星级酒店。第二天,他就在酒店里参加学术会议。会议期间,会务组考虑到很多国外教授首次来上海,就安排大家利用晚上时间观赏外滩和陆家嘴的夜景。会议结束后再把他送到机场,让他坐头等舱回去。

如果一个国外学者首次到中国走的是这样的路线和行程,他可能会惊叹于中国的发展水平!他所到之处,享受的硬件设施都是一流的。比如,浦东国际机场的硬件设施在国际上也是首屈一指的,整个欧洲几乎没有哪个机场的硬件设施比浦东机场更好。他坐中高级商务车过来,一路上都是高等级的高速公路或高架环线,又在五星级酒店下榻和开会——这种跨国连锁的五星级酒店在全球的设施都是一样的。晚上,他参观和游览了上海外滩这一中国城市景观最奢华的地方,丝毫感觉不到这是一个发展中国家的城市夜景!但是,这位美国学者倘若凭这些印象来判断中国的整体发展水平,就陷入了"选择性偏差"的误区。实际上,上海、北京和深圳这样的城市代表的是中国最高的发展水平。要完整地理解整个中国的发展,还必须要去观察中国更多的普通城市和乡村地区。

再来看一个案例。大家知道,抽样调查与统计分析是目前社会科学研究的常用方法,但抽样调查和统计分析有时也会欺骗人的眼睛。二战前后,美国陆续兴起了很多选举调查机构,这些机构通常会在大选年分阶段公布不同总统候选人的支持率,并预测谁将胜出。这种选举调查通常样本很大,分析技术也比较可靠,所以预测的准确率通常较高。

但是,在1948年美国总统选举中,盖洛普调查机构却出现了总统选举预测的乌龙事件。在那年选举中,民主党总统候选人是时任总统的哈里·杜鲁门,共和党总统候选人是托马斯·杜威。在正式选举之前,盖洛普选民调查都表明,杜威将以较大优势战胜杜鲁门,当选下一任美国总统。在这种选民调查的支撑下,亲共和党的《芝加哥论坛报》甚至在选举结果尚未揭晓的情况下打出了《杜威战胜杜鲁门》的封面报道。但是,实际选举结果恰恰相反,杜鲁门反而以4.5%左右的选票优势、114张选举人票优势继任美国总统。盖洛普调查机构非常沮丧,他们花了很多钱,雇了不少人,在美国不同地方做抽样,有专业人士做顾问,为什么结果是错误的?

通过回溯整个调查过程,有人找到了关键问题。盖洛普调查机构当时主要通过电话进行抽样调查。但对于1948年的美国来说,电话尚未普及。有钱人首先装电话,然后是中产阶级,然后是低收入群体。所以,用电话进行选民调查,最大的问题是相对有钱的家庭被调查到的可能性更大。尽管被调查的电话号码本身是随机抽样产生的,但电话在所有美国家庭中的分布不是随机的。结果是,这一调查就产生了严重的选择性偏差。这也是一个非常经典的案例。

14.4 什么是科学与科学方法?

社会科学研究是科学研究的重要组成部分。在中国的语境中,科学有两个含义:第一个含义是指"体系化的知识",比如政治科学可以被理解是关于政治的体系化的知识;第二个含义是指"基于对真实世界的观察,借由提出假说及提供检验方式得到的可靠知识",这是更加严格的科学定义。根据这一定义,首先,科学要基于对真实世界或经验世界的观察,这是基础。科学既不能以想象或假想为基础,也不是哲学式思辨的探索,这些都不能称之为科学。其次,科学理论研究的起点是提出假说(hypothesis)。理论假说通常是一种因果关系的表述,即何种原因导致何种结果,其简化形式就是原因 A 导致结果 B。国内也有学者喜欢把"hypothesis"翻译成"假设"。最后,科学理论能成立的条件是理论假说在经验世界中经受检验并得以证实。这是验证假说的过程。借用胡适先生的说法,就是"大胆假设、小心求证"的过程。经过证实之后,理论假说就成为一种相对可靠的科学知识。

比如,进化论就是一种重要的科学理论。进化论关注的是地球上不同物种之间的关系。为了解释这一问题,进化论的主要创立者查尔斯·达尔文首先提出一个假说:不同的物种之间是进化的,物种进化的机制主要是两种:遗传和变异,但决定进化的条件是竞争与选择。应该说,这一理论非常简洁。一个理论假说,两种主要机制,试图把整个生物界的演化都解释了。那么,作为一项科学假说,大家一定会问:这种假说经得起经验证据的检验吗?达尔文以及后世的科学家在古生物化石、物种的全球分布、物种形态比较、物种生长发育过程以及分子生物学等等方面,找到了支持进化论假说的大量系统证据。所以,进化论尽管远非完美,但对于世界上物种演化的解释却是迄今为止最有力的理论。通过进化论也可以看出,科学首先是对真实世界的观察,其次是提出解释真实世界的理论假说,再次是对该假说进行系统的验证,最后得到相对可靠的知识——这才可以被称为科学或科学理论。①

谈到科学研究,就离不开科学方法。那么,什么是科学方法呢?按照《韦伯斯特词典》的解释,科学方法被视为"有系统地寻求或者获取知识的一种程序",主要有三个步骤:一是"问题的认知和表述",就是说明要解释的问题是什么;二是实验数据的收集,就是要在真实的经验世界里收集数据;三是假说的构成与检验,就是先提出假说然后用经验证据去证实假说。由此可见,科学方法既不同于文学表述,又不同于哲学思辨。

14.5 社会科学需要探索因果关系

那么,什么是社会科学呢?社会科学是以科学方法研究人类行为和人类社会现象的学科。与自然科学最大的不同是,社会科学以人类行为和人类社会现象作为研究对象。应该承认,研究对象的差异给社会科学研究的科学性带来了极大的挑战。

首先,在社会科学研究中,人的思想和行为本身被包含在研究过程中。人的思想和行为本身又会影响人类社会的诸种现象。这就给社会科学研究的科学性增加了难度。比如,面临同样的结构和制度,不同的人可能会做出不同的选择。举例来说,某个组织给所有人都设计了同样的激励制度,但有的人选择更努力地工作,以获得更多收入;有的人选择只付出适当的努力,以获得更多闲暇。用经济学的话来说,每个人对效用函数的定义是不同的,每个人的偏好并不相同。同样的逻辑可能还会出现在非常棘手的情境中。比如,两国关系紧张时,各种信息与数据都表明那个相对较弱的国家不会首先开战。但是,弱国的政治领导人恰好是一位超常强悍的政治家。即便在不利条件下他仍然决定开战,由此政治家的个性可能就改变了该国政治趋势和地区政治格局。所以,社会科学研究包含着人的思想和行为,能否科学化是一个问题。

其次,社会科学研究中,某些事实与数据的客观性程度是较低的。比如,一项关于美国选民对现政府支持率的研究中,学者提出这样一个理论假说:凡是生活满意度高的选民,更倾向于支持现政府和执政党;凡生活满意度低的选民,倾向于反对现政府和支持反对党。然后,这个学者组建一个团队在全美国做抽样调查。调查问卷上主要设计了两个问题:第一,您对过去四年的生活满意吗?

---

① 参见达尔文:《物种起源》,周建人、叶笃庄、方宗熙译,北京:商务印书馆1995年版。

选项包括：A. 非常满意；B. 比较满意；C. 一般；D. 不太满意；E. 很不满意。第二，您在最近的总统选举中投票给谁？选项包括：A. 现任执政党；B. 主要反对党。第二个问题的回答更加客观。如果被调查者没有记错且不故意造假，一般都会给出准确的回答。但是，第一个问题的回答就具有很强的主观性。比如，那些总体满意的选民，会在 A、B 选哪一项呢？那些总体不满意的选民会在 D、E 选哪一项呢？还有那些中间摇摆的选民，会在 B、C、D 选哪一项？很多人有这样的生活经历——比如，你刚上大学或刚工作时，也许你的真实满意程度并不高，然后父母这样问你："你的大学生活（或工作）怎样？"很多人会习惯性地这样回答："挺好！"当你说"挺好"的时候，你父母就在你这里得到了一个调查数据。但如果一个学者根据这样的数据去做研究，最后可能得不到多少有意义的结论。而社会科学研究中充斥着此类问题。

再次，社会科学研究中，还存在难以进行可控实验的问题。政治学经常会关注一些重大问题，比如社会革命、政变、内战与国家间战争等。诸如此类的研究完全无法进行可控实验。因此，关于社会革命、政变、内战与国家间战争的理论研究做得再好，也很难有效评估这一理论是否具有预测性。这也是社会科学不同于自然科学或工程科学的地方。

当然，问题的另一面是，社会科学在研究的核心逻辑上与自然科学并无实质区别。社会科学研究的核心仍然是发现现象背后的因果关系。那么，如何确定因果关系呢？在实际研究中，要确定因果关系并非易事。以本讲开头的小岛疫情为例，如果没有后来 20 世纪科学家的研究，大部分岛上的居民都倾向于认为疫情是大陆船员带来的某种"邪恶因素"。理由也很充分，每当大陆船员来到岛上时，疫情就会出现和流行。但是，实际情况并非如此。

那么，如何确定因果关系呢？确定因果关系至少需要满足三个条件：一是原因与结果之间要有相关性（correlation）；二是原因与结果之间要有时间上的先后次序（time），即因在先、果在后；三是原因与结果之间存在引发机制（mechanism），即原因通过某种确定的机制导致结果的产生。当然，最难确定的就是因果机制。

比如，有人发现，某海滨城市冰激凌销量和溺水死亡事故数据高度相关，而且从时间顺序上看先是冰激凌的销量逐渐提高，然后是溺水死亡事故数据也逐渐提高。那么，能否据此认为"冰激凌销售导致溺水事故"呢？当然，这纯属无稽之谈。这个简单的案例揭示，相关性和时间先后不代表因果关系，确定因果关系必须要找到两者之间的引发机制。在这个案例中，冰激凌销量与溺水事故数量都跟一个共同原因有关：季节转换与气温上升。气温上升，夏季来临，一方面使得冰激凌销量上升,另一方面使得更多人下海游泳,从而导致溺水事故的上升。

当然,这是一个非常简单的案例。"冰激凌销量上升导致溺水事故上升"这一假说的荒谬性显而易见,另一个竞争性假说"气温上升既导致冰激凌销量上升、又导致溺水事故上升"的有效性也很清晰。但是,人类行为和人类社会现象往往要比这个案例复杂得多,因此,因果关系通常不会这样简单清晰。比如,如果研究的问题是一个国家的经济增长或政体转型,往往较难确定背后的因果关系。到底是何种因素决定经济增长或政体转型?这一因素与经济增长或政体转型之间存在确定的相关性、时间的先后次序及明确的引发机制吗?这些问题经常不容易回答,特别是因果机制往往最难确定。

14.6 社会科学与变量语言

社会科学研究经常采用一种被称为"变量"(variable)的学术语言。理解什么是变量,首先要理解什么是概念。对所有社会科学研究而言,概念是构建理论的基石,涉及"是什么"的问题。概念通常有两类:实体概念和非实体概念。前者比较具体,而后者比较抽象。比如,桌子、道路、菠萝、电脑等都是实体概念,这些概念具体而容易描述。但是,非实体概念就不是这样,比如,阶级、权力、平等、支配等概念就不那么简单明了。政治科学涉及的很多都是抽象问题。比如,一种理论认为"不平等会导致政治冲突的增加"。这里涉及两个概念:不平等和政治冲突。什么是不平等?如何界定?如何衡量?什么是政治冲突?如何界定?如何衡量?要做这样的研究,首当其冲是要解决概念界定及衡量问题。

北京大学袁方教授认为,在界定概念时要把"概念名词""抽象定义"和"经验现象或事物"三者统一起来,请参见图 14.3。概念直接表现为名词,比如社会主义就是一个名词。接着可以问:社会主义的抽象定义是什么?这个必须要界定清楚。最后还要问:经验世界中实际观察到的社会主义是什么?只有社会主义这一名词、社会主义的抽象定义、经验世界中观察到的社会主义三者相一致时,这个概念才是可以用于社会科学研究的概念。如果这三者不统一,实际上是没有办法做研究的。要么这个概念的边界是模糊的,是随时可以扩张与收缩的;要么名词、抽象定义、经验事实三者之间存在矛盾。当然,政客们可能喜欢玩这种游戏。但对学者来说,如果这三者不统一的话,就没有办法做研究了,因为你甚至无法说清在研究什么。所以,社会科学研究的首要准则是概念要有明确和清晰的界定。

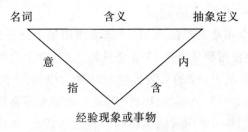

图 14.3　概念名词、抽象定义、经验现象或事物三者的统一

资料来源：袁方主编：《社会研究方法教程》，北京：北京大学出版社 1997 年版（2013 年重排本），第 56 页。

现代社会科学一般用变量语言来阐述理论，因果关系就是两个或一组变量之间的关系。学者们通常把结果称为因变量（dependent variable），把导致结果的原因称为自变量（independent variable）。这样，社会科学理论可以简约表述为"某个或某些自变量如何以及为何引发某个因变量"的形式。社会科学研究中的变量关系，还可以借用数学函数来表示，比如：

$$y = f(x) \quad 或 \quad y = f(x_1, x_2, \cdots\cdots x_n)$$

这里的 y 就是因变量，x 就是自变量。$y = f(x)$ 代表的是单因素的因果关系，即自变量 x 导致因变量 y 的发生，或者说自变量 x 的变化引起因变量 y 的变化。$y = f(x_1, x_2, \cdots\cdots x_n)$ 代表的是多因素的因果关系，即自变量 $x_1, x_2, \cdots\cdots x_n$ 的共同作用导致因变量 y 的发生，或者说自变量 $x_1, x_2, \cdots\cdots x_n$ 的组合变化引起因变量 y 的变化。当然，如果自变量过多，一项研究就不能满足简洁性的要求。现有的基于多因素因果关系的社会科学研究，通常把自变量控制在几个以内，常见的研究是控制在 4—5 个以内。

比如，上一讲曾提出过一个解释腐败的理论假说，用函数公式表示就是：

$$C = F(Pr, C\&B)$$

C 表示腐败（corruption），Pr 表示权力控制的资源（power-resource），C&B 表示分权制衡（checks and balances），F 表示函数关系。上述函数公式代表的理论假说是：腐败程度取决于权力控制的资源多少和分权制衡程度。更具体地说，权力包含的资源越多，分权制衡程度越低，则越腐败；权力包含的资源越少，分权制衡程度越高，则越不腐败。这个例子也说明，用变量语言来表述社会科学研究是一种更为简洁的方式，通常比普通语言的描述更加清晰、明确和简洁，其形式化和模型化程度也更高。

14.7 比较研究的主要方法

社会科学研究经常借助比较研究方法来确定因果关系。实际上，在自然科学研究中，像药物疗效等通常也是借助分组对比实验的方法。约翰·斯图亚特·密尔在《逻辑体系》中探讨过两种基本的比较方法：求同法和求异法。这仍然是目前确定因果关系的重要方法，当然每种方法都有其优劣。如图14.4左侧图所示，当研究结果X何以出现时，四个案例中均发现了变量A。尽管其他变量差异很大，但只要有X结果的地方都有A。这样，就可以有把握地说，A是引起X的原因。求同法寻求的是不同案例中的共性，通过共性来揭示因果关系。

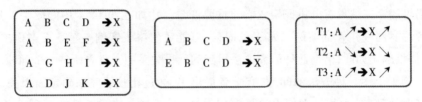

图14.4　确定因果关系的三种研究方法：求同法、求异法与共变法

什么是求异法？如图14.4中间图所示，在两组非常相似的案例中，B、C、D三个变量都存在，主要差异在于案例一有A，结果有X；案例二没有A，结果没有X。这样，就可以有把握地说A是导致X的原因。在社会科学研究中，选取两个非常相似的案例，就接近于自然科学中的实验条件。比如，研究人类行为时用双胞胎来做实验就是一个典型方法。双胞胎的基因非常接近，基因这个重要变量就被控制住了。然后，再研究具体培养环境或其他条件不同对双胞胎中两个不同个体成长的影响。这样，通过求异法就能确定因果关系。在国别研究中，两个极其相似的国家往往是一组非常难得的比较案例。比如，有学者在研究民主德国和联邦德国或朝鲜和韩国时，就能控制很多其他变量，包括人种、历史、语言和文化等。如果有人对民主德国和联邦德国或朝鲜与韩国的发展差距感兴趣，那么大概可以通过求异法找到这种发展差距的主要原因。

还有一个重要的方法是共变法。这种方法用两条曲线很能说明问题，曲线A代表变量A，曲线X代表变量X。如图14.4右侧图，在一个特定的时间范围里，如果你发现曲线A和曲线X的变化趋势是相同——A变的时候X也变，A上升时X上升(或下降)，A下降时X下降(或上升)，就能判断两者很可能存在因果关系。当然，要把这种相关关系明确为因果关系，还需要对引发机制进行分析。比如，有学者认为经济危机会导致政治不稳定，证据是同一个国家的不同时期中，第一阶段经济平稳发展时，政治就稳定；第二阶段经济波动剧烈时，政治就不稳定；第三阶段经济平稳发展时，政治又变得稳定。这位学者采用的论证方法就是共变法。共变法也是社会科学研究常用的方法之一。

尽管求同法、求异法和共变法是主要的比较研究方法，但上述方法都存在不同的缺陷。比如，上文业已指出，简单采用共变法只能确定相关关系，而非因果关系。至于求同法和求异法，也存在明显的缺陷。求同法的最大问题是可能存在被现有分析框架所忽略的共同因素，比如在图 14.4 左侧图中，普遍认为 A 是引发 X 的原因，但可能四个案例均存在另一个共同原因 S——但 S 这一变量在现有研究中被忽略了。从技术上讲，由于相关的重要因素难以穷尽，所以求同法常面临这方面的质疑。求异法的问题是类似的。尽管两个案例非常接近，但仍可能存在被现有分析框架忽略的重要变量。比如在图 14.4 中间图中，当研究者说案例一有 A 而案例二无 A 的时候，可能还忽略了案例一有 S 而案例二无 S。如果确实如此，借助此种研究方法得到的因果关系能否成立就是一个问题。

鉴于上述三种方法的问题，有学者提出来，通过比较研究来确定因果关系，最好要找到"最大相异案例中的最大相似性"。亚当·普沃斯基和亨利·托伊恩注意到，即使在高度相似的两个案例中，仍然可以发现许多具有潜在相关性的重要差异，而在论证因果关系的过程中很难有效排除这些差异性因素。所以，他们主张，选择案例时最好符合最大相异的原则，这样能保证把被忽略的共有变量的可能性降到最低；判断因果关系时，则需要符合最大相似的原则，这样其中的因果关系与因果机制就比较可信。① 举例来说，要论证自变量 X 导致因变量 Y，找案例时要尽可能选择差异较大的案例——如果是做国别研究，最好选择那些地区、发展水平、种族、文化与宗教因素差异很大的一组国家。但是，在这一组差异很大的国家样本中，如果都能找到自变量 X 导致因变量 Y 的类似经验证据，那么这项研究的可信度就比较高。

现在用一个非常简单的例子来说明上述几种比较研究方法。抽烟是一种常见的个人行为与社会现象。当然，抽烟有害健康，并不值得提倡。比如，有人对抽烟行为提出这样的假说：一个人抽何种档次的香烟是由他的收入水平决定的。如何通过比较研究验证这个假说呢？首先，可以用求同法来做。随机找到 100 个抽比较贵的、价格在 50 元一包香烟的人，用问卷或口头访谈方式进行调

---

① Adam Przeworski and Henry Teune, *The Logic of Comparative Social Inquiry*, New York: Wiley-Interscience, 1970, pp.31-46.

查,结果显示:这些人尽管职业、籍贯、学历、个性各异,但绝大多数人都有一个共性,那就是高收入。这样,这个假说就得到了初步的验证。也许这个理论假说不能解释全部,但绝大部分还是可以解释的。这就是求同法。

其次,可以用求异法来做。求异法要求找比较相似的案例,比如研究者找到一组三兄弟的案例。其中一个兄弟是高收入,平时抽比较贵的香烟;另两个兄弟收入较低,抽比较便宜的、价格10元一包的香烟。由于三人是兄弟,基因、家庭成长环境、个性等因素相对接近。这样,就能验证收入是影响香烟购买行为的主要变量。如果研究者随机找出数百对这样的兄弟,发现有较高比例符合——高收入者基本抽高价香烟而低收入者基本抽低价香烟——的现象,这项解释的可信度就比较高。

再次,可以用共变法来做。比如,研究者发现了很多这样的案例,被调查对象刚毕业时收入较低,抽的是价格低的香烟;后来收入增加、成为高收入者后开始抽价格高的香烟;再后来经营没搞好、个人境遇下降,又开始抽价格低的香烟。这样的案例中,研究者观察到收入高低与香烟档次发生"共变":收入低抽价格低的香烟,收入高抽价格高的香烟。如果研究者能在随机样本中找到很多此类案例,这项研究也会很有说服力。

最后,还可以用"最大相异案例中的最大相似"方法来做。研究者尽可能让被调查对象的地区、行业、职业、教育、个性差异越大越好,然后都发现:不同地区、不同行业、不同职业、不同教育程度、不同个性差异的人群,凡是高收入者多数都抽高价烟,凡是低收入者多数都抽低价烟。这项研究的可信度就比较大。

当然,这项研究可能会发现,除了收入以外其他变量也会影响人的抽烟行为。比如,职业可能会对抽烟行为有影响——高校工作的人即使收入高也未必会抽高价烟,而是抽低价烟;各地习俗也会影响抽烟习惯——比如与华东相比,华北地区更少注重抽烟的价格和档次,北京很多高收入人群习惯抽价格低廉的香烟。这就需要研究者在验证"收入水平—抽烟行为"这一理论假说的过程中,评估其他重要变量对抽烟行为的影响程度。这样的研究就更复杂一些。

14.8 社会科学研究的不同类型

社会科学研究有很多不同的类型。从自变量数量看,可分为单因素因果关系研究和多因素因果关系研究。比如,决定学生学习成绩好坏的因素是什么?有人说关键是智商。用社会科学语言来说,自变量智商决定因变量学习成绩,这就是单因素的因果关系。如果进行大样本的统计分析,智商与学习成绩两个变量之间的检验效果非常显著，那么这个单因素的因果关系就是成立的。

但是，有人提出来，并非所有智商高的同学成绩都那么好，智商相当的同学成绩差异也很大。所以，研究者又提出一种新的理论假说，认为学习成绩的高低取决于四个变量：智商高低、勤奋程度、家庭环境及教师教学水平。当这四个因素叠加到一起，其解释力就非常强了。智商单一因素没准只能解释全部样本的 70% 或 75%，但这四个因素分析框架就能解释 90% 或 95%。

从这个简单的案例，也可以看出单因素解释和多因素解释各自的优劣。单因素解释的最大问题是它不够全面，无法兼顾到实际情形的复杂性，但是其优点是简洁性，主要论点直接明了，更容易把握主要问题。多因素框架的解释力当然更强，但其缺点是理论不够简洁。如果一个因果关系的分析框架中包含自变量过多——比如 5 个以上，那么这种理论就更接近于描述了——而非对关键因果关系和因果机制的揭示。固然，从现在的研究趋势看，多因素因果关系的解释框架越来越流行。需要注意的是，自变量的数量不能无限地增加。一般认为，用两三个自变量来解释一个因变量，结构上还是较优美的；用四五个自变量来解释一个因变量，就有些略多了；用六个或六个以上的自变量来解释一个因变量，通常算不上很好的社会科学理论。

比如，前面提到过的迈克尔·曼是美国著名社会学者，他的《社会权力的来源》是被广为引用的学术著作。① 然而，这一著作也遭到不少批评，原因之一就是解释框架中变量过多。他试图用政治、经济、军事和意识形态四个变量来解释社会权力的来源及其演进，并借助宏大叙事的方式论证自己的观点。有人担心，由于涉及变量太多，所以核心的因果关系反而被弱化了。

社会科学研究还可区分为基础研究和应用研究。在中国，应用研究似乎更受追捧，这一点可以从各类基金的课题指南及学术论文类型中看出来。很多人觉得应用研究比较实用一些。当然，务实是需要的，但对社会科学研究来说，过分务实有时不一定是好事。从两者特点来说，基础研究更多着眼于理论解释，试图回答为什么的问题；应用研究更多着眼于应用，试图回答怎么办的问题。

医学上病理学家和临床医生的关系，就像是社会科学研究中基础研究和应用研究的关系。比如，病理学家关心癌症为什么发生？到目前为止，人类医学尚不能很好地解释癌症为什么发生。但是，病理学家研究出了癌细胞生长和扩散的条件：癌细胞的生长过程需要合成蛋白质，如果能阻断蛋白质的合成，癌细

---

① 迈克尔·曼：《社会权力的来源》第一卷，刘北成、李少军译，上海：上海人民出版社 2007 年版；迈克尔·曼：《社会权力的来源》第二卷，陈海宏等译，上海：上海人民出版社 2007 年版。

胞就不能生长。所以,用化疗方法来治疗癌症,原理就是要破坏癌细胞生长过程中蛋白质的合成。如果蛋白质的合成机制遭到破坏,癌细胞就难以生长。当然,病理学未来有可能会找到癌症为什么发生的根本原因与机制。如果是这样,治愈癌症就不是太难的事情。

那么,临床医生主要做什么?对于癌症患者,他需要就患者的具体病情做诊断,判断是否要动手术及如何动手术,到了化疗阶段他还需要判断哪种化疗药物是最佳的?他关心的是怎么办的问题。他不会关心癌症为什么发生,不会关心是否能找到治疗癌症的新化疗药物。在中国,临床医生往往比病理学研究人员具有更高的社会声望。但对整个人类社会而言,与临床医生面向患者的个案治疗相比,病理学上的医学突破意义更为重大。如果有人在癌症研究病理学上有突破,因为这种发现拿了诺贝尔生物医学奖之后,全世界的癌症患者都会从中受益。

拿城市犯罪问题来说,社会学家关心的是犯罪为什么发生?为什么有的城市犯罪率高而有的城市犯罪率低?他会提出一种基于因果关系的解释,设计一个分析框架,然后去收集数据并做数据分析,最后他得出结论,若干主要变量在起作用,但其中两个变量可能最为关键。这就是社会科学学者对犯罪问题所做的基础研究或理论研究。他做完这项基础研究后,提出何种政策建议是不言自明的。政策建议无非就是要设法改变分析框架中的两个或几个变量。当然,实际政策制定和实施过程会更复杂一些。

但是,同样面对城市犯罪问题,市长和警察局长关心的是怎么办的问题。如何防止犯罪的发生?如何降低本市的犯罪率?他们更关心制定和实施哪些具体政策能够有效地防止犯罪和降低本市犯罪率。如果需要就这个研究项目做招标的话,他们设计的课题应该是这类"有用"的应用研究。

所以,基础研究和应用研究差异很大。从上面的例子可以看出,一流大学大体上主要以基础研究为主。一流大学的主要使命是追求真理,其长远目标是追求知识创新。而知识创新主要依赖于基础研究。实际上,诺贝尔科学奖得主无一例外都是"知识创新家"。人类的已有研究做到哪里了?能否往前有所突破?一个学者在人类已有的知识边界上创造新知识,这是他有机会赢得诺贝尔科学奖的前提条件。

根据经验证据的类型,社会科学研究还可以分为质性研究和量化研究两类,一般被称为定性研究和定量研究。质性研究和量化研究的主要差别在于事实和资料的类型:一个是数据化的,一个主要是非数据化的。但是,质性和量化不是可以截然分开的,甚至是相通的。比如,关于学生的聪明程度与学习成绩的关系,既可以做质性研究,又可以做量化研究。根据"聪明"和"不聪明"对学生进行分类,而后再进行案例分析,就是一项质性研究。根据智商分值的标准对大量学生进行排序,再收集学生的学习成绩,然后进行简单的统计分析,这项研究就变成了一项量化研究。

那么,定性研究与定量研究各自的特点是什么呢?定性研究的优势是对机制和过程的描述更加深入,论述上可以更加透彻;其劣势是样本数量不足。定量研究的优势是能够在一个较大的数量基础上论证一个观点,大样本当然比少数几个案例更具说服力;其劣势则是数量方法只能证明相关性而非因果性,对于因果机制的论证过程难以深入。

国际关系著作《大战的起源》就是一项典型的定性研究。① 戴尔·科普兰在这项研究中提出的问题是:历次大战为何发生?尽管此前有大量解释主要战争的理论文献,但科普兰认为已有研究尚有缺陷,他在前人研究的基础上提出了一个新的理论假说,称之为"动态差异理论"。"这一理论表明,大战主要是由那些处于优势地位却害怕明显衰退的军事大国发动的。"换句话说,如果一个大国是领导者,但是它感到自己在国际竞争中可能会衰退,同时又有一个挑战国正在崛起,此时那个即将衰退的大国最有可能发动大战。作者的逻辑请参见图14.5。

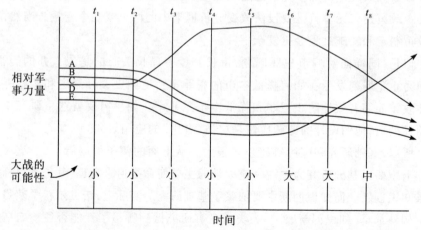

图 14.5　大战的起源:动态差异理论(多极体系)

资料来源:戴尔·科普兰:《大战的起源》,黄福武译,北京:北京大学出版社 2008 年版,第 18 页,图 1。

在经验研究部分,科普兰采用的是定性研究方法,他用三个章节分别探讨

---

① 戴尔·科普兰:《大战的起源》,黄福武译,北京:北京大学出版社 2008 年版。

了三个主要案例:第一次世界大战、第二次世界大战和冷战中的古巴导弹危机,他还用一章分析了从伯罗奔尼撒战争到拿破仑战争为止的一系列主要战争,以此来论证自己的观点。实际上,《大战的起源》构成了一项结构优美的定性研究。当然,大部分的定性研究都达不到这样的优美程度。

这里再介绍一项定量研究的研究设计。上一讲曾提出过一个解释腐败的理论假说,那么怎样用定量方法来做这项研究呢? 关于腐败的理论假说被表述为下列函数:

$$C = F(Pr, C\&B)$$

上文已经介绍,这一函数公式表示的是腐败程度取决于权力控制的资源多少和分权制衡程度。那么,怎样做量化研究来证实这一假说呢? 因变量腐败可以用腐败指数(Corruption Percepation Index,简称 CPI)来度量。① 这一指数实际上不是腐败指数,而是腐败感知指数。但这是目前为止最为常用的关于腐败的大规模跨国数据库。自变量一"权力控制的资源"可以用下面几项主要指标来加总衡量:国有企业比重、国有资源比重以及市场管制或市场自由化程度。这方面的数据可以采用样本国家的统计数据、世界银行数据、国际货币基金组织数据、联合国数据以及有关评级机构公布的各主要国家市场自由化指数。自变量二"分权制衡"可以用民主指数、法治指数或政治制度分权指数等来加总衡量,这方面国际上有不少数据库。收集这些数据、进行编码之后,可以把自变量一和自变量二数据跟因变量数据做统计分析。这样,就能大致看到两个自变量与因变量之间的相关关系。

当然,一项有效的量化研究还需要控制其他变量,比如,经济发展水平、宗教与政治文化变量、族群分裂程度、不平等程度等等是否会影响一个社会的腐败程度呢? 这些都可以找到相应的量化数据库。从研究设计上看,控制其他变量是非常重要的。如果不控制其他变量,即便你发现自变量一和自变量二跟因变量的相关性非常显著,也无法有把握地认为这一理论假说已得到了验证。比如,如果把宗教因素加进来,而宗教因素与因变量的相关性更显著,上述理论就要大打折扣。但如果控制其他变量后,还能证明自变量一和自变量二跟因变量的相关性仍然是显著的,那么这个论证就更为可信。

---

① 用腐败感知指数来衡量腐败有一个问题,腐败和对腐败的感知可能是两回事。现有的数据库都是对腐败感知的衡量,但你会发现,有的国家对腐败的容忍程度很低,有的国家对腐败的容忍程度很高。但是,现在可得到的数据就只有腐败感知指数。这方面的知识得益于跟我复旦大学的同事李辉副教授的讨论。

14.9 "研究九问"与"洋八股"

接下来,我们可以总结一下:一项完整的社会科学或政治科学研究应该怎么做呢?应该遵循何种准则又需要哪些步骤呢?笔者在不同场合讲过与政治科学研究方法有关的"研究九问",这里做一介绍。① "研究九问"既适合作为做社会科学博士、硕士论文的研究指导,又适用于作为一般的研究性学术论文的写作指南,参见图14.6。

- 1. 我有一个感兴趣的研究领域吗?
- 2. 我有一个好的问题吗?
- 3. 前人是如何解释这个问题的?
- 4. 我是如何解释这个问题的?因果关系和机制
- 5. 我的解释内在逻辑是自洽的吗?
- 6. 我的解释是新的吗?
- 7. 我的解释比以前的解释更好吗?
- 8. 经验证据支持我的解释和逻辑吗?
- 9. 我的研究得出什么结论和政策含义?

图 14.6 研究九问

"兴趣是最好的老师。"同样,兴趣是最好的研究引导者。出色的社会科学研究首先需要唤起人的热诚和激情,而不只是把它作为一项工作任务来对待。所以,第一问是:"我有一个感兴趣的研究领域吗?"做政治科学研究,应该有一个感兴趣的研究领域。如果没有,说明一个人的志趣不在学术领域。当然,这丝毫不成为一个问题,因为多数人不会以学术为业。国际上比较卓越的学者通常从年轻时候起就专注于一两个重要的领域,始终会有一个或几个非常重要的问题纠缠着他。比如,美国著名经济学家罗伯特·卢卡斯曾说,他很早就开始专注于一个基本的经济学问题:到底什么原因导致了经济增长?为什么一些国家富而另一些国家穷?事实上,正是持续的研究兴趣激发了伟大的研究。

第二问是:"我有一个好的问题吗?"提出一个好问题,是一项好研究的关键。有时,提出一个好问题甚至比回答一个问题更重要。诺贝尔经济学奖得主

---

① "研究九问"得益于跟朱天飚教授和宋磊副教授的讨论,前者激发了我的思考,后者邀请我在研究设计课程首次讲解"研究九问"。

科斯提出的一个问题是:既然市场是有效率的,为什么还会出现企业?正是对这一问题的思考,科斯发现了交易成本这一奠定新制度主义经济学基础的概念。还有学者提出这样的问题:既然人是自利的,为什么美德还会流行?这类问题都是非常基础的问题,而且通常没有引起足够的重视。一个学生曾在华北某省调研计划生育问题,发现其中一个乡镇的超生率特别高,可能达到200%左右,而周围乡镇的超生率要低很多,大概是120%—130%。这个学生提出的问题是:为什么该乡镇的超生率显著高于周围的乡镇?这个问题需要探索的是:何种因素决定人们的生育行为?这一问题的结构也非常好,对这个乡镇与周围乡镇进行比较研究,很多变量已经被控制住了,特别是经济发展水平和地域文化因素。所以,这项研究应该致力于发掘这一异常超生现象背后的因果关系。大家可以发现,案例之间的比较就是提出问题的一种有效方式。

第三问是:"前人是如何解释这个问题的?"提出一个具体问题之后,接下来要问前人是如何解释这个问题的?实际上,很少有什么问题是从未被研究过的。所以,做学术研究必须要读文献。为什么文献很重要?简单地说,你既然要解释一个问题,首先你至少应该知道别人是怎么解释的。如果不读文献,而你的解释又跟先行研究相似,甚至不如先行研究的解释更有说服力,你的研究就失去了意义。所以,这一步骤要求研究者充分地阅读已有文献,并找到现有研究的不足。

第四问是:"我是如何解释这个问题的?"研究者需要提出一个理论假说。作为一项社会科学研究,这个假说应该关于某种因果关系和因果机制的表述。社会科学研究是为了探索人类行为和社会现象背后的因果关系,所以一项理论假说的表述形式通常是:何种特定的原因(通过某种机制)导致何种特定的结果?这也说明,社会科学研究是为了回答为什么的问题。

接下来的几个问题是要对这一理论假说进行自我检验。第五问是:"我的解释内在逻辑自洽吗?"第六问是:"我的解释是新的吗?"第七问是:"我的解释比以前的解释更好吗?"第一个检验是理论假说的逻辑自洽性检验。很多理论假说内在逻辑是不自洽的,这方面的例子有很多。一项经得起推敲的理论,首先应该经得起自洽性检验。第二个检验是理论假说的原创性或新颖性检验。社会科学研究的目的是创造新知识,而不是复述旧知识。所以,社会科学研究需要提出新理论。无论是一篇博士论文还是一篇投向一流学术刊物的论文,理论解释的原创性与新颖性都是一个必要条件。第三个检验需要比较不同的竞争性假说。有的社会科学研究提出的解释也是新的,但并不比现有的理论解释更好。这种研究也许可以发表学术论文,但意义不是很大。如果新的研究找到的解释变量不比现有的解释更好,这种研究的价值就不会很高。

第八问开始进入经验世界:"经验证据支持我的解释和逻辑吗?"社会科学研究必须要基于事实,而非基于哲学思辨或想象,社会科学研究的口号应该是"拿证据来"。研究者必须拿证据出来说话,研究应该要有事实或数据的支撑——无论是质性证据还是量化证据。研究者提出的理论假说能否成立,核心是经验证据是否支持这一理论假说与因果逻辑。更精细地说,这里还涉及不同的研究方法,但无论怎样,这一步骤的核心是用经验证据去验证理论假说。

第九问是:"我的研究得出什么结论和政策含义?"现在有很多社会科学研究用大量篇幅来讨论政策问题或具体政策建议。但是,符合国际主流学术规范的社会科学基础研究,通常只花很少篇幅来讨论政策问题。如果前面的理论研究做得好,理论假说得到充分验证,政策含义自然就出来了。至于说具体政策应该怎样制定,还必须考虑案例所处的情境,理论研究已经为政策指明了大方向。总之,"研究九问"总结的是国际主流社会科学研究的基本范式。

关于社会科学研究的学术规范,彭玉生教授所著《"洋八股"与社会科学规范》一文论述得非常清楚。① 他关心的基本问题是:社会科学经验研究怎么做? 社会科学学术论文怎么写? 借鉴中国古代科举考试中八股文的说法,彭玉生教授用了一个"洋八股"的比喻。事实上,目前国际上主流的社会科学实证研究几乎都是按照"洋八股"的套路来做的。不符合这个套路的经验研究,论文要想在一流国际学术杂志刊发也是不可能的。

那么,什么是"洋八股"呢? 彭玉生教授认为,做一项社会科学研究,首先要从提出"问题"(一股)开始。比如,战争为什么发生? 这是研究的起点。然后,要进行"文献分析"(二股)。为什么要做文献分析呢? 上文已经分析过,只有通过文献分析才能把握此前的理论。做完文献分析,发现已有的研究还不够好,接下来研究者可以提出一个新的理论解释,即提出假说或假设(三股)。提出假说后,研究者不能像政治哲学家那样只做哲学思辨式的思考,而是要到经验世界里去寻找证据。经验证据涉及三个问题:一是找事实,特别是找数据(四股),二是衡量事实或衡量数据(五股),三是使用有效的研究方法(六股)。在此基础上,再进行数据分析(七股),即系统地检验经验证据是否支持前面提出的理论假说。经过数据分析,可以明确证实还是证伪最初的理论假说。最后,通过上述研究过程得出结论(八股)。这一研究结论也是对已有文献的回应。"洋八股"也是国际主流社会科学规范的一种简明表述,参见图14.7。

---

① 彭玉生:《"洋八股"与社会科学规范》,《社会学研究》2010年第2期,第180—210页。

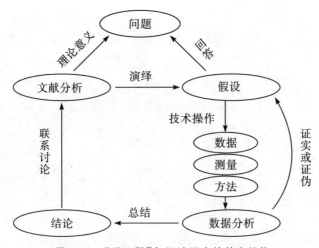

图 14.7 "洋八股"与经验研究的基本结构

在政治科学研究中,好的理论首先要符合社会科学规范。在国内学界和大众媒体上,不少人对社会科学研究存在着误解。比如,有人把总结实践经验视为社会科学研究,有人认为讲故事是社会科学研究,有人喜欢频频提出新概念或语出惊人的观点,有人主要以文学表述方式提出观点和进行论证,有人则专注于就实际问题提供政策建议——所有这些至少都算不上是严肃的社会科学研究。

【推荐阅读书目】

艾尔·巴比:《社会研究方法(第十一版)》,邱泽奇译,北京:华夏出版社2009年版。

大卫·马什、格里·斯托克编:《政治科学的理论与方法(第2版)》,景跃进等译,北京:中国人民大学出版社2006年版。

托马斯·库恩:《科学革命的结构》,金吾伦译,北京:北京大学出版社2003年版。

后　记

　　撰写一部政治学普及作品,在很多学者看来是一件吃力不讨好的事情。一方面,一部普及作品远不如一部学术专著能提升作者的学术声誉;另一方面,一部高质量的普及作品同样需要作者付出巨大的时间与精力——要做到知识准确、深入浅出、通俗易懂绝非易事。

　　那么,为何还要撰写这部作品呢?这与作者的学术经历有关。我的第一个学位是经济学学士,因而习惯于经济学知识广泛普及的现象。比如,天下没有免费的午餐、搭便车、机会成本、公地悲剧、交易成本、委托代理、道德风险、囚徒困境等经济学概念时常出现在大众媒体的版面上。从企业家、公司管理者到新闻记者、政府官员,很多人已经习惯在日常生活中频繁使用经济学概念,甚至在日常沟通中开始依赖这些概念。

　　然而,当我开始学习和研究政治学以后,我发现政治学不仅不如经济学那样深入人心,而且还容易遭到公众的误解。复旦大学一位非常资深的政治学教授在一次内部会议上说,他年轻时在政治学专业读书,甚至不得不经常告诉别人自己学的是国际政治,以免引起不必要的误解。如今,尽管二十多年过去了,这种情况并未得到根本的改观。在很多从未接触过这个学科的人看来,政治学不是等同于宫廷政治或做官的技艺,就是等同于意识形态宣教,最直观的就是不少公共政治课的刻板印象。当然,更直接的问题是,政治学的基本概念和主要理论并没有像经济学概念和理论一样广为人知。这意味着中国社会中政治学常识的相对匮乏。

　　按照卡尔·波普尔的看法,一个社会发达与否取决于知识的有效积累和持续增长。通常,这里的知识容易仅仅被视为自然科学和工程技术知识,但其实社会科学知识也同样重要。经济增长和繁荣不仅需要自然科学和工程技术知识,而且需要关于制度、市场、企业和组织的有效知识。没有后者的有效积累,一个社会通常无法实现持久的增长与繁荣。同样,公共部门善治的实现,很大程度上也取决于这个社会累积的关于国家、政体、制度、治理与公民权利有关的知识。这些知识通常是由政治学这一学科来提供的。如果说知识构成了一个社会发展的限度,那么政治学常识的匮乏无疑将构成中国社会进一步发展的制约因素。

正是在这样的背景下,我自从首次在复旦大学开设政治学基础课程以来,就注意授课讲义的整理,以期能逐步完成一部政治学普及作品。如今,这一任务总算完成了!

这部作品能够完成得益于很多人的帮助与关怀。首先要感谢复旦大学国际关系与公共事务学院林尚立、陈明明与陈周旺三位老师领衔的"政治学原理"课程的教学团队。正是他们的安排,为我提供了讲授政治学基础课程的机会。这门课程是复旦大学校级精品课程,既有统一的授课要求与标准,又做到了每个教师各具特色和自成一体。正是在讲授这门课程的过程中,我逐步积累了写作本书的素材。从 2013 年春季学期到 2015 年春季学期,复旦大学各个社会科学专业有 400 余位学生修读我的课程,本书的出版亦有这些学生们的贡献。

其次要感谢北京大学政府管理学院李强、朱天飚与张健三位老师领衔的"政治学概论"教学团队。我攻读博士学位期间,曾连续两年担任该课程的助教,参与了三位老师设计课程和编定教学大纲的整个过程,同时兼任讨论课教师。我在此过程中的收获,要远远超过自己的付出。此外,需要说明的是,我在社会科学方法与政治经济学两个方面受到了两位导师傅军教授和朱天飚教授的很大影响,本书第 13 讲"经济增长与国家治理的政治学"和第 14 讲"如何做政治科学研究?"的一些想法最初来自跟他们的互动;我在政治哲学和思想史方面受到了李强教授的很大影响,本书第 2 讲"政治学:智者如何思考?"与第 3 讲"意识形态大论战"的一些想法最初来自跟他的互动。

再次要感谢两家有影响力的媒体《东方早报》与《南风窗》——特别是《东方早报·上海经济评论》主编张云坡先生、编辑吴英燕女士以及《南风窗》常务执行副主编赵义先生,他们的约稿和督促推动我撰写了不少通俗易懂的评论文章,其中的一些文章成为这部作品的一部分,包括:

《岛屿的寓言:谁之统治?何种秩序?》,载于《东方早报》2013年9月24日;

《蛋糕政治定律》,载于《东方早报·上海经济评论》2014 年 1 月 21 日;

《激励结构与国家治理》，载于《东方早报·上海经济评论》2013年1月8日；

《被误解的民主》，载于《东方早报》2014年3月18日；

《民主转型僵局》，载于《南风窗》2014年第7期。

我过去撰写的"政治发展的社会维度"（宋磊、朱天飚主编：《发展与战略》北京大学出版社2013年版，第十四章），构成了本书第8讲的底稿。感谢北京大学出版社社会科学编辑室主任耿协峰博士对这部作品的重视，使得我的第二部学术作品能在母校出版社出版；他专业的编辑工作也保证了本书出版环节的高质量。还要感谢我的同事张骥博士在我写作本书过程中给予的勉励与支持。

最后要感谢我的太太杨小静，她在从事文学创作之余承担了绝大部分家庭事务，使得我有更多的时间用于研究、教学和写作；包如伊同学则给我们的生活增添了无限的欢乐。

很多学者的体会是，研究愈是深入，愈是不敢发声和落笔。学术世界的博大精深和学术边疆的不断拓展，使得任何一部著作都可能招来批评。所以，我的希望仅仅是，读者们会说，有这样一部作品要好过没有这样一部作品。这就实现了对世界的微小改进。

当然，这部作品可能还存在错误或瑕疵，文责自负。如果读者对本书有任何建议，请跟我联系，电子邮箱：baogangsheng@hotmail.com。

包刚升
2015年8月于复旦大学文科楼